中级微观经济学学习指南

（第四版）

钟根元　　陈志洪　　编著

上海交通大学出版社

内容提要

本书为学习中级微观经济学课程的辅助教材。全书共分为 36 章,每章包括三个部分。第一部分对主要概念、原理及重要的结论进行归纳,帮助学生理清及把握每一章节的主要内容及关键的知识点;第二部分通过对所挑选例题进行详细的分析、解答,帮助学生理解和掌握有关概念、原理,提高学生运用经济学原理分析实际问题的能力;第三部分安排一些习题供学生练习,帮助学生加深对概念和有关原理的理解、巩固和提高。

本书可作为经济管理专业本科生及研究生学习中级微观经济学课程的配套教材,对从事经济学教学、科研的教师和学者也具有一定参考价值。

图书在版编目(CIP)数据

中级微观经济学学习指南/钟根元,陈志洪编著. —4 版. —上海:上海交通大学出版社,2012(2024 重印)
ISBN 978-7-313-04530-0

Ⅰ. 中...　Ⅱ. ①钟...②陈...　Ⅲ. 微观经济学—高等学校—教学参考资料　Ⅳ. F016

中国版本图书馆 CIP 数据核字(2012)第 026048 号

中级微观经济学学习指南
(第四版)

编　　著:钟根元　陈志洪
出版发行:上海交通大学出版社　　　　　　　　地　　址:上海市番禺路 951 号
邮政编码:200030　　　　　　　　　　　　　　电　　话:021-64071208
印　　制:浙江天地海印刷有限公司　　　　　　经　　销:全国新华书店
开　　本:787mm×1092mm　1/16　　　　　　印　　张:15.75
字　　数:385 千字
版　　次:2006 年 9 月第 1 版　　　　　　　　印　　次:2024 年 8 月第 20 次印刷
　　　　　2012 年 5 月第 4 版
书　　号:ISBN 978-7-313-04530-0
定　　价:59.00 元

前　　言

　　随着目前国内经济学教学和科研的发展，国内一些大学已开始面向本科生开设中级微观/宏观经济学等系列课程，研究生入学考试中经济学课程的难度和深度亦较以往有了很大程度提高和加强。本书是我们面向上海交通大学安泰经济与管理学院本科生开设"中级微观经济学"的教学成果之一。

　　本书以国际上通用的中级微观经济学教材为参照。全共分为 36 章，每章包括三个部分：第一部分对主要概念、原理及重要的结论进行归纳，帮助学生理清及把握每一章节的主要内容及关键的知识点；第二部分通过对所挑选例题进行详细的分析、解答，帮助学生理解和掌握有关概念、原理，提高学生运用经济学原理分析实际问题的能力；第三部分安排一些习题供学生练习，帮助学生加深对概念和有关原理的理解、巩固和提高。

　　本书可作为经济、管理类专业本科生以及硕士生学习中级微观经济学课程的配套教材，对从事经济学教学、研究的教师和学者也具有一定参考价值。

著　者

2012 年 1 月 14 日

目　　录

第1章 市　场

经济学通过建立模型(Constructing a Model)对社会现象进行研究。

1.1　本章要点

1. 在对经济问题进行分析过程中,最优化原理(The Optimization Principle)与均衡原理(The Equilibrium Principle)是基本的分析框架。

(1) 最优化原理:行为人总是在一定约束下选择最优方案。

(2) 均衡原理:市场中不同行为人策略在均衡时保持相互一致性。

2. 本章以一个租房市场为例,介绍经济模型的建立过程及模型分析的主要思路。在租房市场均衡中,需求(衡量在不同价格水平下消费者愿意购买的商品数量)和供给(衡量不同价格水平下供给者愿意提供的商品数量)共同决定市场均衡价格。通过本课程的学习我们将了解到,需求由消费者的偏好决定,供给则取决于企业边际成本。

3. 比较静态(Comparative Statics)分析用于比较不同情况下的市场均衡,它只关心一种均衡到另一种均衡的变化,而不分析这种变化的具体过程。

4. 不同市场机制下,均衡数量和均衡价格也会不同,帕累托效率(Pareto Efficiency)是用来评估资源配置效率的一个尺度。帕累托有效(也称"帕累托最优",Pareto Efficient)状态是指没有一种方法能不使其他任何人境况变差的同时而使任何人境况变好的一种资源配置方案。反之则称为帕累托无效(Pareto Inefficent),并存在帕累托改进(Pareto Improvement)——从帕累托无效到帕累托有效的渐进过程。需要注意的是,帕累托有效状态并不是唯一的。例如,在租房市场模型中,竞争性市场和完全价格歧视垄断市场中的均衡都是帕累托有效状态,虽然两个市场的最后结果截然不同。

1.2　例题讲解

1. 假设本章所讨论的租房市场中保留价格最高的 25 人的保留价格均为 500 元,第 26 人保留价格为 200 元(共 26 人),请画出市场需求曲线。

解:需求曲线如图 1-1 所示,即价格为 500 元时,需求量可以为 0~25 的任意整数;价格降为 200 元及以下,需求量增加到 26。

2. 假设消费者对出租房的需求函数为 $D(p)=100-2p$,如果垄断者有 60 套出租房,那么追求收益最大化的垄断者会使用什么价格,出租多少套出租房? 如果垄断者只有 40 套出租房,又怎么样?

解:垄断者收益函数为:$R(p)=p \cdot D(p)=100p-2p^2$

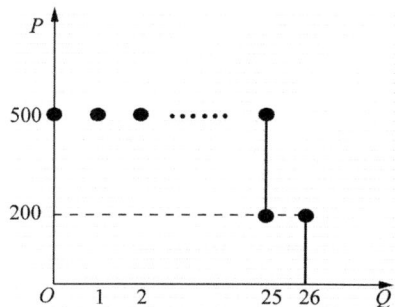

图 1-1

由 $\dfrac{\mathrm{d}R(p)}{\mathrm{d}p} = 0$,可得:$p = 25$。

因此,如果垄断者有 60 套出租房,垄断者仅向市场提供 50 套出租房,租房价格定位为 25 元。但如果垄断者只有 40 套出租房,此时总收益处于递增阶段,因此垄断者会将其所有 40 套房子出租,由 $D(p) = 100 - 2p = 40$,得出市场均衡价格 $p = 30$ 元。

3. 完全竞争的租房市场需求函数为 $D(p) = 100 - 2p$,市场共有 60 套房子供出租,请画出供需曲线并求竞争性均衡价格和数量。若政府向所有出租房子的房东征收 30 元税收,求该政策对供需曲线及均衡的影响。

解:如图 1-2 所示,完全竞争的租房市场供给曲线为 60 套租房的垂直线。因此,原市场竞争性均衡为:$(p^{*}, Q^{*}) = (20, 60)$,即 60 套房子全部租出,市场均衡价格为 20 元,如图中 A 点所示。

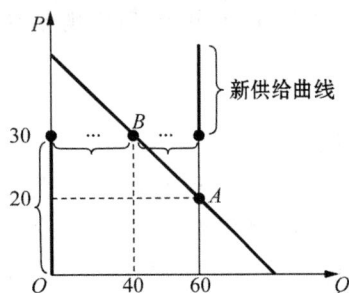

图 1-2

若所有出租房子的房东都要交纳 30 元的税收,新供给曲线如图中粗线部分所示:

● 价格低于 30 元时,供给量为 0;

● 价格等于 30 元时,供给量为 0 到 60 的任意整数;

● 价格高于 30 元时,供给量为 60,此时供给曲线和原供给曲线重合。

因此,新的市场均衡为 $(p', Q') = (30, 40)$,如图中 B 点所示。

第 2 章　预算约束

最优化原理指出,行为人总是在一定约束下选择最优方案。消费理论部分运用这一原理进行消费行为分析——消费者总是选择他们能负担的最佳物品。本章分析"能负担"的含义——预算约束(Budget Constraint)。

2.1　本章要点

1. 消费者预算约束由消费者收入、时间、商品价格等诸多影响因素共同决定,预算约束是资源稀缺性的体现。本章主要在给定收入以及两种商品价格的前提下讨论消费者的预算约束问题:

(1) 预算集(Budget Set):是指在既定商品价格和消费者收入的条件下,消费者能够消费得起所有商品束的集合。假设只有两种商品,其价格分别为 p_1 和 p_2,消费者收入为 m,那么,满足不等式 $\begin{cases} p_1 x_1 + p_2 x_2 \leqslant m \\ x_1 \geqslant 0 \\ x_2 \geqslant 0 \end{cases}$ 所有商品束 (x_1, x_2) 的集合就叫预算集(如图 2-1)。

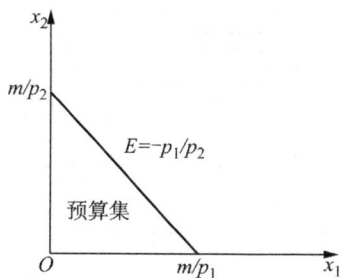

图 2-1

(2) 预算线(Budget Line):等式 $p_1 x_1 + p_2 x_2 = m$ 在坐标系第一象限里所表示的图像就叫预算线,其中预算线横截距为 $\dfrac{m}{p_1}$,表示消费者所有收入能购买商品 1 的数量;预算线纵截距为 $\dfrac{m}{p_2}$,表示消费者所有收入能购买商品 2 的数量;预算线的斜率为 $E = \dfrac{-p_1}{p_2}$,它由两种商品的相对价格所决定,因此称为市场交换率——按市场相对价格所对应两种商品交换的比率。预算线斜率也代表以商品 2 来表示商品 1 的机会成本(Opportunity Cost)。

(3) 通常当我们的分析集中于横轴表示的商品 1 时,我们定义纵轴商品 2 代表一种复合商品(Composite Good),表示除商品 1 之外还需要消费的其他一切东西。这种复合商品通常用花在商品 1 之外的其他商品上的货币来衡量,即商品 2 的价格为 1。

(4) 如果消费者除了收入以外还存在时间等其他约束,即为多重约束问题,此时预算集应该为各类预算约束的交集。

2. 预算线变动。其他条件不变的情况下,增加消费者收入使预算线向外平移;如果以商品 1 的消费量为横轴,以其他商品的消费量为纵轴,那么提高商品 1 的价格使得预算线变得陡峭;降低商品 1 的价格使得预算线变得平坦。

3. 税收(Taxes)、补贴(Subsidies)和配给(Rationing)等政策会改变预算线斜率或者预算集的范围。

2.2　例题讲解

1. 考虑书中讨论有关困难家庭食品券补贴的问题：以家庭月收入 300 元为例，购买 153 元的食品券只需要支付 83 元。若政府规定 153 元的食品券必须一次性购买且不能退款及转让，请问这种情况下补贴对预算线的影响。

解：首先，以横轴表示食品的消费价值 x，纵轴表示其他商品的消费价值 y，构建消费空间。

分析表明，如果家庭食品消费不足 83 元，则无须购买食品券，此时没有享受补贴，食品消费和其他商品消费价格比为 1：1。当食品消费超过 83 元但不足 153 元时，困难家庭会选择购买食品券，83 元的货币支出最多可以消费价值 153 元的食品，因此家庭在其他商品的支出可以保持在 217 元的水平。当食品消费超过 153 元时，因为超过部分不再存在补贴，食品消费与其他商品的消费价格比又为 1：1。

故其预算方程为 $\begin{cases} x+y=300 & 0 \leqslant x \leqslant 83 \\ y=217 & 83 \leqslant x \leqslant 153 \\ x+y=370 & 153 \leqslant x \end{cases}$，预算线如图 2-2 所示。

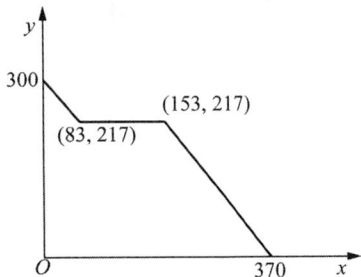

图 2-2

2. 小李喜欢热狗和可口可乐。热狗 1 元/个，可口可乐 0.5 元/瓶。可口可乐公司将推出一个持续一个月的促销活动。如果小李在下个月把他喝过的可口可乐的瓶盖寄回可口可乐公司，超过 12 个瓶盖后，每个瓶盖他将得到 0.2 元。假如他寄回 25 个瓶盖，他将得到 $0.2 \times (25 - 12) = 2.6$ 元。小李下个月有 40 元准备花在热狗和可口可乐上，请在以可口可乐消费量为横轴，以热狗消费量为纵轴的消费空间上画出预算线，标出预算线与横轴、纵轴的交点，折点坐标，并写出预算方程。

解：设热狗的消费量为 h，可口可乐的消费量为 c，根据题意，可乐消费量在 12 单位以下为 0.5 元/瓶，超过 12 瓶后考虑到退瓶盖收回的费用，实际支付为 0.3 元/瓶。因此预算线如图 2-3 所示[①]。

预算方程为 $\begin{cases} h+0.5c=40 & \text{当 } c \leqslant 12 \\ h+0.3c=12 \times 0.3+34 & \text{当 } c > 12 \end{cases}$

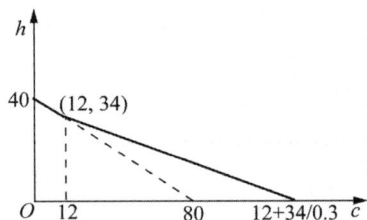

图 2-3

3. 小李共有 92 单位红货币和 20 单位蓝货币的收入，买东西必须支付两次，一次用红货币支付，一次用蓝货币支付。苹果的价格是 2 单位红货币 + 1 单位蓝货币，香蕉的价格是 6 单位红货币 + 1 单位蓝货币。如果小李花费所有的蓝货币，而红货币没有全部花完，那么他必须至少消费多少苹果？

---

① 有细心的读者可能会提出，只能先把第一批购买的可乐喝完再去退瓶盖，从而导致第二次退瓶盖实际上又需再收集满 12 个瓶盖，……这些质疑反映了读者善于思考并且是值得鼓励的，但限于篇幅这里便不再深入讨论。

解：设小李消费 a 单位苹果和 b 单位香蕉，则由题意可得：$\begin{cases} 2a+6b \leqslant 92 \\ a+b=20 \end{cases}$

解之得：$\begin{cases} a \geqslant 7 \\ b \leqslant 13 \end{cases}$

因此，他必须至少消费 7 单位苹果。

4. 考虑消费者消费两个商品 x 和 y，两种商品价格分别用 p_x 和 p_y 表示（$p_y > p_x$），消费者收入为 m。若商家进行促销：每购买一单位商品 y，则免费搭送一单位商品 x（价格仍为 p_y），分析该促销政策对预算集的影响。

解：如图 2-4 所示，因为享受这种促销政策，当消费者将其全部收入用于购买商品 y 时，可以获得等量的商品 x，因此预算线由原来的虚线变为图中实线所示，相应预算集也扩大。

5. 在《商业周刊》上的广告可以被 300 名律师和 1 000 名工商管理硕士读到，在公开消费场所的广告可以被 250 名律师和 300 名工商管理硕士读到，如果明星公司想投资 3 000 元做广告，《商业周刊》广告价格是 500 元/次，公开消费场所广告价格是 250 元/次。请问给定它的广告预算能够达到的律师和工商管理硕士人数组合。

解：给定预算约束，明星公司在商业周刊上的广告次数 x 与在公开消费场所的广告次数 y 满足以下方程：$500x + 250y = 3\,000$

其整数解为 $(x, y) = \{(0,12),(1,10),(2,8),(3,6),(4,4),(5,2),(6,0)\}$

对应于 (x, y) 的律师和工商管理硕士人数分别为：$300x + 250y$、$1\,000x + 300y$。所以能够达到的律师和工商管理硕士人数组合为：$(3\,000,3\,600)$、$(2\,800,4\,000)$、$(2\,600,4\,400)$、$(2\,400,4\,800)$、$(2\,200,5\,200)$、$(2\,000,5\,600)$、$(1\,800,6\,000)$。

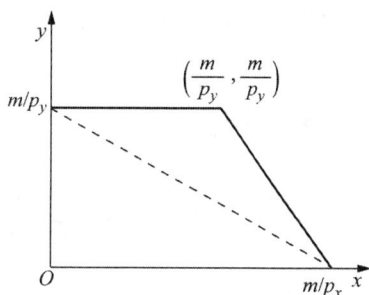

图 2-4

2.3　练习题

2.3.1　判断题（T 或 F）

1. 考虑某消费者消费价格均为正的两种商品。如果其中一种商品的价格下降了，而收入和另一种商品的价格保持不变，那么预算集范围缩小了。　　　　　　　　　　（　　）

2. 以横轴代表商品 1，纵轴代表商品 2，商品 1 价格为 p_1，商品 2 价格为 p_2，那么预算线的斜率为 $-\dfrac{p_2}{p_1}$。　　　　　　　　　　　　　　　　　　　　　　　　　（　　）

3. 如果所有的商品价格都变为原来的两倍，而收入保持不变，那么预算集没有变化，因为相对价格没有变化。　　　　　　　　　　　　　　　　　　　　　　　　　　（　　）

4. 考虑两种商品，如果一种商品为正，而另一种商品价格为负（例如把"拾垃圾"也看成是"商品"，负的价格表示对消费者的补贴），那么预算线斜率为正。　　　　　　（　　）

5. 如果所有商品价格变为原来的两倍，收入变为原来的三倍，则预算线会更加陡峭。

（　　）

6. 如果横轴表示商品 1,纵轴表示商品 2,那么商品 1 的价格上升不会改变预算线的水平截距。 （　　）

7. 如果两种商品的价格都上升,那么预算线一定会变得更加陡峭。 （　　）

8. 某消费者消费两种商品,如果知道该消费者全部收入能买多少商品 1,且知道两种商品的相对价格,那么在不需要知道其他信息就能够画出消费者的预算线。 （　　）

9. 各种商品对某消费者来说都是越多越好。如果他的收入增加,其中一种商品价格下降而其他商品价格保持不变,那么这些变化一定使该消费者过得更好。 （　　）

10. 考虑预算线斜率只受相对价格的影响,而预算线与坐标轴的交点取决于预算收入对两种商品的购买力。若知道商品相对价格和消费者收入对不同商品的购买力,则可以画出预算线。 （　　）

2.3.2 单选题

1. 小王把他全部收入花在香蕉和西瓜上。他能够消费 11 只香蕉和 4 只西瓜,也能够消费 3 只香蕉和 8 只西瓜。香蕉每只 6 元。请问小王的收入是多少? （　　）

A. 115 元　　　　　　　　　　　　　B. 105 元

C. 114 元　　　　　　　　　　　　　D. 119 元

E. 以上都不是

2. 小李早饭爱吃包子和牛奶。包子 1 元/个,牛奶 2 元/杯。他每天花在早饭上的钱不超过 11 元。他还严格控制消费热量不超过 6 500 卡路里。每个包子含 1 500 卡路里,每杯牛奶含 500 卡路里。如他把钱全都花完,并且消费量不超过热量限额,那么他能消费 （　　）

A. 不多于 3 个包子　　　　　　　　　B. 不多于 2 个包子

C. 不多于 4 杯牛奶　　　　　　　　　D. 不多于 4 个包子

E. 以上都不对

3. 某消费者用他所有的收入消费了 5 单位商品 x 和 13 单位商品 y。商品 x 的价格为商品 y 的 2 倍。现假设收入变为原来的 2 倍,且商品 y 的价格也变为原来的 2 倍,但商品 x 的价格保持不变。如果他继续消费 13 单位商品 y,那么他最多能购买多少单位的商品 x? （　　）

A. 10　　　　　　　　　　　　　　　B. 5

C. 12　　　　　　　　　　　　　　　D. 14

E. 没有足够的信息来判断

4. 第一年,商品 x 的价格是 \$3,商品 y 的价格是 \$2,收入是 \$90。第二年,x 商品的价格是 \$9,商品 y 的价格是 \$6,收入是 \$90。在横轴代表商品 x,纵轴代表商品 y 的坐标系中,新的预算线 （　　）

A. 比原来的更加平坦,且在它下面　　　B. 比原来的更加平坦,且在它上面

C. 比原来的更加陡峭,且在它下面　　　D. 比原来的更加陡峭,且在它上面

E. 以上都不对

5. 孙某把所有收入花在 8 瓶果酱和 8 瓶花生酱上,果酱每瓶 9 美元,他的收入是 88 美元。现他把所有收入来购买 a 瓶果酱和 b 瓶花生酱,则他的预算约束方程为 （　　）

A. $9a+4b=88$　　　　　　　　　　B. $18a+4b=176$

C. $11a+2b=88$　　　　　　　　　　D. $9a+6b=90$

E. 以上都不对

6. 假定商品 x 和商品 y 的价格是原来的两倍,而收入变成原来的三倍。在横轴表示商品 x,纵轴表示商品 y 的坐标系上:　　　　　　　　　　　　　　　　　　　　(　　)

    A. 新预算线变得更加陡峭,并向内移　　　　B. 新预算线变得更加平坦,并向外移

    C. 新预算线变得更加平坦,并向内移

    D. 新预算线与原预算线平行,并且在原预算线的下方

    E. 以上都不对

7. 假定商品 x 的价格是原来的三倍,商品 y 的价格是原来的两倍,而收入保持不变。在横轴表示商品 x,纵轴表示商品 y 的坐标系上:　　　　　　　　　　　　　　(　　)

    A. 新预算线比原来平坦,在原预算线下方　　　B. 新预算线比原来平坦,在原预算线上方

    C. 穿过原来的预算线　　　　　　　　　　　D. 新预算线比原来陡峭,在原预算线下方

8. 小周想增加体重,这样他就可以玩橄榄球。小周只消费牛奶和面包。每瓶牛奶花费他 $1,每块面包 $2。每瓶牛奶中含有 850 卡路里的热量,每块面包含有 200 卡路里的热量。小周一天只花在食物上不超过 $20。每天他消费食物的热量至少 8 000 卡路里,下面哪一项表述肯定正确?　　　　　　　　　　　　　　　　　　　　　　　　　　　　　　(　　)

    A. 他每天至少消费 9 瓶牛奶　　　　　　　B. 他每天消费的面包不多于 6 块

    C. 他从不同时消费正数量的两种商品　　　D. 他只消费牛奶

    E. 以上都不正确

9. 赵某只消费土豆和牛肉。当土豆的价格是 9 元,牛肉的价格是 5 元时,他用所有的收入购买了 5 单位土豆和 10 单位牛肉。现在政府对购买土豆进行补贴。每单位土豆补贴 5 元。政府为了支付这种补贴要征收收入税。赵某每月支付 20 元的收入税。如果 s 是土豆数量,c 是牛肉的数量。下列哪一个是赵某新的预算线方程?　　　　　　　　　　　　(　　)

    A. $9s + 5c = 100$　　　　　　　　　　　B. $14s + 5c = 95$

    C. $4s + 5c = 95$　　　　　　　　　　　D. $4s + 5c = 75$

    E. $14s + 5c = 120$

10. 如果你花掉所有的收入能购买 3 单位商品 x 和 9 单位商品 y,或者是 9 单位商品 x 和 3 单位商品 y。如果用所有收入来购买商品 x,能买多少单位商品 x?　　　(　　)

    A. 21　　　　　　　　　　　　　　　　　B. 16

    C. 12　　　　　　　　　　　　　　　　　D. 没有足够的信息判断

    E. 以上都不正确

11. 消费者关于商品 x 和商品 y 的预算线不取决于下列的哪一项?　　　　　(　　)

    A. 他的收入　　　　　　　　　　　　　　B. 商品 x 的价格

    C. 他对商品 x 和商品 y 的偏好　　　　D. 商品 y 的价格

    E. 以上都不正确

12. 你对商品 A 和商品 B 的预算方程是 $12A + 4B = I$,其中 I 是收入。你现在消费了不止 27 单位的商品 B。为了多得到 3 单位的商品 A,你需要放弃多少单位的商品 B?　(　　)

    A. 0.33　　　　　　　　　　　　　　　　B. 0.11

    C. 3　　　　　　　　　　　　　　　　　　D. 9

    E. 以上都不正确

13. 刘乐喜欢糖果讨厌口香糖。为了吸引他吃足够的口香糖并限制他吃过多的糖果,只要他吃一夸脱口香糖,他的母亲就会给他 10 元钱。他只能在糖果店买到糖果,糖果每个 5 元。除了他能够得到作为他吃口香糖的补偿的钱外,他还能每周得到 10 元的零用钱。如果刘乐只消费糖果和口香糖,以口香糖作为横轴,糖果作为纵轴,那么他的预算线斜率为: ( )

    A. 2   B. $-1/2$

    C. -2 D. $1/2$

    E. 比 2 大

14. 某家庭每周收入为 m,x 代表食物,y 代表其他商品。p_x 为食物的价格,p_y 是其他商品的价格。他们可以通过获得食物券以实际 $p_x(1-s)$ 的价格来购买食物(当食物消费数量不足 x^* 单位时)。如果他们购买的食物数量超过 x^*,他们要承担的价格是 p_x。他们每周的收入多于 $p_x(1-s)x^*$,那么他们能购买的食物数量最多为: ( )

    A. $x^*+\dfrac{m}{p_x}$ B. $\dfrac{m+x^*}{p_x}$

    C. $sx^*+\dfrac{m}{p_x}$ D. $\dfrac{m}{(1-s)p_x}$

    E. $\dfrac{m+p_x}{(1-s)p_x}$

15. 如果你能正好消费或者是 4 单位的商品 x 和 24 单位的商品 y,或者是 9 单位的商品 x 和 4 单位的商品 y。如果你把收入全部购买商品 y,你能够买多少单位? ( )

    A. 40   B. 20

    C. 60   D. 13

    E. 以上都不正确

16. 本周某大学生有足够的时间去读 40 页的经济学(E)和 30 页的生物学(S),或者 30 页的经济学和 50 页的生物学。下面哪个预算方程可以描述上述约束? ( )

    A. $E+S=70$ B. $E/2+S=50$

    C. $2E+S=110$ D. $E+S=80$

    E. 所有上述都对

17. 《商业周刊》上广告可以被 300 名律师和 1000 名工商管理硕士读到,公开消费场所广告可以被 250 名律师和 300 名工商管理硕士读到,如果明星公司想投资 3750 元做广告,第一种广告的价格是 500 元,第二种广告的价格是 250 元。那么,沿着下面哪一段线段的整数值能够代表他的广告预算能够达到的律师和工商管理硕士人数组合? ( )

    A. $(4\,500,0)$ 和 $(0,9\,000)$ B. $(3\,750,4\,500)$ 和 $(2\,250,7\,500)$

    C. $(0,4\,500)$ 和 $(2\,250,0)$ D. $(4\,500,5\,250)$ 和 $(2\,250,9\,000)$

    E. $(3\,000,0)$ 和 $(0,7\,500)$

18. 小李共有 94 单位红货币和 25 单位的蓝货币的收入,买东西必须支付两次,一次用红货币支付,一次用蓝货币支付。苹果的价格是 2 单位红货币+1 单位蓝货币/个,香蕉的价格是 6 单位红货币+1 单位蓝货币/个。如果小李花费所有的蓝货币,而红货币没有全部花完,那么他必须消费: ( )

    A. 至少 14 个苹果   B. 至少 11 个香蕉

    C. 香蕉数量正好是苹果数量的两倍   D. 至少 15 个香蕉

E. 香蕉数量正好等于苹果数量

19. 陈某正在为他的 MBA 考试努力复习,他只消费两种商品,钢笔和墨水。每支钢笔的价格为 1 元,每瓶墨水搭一支免费的钢笔的价格为 2 元。以钢笔的消费量为横轴作图,图中预算约束线分为两部分,各部分的斜率分别是多少? 　　　　　　　　　　(　　)

A. 0 和 −1　　　　　　　　　　　　　　B. 0 和 −2

C. 0 和 −0.5　　　　　　　　　　　　　D. 0 和 2

E. 0 和 无穷大

20. 某消费者消费咖啡(C)和坚果(D)。他的预算方程是 $D=20-2C$,过了一段时间,他的预算方程变为 $D=10-C$,后来的预算约束线的改变可以被解释为: 　　　(　　)

A. 咖啡价格和收入都上涨了　　　　　　B. 咖啡价格上涨,收入下降

C. 咖啡价格下降,收入上升　　　　　　D. 咖啡价格和收入都下降了

E. 该消费者对坚果的效用下降了

2.3.3　简答题

1. 假设王阿姨只消费白菜和大豆。白菜的单位价格是 10 元,大豆的单位价格是 5 元,他的收入是 40 元。以白菜的消费量为横轴,大豆的消费量为纵轴而做出王阿姨的预算约束线。请标出该预算约束线和横轴的交点 A 与纵轴的交点 B,并标出大小。考虑当王阿姨的收入变为 80 元,白菜的价格变为 20 元,大豆的价格不变,重新做出预算约束线,与横轴的交点为 C,与纵轴的交点为 D,并标出大小。

2. 某同学学习经济学和政治科学,她每小时能够读 30 页政治科学,但是每小时只能读 5 页经济学。本周她有 50 页的经济学和 150 页的政治科学任务量需要完成。由于要复习其他科目,本周她复习这两门课程不能超过 10 小时。她感觉到不能完成任务,但她决定至少完成 30 页的经济学。以经济学的完成量为横轴,政治科学的完成量为纵轴做出预算约束线,并在图中标明该同学可能的任务完成量。

3. 考虑两种商品 x_1 和 x_2,价格分别为 p_1 和 p_2,但是当 $x_1 \geqslant \bar{x_1}$ 时,政府对消费 x_1 商品征收数量税 t。若消费者收入为 m,画出预算集并写出预算线。

4. 描述中国粮价改革对消费者预算的影响:

(1) 假设没有任何市场干预,中国的粮价为每斤 0.4 元,每人收入 100 元。把粮食消费量计为 x,在其他商品上的开支为 y,写出预算线方程,并图示。

(2) 假设每人得到 30 斤粮票,可凭票以 0.2 元的价格买粮食,写出预算线方程,并图示。

(3) 假设取消粮票,补贴每人 6 元钱,写出预算线方程,并图示。

5. 小张早饭爱吃包子和牛奶,包子 1 元/个,每个包子含 600 卡路里热量,牛奶 2 元/杯,每袋牛奶含 200 卡路里热量。他每天花在早饭上的钱不超过 14 元。因为正在减肥,他严格控制早饭消费热量不超过 3 400 卡路里。如果他把钱都花完,并且不超过热量限额,那么他能消费包子和牛奶的范围是多少?

6. 某消费者消费两个商品 x 和 y,两种商品价格分别用 p_x 和 p_y 表示($p_y > p_x$),消费者收入为 m。若商家规定购买一单位商品 y 必须同时购买一单位商品 x(即商品 y 不单卖,进行搭售),请分析该促销政策对预算集的影响。

参考答案

判断题

1. F 2. F 3. F 4. T 5. F 6. F 7. F 8. T 9. T 10. T

单选题

1. C 2. A 3. A 4. E 5. B 6. E 7. D 8. B 9. D 10. C 11. C 12. D 13. A 14. C 15. A 16. C 17. B 18. A 19. A 20. D

简答题

1. 白菜的消费量为 x，大豆的消费量为 y。则两条预算约束方程分别为：

$$10x+5y = 40$$
$$20x+5y = 80$$

所以，四点坐标为 $A(4,0)$、$B(0,8)$、$C(4,0)$ 和 $D(0,16)$，见图 2-5。

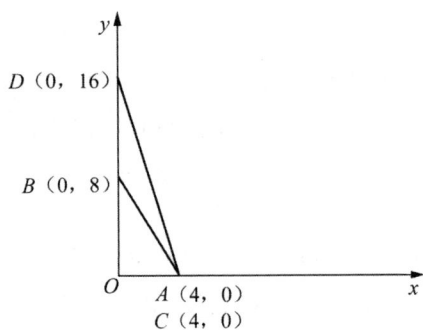

图 2-5

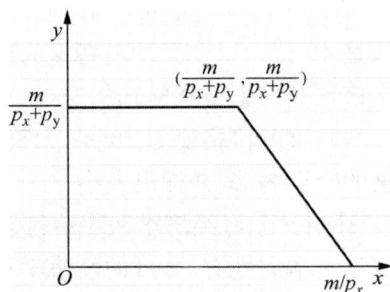

图 2-6

2. 由三点 $(50,0)$、$(30,120)$ 和 $(30,0)$ 围成的三角形内部任何一点都满足约束条件。

3. 预算线方程：$\begin{cases} p_1x_1+p_2x_2=m & 当 x_1 \leqslant \bar{x}_1 \\ (p_1+t)x_1+p_2x_2=m+t\bar{x}_1 & 当 x_1 \geqslant \bar{x}_1 \end{cases}$；图略。

4. 预算线方程分别如下：

(1) $0.4x+y=100$

(2) $\begin{cases} 0.2x+y=100 & 当 x \leqslant 30 \\ 0.4x+y=106 & 当 x>30 \end{cases}$

(3) $0.4x+y=106$

图略。

5. 用 x 表示包子，y 表示牛奶，小张的预算选择范围应在线段 $x+2y=14$ 上，且 x 在 $[0,4]$ 区间。

6. 预算集如图 2-6 所示。

第3章 偏 好

上一章"预算约束"表示哪些消费束是消费者"能负担"的,而"偏好"一章则是与消费者"最佳物品"相联系。

3.1 本章要点

1. 偏好(Preference)是消费者对不同消费束(Consumption Bundle,不同消费束代表不同商品组合)喜爱关系的一种描述。同一消费者在不同时间、地点、情形下对消费束偏好关系是可能发生变化的。简化起见,本书分析过程中假设消费者的偏好保持不变。

2. 三种基本偏好关系:严格偏好$(x_1,x_2) > (y_1,y_2)$;弱偏好$(x_1,x_2) \gtrsim (y_1,y_2)$;无差异$(x_1,x_2) \sim (y_1,y_2)$。

3. 理性偏好必须满足完备性公理、反身性公理、传递性公理三大基本公理。

● 完备性(Complete)公理:任何两个消费束都是可以比较的。

● 反身性(Reflexive)公理:任何消费束至少与本身是同样好的。

● 传递性(Transitive)公理:如果消费者认为消费束x至少与消费束y一样好,消费束y至少和消费束z一样好,那么消费者就认为消费束x至少与消费束z一样好。

4. 把消费空间中与某一消费束无差异的那些消费束连起来,便构成了无差异曲线(indifference curve),无差异曲线也是该消费束弱偏好集的边界。无差异曲线是对偏好关系的一种描述方法,在此后消费理论分析中具有重要作用。

5. 无差异曲线的一条基本性质为:两条无差异曲线不能相交。

6. 熟悉各种偏好关系与其对应无差异曲线:完全替代品(perfect substitutes)、完全互补品(perfect complements)、厌恶品、中性商品、餍足点、离散商品,等等。此外,用无差异曲线表示消费者偏好时要注意标出偏好递增方向。

7. 考虑具有以下两个特点的偏好:

● 越多越好:这意味着无差异曲线斜率为负。

● 更喜欢平均消费:给定两个无差异的消费束$(x_1,x_2) \sim (y_1,y_2)$,消费者总是偏好这两个消费束进行平均组合的消费束[①],即

$$[\lambda x_1 + (1-\lambda)y_1, \lambda x_2 + (1-\lambda)y_2] \gtrsim (x_1,x_2)$$

我们把满足以上两个性质的理性偏好称为良性偏好(well-behaved preference)。良性偏好的无差异曲线总是凸状(convex)的。与此相对应,凹状(concave)无差异曲线总是对应为极端消费(即消费者只消费某一种商品),这一点在"选择"一章会进一步展开分析。

8. 区分凸和严格凸的一个标准是看无差异曲线是否有平坦的部分,或者说消费者是否严

---

① 例如,假如两次考试成绩(20,100)和(100,20)对消费者无差异,大部分消费者还是会更喜欢(60,60),毕竟都及格了!

11

格偏好于平均消费束。

9. 无差异曲线上每一点切线的斜率称为边际替代率（Marginal Rate of Substitute, MRS）。与预算线斜率所表示的"市场交换率"相对应，边际替代率表示消费者"意愿性交换率"，即一个是市场提供的交换比率，一个是消费者意愿性交换比率。此外，边际替代率也可以理解为以商品 2 所度量的对商品 1 的边际支付意愿。良性偏好下无差异曲线具有边际替代率递减的特点。

3.2 例题讲解

1. 小张是一个邮票收集者，他收集的邮票主要分生肖邮票和山水邮票。如果生肖邮票数量多于山水邮票，他愿意用 3 张山水邮票换 2 张生肖邮票（反之亦可）；如果山水邮票多于生肖邮票，他愿意用 3 张生肖邮票换 2 张山水邮票（反之亦可）。请用无差异曲线表示小张对山水邮票和生肖邮票的偏好关系，并分析这种偏好具有良性偏好的性质。

解：小张的偏好在两种情况下是不同的，当生肖邮票多于山水邮票时，他的边际替代率为 2∶3（即用 2 张生肖邮票换 3 张山水邮票）；当山水邮票多于生肖邮票时，他的边际替代率为 3∶2。故无差异曲线如图 3-1 所示。虽然小张对两种邮票的偏好是越多越好，但显然小张并不喜欢平均消费。实际上，对于邮票收藏爱好者来说，往往偏注于某个领域的收藏。这种偏好不属于良性偏好，无差异曲线呈现为凹状。

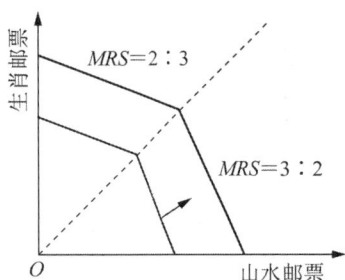

图 3-1

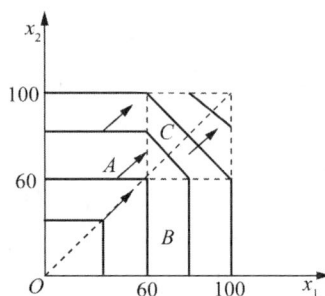

图 3-2

2. 钟老师的课程每个学期要进行三次平时测验，该门课程平时成绩计分规则如下：去掉一个最低分，取其余两次成绩的平均值作为平时成绩。小张第一次测验考了 60 分，记 x_1 和 x_2 分别为第二次和第三次考试的成绩。请画出小张后两次测验的无差异曲线。

解：对小张的成绩分为以下几种情况进行讨论，无差异曲线如图 3-2 所示。

（1）$x_1 < x_2$，且 $x_1 < 60$：

x_1 的成绩会被舍弃，故 x_1 为"中性商品"。无差异曲线为水平状，如图 A 区。

（2）$x_2 < x_1$，且 $x_2 < 60$：

x_2 的成绩会被舍弃，故 x_2 为"中性商品"。无差异曲线为垂直状，如图 B 区。

（3）$60 < x_1 < x_2$：

分数取决于 x_1 和 x_2 的平均值，即 $x = \dfrac{x_1 + x_2}{2}$，无差异曲线边际替代率为 -1，如图 C 区。

3. 某学校篮球教练挑选校队运动员,主要考察三个方面:身高、速度及是否听从指挥。两个运动员相比,只要有某运动员两项指标优于另外一个,则被选中。现需要从以下三人中挑选两人参加比赛:甲身高 1.88 米,速度一般,服从指挥;乙身高 1.85 米,速度非常快,从不服从指挥;丙身高 1.83 米,速度较快,非常服从指挥。请问,该教练会选择哪两位运动员?

解:该教练的挑选标准不符合理性偏好的传递性。例如,甲偏好乙,乙偏好丙,但丙又偏好甲。因此,该教练在三人之间无法做出一个合理的选择。经济分析中要求偏好满足三个公理,即偏好是理性的,否则无法进行判断。

4. 小王喜欢吃巧克力,而且越多越好。同时,刚开始练习钢琴的他总是觉得弹琴是非常枯燥的,能少则少。练习了足够时间的钢琴后(例如 5 小时)他开始喜欢上弹琴,并愿意多加练习。若以横轴表示练习钢琴的时间,纵轴表示巧克力,试画出小王的无差异曲线。

解:练习钢琴在小王熟练之前属于厌恶品,因此与巧克力的边际替代率为正值(无差异曲线向上倾斜)。到了一定阶段后,练习钢琴变成正常商品,即如图 3-3 所示无差异曲线向下倾斜。

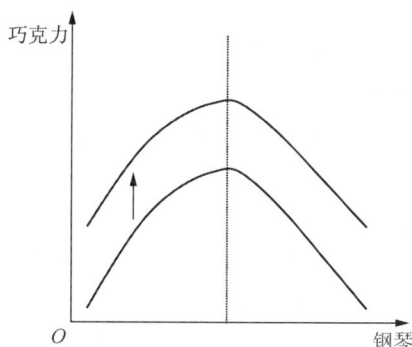

图 3-3

5. 小孙是一个比较粗心的人,他总是分不清一些细小的差别。他消费两种商品:x 和 y。对于两个消费束 (x, y) 和 (x', y'),只有在 $xy - x'y' > 1$ 时他才严格偏好 (x, y),否则就认为两个一样好。试问小孙这种偏好是否满足传递性?

解:小孙的无差异偏好可能不存在传递性。考虑三个消费束:$A = (1, 1)$,$B = (1, 1.75)$,$C = (1, 2.5)$。其中,A 和 B 是无差异的,B 与 C 也是无差异,但 C 则偏好于 A。

但是,小孙的严格偏好关系是存在传递性的。假设三个消费束 (x, y),(x', y') 和 (x'', y''),如果第一个严格偏好于第二个,第二个严格偏好于第三个,即 $xy - x'y' > 1$ 并且 $x'y' - x''y'' > 1$,故有 $xy - x''y'' > 1$。因此第一个也严格偏好于第三个。

6. 小王每天最好消费 8 块曲奇和 4 杯牛奶,多于、少于这个量都不好。他母亲则要求他每天喝 7 杯牛奶,并只允许他每天吃 2 块曲奇。一天小王的母亲不在家,他姐姐就让他吃 13 块曲奇,但只给他一杯牛奶。尽管小王对最后 5 块曲奇有点感觉难以下咽,并请求多一些牛奶,但他姐姐并没有同意。之后小王向他母亲抱怨此事,但他也承认,与母亲对他的要求相比,他还是更喜欢姐姐这种搭配多一些。

(1) 请画出小王对曲奇和牛奶的无差异曲线。

(2) 小王的母亲认为小王每天最好消费 7 杯牛奶和 2 块曲奇。她认为偏离这个量越大,就越不好。若记 (c, m) 为曲奇和牛奶的消费束,这种偏离可以用 $D = |7-m| + |2-c|$ 来度量。请画出小王母亲的无差异曲线。

解:对于小王来说,$(8, 4)$ 就是一个餍足点,多了、少了都不好,因此无差异曲线如图 3-4 所示。虽然我们无法知道小王无差异曲线在每一点的边际替代率,但根据他更偏好于他姐姐给他的搭配方案,消费束

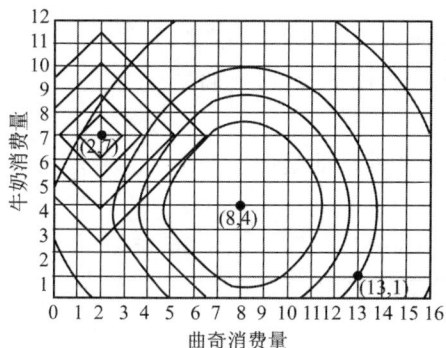

图 3-4

13

(13,1)所在的无差异曲线应该在消费束(2,7)的无差异曲线里面。

对于小王母亲,根据偏离的度量方式,可知无差异曲线的边际替代率应为1或者−1(取决于两种商品是正偏还是负偏于小王母亲餍足点的消费水平)。故无差异曲线如图3-4所示。

3.3 练习题

3.3.1 判断题(T 或 F)

1. 如果偏好具有传递性,那么消费总是越多越好。 （ ）

2. 一个喜欢平均消费的消费者,如果他对(5,2)和(11,6)无差异,那么他应该更偏好于(8,4)。 （ ）

3. 对于两种商品,如果消费者认为每种商品都是多多益善,而且边际替代率递减,则他的偏好是良性的。 （ ）

4. 如果偏好是良性的,那么对于任何消费束 X,他的弱偏好集是凸集。 （ ）

5. 小李偏好商品1越多越好,偏好商品2越少越好,且小李喜欢平均消费。如果把商品1放在横轴,商品2放在纵轴,那么他的无差异曲线斜率是正的,并且越来越陡。 （ ）

6. 如果小王的物理老师取她三次平时测验中最高的分数作为平时成绩,那么小王对三次平时测验成绩具有良性偏好。 （ ）

7. 如果小张的古典唱片比摇滚唱片多,她就愿意用1张古典唱片换2张摇滚唱片。但如果她的摇滚唱片比古典唱片多,她就愿意用1张摇滚唱片换2张古典唱片。小张这种偏好是良性的。 （ ）

8. 当牛奶价格为2元/瓶,包子价格为1元/个时,小李买3瓶牛奶和2个包子,小张买2瓶牛奶和3个包子。因此,小李对于牛奶和包子的边际替代率大于小张。 （ ）

9. 那些不能区分出一些细小差别的消费者[1]在严格偏好关系上具有传递性,但在无差异关系上则不具有传递性。 （ ）

10. 如果某商品价格上升,则消费者对该商品偏好也随之改变。 （ ）

3.3.2 单选题

1. 小张消费商品 x 和 y,他的无差异曲线可以用方程 $y = k/(x + 7)$ 来描述,更大的 k 值表示更偏好的无差异曲线。下列哪项是正确的? （ ）

A. 小张喜欢商品 y,讨厌商品 x B. 小张偏好(12,16)于(16,12)

C. 小张偏好(8,5)于(5,8)   D. 小张喜欢商品 x,讨厌商品 y

E. 以上说法有两个以上是正确的

2. 小李的无差异曲线是圆形的,并且所有无差异曲线的圆心都是(12,12)。在所有无差异曲线中,他更偏好于里面的那些消费束。则 （ ）

A. 小李的偏好是不完备的   B. 小李偏好(16,17)于(10,10)

C. 小李偏好(10,17)于(10,10)   D. 小李偏好(8,8)于(17,21)

---

① 参照例题5中对此类消费者的描述。

E. 以上说法有两个以上是正确的

3. 小王消费苹果和香蕉。他对苹果消费认为越多越好,但他可能会对香蕉厌烦。如果每个星期消费少于 29 只香蕉,小王则认为一只香蕉与一个苹果是完全替代的。但如果香蕉多于 29 只,那么要让小王多消费一只香蕉则必须多给他一个苹果。小王的一条无差异曲线通过 $(30,39)$,其中横轴为苹果的消费量,纵轴为香蕉的消费量,这条无差异曲线同时也通过 $(A, 21)$,则 A 等于　　　　　　　　　　　　　　　　　　（　　）

A. 25　　　　　　　　　　　　　　B. 28

C. 34　　　　　　　　　　　　　　D. 36

E. 以上都不对

4. 如果两类商品的消费都是越多越好,并且偏好是良性的,则　　　　　（　　）

A. 无差异曲线上存在链点

B. 无差异曲线必须是条直线

C. 对于两个不同但无差异的消费束,则它们的平均消费束比它们更糟

D. 沿着无差异曲线的边际替代率保持常数不变

E. 以上都不对

5. 某消费者消费两种商品,商品 1 是越少越好,商品 2 是越多越好,则无差异曲线（　　）

A. 向下倾斜　　　　　　　　　　　B. 向上倾斜

C. 可能会相交　　　　　　　　　　D. 类似于椭圆形

E. 以上都不对

6. 对于两种完全互补的商品,下列哪种说法正确?　　　　　　　　　　（　　）

A. 存在一个餍足点,并且所有无差异曲线都围绕它

B. 消费者只买两个中便宜的那个

C. 无差异曲线斜率为正

D. 以上都不对

7. 当以下哪个条件满足时,偏好具有单调性?　　　　　　　　　　　　（　　）

A. 所有商品必须以固定比例消费　　B. 所有商品都是完全替代品

C. 商品总是越多越好　　　　　　　D. 边际替代率递减

E. 以上都不对

8. 小张具有满足方程 $x_2 = k - 4x_1^{\frac{1}{2}}$ 的无差异曲线,并且 k 越大,无差异曲线越被偏好。如果商品 1 在横轴,商品 2 在纵轴,则小张的无差异曲线在消费束 $(16,17)$ 的斜率为　（　　）

A. $-16/17$　　　　　　　　　　　B. $-17/16$

C. -0.50　　　　　　　　　　　　D. -21

E. -4

9. 小李这个学期有两门课,一门是钟老师在上,另一门是陈老师在上。钟老师取平时测验的最高分作为最后的平时成绩,而陈老师则取平时测验的最低分作为最后的平时成绩。在其中一门课上,小李在第一次平时测验中得了 30 分,第二次平时测验得了 50 分。如果把第一次平时测验的成绩标在横轴,第二次平时测验成绩标在纵轴,小李的无差异曲线在点 $(30,50)$ 的斜率为零。据此,这门课应该是　　　　　　　　　　　　　　　　　　（　　）

A. 钟老师的,而且肯定不是陈老师的　　B. 陈老师的,而且肯定不是钟老师的

C. 既不是钟老师的,也不是陈老师的　　D. 可能是钟老师的,也可能是陈老师的

E. 以上都不对

10. 如果横轴表示梨子,纵轴表示葡萄,小马的无差异曲线有如下特点:如果她的葡萄多于梨子,无差异曲线的斜率为−2;如果梨子多于葡萄,无差异曲线的斜率为−1/2。小马在(22,37)和(37,X)两个消费束之间无差异,那么 X 为多少?　　　　　　　( )

A. 27　　　　　　　　　　　　　　　B. 32

C. 17　　　　　　　　　　　　　　　D. 22

E. 24.5

11. 在例题 6 中,小王的母亲认为小王最好的消费束应该是(2,7),即 2 块曲奇和 7 杯牛奶,并以横坐标及纵坐标偏离餍足点位置的绝对值之和作为与餍足点偏离程度的度量($D=|2-c|+|7-m|$,其中 c 表示曲奇,m 表示牛奶)。那么她母亲通过点(4,5)的无差异曲线也通过　( )

A. 点(6,3)　　　　　　　　　　　　B. 点(2,3),(6,7),(4,9)

C. 点(2,7)　　　　　　　　　　　　D. 点(4,7),(2,5),(2,9)

E. 以上都不对

12. 小张在赵老师班上上课,赵老师会进行两次平时测验,最后计分时,他会取下面两个数中较小的那个:第一次测验分数的一半(比较容易的那次),第二次测验的总分。然后根据这个分数进行排序。小张希望能排名较前面(即分数较高些),如果我们记横轴为第一次测验的成绩,纵轴为第二次测验的成绩,那么他的无差异曲线的形状　　　　　( )

A. 呈 L 形,链点在两次成绩相等处

B. 分两部分,一部分的斜率为−2,另一部分为 1/2

C. 斜率为正

D. 呈 L 形,链点在第一次测验成绩为第二次测验成绩两倍处

E. 是一条斜率为−1/2 的直线

13. 如果赵老师取两次测验的平均分作为最后的平时成绩。以第一测验成绩为横轴,第二次测验成绩为纵轴,那么学生无差异曲线　　　　　　　　　　( )

A. 呈 ⌐ 形　　　　　　　　　　　　B. 呈 ⌐ 形

C. 呈抛物线形　　　　　　　　　　D. 是一条斜率为−1 的直线

E. 是一条斜率为 2 的直线

14. 唐老师会进行一次期中测验和一次期末测验,在总成绩的计分中,期末测验的权重是期中测验的两倍。如果横轴记为期中测验成绩,纵轴记为期末测验成绩,学生的偏好取决于总成绩。则无差异曲线为　　　　　　　　　　　　　　　　　( )

A. 一条斜率为−2 的直线　　　　　B. 一条斜率为−1 的直线

C. 一条斜率为−0.5 的直线　　　　D. L 形,链点在 $(x,2x)$ 处

E. L 形,链点在 $(2x,x)$ 处

15. 已知某消费者偏好 6 个苹果和 1 个桔子甚于 5 个苹果和 2 个桔子,那么可以认为该消费者的偏好　　　　　　　　　　　　　　　　　　　　　　( )

A. 具有传递性　　　　　　　　　　B. 具有完备性

C. 是凸性的　　　　　　　　　　　D. 满足需求规律

E. 以上都不对

16

3.3.3　简答题

1. 把横轴记为腊肠匹萨的数量,纵轴记为海鲜匹萨的数量,根据下列条件画出消费者的无差异曲线,并注意以箭头标注出偏好递增的方向。

(1) 某消费者喜欢腊肠匹萨,讨厌海鲜匹萨。

(2) 某消费者讨厌海鲜匹萨,但对腊肠匹萨无所谓。

2. 王教练喜欢他的运动员更壮、更快并且服从指挥。如果运动员 A 有两项指标比运动员 B 更好,则王教练就更偏好 A 于 B。现有三个运动员供挑选,小王体重 320 磅,跑得非常慢,比较服从指挥;小胡体重 240 磅,跑得非常快,但非常不服从指挥;小张体重 220 磅,速度中等,最服从指挥。请分析王教练的偏好是否具有传递性。

3. 如果以横轴记为商品 x,纵轴计为商品 y,如果无差异曲线具有以下特征,消费者对这两种商品的偏好具有什么特点?

(1) 平行 y 轴。

(2) 斜率为正,并且越向右的无差异曲线越被偏好。

(3) 斜率为负,并且越向左下的无差异曲线越被偏好。

4. 简要证明两条无差异曲线不能相交。

参 考 答 案

判断题

1. F　2. T　3. T　4. T　5. F　6. F　7. F　8. F　9. T　10. F

单选题

1. B　2. D　3. B　4. E　5. B　6. D　7. C　8. C　9. A　10. D　11. B　12. D　13. D　14. C　15. E

简答题

1. (1)如图 3-5;(2)如图 3-6。

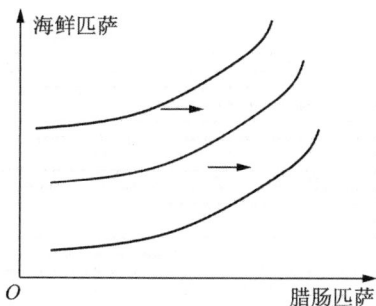

图 3-5

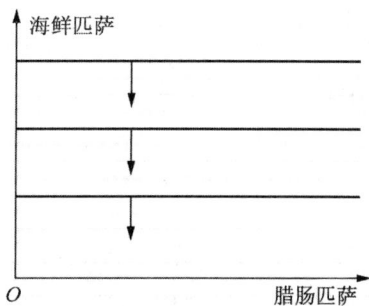

图 3-6

2. 王教练的偏好不具有传递性,具体分析参见例题 3。

3. (1) y 为中性商品;(2) x 为喜好品,y 为厌恶品;(3) 两个商品都为厌恶品。

4. 略。

第4章 效 用

第3章讲述了如何用无差异曲线来描述消费者的偏好,本章进一步运用效用函数来描述消费者偏好。

4.1 本章要点

1. 效用(Utility)是对偏好的一种描述:赋予无差异的消费束相同的效用值,更受偏好的消费束更大的效用值。在这里,效用值的大小仅表示偏好排列次序,并没有实质性含义,因此也称为序数效用论(Ordinary Utility Theory)[①]。

2. 如果找出一个函数,使得在某偏好下,那些无差异消费束对应于相同的函数值,更受偏好的消费束对应于更大的函数值,那么这个函数是描述这种偏好的一个效用函数(Utility Function)。该效用函数在消费空间上的曲线即为此偏好所对应的无差异曲线。

3. 因为只需要用效用函数的值反映偏好的次序关系,所以对效用函数的正单调变换(Positive Monotonic Transformation)不改变其对偏好的描述[②]:如果 $u(x_1,x_2)$ 是某偏好所对应的效用函数,$v=f(u)$ 为一个正单调变换,那么也可以用 $v(x_1,x_2)=f(u(x_1,x_2))$ 来描述上述偏好。例如 $u=x_1+x_2$ 和 $v=(x_1+x_2)^2$ 都是描述同一种偏好,两个效用函数的区别只是无差异曲线上所对应的效用值不同,并不影响对偏好关系的描述。

4. 各种偏好及其对应的效用函数:

(1) 完全替代的效用函数:$u(x_1,x_2)=ax_1+bx_2,a>0,b>0$,表示两种商品之间的替代率为 $\dfrac{\Delta x_2}{\Delta x_1}=\dfrac{a}{b}$,即消费者愿意用 a 单位商品 2 去交换 b 单位商品 1。

(2) 完全互补的效用函数:$u(x_1,x_2)=\min\{ax_1,bx_2\}$,$a,b>0$,表示消费者偏好两种商品按 $\dfrac{x_2}{x_1}=\dfrac{a}{b}$ 的比例进行消费。

(3) 存在中性商品(比如 x_1)的效用函数:$u(x_1,x_2)=x_2$,偏好只取决于商品 2 的数量。

(4) 拟线性偏好的效用函数:$u(x_1,x_2)=x_2+v(x_1)$,其中总效用水平与商品 2 是线性关系,与商品 1 是非线性关系。拟线性偏好的无差异曲线可理解为将曲线 $x_2=-v(x_1)$ 沿纵轴垂直平移。当 $v(x_1)$ 满足 $v'(x_1)>0,v''(x_1)<0$ 时,拟线性偏好为良性偏好,无差异曲线呈凸状。

(5) 柯布—道格拉斯的效用函数:$u(x_1,x_2)=x_1^c x_2^d,c,d>0$,具有良性偏好的典型特征。

5. 边际效用:对于效用函数 $u(x_1,x_2)$,固定商品 2 消费量不变,那么商品 1 消费量的变化

---

① 与序数效用理论对应的是基数效用论(Cardinal Utility Theory),在早期以基数效用论为基础的消费理论中,效用值被赋予一定的实际意义。

② 实际上,对效用函数的任意复合变换都不影响无差异曲线的形状,但负单调变换的复合变换会改变无差异曲线递增的方向。

引起效用水平变化的变动率叫做边际效用,记为 MU_1:

$$MU_1 = \frac{\Delta U}{\Delta x_1} = \frac{u(x_1 + \Delta x_1, x_2) - u(x_1, x_2)}{\Delta x_1}$$

6. 在上一章中,我们定义边际替代率(MRS)对应无差异曲线上每一点切线的斜率,表示消费者的"意愿性交换率",通过引入效用函数和边际效用,我们可得边际替代率等于商品的边际效用之比:$MRS = \frac{\Delta x_2}{\Delta x_1} = -\frac{MU_1}{MU_2}$。

4.2 例题讲解

1. 分别画出效用函数 $u(x,y) = \min\{2x+y, 2y+x\}$ 及 $u(x,y) = \max\{2x+y, 2y+x\}$ 所对应的无差异曲线,并判断该效用函数是否对应良性偏好。

解:类似效用函数的无差异曲线,可以分区域进行讨论。

例如,效用函数 $u(x,y) = \min\{2x+y, 2y+x\}$ 表示在 $2x+y$ 和 $2y+x$ 之间取一个较小值,而对 $2x+y$ 和 $2y+x$ 比较的临界条件为 $2x+y = 2y+x \Leftrightarrow x=y$,即:

(1) 当 $x \geq y$ 时,即消费空间上 45°线以下的部分,$2x+y \geq 2y+x$,因此效用函数取 $2y+x$,表示 x 和 y 商品为完全替代关系,且边际替代率为 $\frac{\Delta y}{\Delta x} = \frac{1}{2}$,或者说无差异曲线斜率恒为 $-\frac{1}{2}$。

(2) 当 $y \geq x$ 时,即消费空间上 45°线以上的部分,$2x+y \leq 2y+x$,因此效用函数取 $2x+y$,表示 x 和 y 商品为完全替代关系,且边际替代率为 $\frac{\Delta y}{\Delta x} = 2$,或者说无差异曲线斜率恒为 -2。

(3) 通过 45°线可以帮助找到不同区域相同效用水平无差异曲线的链接点。

最后,无差异曲线如图 4-1 所示,该效用函数对应为良性偏好。

类似的分析可以帮助我们讨论并做出 $u(x,y) = \max\{2x+y, 2y+x\}$ 的无差异曲线(图 4-2),但其并不是良性偏好:消费者不喜欢平均消费(此效用函数和第 3 章例题 1 有密切联系)。

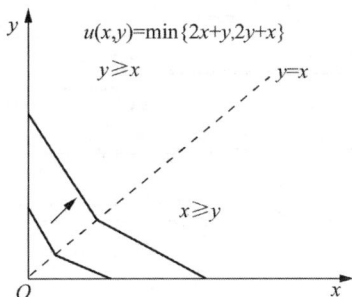

图 4-1

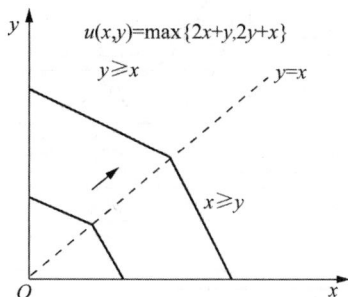

图 4-2

2. 分别画出效用函数 $u(x,y) = y + \sqrt{x}$ 及 $u(x,y) = y + x^2$ 所对应的无差异曲线,并判断该效用函数是否对应为良性偏好。

解:这两个效用函数都具有拟线性偏好的特点:一个无差异曲线相当于将 $y = -\sqrt{x}$ 垂直平

移(图 4-3),另一个无差异曲线相当于将 $y=-x^2$ 垂直平移(图 4-4)。此外,前者是良性偏好,而后者则非良性偏好[①]。

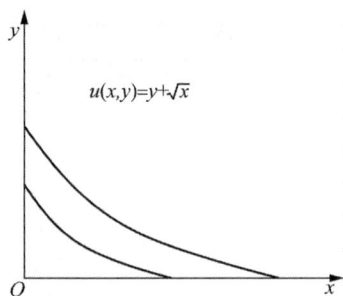

图 4-3

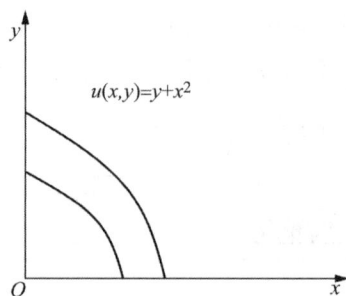

图 4-4

3. 画出效用函数 $u(x,y)=xy(1-xy)$ 及 $u(x,y)=\min\{x,y^2\}$ 所对应的无差异曲线。

解:效用函数 $u(x,y)=xy(1-xy)$ 为 $v=xy$ 的复合变换 $u=f(v)=v(1-v)$,因此无差异曲线具有双曲线的形状特点。但该复合变化不是单调变换,因此无差异曲线在 $xy\leqslant\frac{1}{2}$ 区域属于正单调变换,而在 $xy\geqslant\frac{1}{2}$ 区域属于负单调变换,偏好在 $xy=\frac{1}{2}$ 上达到最大化水平。无差异曲线如图 4-5 所示。

对效用函数 $u(x,y)=\min\{x,y^2\}$ 的讨论可以参照例题 1,不同之处在于临界条件为 $x=y^2$,或者是 $y=\sqrt{x}$。因此,该效用函数对应无差异曲线为沿着 $y=\sqrt{x}$ 曲线移动的"L"形。无差异曲线如图 4-6 所示。

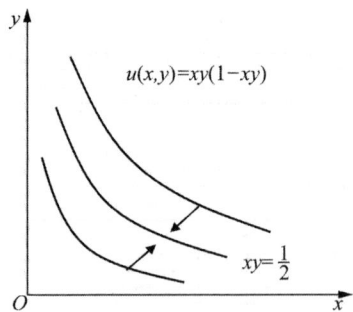

图 4-5

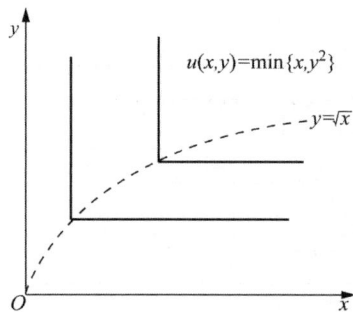

图 4-6

---

① 关于效用函数 $u=y+x^2$ 的现实例子:如果 T 表示总的闲暇时间,x 和 y 分别表示某种闲暇活动,其中 x 所表示的闲暇活动具有一种"上瘾"的特点,如看电视连续剧、打游戏等,而 y 所表示的闲暇活动则不具备这种特性。消费者的时间预算约束可以用 $x+y\leqslant T$ 表示。因此,如果闲暇时间比较有限,消费者往往不会打游戏或者看电视,而是做一些其他的休息活动;但如果时间太多,消费者就会选择开始打游戏或者看电视了。所以,建议平时读书空闲休息的时间不要安排太长,不然人"无聊"了以后就容易做一些容易上瘾的游戏活动。

4.3　练习题

4.3.1　判断题(T 或 F)

1. 对于拟线性偏好,沿着穿过原点的射线与无差异曲线交点的边际替代率是恒定不变的。　　　　　　　　　　　　　　　　　　　　　　　　　(　　)

2. 效用函数 $u(x,y)=\max\{x,y^2\}$ 无差异曲线呈凸状。　　　　　(　　)

3. 具有 $u(x,y)=\max\{x,y\}$ 效用函数的消费者认为商品 x 和 y 为完全互补品。(　　)

4. 效用函数 $u(x,y)=y+x^2$ 无差异曲线呈凸状。　　　　　　　(　　)

5. 小张所消费的两种商品均为厌恶品,效用函数为 $u=-\max\{x,y\}$,他的无差异曲线所对应的弱偏好集为凸集。　　　　　　　　　　　　　　　　　(　　)

6. 效用函数 $u(x,y)=(x+y)^3$ 对应的无差异曲线为向下倾斜的直线。(　　)

7. 效用函数是 $u(x,y)=x+y-y^2,0\leqslant y\leqslant\dfrac{1}{2}$ 对应为良性偏好。　(　　)

8. 效用函数 $u(x,y)=2\ln x+3\ln y$ 表示柯布-道格拉斯偏好。　(　　)

9. 描述甲偏好的效用函数使得其对所有消费束的效用值是乙对应消费束效用值的平方,则甲乙两人具有相同偏好。　　　　　　　　　　　　　　　　　(　　)

10. 效用函数 $u(x,y)=\min\{6x+y,x+2y\}$ 对应无差异曲线在坐标点 $(8,9)$ 上的边际替代率为 $-\dfrac{1}{2}$。　　　　　　　　　　　　　　　　(　　)

4.3.2　单选题

1. 小张的效用函数为 $u(x,y)=25xy$,他现在有 12 单位商品 x,8 单位商品 y。对于同样的两种商品,小李的效用函数是 $u(x,y)=4x+4y$,小李拥有 9 单位商品 x,13 单位商品 y。下列哪种说法是正确的?　　　　　　　　　　　　　　　(　　)

A. 相对于自己现有的消费束,小张更加偏好小李的,而小李更偏好自己的消费束

B. 相对于自己现有的消费束,小李更加偏好小张的消费束,但是小张偏好自己的消费束

C. 两人各自偏好对方的消费束

D. 没有一方偏好对方的消费束

E. 因为他们具有不同的偏好,所以没有足够的信息推断出谁更羡慕谁

2. 小王的效用函数为 $u(x,y)=\min\{2x+y,x+6y\}$。在以 x 为横轴,y 为纵轴的消费空间中,此效用函数对应无差异曲线在坐标点 $(7,7)$ 的斜率为多少?　　(　　)

A. $-1/2$　　　　　　　　　　　　B. $-6/2$

C. $-1/6$　　　　　　　　　　　　D. -2

E. $-7/7$

3. 小马的效用函数为 $u(x,y)=\max\{2x-y,2y-x\}$,以下哪个说法正确?　(　　)

A. 小马的偏好是拟线性的

B. 如果小马拥有 x 比 y 多,则任何 y 商品的增加都会降低他的效用

C. 如果小马拥有 x 比 y 多,则任何 y 商品的减少都会降低他的效用

D. 小马总是偏好消费更多数量的商品

E. 对小马而言，商品 x 和 y 是完全替代的

4. 有代号为 A、B、C、D、E、F、G 七个人，A 的效用函数为 $u(x,y)=xy$，B 的效用函数为 $u(x,y)=1000xy$，C 的效用函数为 $u(x,y)=-xy$，D 的效用函数为 $u(x,y)=-\dfrac{1}{xy+1}$，E 的效用函数为 $u(x,y)=xy-10\,000$，F 的效用函数为 $u(x,y)=\dfrac{x}{y}$，G 的效用函数为 $u(x,y)=x(y+1)$。请问以上哪几位的偏好和 A 相同？ （　　）

　　A. 除了 C 之外的所有人　　　　　　B. B 和 E

　　C. B，D 和 E　　　　　　　　　　D. 都不是

　　E. 所有人

5. 小纳的偏好可以用以下效用函数表示：$u(x,y)=\begin{cases} x/y & y>0 \\ 0 & y=0 \end{cases}$，请问下述哪个说法正确？ （　　）

　　A. 小纳的无差异曲线为矩形双曲线　　B. 小纳对两种商品偏好越多越好

　　C. 小纳具有拟线性偏好　　　　　　　D. 小纳拥有最佳消费点

　　E. 当 $y>0$ 时小纳的无差异曲线是向上倾斜的直线

6. 某消费者的效用函数为 $u(x,y)=y+4\sqrt{x}$。他现有 25 单位商品 x 和 12 单位商品 y。如果他对商品 x 的消费减少到 0，则需要消费多少单位的商品 y 才能使他的状况和原来一样好？ （　　）

　　A. 48　　　　　　　　　　　　　　B. 37

　　C. 32　　　　　　　　　　　　　　D. 112

　　E. 以上都不对

7. 小王的效用函数为 $u(x,y)=xy$，小王现消费 5 单位商品 x 和 25 单位商品 y。下列哪项是正确的？ （　　）

　　A. 小王将会愿意放弃 5 单位 x 以换取 1 单位 y

　　B. 如果每放弃 1 单位 x，能换取 5 单位以上的 y，小王将愿意放弃所有的 x

　　C. 小王对 x 和 y 同等喜欢。他将愿意以 1 单位商品换 1 单位另一种商品

　　D. 如果小王持有不等量的 x 和 y，则在任意代价下，他都愿意进行交易

　　E. 以上答案都不正确

8. 小李的效用函数为 $u(x,y)=x^2+16xy+64y^2$，则 （　　）

　　A. 小李的偏好是非凸的　　　　　　B. 小李的无差异曲线是条直线

　　C. 小李拥有最佳消费点　　　　　　D. 小李的无差异曲线是双曲线

　　E. 以上答案都不对

9. 某消费者的效用函数为 $u(x,y)=y+5x^5$。他现有 1 单位商品 x 和 2 单位商品 y。如果他对商品 x 的消费减少至 0，则他需要消费多少单位商品 y 才能使他的状况和原来一样好？ （　　）

　　A. 14 单位　　　　　　　　　　　　B. 9 单位

　　C. 11 单位　　　　　　　　　　　　D. 7 单位

E. 以上答案都不对

10. 某消费者以固定比例消费 x_1 和 x_2：每消费 1 单位 x_2，他总是消费 2 单位 x_1。可以表示他的偏好的效用函数为下列哪项？　　　　　　　　　　　　　　　　　　　( )

A. $u(x_1, x_2) = 2x_1 x_2$　　　　　　　　B. $u(x_1, x_2) = 2x_1 + x_2$

C. $u(x_1, x_2) = x_1 + 2x_2$　　　　　　　D. $u(x_1, x_2) = \min\{2x_1, x_2\}$

E. $u(x_1, x_2) = \min\{x_1, 2x_2\}$

11. 某消费者具有良性偏好，且当前消费束的边际替代率 MRS 的绝对值大于 3。那么

( )

A. 按照 3 单位商品 2 交换 1 单位商品 1 的比例换走一些商品 1，一定使他的境况变糟

B. 按照 3 单位商品 2 交换 1 单位商品 1 的比例换走一些商品 1，一定使他的境况变好

C. 按照 3 单位商品 2 交换 1 单位商品 1 的比例换走一些商品 2，一定使他的境况变糟

D. 按照 3 单位商品 2 交换 1 单位商品 1 的比例换走一些商品 2，一定使他的境况变好

E. 以上答案有两个是正确的

12. 某消费者的效用函数为 $u(x, y) = 3\min\{x, y\} + y$。如果在以 x 为横轴，y 为纵轴的消费空间中，画无差异曲线，则应该是　　　　　　　　　　　　　　　　　　　( )

A. 由两条直线组成，相交于 $x = 4y$，一条为垂直的，另一条斜率为 -1

B. L 形的，且折点在 $x = 4y$ 上

C. L 形的，且折点在 $x = y$ 上

D. 由两条直线组成，相交于 $x = y$，一条为水平，另一条斜率为 -3

E. L 形的，且折点在 $x = 3y$ 上

13. 某消费者消费商品 1 和商品 2。他认为两单位商品 1 总是与 3 单位商品 2 完全替代。以下哪个效用函数无法表示此消费者的偏好？　　　　　　　　　　　　　　　　( )

A. $u(x_1, x_2) = 3x_1 + 2x_2 + 1\,000$　　　　B. $u(x_1, x_2) = 9x_1^2 + 12x_1 x_2 + 4x_2^2$

C. $u(x_1, x_2) = \min\{3x_1, 2x_2\}$　　　　　D. $u(x_1, x_2) = 30x_1 + 20x_2 - 10\,000$

E. 至少以上答案中有两个无法表示该消费者的偏好

14. 某消费者的效用函数为 $u(x_1, x_2) = \min\{x_1 + 2x_2, 2x_1 + x_2\}$，其中 x_1 和 x_2 分别为消费炸玉米片和炸薯条的数量。假设他在炸玉米片和炸薯条上共花费 \$40，如果炸玉米片的单价为 1，炸薯条的单价为 4，则他将消费多少炸玉米片和炸薯条？　　　　　　　　( )

A. 至少消费和炸玉米一样数量的炸薯条，但是也可能两者都消费

B. 至少消费和炸薯条一样数量的炸玉米，但是也可能两者都消费

C. 肯定把收入全消费在炸玉米上

D. 肯定把收入全消费在炸薯条上

E. 消费同等数量的炸玉米和薯条

15. 某消费者效用函数为 $u(x, y) = \min\{4x + y, 5y\}$。在以 x 为横轴，y 为纵轴的消费空间中，该消费者的无差异曲线　　　　　　　　　　　　　　　　　　　　　( )

A. 由相交于 $y = 4x$ 的一条垂直线和一条水平线共同组成

B. 由相交于 $x = 4y$ 的一条垂直线和一条水平线共同组成

C. 由相交于 $x = y$ 的一条水平线和一条斜率为负的直线组成

D. 由相交于 $x = y$ 的一条水平线和一条斜率为正的直线组成

E. 由相交于 $x=4y$ 的一条水平线和正向斜率的直线组成

4.3.3 简答题

1. 某消费者的效用函数为 $u(x,y)=x^a+y^b,a,b>0$。请问,需对两个系数 a 和 b 分别增加什么额外约束才能满足以下偏好?

(1) 偏好是拟线性偏好,且无差异曲线呈凸性。

(2) 偏好是相似偏好。

(3) 偏好是相似偏好,且无差异曲线呈凸性。

(4) 商品 x 和 y 是完全替代的。

2. 某消费者喜欢拥有等量的商品 x 和商品 y。他的效用函数是 $u(x,y)=\min\{2x-y,2y-x\}$。

(1) 画出经过点 $(0,0)$ 的无差异曲线,以及经过点 $(4,4)$ 的无差异曲线。

(2) 如果该消费者具有比 $(0,0)$ 更好的消费束,现在他对两种商品的消费都增加一倍,问他的状况是不是变好了?

(3) 对这两种商品该消费者是不是偏好拥有更多数量的某种商品?

3. 小王喜欢吃苹果和香蕉。他对苹果和香蕉的偏好如下:如果苹果超过香蕉 2 倍,他愿意用 2 个苹果换 1 个香蕉(或者 1 个香蕉换 2 个苹果);如果苹果不到香蕉的 2 倍,他愿意用 1 个苹果换 2 个香蕉(或者 2 个香蕉换 1 个苹果)。在以横轴 (x_1) 表示苹果,纵轴 (x_2) 表示香蕉的消费空间中,画出小王的无差异曲线;写出小王的效用函数;并指出小王的偏好是否为良性?

4. 分别画出以下效用函数所对应的无差异曲线。

(1) $u(x,y)=x+y+\min\{x,y\}$

(2) $u(x,y)=y+\min\{x,y\}$

(3) $u(x,y)=\min\{4x+y,2x+2y,x+4y\}$

参 考 答 案

判断题

1. F 2. F 3. F 4. F 5. T 6. T 7. T 8. T 9. F 10. T

单选题

1. A 2. D 3. B 4. C 5. E 6. C 7. E 8. B 9. D 10. E 11. A 12. D 13. C 14. C 15. C

简答题

1. (1) 需增加: $a=1,0<b<1$,或者 $b=1,0<a<1$; (2) $a=b$; (3) $a=b$ 且 $0<a<1$; (4) $a=b=1$。

2. (1) 消费者的效用函数是:

$$u(x,y)=\min\{2x-y,2y-x\}=\begin{cases}2x-y & \text{当 } x\leqslant y \\ 2y-x & \text{当 } x>y\end{cases}$$

所以,其无差异曲线由斜率分别为 1/2 和 2 的两条直线组成,如图 4-7。

(2) 消费者状况变好了,因为 $2x-y$ 和 $2y-x$ 都增加了一倍。

（3）不是。当 $x>y$ 时，y 不变只增加 x 会使其境况变差；当 $y>x$ 时，x 不变只增加 y 消费量也会使其境况变差。

3. 无差异曲线如图 4-8 所示。

效用函数：

$$u(x_1,x_2)=\begin{cases} k(x_1+2x_2) & x_2<\dfrac{1}{2}x_1 \\ k(x_1+2x_2)=\lambda(2x_1+x_2) & x_2=\dfrac{1}{2}x_1 \\ \lambda(2x_1+x_2) & x_2>\dfrac{1}{2}x_1 \end{cases}$$

求解可得 $k:\lambda=5:4$，或者

$$u(x_1,x_2)=\min\{8x_1+4x_2,5x_1+10x_2\}$$

该偏好为良性偏好。

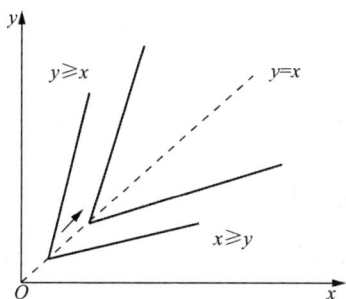

图 4-7

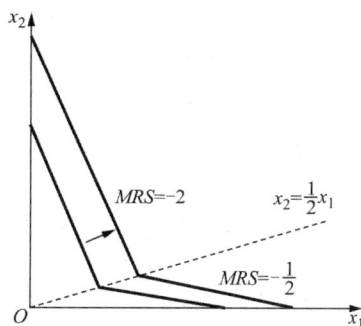

图 4-8

4. 无差异曲线分别如图 4-9、图 4-10、图 4-11。

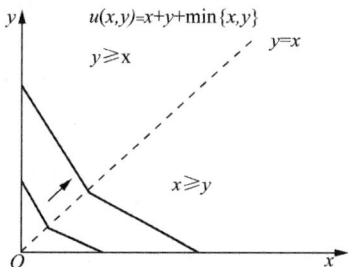

图 4-9

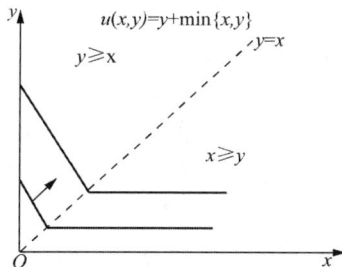

图 4-10

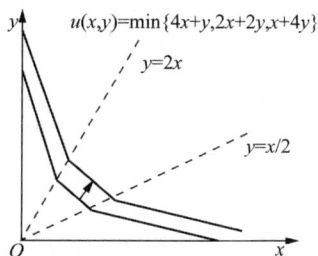

图 4-11

第5章 选 择

本章在结合预算约束及偏好理论的基础上分析消费者如何进行最优化决策——在不同商品消费之间如何选择。

5.1 本章要点

1. 选择是给定预算约束下消费者进行消费决策的结果。最优选择(Optimal Choice)是指消费者预算集中处在最高无差异曲线上的商品束。最优选择往往和无差异曲线与预算线的切点相联系,但这并不是最优选择的充分和必要条件:

● 从必要性的角度来说,"边界最优"(Boundary Optimum)并不需要"相切"这一条件;此外,当无差异曲线为链形时,也不存在"相切"一说。

● 从充分性的角度来说,如果偏好为非良性偏好,或者无差异曲线为凹状,那么切点并非最优选择。

● 只有在良性偏好情况下,无差异曲线与预算线相切,切点才为最优选择。此时,无差异曲线的斜率为 $MRS=-\dfrac{MU_x}{MU_y}$,预算线的斜率为 $E=-\dfrac{P_x}{P_y}$,最优选择下边际替代率等于预算线斜率,即 $MRS=E$,边际效用之比等于价格之比,即 $\dfrac{MU_x}{MU_y}=\dfrac{P_x}{P_y}$。

2. 几种偏好下的最优选择:

● 商品为完全替代关系:最优选择消费束通常是边界点(在价格比和边际效用比相等时,预算线与无差异曲线重合,存在无穷多个最优选择消费束)。

● 商品为完全互补关系:最优选择消费束中不同商品总是一定比例进行搭配,从图形上看最优选择点总是在无差异曲线的顶角/链点上。

● 如果商品中存在中性物品和劣等品,消费者会把它所有的钱都花在所喜爱的商品,而不会购买中性物品或劣等品。

● 离散商品下的选择与连续无差异曲线下的选择总体是一致的,但考虑商品的非连续性,最优点都不是切点。

● 具有凹状无差异曲线的偏好下,最优选择点一定是边界点(假设商品仍为喜好品)。即与良性偏好下消费者更喜欢平均消费相比,具有凹状无差异曲线的偏好对应极端消费。

3. 对于柯布-道格拉斯(Cobb-Douglas)效用函数 $u(x,y)=x^a y^b$ 下的最优选择要非常熟悉。这里系数 a、b 具有重要的含义。给定消费者收入 m 和两种商品价格 p_x、p_y,消费者会把收入按照一定比例分配到两种商品:其中购买商品 x 的支出为 $\dfrac{a}{a+b}\cdot m$,购买商品 y 的支出为 $\dfrac{b}{a+b}\cdot m$。令 $\alpha=\dfrac{a}{a+b}$,$\beta=\dfrac{b}{a+b}$,$\alpha+\beta=1$,最优消费束为 $(\dfrac{\alpha m}{p_x},\dfrac{\beta m}{p_y})$。

4. 不同消费者的收入不同,偏好不同,因此,最优选择也不同。但如果消费者面对相同的市场价格体系,根据边际替代率等于预算线斜率这一条件(假定偏好均为严格凸),虽然不同消费者的最优选择不同,但所有消费者边际替代率都相等,等于商品价格之比。

5.2　例题讲解

1. 某消费者的效用函数为 $u(x,y)=\min\{x+2y,\ y+2x\}$,如果该消费者选择消费束 (5,6),那么 P_x 和 P_y 必须满足什么关系?

解:首先我们需要把此效用函数对应的无差异曲线画出来:根据上一章的练习,我们应该很熟悉这种效用函数无差异曲线的特征①——无差异曲线在 $y>x$ 和 $y<x$ 区间取斜率为 -2 和 $-1/2$ 的两条直线,如图 5-1 所示。

一般而言,此类效用函数下最优选择为链点:即在 $y=x$ 线上。而目前最优选择消费束为 (5,6),对应只有一种可能——预算线与无差异曲线在 $y>x$ 空间重合,即预算线斜率也为 -2,或者 $\dfrac{p_x}{p_y}=2$。因此,商品 x 价格应该正好是商品 y 价格两倍。

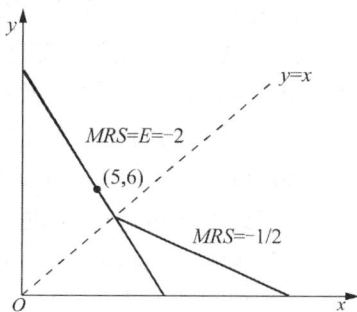

图 5-1

2. 小张目前就读于法学院,并在学习一门较难的课程。他的老师同意按照 $\max\{2x,3y\}$ 的计分方法给他最后的成绩,其中 x 和 y 分别表示他在第一次和第二次测验做对题目的数量。小张通过这门课程需要 150 分。他发现对于第一次测验,他复习 A 分钟可以多做对一道题目;对于第二次测验,他复习 B 分钟可以多做对一道题目。如果从来不复习,则他两次测验一个题目也不可能做对。小张只关心是否能通过这门课程,只要能够通过,他就不想为了更高的分数花再多的时间。请问,小张会如何制订他的复习计划?

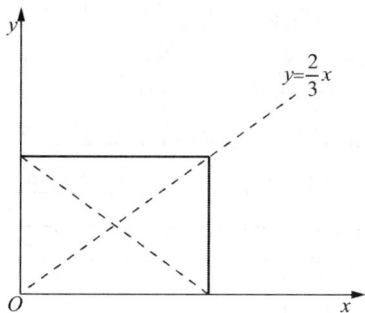

图 5-2

解:依题意,小张的效用即为他的分数,所以也可以用 $u=\max\{2x,3y\}$ 来表示他的效用函数,这是一种凹性偏好,无差异曲线如图 5-2 所示。

小张复习时间 $T=Ax+By$,这可以理解为一种基于时间的预算约束,斜率为 A/B。当然,小张在总复习时间上并没有严格的时间预算限制。但考虑到只要求通过课程(获得 150 分)的偏好,问题就转化为给定偏好下如何寻求预算最小的问题。

凹性偏好下消费者总是选择边界点(这个从图上也可以看出)。因此,基于两次测验的复习效率之间的比例,我们就可以确定小张的复习计划。其中,一个临界的条件应该是预算线斜率为 $-2/3$(即图上虚线所示预算线),即 $A/B=2/3$。具体如下:

● 如果 $A/B<2/3$,预算线斜率($-A/B$)比虚线来得更平,则小张会选择只复习第一次测验,放弃第二次测验。

---

① 如果效用函数是取 min,则无差异曲线一般呈凸状;如果效用函数取 max,则无差异曲线一般呈凹状。

● 如果 $A/B > 2/3$,预算线斜率($-A/B$)比虚线来得更陡,则小张会选择只复习第二次测验,放弃第一次测验。

● 如果 $A/B = 2/3$,则小张对"把时间全部花在第一次测验"和"把时间全部花在第二次测验"这两个方案是无差异的。但小张也只会在这两个方案中选择其中一个,即总是会放弃一次测验。

3. 某消费者的效用函数是 $\min\{x, 5y+2z\}$。其中 x 的价格是 1 元/单位,y 的价格是 15 元/单位,z 的价格是 7 元/单位。已知该消费者的收入是 44 元,问消费者最后会选择消费 x、y、z 分别为多少?(消费者只消费 x、y、z 这三种物品)

解:首先,考虑消费者支出中花在 y、z 上的那一部分,因为这部分花费的效用为 $5y+2z$,而 y 和 z 的价格分别为 15 元和 7 元,这和分析两个完全替代的商品之间的选择相类似:可以看出,单位货币在商品 y 上支出所带来的边际效用($5/15=1/3$)高于在商品 z 上支出所带来的边际效用($2/7 < 1/3$)。所以这部分支出中,该消费者会把全部都用于消费商品 y。

有了以上分析,整个问题就简化为效用函数 $\min\{x, 5y\}$ 的最大化问题(即商品 z 的需求量已经确认为零)。这表示两种完全互补商品的效用函数,因此消费者会选择按 $x : y = 5 : 1$ 的比例消费。根据收入,最后可得:

$$x = 11 , y = 2.2, z = 0$$

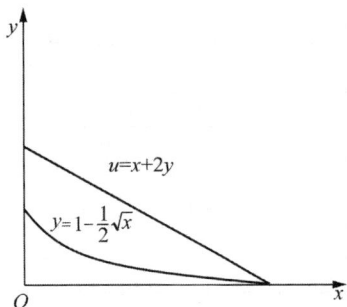

图 5-3

4. 某消费者效用函数为 $u(x, y) = x + 2y$,他的收入是 2 元,商品 y 的价格为 2 元/单位,而购买 x 的成本是 x 的平方根。请问该消费者的最优选择。

解:这个问题比较复杂的是消费者的预算线及预算集。据题意,预算线方程为 $2y+\sqrt{x}=2$,或者 $y=1-\frac{1}{2}\sqrt{x}$,对应预算集为 $2y+\sqrt{x}\leqslant 2$。

从图 5-3 上看,预算线呈凸状,最优选择为边界点,且在 x 轴上。因此,消费者会把所有收入都用于购买 x,可购买 4 个单位的 x。(思考:如果购买 x 的成本为 x 的平方又如何?)

5. 张先生决定购买一套湖边的小别墅。他讨厌被蚊子咬,但越便宜的湖边别墅蚊子越多。湖边别墅的价格 p 与每个小时被蚊子咬的数量 b 的关系为 $p=20\,000-100b$。张先生的效用函数是 $u(b,x)=x-5b^2$,x 表示他在除别墅以外其他商品的花费。如果张先生进行效用最大化选择,他最后在所购买的湖边别墅中每个小时会被多少个蚊子咬?

解:首先我们需要对该问题建立模型,其中涉及以下相关变量及方程:

(1) 被蚊子咬的数量 b

(2) 别墅的价格 p

(3) 总收入 I

(4) 除别墅外其他商品的花费 x

(5) 效用函数为:$u = x - 5b^2$

(6) 预算线方程为:$I = x + p$

考虑到效用由 x 和 b 决定,以及别墅价格与蚊子数量的关系,则

(7) 修正后预算线方程为

$$I = x + 20\,000 - 100b$$

与一般的消费者选择问题不同之处在于,这里蚊子的数量 b 属于一种"厌恶品"。故预算线和无差异曲线的斜率均向上倾斜,如图 5-4 所示。

我们虽然不知道消费者确切的收入 I 为多少,但这个对于问题本身其实已经不是一个必要条件了。因为预算线的斜率为 100,而给定预算线下无差异曲线应该是越往上越好,最后应该也满足无差异曲线与预算线相切的条件。而无差异曲线的斜率随着 b 的变化而变化:$\dfrac{\Delta x}{\Delta b} = 10b$,因此相切时 $b = 10$,即张先生最后在其所购买的湖边别墅中每小时会被 10 个蚊子咬。

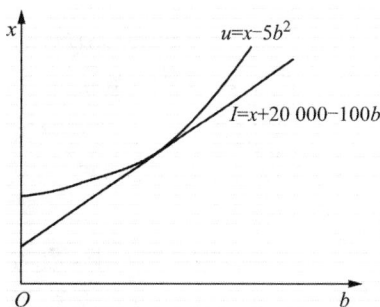

图 5-4

6. 某消费者的效用函数是 $u(x_1, x_2) = x_1^2 + x_2$,$x_1$、$x_2$ 表示商品 1 和商品 2 的消费量。该消费者的收入为 32 元,商品 1 的价格是 16 元/单位,商品 2 的价格是 1 元/单位。如果消费者的收入提高到 8 000 元,价格保持不变,则商品 2 的消费量会发生什么变化?

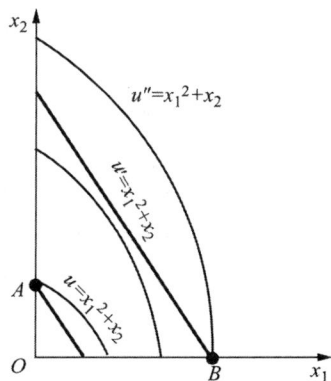

图 5-5

解:这个题目的关键在于把握无差异曲线的特征——凹状的,因此最优点一定是边界点。但需要注意的是,这个边界点究竟在横轴还是纵轴是不确定的。正如图 5-5 所示,当预算线平行向外移动(代表收入增加),最优选择点就从纵轴上的 A 点转向了横轴上的 B 点。

具体而言,可以采用代入法来解。当收入为 32 时,分别考虑两个边界点,全部购买商品 1 获得效用为 4,全部购买商品 2 获得效用为 32,则消费者会选择全部购买商品 2。当收入变化到 8 000 时,全部购买商品 1 获得效用为 25 0000,全部购买商品 2 获得效用为 8 000,则消费者会转向全部购买商品 1,同时购买商品 2 为零单位。

5.3　练习题

5.3.1　判断题(T 或 F)

1. 在边界最优的情况下,消费者的无差异曲线与预算线相切。　　　　　　(　　)

2. 某消费者效用函数为 $u(x, y) = \max\{x, y\}$,如果商品 x 的价格与商品 y 的价格相等,该消费者会选择购买等量的 x 和 y。　　　　　　　　　　　　　　(　　)

3. 如果消费者不具有良性偏好,无差异曲线与预算线的切点仍可能为最优选择。(　　)

4. 消费者的效用函数为 $u(x, y) = \min\{x, y\}$,商品 x 价格与商品 y 价格相等。如果商品 x 的价格上升,而商品 y 的价格以及消费者收入保持不变,则他消费商品 y 的数量也不变。

（　　）

5. 某消费者的效用函数为 $u(x, y) = (x+2)(y+1)$,如果他所消费的商品 x 和商品 y 都

增加一倍,那么商品 x 和商品 y 的边际替代率仍保持不变。　　　　　　　　　(　)

6. 某消费者的效用函数为 $u(x,y)=xy^2$,如果他所消费的商品 x 和商品 y 都增加一倍,那么商品 x 和商品 y 的边际替代率仍保持不变。　　　　　　　(　)

7. 某消费者的效用函数为 $u(x,y)=x+4\sqrt{y}$,商品 x 的价格为 1 元/单位,商品 y 的价格为 2 元/单位。如果他的收入从 100 元增加到 150 元,他对商品 y 的消费将增加超过 10%,但少于 50%。　　　　　　　　　　　　　　　　　　　　　　　　　(　)

8. 某消费者的效用函数为 $u(x,y)=x+2y$,如果商品 x 的价格为 1 元/单位,商品 y 的价格为 0.5 元/单位,那么该消费者可能消费等量两种商品。　　　　　　(　)

9. 其他条件保持不变,等量的总额税总是比从量税对消费者更有利。　　　(　)

10. 一个消费者从来不吃蜗牛但是会吃汉堡,这个消费者在他消费零数量蜗牛的时候,蜗牛对汉堡的边际替代率应该仍与蜗牛与汉堡的价格比相等。　　　　　(　)

5.3.2　单选题

1. 某消费者在商品 x 和商品 y 上的预算总共是 27 元,商品 x 的价格是 16 元/单位,商品 y 的价格是 10 元/单位,他的效用函数为 $u(x,y)=5x^2+2y^2$,他可以购买任何数量(包括小于 1 单位)的商品 x 和 y。那么,该消费者将选择　　　　　　　　　　　(　)

A. 只购买 x　　　　　　　　　　　　B. 只购买 y

C. 每种各买一些,但 y 会比 x 多　　　D. 每种各买一些,但 x 会比 y 多

E. 购买等量的两种商品

2. 某消费者的效用函数为 $\min\{x,3y+2z\}$,如果商品 x 的价格为 1 元/单位,商品 y 的价格为 9 元/单位,商品 z 的价格为 8 元/单位。该消费者的收入为 8 元,他对商品 x 的最优选择为多少?　　　　　　　　　　　　　　　　　　　　　　(　)

A. 2　　　　　　　　　　　　　　　　B. 1.60

C. 5　　　　　　　　　　　　　　　　D. 7

E. 以上都不对

3. 某消费者早餐消费鸡蛋和牛奶,他每个月预算方程为 $5x+30y=300$,其中 x 代表鸡蛋个数,y 代表牛奶杯数。消费者认为 2 杯牛奶与 6 个鸡蛋是完全替代的,则　(　)

A. 他每个月会消费 60 个鸡蛋　　　　B. 他每个月会消费 10 杯牛奶

C. 他每个月会消费 14 杯牛奶　　　　D. 他每个月会消费 12 个鸡蛋

E. 只要把钱用完,他对消费任何一种搭配(鸡蛋和牛奶)都无所谓

4. 小张的效用函数为 $\min\{x+3y,3x+y\}$,小李的效用函数为 $\min\{3x+9y,9x+3y\}$,小张和小李具有同样的收入,面临相同的商品价格。下列哪种说法正确?　(　)

A. 小张和小李会选择等量的商品 x　　B. 小张对商品 y 的需求会比小李多

C. 小李对商品 y 的需求会比小张多　　D. 他们相互都更偏好对方所选择的商品束

E. 以上都不对

5. 某消费者消费番茄和核桃两种商品,他的无差异曲线呈链形。当他消费番茄多于核桃时,他愿意用 3 个番茄交换 1 个核桃;当他消费核桃多于番茄时,他愿意用 4 个核桃交换 1 个番茄。记 P_1 表示核桃的价格,P_2 表示番茄的价格,则　　　(　)

A. 当 $P_1>P_2$ 时,她只消费番茄

B. 当 $P_1 > P_2$ 时,她消费番茄的数量是核桃的数量的 3 倍

C. 当 $P_1 > 3P_2$ 时,她只消费番茄

D. 当 $4P_1 > P_2$ 时,她只消费核桃

E. 她会消费等量的两种商品

6. 某消费者只消费啤酒和香肠。他的收入为 100 元,啤酒每罐为 0.5 元,香肠每根为 1 元。x 表示啤酒的数量,y 表示香肠的数量,该消费者的效用函数为 $u(x, y) = -[(x - 50)^2 + (y - 40)^2]$,那么 （ ）

A. 因为效用函数始终为负值,因此该消费者无论消费多少都不满意

B. 该消费者具有单调递增的偏好

C. 即便消费者的收入增加,他也不会改变原来的选择

D. 如果啤酒价格下降,他会买得更多

E. 以上说法中有超过两个是正确的

7. 某消费者的效用函数为 $u(x, y) = (x + 2)(y + 3)$,商品 x 和商品 y 的价格均为 1 元/单位,则该消费者会选择消费 （ ）

A. 商品 x 和商品 y 的数量一样多　　　B. 商品 x 的数量比商品 y 多 1 个

C. 商品 y 的数量比商品 x 多 1 个　　　D. 商品 x 的数量比商品 y 多 2 个

E. 以上都不对

8. 某消费者目前对果酱和橙汁均有消费,果酱的价格是 5 元/单位,橙汁的价格是 10 元/单位。果酱的边际效用为 10,橙汁的边际效用为 5,那么 （ ）

A. 在支出总额不变的情况下,消费者可以通过增加果酱消费、减少橙汁消费来提高她的效用

B. 不需要改变总支出额,消费者可以通过增加橙汁消费、减少果酱消费来提高她的效用

C. 如果不增加总支出,消费者无法提高她的效用

D. 消费者应该增加对果酱和橙汁的消费支出

E. 如果不知道消费者目前确切的消费数量,我们无法对上述进行判断

9. 某消费者的效用函数为 $u(x, y) = x - \frac{1}{y}$,他的收入为 30 元,以下哪个说法正确? （ ）

A. 该消费者不喜欢商品 y

B. 该消费者的偏好存在餍足点

C. 如果商品 x 的价格是 4 元/单位,商品 y 的价格是 1 元/单位,该消费者会买 2 个单位 y

D. 只有在商品 y 比商品 x 便宜时,该消费者会买 y

E. 以上都不对

10. 商品 x 和商品 y 的价格都是 1 元/单位。某消费者打算花 20 元在商品 x 和商品 y 上,并考虑购买 10 个单位 x 和 10 个单位 y。该消费者对商品 x 和商品 y 的偏好是良性的。记横轴为 x 的数量,纵轴为 y 的数量,该消费者的无差异曲线在 $(10, 10)$ 的斜率为 -2。据此可以判断: （ ）

A. 消费束 $(10, 10)$ 是他所能购买的最优消费束

B. 他可以多消费商品 x,少消费商品 y 从而变得更好

C. 他可以多消费商品 y,少消费商品 x 从而变得更好

D. 他一定是不喜欢其中某种商品

E. 以上说法有一个以上是对的

11. 下面哪种情况可能改变一个理性消费者的需求?　　　　　　　　　（　　）

A. 对效用函数进行立方

B. 把效用函数乘以 3 并减去 100

C. 把所有价格和他的收入都增加 3 元

D. 所有价格和收入都乘以 2

E. 以上说法有两个以上成立

12. 对某消费者而言,百事可乐和可口可乐是完全替代品,且无差异曲线的斜率是－1。一天他买了 2 罐可口可乐和 20 罐百事可乐(容量都一样),则　　　　（　　）

A. 可口可乐比百事可乐更便宜

B. 可口可乐比百事可乐更贵

C. 可口可乐与百事可乐价格一样

D. 该消费者开始变得更喜欢百事可乐

E. 以上都不对

13. 小张和小李两个人都只消费面包和干酪。他们两个人都会选择每样都来一点,具有严格凸性偏好。然而,小张喜欢大块的面包,里面只放一点干酪;小李喜欢很多的干酪和小块面包一起吃。他们俩面临的价格都是一样的,并在给定预算下进行效用最大化选择,在最优选择下,那么　　　　　　　　　　　　　　　　　　　　　　　　　　（　　）

A. 小李边际替代率的绝对值比小张大

B. 小张边际替代率的绝对值比小李大

C. 他们的边际替代率是相等的

D. 谁的边际替代率大取决于收入水平

E. 因为没有足够的信息,所以我们不能比较两人的边际替代率

14. 某消费者只消费 x 和 y 两种商品,且两种商品对他而言都是喜好品。如果他的收入增加一倍,两种商品价格保持不变,则　　　　　　　　　　　　　　（　　）

A. 他会增加两种商品的消费

B. 商品 x 和商品 y 的消费比例保持不变

C. 效用增加一倍

D. 如果偏好是凸性的,他一定会增加 x 的消费

E. 以上都不对

15. 某消费者对啤酒 x_1 和冰淇淋 x_2 两种食品的偏好效用函数为 $u(x_1,x_2)=x_1^2+x_2$,他现在有 100 元准备花在这两种食品上,且每种食品的价格都是 10 元/单位。下列哪种说法是正确的?　　　　　　　　　　　　　　　　　　　　　　　　（　　）

A. 他会消费 5 单位冰淇淋和 5 单位啤酒

B. 他会消费 10 单位冰淇淋

C. 他会消费 10 单位啤酒

D. 他会把 2/3 的收入花在啤酒上,1/3 的收入花在冰淇淋上

16. 某消费者消费商品 x 和商品 y,效用函数为 $u(x,y)=x^2+y$,商品 x 的价格记为 P_x,商品 y 的价格记为 P_y。他有足够的收入至少能消费一种商品,当他选择最优消费束的时候,那么　　　　　　　　　　　　　　　　　　　　　　　　　　　　（　　）

A. 预算线必须与无差异曲线相切

B. 他一定只消费 x

C. 如果 $\dfrac{p_x^2}{p_y}$ 超过他的收入,他只消费 y

D. 如果 $P_x = P_y$,他一定选择每种商品都消费一些

E. 如果 $P_y = P_x/2$,他一定选择每种商品都消费一些

17. 某消费者只消费商品 x 和商品 y。他的效用函数为 $u(x, y) = \min\{3x + 4y, 7y\}$,两种商品价格均为正,那么,以下说法哪个是正确的?　　　　　　　　　　（　　）

A. 他永远不会买商品 x 比商品 y 还多　　　B. 会买等量的两种商品

C. 总是买商品 y 比商品 x 多　　　　　　　D. 总是买商品 x 比商品 y 多

18. 某消费者的效用函数为 $u(x_1, x_2) = 4\sqrt{x_1} + x_2$,如果 x_1 的价格为 1 元/单位,x_2 的价格为 6 元/单位,他的收入为 264 元,那么,他会选择购买多少单位 x_1?　（　　）

A. 20　　　　　　　　　　　　　　　　B. 144

C. 288　　　　　　　　　　　　　　　 D. 147

E. 72

19. 小张喜欢摇滚音乐,但是他没有工作,只能靠帮助小区收集垃圾获得一些收入。每张唱片要 2 元,他每收一袋垃圾得到 1 元。他的效用函数为 $u(c, g) = \min\{2c, 20 - g\}$,其中 c 表示唱片,g 表示每个月的垃圾袋数。那么,他每个月会选择收集多少袋垃圾?　（　　）

A. 20　　　　　　　　　　　　　　　　B. 0

C. 5　　　　　　　　　　　　　　　　 D. 10

E. 15

20. 小张的效用函数为 $u = x_A + 2x_B$,其中 x_A 表示消费的苹果数,x_B 表示消费的香蕉数,小李的效用函数为 $u = 3x_A + 2x_B$。小张和小李走进同一家杂货店购物,那么　　（　　）

A. 当我们看到小张带着一些香蕉离开杂货店时,我们可以推断小李也会买一些香蕉

B. 存在某种价格体系下,两个人都会各买一些香蕉和苹果

C. 当我们看到小张带着一些香蕉和苹果离开杂货店时,可以推断小李也会买一些香蕉和苹果

D. 当我们看到小张带着一些苹果离开杂货店时,可以推断小李也会买一些苹果

E. 香蕉和苹果对小张是完全互补品

5.3.3　计算题

1. 某消费者的效用函数为 $u(x, y) = x + 46y - 2y^2$,他的收入为 135 元。如果商品 x 的价格为 1 元/单位,商品 y 的价格为 18 元/单位,他对商品 x 的最优选择量为多少?

2. 某消费者消费商品 x 和商品 y 两种商品,他的效用函数为 $\min\{x + 2y, 2x + y\}$,他选择购买 10 个单位商品 x 和 20 个单位商品 y。如果商品 x 的价格为 1 元/单位,则他的收入为多少?

3. 某消费者的效用函数为 $u(x, y) = (x + 2)(y + 1)$,如果他的边际替代率为 -4,并消费 14 个单位商品 x,那么他消费多少单位商品 y?

4. 某消费者的效用函数为 $u(x, y) = \min\{x, y^2\}$,如果商品 x 的价格为 25 元/单位,商品

y 的价格为 15 元/单位,该消费者选择消费 7 个单位商品 y,那么他的收入为多少?

5. 某消费者消费三种商品,效用函数为 $u(x_1,x_2,x_3)=x_1+\sqrt{x_2+x_3}$,若该消费者收入 $m=100$,三种商品价格 $p_1=1$,$p_2=2$,$p_3=1$,求消费者的最优选择。

6. 某家庭对包括食品和其他商品的偏好可以用效用函数 $u=xy^5$ 表示,其中 x、y 分别表示该家庭消费食品和其他商品的价值量。若该家庭月收入为 300 元,政府对该家庭进行食品券补贴:每月支付 150 元,即可购买价值 300 元的食品券,没有用完的食品券可以按原实际购买金额进行退款;一年后,政府补贴改为实物补贴,即每月派发价值为 150 元的食品;又过了一年,政府的救济改为直接每月向该家庭补贴 150 元。请分别作图表示各年补贴对预算线的影响,写出预算方程,并计算相应各年的最优消费束。

参 考 答 案

判断题

1. F 2. F 3. T 4. F 5. F 6. T 7. F 8. F 9. T 10. F

单选题

1. B 2. A 3. A 4. A 5. C 6. C 7. B 8. A 9. C 10. B 11. C 12. C

13. C 14. E 15. C 16. C 17. A 18. B 19. D 20. D

计算题

1. 9 单位。

2. 20 元。

3. 63 单位。

4. 1 330 元。

5. (99.75, 0, 0.25)

6. 食品券补贴预算线方程:$\begin{cases} \frac{1}{2}x+y=300 & 0\leqslant x\leqslant 300 \\ x+y=450 & 300\leqslant x\leqslant 450 \end{cases}$,最优点:(100,250);

食物补贴预算线方程:$\begin{cases} y=300 & 0\leqslant x\leqslant 150 \\ x+y=450 & 150\leqslant x\leqslant 450 \end{cases}$,最优点:(150,300);

货币补贴预算线方程:$x+y=450$,最优点:(75,375)。

图略。

第6章 需　求

上一章采用静态均衡方法分析消费者在给定收入和商品价格下的最优选择问题,本章通过运用比较静态的分析方法,考察收入和价格的变化对消费者最优选择的影响。

6.1　本章要点

1. 首先分析在其他条件不变(偏好,商品价格)的条件下,消费者收入变化所引起的消费者最优选择变化的情况,并引出收入提供曲线(Income Offer Curve)与恩格尔曲线(Engel Curve):

● 收入提供曲线:在商品价格保持不变的条件下,随着收入变动而引起一系列最优选择点的轨迹叫做收入提供曲线(也叫收入扩展曲线)。

● 恩格尔曲线:在商品价格保持不变的条件下,描述收入变动引起对某一商品需求变动的关系叫做恩格尔曲线。

2. 几种偏好下的收入提供曲线与恩格尔曲线:

(1) 商品为完全替代关系:消费者只消费价格便宜的商品,所以收入提供曲线与横轴或纵轴相重合(对应于商品价格便宜的坐标轴);相应恩格尔曲线是一条经过原点的射线(较便宜商品)。

(2) 商品为完全互补关系:消费者总是按固定比例消费两种商品,所以收入提供曲线是经过所有无差异曲线顶角/链点的轨迹;相应的恩格尔曲线是一条经过原点,斜率等于两种商品价格之和的一条射线。

(3) 柯布—道格拉斯偏好(Cobb-Douglas Preferences):消费者对两种商品的消费量与收入成正比,且对一种商品的消费与另一种商品的价格无关,所以柯布—道格拉斯偏好下的收入提供曲线是一条经过原点的射线;相应恩格尔曲线也是一条经过原点的射线(其斜率大小与自身价格成正比,而与花费在该商品费用占收入的比例成反比)。

在以上三种偏好下,消费者对商品的消费与收入呈等比例增加 $\dfrac{\Delta x/x}{\Delta m/m}=1$,我们把具有这种收入—消费特征的偏好称为相似偏好(Homothetic Preferences)。相似偏好也可以直接从偏好关系出发进行定义:如果 $(x_1,x_2)\geq(y_1,y_2)$,则一定有 $(\lambda x_1,\lambda x_2)\geq(\lambda y_1,\lambda y_2)$。

(4) 拟线性偏好(Quasilinear Preferences):其收入提供曲线为(状:垂直于横轴的直线并与原点相连;其恩格尔曲线为折拗状:当收入足够大时为一条垂直于横轴的直线,收入不足时为与原点的连线。

3. 根据收入变化对商品需求的影响,我们可以把商品分为正常商品(normal goods)和低档商品(inferior goods,也称劣等品)。

● 在价格不变的条件下随着收入的增加,消费者对某种商品的需求增加,那么该种商品就叫正常商品。

● 反之,在价格不变的条件下随着收入的增加,消费者对某种商品的需求减少,那么该种商品就叫低档商品。

拟线性偏好下,收入超过一定水平后的增加不会引起商品 x 消费量的变化,因此拟线性偏好下商品 x 具有"零收入效应"的特点,这种特点使得拟线性偏好用于描述那些只占收入中很小比重、且收入的变化一般不影响消费量的商品是比较合适的。

4. 接下来分析在其他条件(偏好,收入,其他商品价格)不变的条件下,某一商品价格变化所引起的消费者最优选择变化的情况,并引出价格提供曲线(Price Offer Curve)和需求曲线(Demand Curve):

● 在消费者收入及其他商品价格不变的条件下,一种商品价格变化而引起的最优选择点变动的轨迹叫做价格提供曲线。

● 在消费者收入及其他商品价格不变的条件下,描述商品价格变动而引起的对商品的消费量变动曲线称为需求曲线,相应的函数关系叫做需求函数,记作 $x_1 = x_1(p_1, \overline{p_2}, \overline{m})$,$x_2 = x_2(p_2, \overline{p_1}, \overline{m})$。

5. 几种具体偏好下的价格提供曲线和需求曲线:

● 商品为完全替代关系:具体价格提供线和需求曲线参见原书。

● 商品为完全互补关系:消费者总是按固定比例的消费两种商品,所以完全互补偏好下的价格提供曲线是经过相应的无差异曲线顶角/链点的轨迹;需求曲线形状为一条双曲线。

在分析离散商品下价格变动对需求的影响过程中,我们给出了关于保留价格的严格定义——对于某商品,增加 1 单位消费或不增加 1 单位消费无差异的那个价格为消费对应数量商品的保留价格。在良性拟线性偏好 $u(x, y) = y + v(x)$ 下,消费 n 个商品 x 的保留价格 r_n 为:$r_n = v(n) - v(n-1)$,而且满足 $r_1 > r_2 > \cdots > r_n$。

6. 根据价格变化对商品需求的影响,我们可以把商品分为普通商品(Ordinary Goods)和吉芬商品(Giffen Goods)。

● 在其他商品价格和消费者收入不变的条件下,消费者对某种商品的需求随着其价格的提高而减少,那么该种商品就叫普通商品;

● 反之,在其他商品价格和消费者收入不变的条件下,消费者对某种商品的需求随着其价格的提高而增加,那么该种商品就叫吉芬商品。

● 吉芬商品肯定是低档商品,但低档商品并不一定是吉芬商品。

7. 需求函数与反需求函数:

● 将需求量表示为商品价格的函数称为需求函数,如 $x_1 = x_1(p_1, \overline{p_2}, \overline{m})$。

● 将商品价格表示为需求量的函数称为反需求函数,如 $p_1 = p(x_1)$。

8. 替代品(substitute)和互补品(complement)。对于两种商品 A 和 B,如果 A 商品价格上升,消费者增加对 B 商品的需求,那么 A 商品与 B 商品是替代性商品;如果 A 商品价格上升,消费者减少对 B 商品的需求,那么 A 商品与 B 商品是互补性商品。

6.2 例题讲解

1. 请画出柯布—道格拉斯效用函数 $u(x, y) = x^\alpha y^\beta$,$\alpha + \beta = 1$ 对应的价格提供线。

解:柯布—道格拉斯效用函数对应商品 x 和商品 y 的需求函数分别为:

$$x=\frac{\alpha m}{p_x},y=\frac{\beta m}{p_y}$$

据此,两种商品的价格变化不影响其他商品的最优选择。因此,以商品 x 为例,其价格提供线为与纵轴没有交点的一条水平线(对应商品 y 的价格提供线为一条与横轴没有交点的垂直线),如图 6-1 所示。

2. 某消费者的收入为 m,其只消费商品 x 和商品 y 两种商品,价格记为 p_x 与 p_y,该消费者的效用函数为 $u(x,y)=\ln x+y$。请画出该消费者的收入提供曲线、恩格尔曲线、商品 x 价格变化对应的价格提供曲线及需求曲线,注意标出关键点坐标。

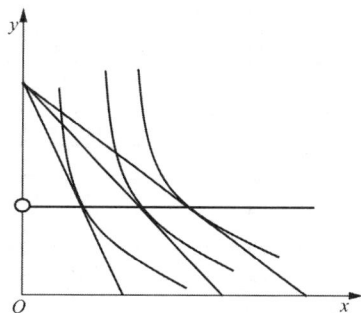

图 6-1

解:该效用函数对应良性的拟线性偏好,根据所介绍的本章要点,就收入提供线和价格提供线而言是比较清楚的。即当收入足够大时,商品 x 的最优选择由相对价格决定 $v'(x)=\frac{1}{x}=\frac{p_x}{p_y}\Rightarrow x^*=\frac{p_y}{p_x}$,与收入的变化无关。因此,收入要足够购买对应数量的商品 $x:m\geqslant p_x x^*=p_y$。当收入低于 p_y 水平时,消费者选择全部购买商品 x。相应收入提供线和商品 x 的恩格尔曲线如图 6-2、图 6-3 所示。

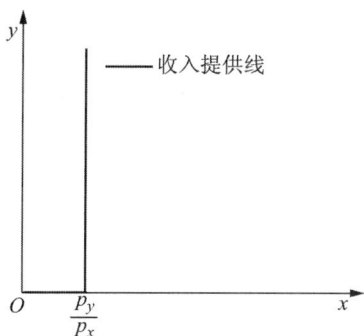

图 6-2

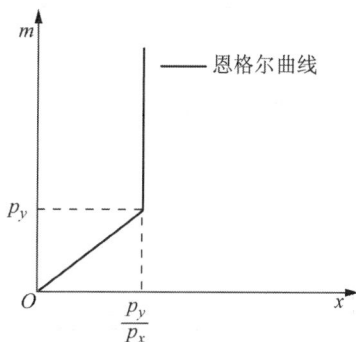

图 6-3

接下来讨论商品 x 的价格提供线和需求曲线。

首先考虑收入足够大 $m>p_y$ 时,因为商品 x 的最优选择满足 $x^*=\frac{p_y}{p_x}$,需要注意的是,此时对应购买商品 y 的数量 $\frac{m-p_x x^*}{p_y}=\frac{m-p_y}{p_y}$ 并不随 p_x 的变化而变化,因此商品 x 的价格提供线为一条水平线,而需求曲线由 $x=\frac{p_y}{p_x}$ 决定。

当收入处于 $0<m\leqslant p_y$ 范围时,消费者会把所有的收入用于购买商品 x,对商品 y 的消费为零,此时价格提供线和 x 轴重合,需求曲线由 $x=\frac{m}{p_x}$ 决定。

如图 6-4、图 6-5 所示。

3. 若消费者效用函数为 $u=y+x^2$,请画出相应的收入提供线、恩格尔曲线、商品 x 的价格提供线以及需求曲线。

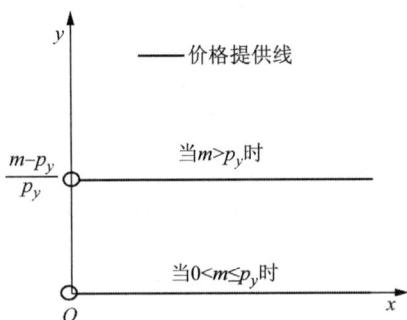

图 6-4

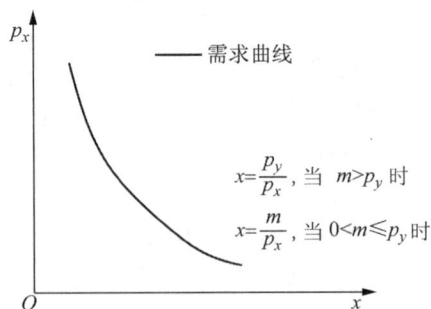

图 6-5

解:这是一个具有凹状无差异曲线的非良性偏好,因此其收入提供线等与良性拟线性偏好有根本的区别。根据凹状无差异曲线对应偏好的特点——极端消费,可以通过直接比较端点解的效用大小来确定最优选择点变动的轨迹。

首先是收入提供线和恩格尔曲线,给定商品的价格分别为 $\bar{p}_x$、$\bar{p}_y$,通过比较 $\frac{m}{p_y}$ 和 $(\frac{m}{p_x})^2$,可

以得出:
$$\begin{cases} 如果\ m \leqslant \dfrac{\bar{p}_x^2}{\bar{p}_y}, & 选择只购买商品\ y \\[3mm] 如果\ m \geqslant \dfrac{\bar{p}_x^2}{\bar{p}_y}, & 选择只购买商品\ x \end{cases}$$
,具体如图 6-6、图 6-7 所示。

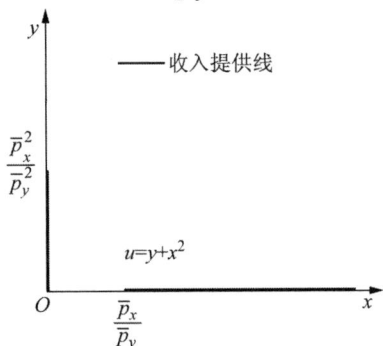

图 6-6

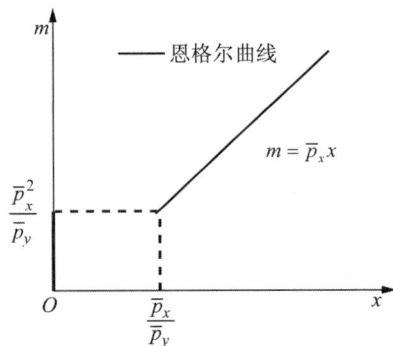

图 6-7

对价格提供线和需求曲线也可以采取类似的分析方法,给定收入 $\bar{m}$ 和商品 y 的价格 $\bar{p}_y$,对应价格提供线和需求曲线如图 6-8、图 6-9 所示。

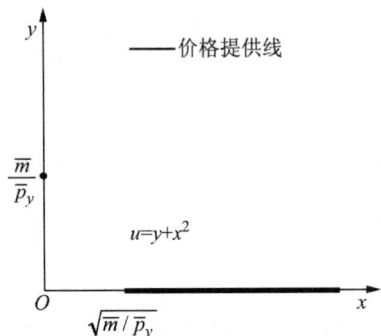

图 6-8

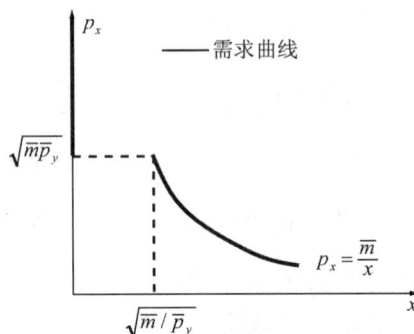

图 6-9

4. 某消费者只消费汉堡和可乐两种商品。若汉堡价格下降,则该消费者会同时增加汉堡和可乐的消费量。请据此判断,汉堡和可乐两种商品,哪种是正常商品? 或者两种都是?

解:如图 6-10 所示,记原最优选择点为 A 点,若汉堡价格下降,预算线围绕纵轴向外转动,新的最优选择点记 B 点。据题意,因为汉堡和可乐的消费量都增加了,所以 B 点位于 A 点的右上方。

然而,我们不能判断汉堡为正常商品,劣等品也会出现价格下降需求量增加的现象。

进一步分析,经 A 点作与价格变动后的预算线相平行的辅助线(虚线表示)。该预算线与经过 B 点的预算线相比,具体相同的相对价格(预算线平行),但收入不同。虚线上的最优点 C 应位于 A 点右侧。比较 C 点与 B 点,可以看出,随着收入的增加,可乐消费增加。因此可以判断可乐为正常商品。

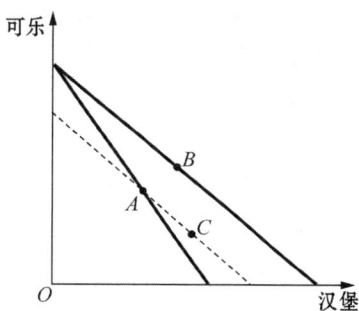

图 6-10

6.3 练习题

6.3.1 判断题(T 或 F)

1. 如果消费者把所有的收入都用来消费若干商品,那么其中至少有一种商品不是低档商品。 （ ）
2. 如果一种商品的价格需求弹性为 -1,此时使该商品的价格提高一倍,那么消费者对这种商品的总支出保持不变。 （ ）
3. 当收入足够小的情况下,拟线性偏好也是一种相似偏好。 （ ）
4. 在相似偏好情况下,收入不变,所有商品的价格加倍,那么对所有商品的需求减半。 （ ）
5. 某消费者根据他的预算约束使自己的效用达到最大化。某次价格变化使得他的情况得到了改善,所以在原来价格水平下,相对于旧的消费束来说,新消费束要花费更多的收入。 （ ）
6. 对于一个消费者来说,它的需求曲线在所有价格水平下都向上倾斜是不可能的。 （ ）
7. 在其他变量固定的情况下,收入增加,吉芬商品的需求增加。 （ ）
8. 某消费者消费 x、y、z 三种商品,其效用函数为 $u(x,y,z)=x^3y^6z$,如果消费者的收入加倍而商品价格维持不变,则他对 y 的需求也将增加一倍。 （ ）
9. 假定一位理性的消费者用尽全部收入,如果收入增加而商品价格保持不变,那么她会增加消费每一种商品。 （ ）
10. 如果收入以及所有商品的价格都加倍,那么对于奢侈品的需求的增量将会多于一倍。 （ ）

6.3.2 单选题

1. 小张同学收到了一个生日礼物——磁带录音机,她的效用函数为 $u(x,y)=y+24\sqrt{x}$,

其中 x 代表她所拥有的磁带数量，y 代表她除磁带以外其他商品的消费。若磁带的价格为 4，并且她的收入足够大，那么她将购买多少磁带？ （ ）

A. 3   B. 6

C. 9   D. 18

E. 缺少具体收入条件，因此不能判断

2. 某消费者以固定比率(3:2)消费草莓和奶油，草莓和奶油的单价都是 10 元/单位，该消费者总收入为 200 元。那么 （ ）

A. 奶油的需求量为 10   B. 草莓的需求量为 10

C. 他认为这两种商品完全替代   D. 草莓的需求量为 12

E. 以上都不对

3. 某消费者只消费柚子和菠萝，效用函数为 $u(x,y)=x^2y^8$，x 表示她消费的柚子数量，y 表示消费的菠萝数量。该消费者的收入是 105，柚子和菠萝的价格分别为 1 和 3，那么她将消费多少单位的柚子？ （ ）

A. 10.5   B. 7

C. 63   D. 21

E. 以上都不对

4. 某消费者的效用函数为 $u(x_1,x_2)=16\sqrt{x_1}+x_2$，他的收入为 82，商品 1 的价格为 2，商品 2 的价格为 1，他将消费多少单位的商品 1？ （ ）

A. 26   B. 12

C. 14   D. 16

E. 30

5. 某消费者用 10 单位的收入购买 1 比 1 完全替代的可口可乐和百事可乐，百事可乐的单价为 0.50，可口可乐的单价为 0.60，他还有 20 张优惠券，每张可以用来以 0.40 的价格购买一单位的可口可乐，则他将选择下面哪种消费组合？ （ ）

A. 只消费 20 单位的百事可乐   B. 只消费 16 又 2/3 单位可口可乐

C. 10 单位可口可乐和 8 单位百事可乐   D. 10 单位可口可乐和 12 单位百事可乐

E. 以上都不对

6. 某消费者只消费两种商品，她拥有柯布—道格拉斯效用函数，那么她的需求曲线具有下列哪些特点？ （ ）

A. 对其中某一种商品的需求不随收入变化

B. 对两种商品的需求都不随收入变化

C. 对每种商品的需求取决于收入和两种商品的价格

D. 对某种商品的需求取决于收入和那种商品本身的价格

E. 一种商品是低档商品，另一种是正常商品

7. 某消费者消费白兰地和桑拿浴两种非劣等商品。他每天可以有 30 元收入和 6 小时的时间用来消费这两种商品。白兰地每瓶要 2 元、半小时的时间来消费，桑拿每次要 1 元、1 小时的时间来消费(不幸的是，不能一边桑拿一边品尝白兰地)。有一天他突然获得了一笔巨额遗产，每天的可支配收入提高到 50 元，若他是一个理性的消费者，那么他会： （ ）

A. 只增加消费白兰地   B. 只增加消费桑拿浴

C. 两种商品都增加   D. 消费数量不变

E. 不了解他的无差异曲线,无法判断

8. 某消费者消费两种商品,若该消费者收入加倍,商品 1 的价格加倍,商品 2 的价格不变,那么消费者对两种消费品需求的变化为: ( )

A. 只有当商品 1 为吉芬商品时,对它的消费增加

B. 只有当商品 2 为吉芬商品时,对它的消费增加

C. 只有当商品 2 为劣等商品时,对它的消费增加

D. 只有当商品 2 为劣等商品时,对它的消费减少

E. 以上都不对

9. 在任何收入和价格条件下,某消费者总是用 25% 的收入用于住房支出,10% 购买衣物,30% 购买食品,15% 用于交通,20% 用于休闲,这种行为与下面哪一项说法相一致? ( )

A. 所有商品都是完全替代的   B. 价格变化时,他对日用品的需求不变

C. 他以固定比率消费商品   D. 他拥有柯布—道格拉斯效用函数

E. 有两个以上正确答案

10. 张小姐参加高尔夫和网球运动,效用曲线为 $u(g,t)=gt$,g 代表她参加的高尔夫回合数,t 代表她参加的网球场数,她每周有 24 元收入可以消费在这两种运动上,每一场高尔夫以及一场网球的价格都是 4 元。最近,张小姐决定把每周的运动时间限制在 16 小时之内,每场高尔夫 4 小时,每场网球 2 小时,那么这一约束将使她: ( )

A. 每周少参加 1 场的高尔夫和多 1 场的网球

B. 增加高尔夫场数,而减少网球场数,但是无法计算出具体数字

C. 她的消费束和效用不变

D. 每周少参加 2 场的高尔夫和多 3 场的网球

E. 条件太少,无法判断

11. 某消费者拥有相似偏好。当收入是 1 000 元的时候,他购买 40 本书和 60 份报纸,当收入增加到 1 500 元而价格不变的时候,他将购买: ( )

A. 60 本书和 90 份报纸   B. 80 本书和 120 份报纸

C. 60 本书和 60 份报纸   D. 40 本书和 120 份报纸

E. 条件太少,无法计算

12. 某消费者的效用函数为 $u(x_1,x_2)=2\ln x_1+x_2$,在现有收入和价格水平下,她消费 10 单位 x_1 和 15 单位 x_2。若收入加倍而价格不变,她将消费多少单位 x_1? ( )

A. 20   B. 18

C. 10   D. 5

E. 条件不足,无法计算

13. 小李从叔叔那里继承了 10 000 元的遗产,之后他减少了对汉堡包的消费,那么: ( )

A. 对小李来说汉堡包是吉芬商品   B. 对小李来说汉堡包是正常商品

C. 小李对汉堡包的恩格尔曲线是垂直的   D. 小李对汉堡包的恩格尔曲线是水平的

E. 小李的偏好不具有相似性

14. 某消费者只消费猪排和羊排。若猪排价格上涨而其他条件不变,他对猪排和羊排的消费都减少了,那么: ( )

A. 对该消费者来说猪排是正常商品　　B. 对该消费者来说羊排是正常商品

C. 对该消费者来说猪排是低档商品　　D. 对该消费者来说羊排是低档商品

E. 相对于羊排,该消费者更偏好猪排

15. 某消费者的效用函数为 $u(w,j)=\min\{7w,4w+12j\}$,其中 w 代表皮带的消费数量,j 代表皮夹克的消费数量。如果皮带和皮夹克的价格分别为 20 和 40,那么他的需求:(　　)

A. 皮带为皮夹克的 6 倍　　B. 皮夹克为皮带的 5 倍

C. 皮带为皮夹克的 3 倍　　D. 皮带为皮夹克的 4 倍

E. 只需求皮夹克

16. 某消费者的效用函数为 $u(x_1,x_2)=x_1^2+1.5x_1x_2+30x_2$,$p_1=p_2=1$,收入在 20 和 60 之间,那么,商品 2 的恩格尔曲线:(　　)

A. 向上倾斜　　B. 向下倾斜

C. 垂直

D. 在 20 到 40 之间向上倾斜,在 40 到 60 之间向下倾斜

E. 在 20 到 40 之间向下倾斜,在 40 到 60 之间向上倾斜

17. 下面哪一种效用函数代表非相似偏好?(　　)

A. $u(x,y)=xy$　　B. $u(x,y)=x+2y$

C. $u(x,y)=x+y^{0.5}$　　D. $u(x,y)=\min\{x,y\}$

E. 多于一个选项正确

18. 某消费者的效用函数为 $u(x,y)=\min\{4x,2x+y\}$,x 和 y 的价格分别为 3 和 1,则他的收入提供曲线是:(　　)

A. 始于原点,斜率为 2 的射线　　B. 平行于 x 轴的直线

C. 平行于 y 轴的直线　　D. 与 x 的恩格尔曲线相同

E. 以上都不对

19. 某消费者只消费苹果和香蕉。他的效用函数为 $u(a,b)=\min\{a+b,2b\}$,他根据预算最大化其效用并且有消费束 $(a,b)=(4,4)$,那么:(　　)

A. $p_a>p_b$　　B. $p_a\leqslant p_b$

C. $p_a=p_b$　　D. $p_a=2p_b$

E. 以上都不对

20. 张先生在税务部门工作,主要负责审计私营业主的收入。在一年中,所有私营业主通常把他们的收入分为消费和储蓄两部分,张先生不能确定人们的消费,但是可以确定经过一年人们储蓄了多少,根据往年经验,人们根据效用函数 $u(c,s)=10\,000\ln c+s$ 进行最大化消费—储蓄决策,c 代表消费,s 代表储蓄。据此可以判断:(　　)

A. 如果储蓄大于 1000,那么收入至少为 11000

B. 如果储蓄为 0,那么收入少于 1000

C. 如果储蓄为 1000,那么收入在 1000 到 10000 之间

D. 如果储蓄为 10000,那么收入为 21000

E. 如果储蓄为 1000,那么收入大于 20000

6.3.3　简答题

1. 辨析下面的说法是否正确:"如果消费者把所有收入用于消费,那么每种商品的收入需

求弹性都大于 1 是不可能的。"简要说明你的论述。

2. 某消费者效用函数为 $u(x,y)=\min\{4x,2y\}$，p_x 表示商品 x 的价格，p_y 表示商品 y 的价格，m 代表收入，请写出她对商品 x 的需求函数。

3. 请概括区分以下概念：

(1) 正常商品、低档商品；(2) 奢侈品、必需品；(3) 互补品、替代品。

4. 某消费者的效用函数为 $u(x,y)=\dfrac{y}{100-x}$，$x<100$

(1) 该消费者对两商品的偏好越多越好吗？

(2) 画出对应于效用 $u=1/2$、$u=1$ 和 $u=2$ 的无差异曲线。

(3) 怎样描述该消费者的无差异曲线集？

5. 某消费者效用函数为 $u=x+y^2$，请画出相应的收入提供线、恩格尔区线、商品 x 的价格提供线以及需求曲线。

6. 某消费者消费 x、y 两种日用品，他的效用函数为 $\min\{x+2y,y+2x\}$，他若选择购买 8 单位的 x 和 16 单位的 y，y 的单价为 0.5，他的收入是多少？

7. 某消费者只消费苹果和番茄，她的效用方程为 $u(x,y)=x^2y^8$，x 表示消费的苹果数量，y 表示消费的番茄数量。该消费者的收入是 320，苹果和番茄的价格分别为 4 和 3，那么她将消费多少单位的苹果？

8. 某消费者的效用函数为 $u(r,z)=z+120r-r^2$，r 和 z 分别代表在她的花园中玫瑰和菊花的数量，她有 250 平方英尺可以用来种植这两种花，每株玫瑰占用 4 平方英尺而菊花占用 1 平方英尺，如果她获得了另外 100 平方英尺的土地，效用函数不变的情况下，她将多种植多少菊花和玫瑰？

9. 某消费者的效用函数为 $u(x,y)=3x+y$，其中 x、y 分别代表对可可和干酪的消费量，如果 x 单位的可可花费为 x^2，干酪的价格为 10，收入为 260，他将消费多少单位可可？

10. 某消费者效用函数为 $u(x,y)=\min\{4x+y,2x+2y,x+4y\}$，他消费了 12 单位的商品 x 和 6 单位的商品 y。若商品 x 的价格为 \$1，那么商品 y 的价格的范围为多少？

11. 某消费者的收入为 m，考虑其只消费商品 1 和商品 2，两种商品对该消费者是完全替代品，且他愿以 a 单位商品 1 交换 b 单位商品 2。商品 1 的市场价格为 p_1，商品 2 的市场价格为 p_2，两种消费数量分别为 x_1 和 x_2 表示。政府对商品 1 的消费量小于配给量 $\overline{x_1}$ 时不征税，超过配给量 $\overline{x_1}$ 时，对消费者征收税率为 t 的从价税。

(1) 写出该消费者的预算约束方程，并画图表示。

(2) 写出该消费者消费商品 1 和商品 2 的效用函数，并画出无差异曲线。

(3) 求该消费者对商品 1 的需求函数。

12. 请辨析说明喜好商品、中性商品、厌恶商品、正常商品、必需商品、奢侈品、劣等品、普通商品、吉芬品等概念的区别与联系。

参 考 答 案

判断题

1. T 2. T 3. T 4. T 5. T 6. T 7. F 8. T 9. F 10. F

单选题

1. C 2. D 3. D 4. D 5. E 6. D 7. D 8. D 9. D 10. A 11. A 12. C 13. E 14. B 15. D 16. B 17. C 18. A 19. B 20. A

简答题

1. 正确。如果每种商品收入需求弹性都大于1,那么1%的收入增量将引起对每种商品的支出超过1%的增量,因此总支出的增量大于1%,显然这是不可能的。

2. $x = \dfrac{m}{(p_x + 2p_y)}$

3. (1) 若收入增加、价格不变,对正常商品的需求增加,对低档商品的需求减少。

(2) 对商品的支出增加比例大于收入增加比例是奢侈品;反之,是必需品。

(3) 两种商品是互补还是替代关系,取决于一种商品的价格上升增加还是减少了对另一种商品的需求。

4. (1) 是的。因为 $\begin{cases} \dfrac{\partial u}{\partial x} = \dfrac{y}{(100-x)^2} > 0 \\ \dfrac{\partial u}{\partial y} = \dfrac{1}{100-x} > 0 \end{cases}$

(2) 当 $u = 1/2$ 时,$1/2 = y/(100-x)$,即 $x + 2y = 100$;当 $u = 1$ 时,$1 = y/(100-x)$,即 $x + y = 100$;当 $u = 2$ 时,$2 = y/(100-x)$,即 $2x + y = 200$。无差异曲线如图 6-11。

(3) 无差异曲线为点 $(100, 0)$ 与纵轴上 $y \geq 0$ 所有点的连线,连线越陡效用水平越高。

5. 参照例题 3。

6. 16

7. 16

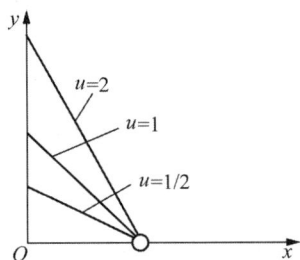

图 6-11

8. 多种植 100 单位菊花,而玫瑰数量不变。

9. 15 单位。

10. 介于 \$1 和 \$4 之间。

11. (1) 预算约束方程为:$\begin{cases} p_1 x_1 + p_2 x_2 = m & x_1 \leqslant \overline{x_1} \\ (1+t)p_1 x_1 + p_2 x_2 = m + tp_1\overline{x_1} & x_1 > \overline{x_1} \end{cases}$

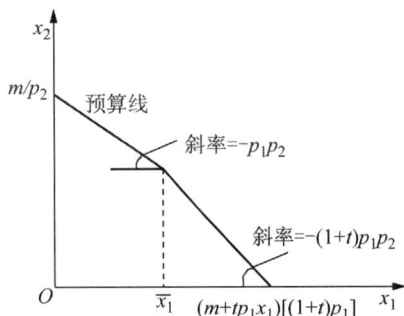

图 6-12 预算线图

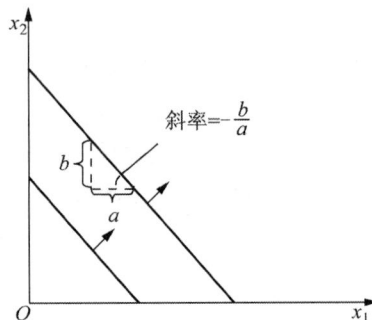

图 6-13 无差异曲线图

（2）消费者的效用函数为：$u(x_1,x_2)=bx_1+ax_2$

（3）该消费者对商品 1 的需求函数为：

$$x_1=\begin{cases} 0 & \text{当 } p_1/p_2>b/a \\ [0,\overline{x_1}] & \text{当 } p_1/p_2=b/a \\ \overline{x_1} & \text{当 } p_1/p_2<b/a<(1+)p_1/p_2 \\ [\overline{x_1},(m+tp_1x_1)/(1+t)p_1] & \text{当 } b/a=(1+)p_1/p_2 \\ (m+tp_1x_1)/(1+t)p_1 & \text{当 } b/a>(1+)p_1/p_2 \end{cases}$$

12. 正常商品、劣等品、普通商品、吉芬品等均属于喜好品；吉芬品商品一定是劣等品，但劣等品不一定是吉芬品；读者可以用图形等形式表示这些概念的相互关系。

第 7 章　显示偏好

显示偏好理论(Revealed Preference)是中级微观经济学中有关消费理论的重要内容。消费需求理论在给定消费者偏好以及预算约束下研究消费者选择以及需求问题;显示偏好理论则是从消费者的选择来辨析其偏好关系,即从其行为的信息揭示偏好的信息。

7.1　本章要点

1. 首先是有关直接显示偏好(Direct Preference Revelation)和间接显示偏好(Indirect Preference Revelation)的基本概念:

● 直接显示偏好:设(x_1,x_2)是价格在(p_1,p_2)时被选择的商品束,(y_1,y_2)是满足$p_1x_1+p_2x_2\geqslant p_1y_1+p_2y_2$的另一个商品束,即在价格体系$(p_1,p_2)$下商品束$(y_1,y_2)$是可被购买的。假若消费者总是在他能够购买的商品束中选择他最偏好的商品束,则一定有$(x_1,x_2)>(y_1,y_2)$(假定无差异曲线为严格凸),也称为(x_1,x_2)直接显示偏好于$\underset{D}{\succ}(y_1,y_2)$。

● 间接显示偏好:如果我们知道在价格(p_1,p_2)下,消费者能够买(y_1,y_2),但是选择了(x_1,x_2),即$(x_1,x_2)\underset{D}{\succ}(y_1,y_2)$;在价格$(q_1,q_2)$下,消费者能够买$(z_1,z_2)$,但是选择了$(y_1,y_2)$,即$(y_1,y_2)\underset{D}{\succ}(z_1,z_2)$;那么,$(x_1,x_2)$就间接显示偏好于$\underset{I}{\succ}(z_1,z_2)$。间接显示偏好关系与偏好的传递性相一致。

直接显示偏好和间接显示偏好都解释了不同商品束受消费者偏好的关系,因此,我们也可以运用所掌握的显示偏好信息来把握经过某一具体消费束的无差异曲线的基本空间范围(即恢复偏好),具体方法参见原书。

2. 有了直接显示偏好和间接显示偏好,我们可以用显示偏好弱公理(Weak Axiom of Revealed Preference,WARP)和显示偏好强公理来(Strong Axiom of Revealed Preference,SARP)检验消费者偏好是否具有理性。

● 显示偏好弱公理:如果(x_1,x_2)是(y_1,y_2)的直接显示偏好,且(x_1,x_2)和(y_1,y_2)不同,那么(y_1,y_2)就不可能是(x_1,x_2)的直接显示偏好。

● 显示偏好强公理:如果(x_1,x_2)是(y_1,y_2)的显示偏好(直接或间接的),且(x_1,x_2)和(y_1,y_2)不同,那么(y_1,y_2)就不可能是(x_1,x_2)的直接或间接显示偏好。

3. 用显示偏好弱公理和显示偏好强公理进行理性偏好检验时,可以采取通过某些特定的方法和步骤进行(参见例题2)。需要注意的是,如果存在行为满足显示偏好弱公理,但违反显示偏好强公理,那么这种行为背后的偏好关系依然是非理性的(参见例题3)。

4. 本章介绍有关指数的概念:

首先,指数是用来反映从一个时期到另一个时期系列指标的变化,价格指数反映的是价格的变化,数量指数反映的是数量的变化。

如令 b 代表基期,该期价格是(p_1^b,p_2^b),消费者选择是(x_1^b,x_2^b);

t 代表末期,该期价格是(p_1^t,p_2^t),消费者选择是(x_1^t,x_2^t)

那么,价格指数为 $I_P=\dfrac{w_1 p_1^t+w_2 p_2^t}{w_1 p_1^b+w_2 p_2^b}$,数量指数为 $I_q=\dfrac{w_1 x_1^t+w_2 x_2^t}{w_1 x_1^b+w_2 x_2^b}$

其中,(w_1,w_2)表示指标权数。

根据权重指标选取的不同,有拉氏指数(Laspeyres Index)和帕氏指数(Paasche Index)之分。

以价格指数为例,如果用基期的数量(x_1^b,x_2^b)作为权数,就称之为拉氏价格指数(Laspeyres Index of Price),即为:

$$L_P=\frac{x_1^b p_1^t+x_2^b p_2^t}{x_1^b p_1^b+x_2^b p_2^b}$$

如果用末期的数量(x_1^t,x_2^t)作为权数,就称之为帕氏价格指数(Paasche Index of Price),即为:

$$P_P=\frac{x_1^t p_1^t+x_2^t p_2^t}{x_1^t p_1^b+x_2^t p_2^b}$$

同样,拉氏数量指数和帕氏数量指数分别以基期和末期的价格为权数:

$$L_q=\frac{p_1^b x_1^t+p_2^b x_2^t}{p_1^b x_1^b+p_2^b x_2^b},\ P_q=\frac{p_1^t x_1^t+p_2^t x_2^t}{p_1^t x_1^b+p_2^t x_2^b}$$

7.2　例题讲解

1. 哈利是一个交响乐团的指挥家。每年,他从 A 城市出发,到 B 城市,然后到 C 城市,一直到他到达 Z 城市。到达 Z 城市后,他又回到 A 城市重新开始。每到一个城市,他得到的报酬根据如下规则计算:在 B 城市他将拿到根据 B 城市的物价使他能支付在 A 城市消费商品束的报酬(即在这个报酬下他也可以购买在 B 城市选择的商品束);在 C 城市他将拿到根据 C 城市的物价使他能支付在 B 城市消费商品束的报酬;……以此类推。经过 26 个城市后,他回到 A 城市,那里他同样将拿到根据 A 城市的物价使他能支付在 Z 城市消费商品束的报酬。假设,在每一个城市,他把所有的收入都消费商品苹果(a)和书(b),并且使自己的效用最大。他的效用函数为$u=a\times b$。经过这一个来回,假设各地的物价均不同,他每站的效用将如何变化(即分析效用是增加还是减少)? 请对你的结论进行说明。

解:在这里,效用函数的具体形式其实是不重要的,只要效用函数代表一种良性偏好且满足严格凸即可。

运用显示偏好理论该问题便可迎刃而解:哈利在下一个站点时上一个站点的消费束都可以被购买,因此,哈利的效用应该是不断提高的。一个细节性问题是,当哈利每到达一个新的城市时,他的效用水平应该是严格递增的(除非所有的城市相对价格均相同)。(同学们可进一步思考:如果偏好不是严格凸,如两种商品为完全互补的偏好关系,结果应该是效用水平保持不变。)

2. 在价格$(P_1,P_2)=(4,1)$时,小张消费的商品束$(X_1,X_2)=(10,20)$。在价格$(P'_1,P'_2)=(10,40)$时,小张消费的商品束$(X'_1,X'_2)=(4,14)$。如果在价格(P''_1,P''_2)下,他消费的商品束为$(X''_1,X''_2)=(20,10)$。假设小张的消费偏好为理性偏好,则 P''_1 与 P''_2 必须满足怎样一种关系?

解：根据题意，可列出下表。其中，第一行表示选择的消费束，第一列表示不同的消费束对应价格体系，其他单元格表示给定价格体系（行）和目标消费束（列）下所需要的费用。因此，对角线上的费用代表了消费者选择时的收入水平，而对应标注"＊"的单元格表示该消费束被最优选择直接显示偏好。

	$(10,20)$	$(4,14)$	$(20,10)$
$(4,1)$	60	30 ＊	90
$(10,40)$	900	600	600 ＊
(P''_1, P''_2)	$10P''_1+20P''_2$	$4P''_1+14P''_2$	$20P''_1+10P''_2$

因此，我们具有以下偏好关系：

$$(10,20)\underset{D}{\succ}(4,14);(4,14)\underset{D}{\succ}(20,10);从而(10,20)\underset{I}{\succ}(20,10)$$

根据显示偏好理论，下列不等式成立

$$\begin{cases}10P''_1+20P''_2>20P''_1+10P''_2\Rightarrow P''_2>P''_1\\4P''_1+14P''_2>20P''_1+10P''_2\Rightarrow P''_2>4P''_1\end{cases}$$

总结上述两个不等式，P''_1 与 P''_2 必须满足 $P''_2>4P''_1$

3. 某消费者消费 3 种商品，给定价格下消费者的最优选择消费束分别为：当价格为 $(p_1, p_2, p_3)=(\$1,\$3,\$10)$ 时，消费者最优选择为 $(x_1,x_2,x_3)=(3,1,4)$；当价格为 $(p_1,p_2,p_3)=(\$4,\$3,\$6)$ 时，消费者最优选择为 $(x_1,x_2,x_3)=(2,5,3)$；当价格为 $(p_1,p_2,p_3)=(\$1,\$1,\$5)$ 时，消费者最优选择为 $(x_1,x_2,x_3)=(4,4,3)$。请分别检验该消费者是否满足显示偏好弱公理和显示偏好强公理，消费者是否具有理性偏好？

解：可采取列联表的方法分别检验该消费者的选择行为是否满足显示偏好弱公理和显示偏好强公理。首先列出表格并计算各单元格对应收入如下：

	$(x_1,x_2,x_3)=(3,1,4)$	$(x_1,x_2,x_3)=(2,5,3)$	$(x_1,x_2,x_3)=(4,4,3)$
$(p_1,p_2,p_3)=(\$1,\$3,\$10)$	46	47	46
$(p_1,p_2,p_3)=(\$4,\$3,\$6)$	39	41	46
$(p_1,p_2,p_3)=(\$1,\$1,\$5)$	24	22	23

我们用"D"将那些具有直接显示偏好关系的消费束标出，参见下表。可见消费者的行为并没有违背显示偏好弱公理——在反对角坐标点上我们没有找到同时出现的直接显示偏好标志"D"。

	$(x_1,x_2,x_3)=(3,1,4)$	$(x_1,x_2,x_3)=(2,5,3)$	$(x_1,x_2,x_3)=(4,4,3)$
$(p_1,p_2,p_3)=(\$1,\$3,\$10)$			D
$(p_1,p_2,p_3)=(\$4,\$3,\$6)$	D		
$(p_1,p_2,p_3)=(\$1,\$1,\$5)$		D	

然而，进一步考虑间接显示偏好关系（用"I"表示），我们就发现该消费者违背了显示偏好强公理。例如，根据第一行，消费束 $(x_1,x_2,x_3)=(3,1,4)$ 直接显示偏好 $(x_1,x_2,x_3)=(4,4,$

3）；而根据第三行，$(x_1,x_2,x_3)=(4,4,3)$又直接显示偏好与$(x_1,x_2,x_3)=(2,5,3)$，因此消费束$(x_1,x_2,x_3)=(3,1,4)$间接显示偏好于$(x_1,x_2,x_3)=(2,5,3)$。这与第二行中，消费束$(x_1,x_2,x_3)=(2,5,3)$直接显示偏好$(x_1,x_2,x_3)=(3,1,4)$相矛盾。据此可以判断，该消费者行为不属于理性偏好。

	$(x_1,x_2,x_3)=(3,1,4)$	$(x_1,x_2,x_3)=(2,5,3)$	$(x_1,x_2,x_3)=(4,4,3)$
$(p_1,p_2,p_3)=(\$1,\$3,\$10)$		I	D
$(p_1,p_2,p_3)=(\$4,\$3,\$6)$	D		I
$(p_1,p_2,p_3)=(\$1,\$1,\$5)$	I	D	

4. 一个学生把她所有的收入都用在匹萨和书上。当匹萨的价格为 3 元/份，而书的价格为 10 元/本，她每月消费 30 份匹萨和 3 本书。若收入保持不变，当匹萨的价格降到了 2.90 元/份，而书的价格上涨到 11 元/本时，这种价格的变动会使她的状况发生什么变化？

解：这个问题的求解也是体现对显示偏好理论的求解及应用。

根据题意，当匹萨和书的价格为(3,10)时，这个学生选择(30,3)，这意味着她的总收入为 120 元($3\times30+10\times3=120$)。

当价格变为(2.90,11)时，若购买原来消费束的花费需要 120($2.90\times30+11\times3=120$)，在她的收入预算范围内。即新的价格体系下，原有的消费束仍可以被选择。如果她选择了新的消费束，则说明她的效用比原来更高；即便她不改变原来的选择，则她的效用也可以保持不变，如完全互补的情况。因此，价格的变化使得她至少和以前一样好，而且可能使得她变得更好。

5. 回顾第 5 章里面所讨论的税收问题，其中，从量税是根据商品的消费量课征的税收，如对每公升的汽油征收 1 元的汽油税；所得税则是对收入征收的税收。为了避免讨论征收所得税对消费者劳动激励的影响（第 8 章我们将更深入讨论这个问题），我们用总额税（即向消费者征收一笔总量税收，不以任何其他消费或收入为计算基数）来代替所得税。试用显示偏好证明：对于特定消费者而言，相比征收从量税，消费者更偏好于等额的总额税。

证：假设从量税是针对消费者消费某种商品 x 所征收的，不乏一般性，用 y 代表消费者除了 x 以外其他商品的消费，p_x 表示商品 x 的税前价格，t 表示数量税，即商品 x 的税后价格为 p_x+t；此外，消费者的收入记为 I，y 的价格为 1。

如图 7-1 所示，征税前消费者的预算线方程为：

$p_x x + y = I$，最优点为(x,y)

征收数量税后价格的上升使得预算线向内转动，新的预算线方程为

$$(p_x+t)x + y = I$$

最优点为(x',y')

所征收到的从量税总额为 tx'

如果改从量税为总额税，即向消费者征收 tx' 的税收，则消费者的预算线方程为：$p_x x+y=I-tx'$，记总额税下最优点为(x'',y'')。

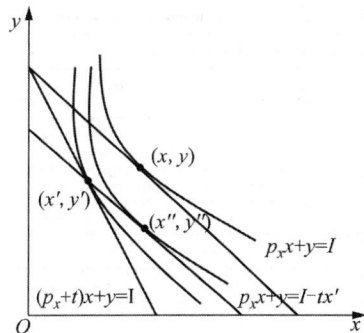

图 7-1

可以检验,在从量税下的最优点(x',y')满足总额税的预算方程。即当消费者在总额税下选择消费束(x'',y'')时,消费束(x',y')是可以被选择的。据此,根据显示偏好理论,有$(x'',y'')>(x',y')$。即相比征收从量税,消费者更偏好于等额的总额税。

新古典微观经济理论认为,如果某一项政策引起价格的扭曲(如从量税),会使得社会福利降低。等额的数量税和总额税都是将某一笔收入从消费者转入政府的一种税收方式,不考虑收入转移对社会总福利水平的影响,从量税下消费者的福利相比总额税更低。当然,这里是针对某一特定消费者消费特定商品而言,是一种局部均衡分析。考虑不同消费者对商品的消费量是不同的,那些消费量更低的消费者自然更倾向于从量税(最极端的情况是那些从不消费该商品的消费者征收与其他消费者等额的税收)。

6. 以美国为代表的西方国家会对社会保险金的收入根据 CPI 指数进行调整,以缓解通货膨胀引起实际收入的下降。CPI 是一种拉氏价格指数:以基期一篮子物品为权重衡量价格变化。试证明,对于代表性消费者(即该消费者选择一篮子物品为其消费束)而言,这种指数化收入调整能改善消费者状况。

证:简化起见,以消费两个商品(x_1,x_2)为例进行分析。

设在基期价格(p_1^b,p_2^b)下消费者选择了消费束(x_1^b,x_2^b),因此,消费者原来的收入水平为$I=p_1^b x_1^b+p_2^b x_2^b$;

到了 t 时期,价格变为(p_1^t,p_2^t);

此时,用 CPI 价格指数进行调整后的收入为 $I'=I\times\dfrac{p_1^t x_1^b+p_2^t x_2^b}{p_1^b x_1^b+p_2^b x_2^b}$

因此,新的预算线方程为 $I'=p_1^t x_1+p_2^t x_2$

可以证明,在基期选择的最优消费束(x_1^b,x_2^b)是满足新的预算线方程,这意味着对收入进行 CPI 指数化调整后,原来的消费束仍可被选择。因此,消费者的状况实际上是改善的:当他选择新消费束的时候,就意味着更偏好于原有的消费束。(如果价格为同比例变化或者无差异曲线呈折拗状时,消费者会保持原来的最优选择,状况保持不变。)

7. (经济侦探学)史蒂文森在英国犯罪后,潜逃他国。苏格兰场经过一番侦探,将搜索范围缩小为三种可能性:在加拿大的布朗处、在法国的葛朗台处或者在德国的许瓦兹处。在当地警方的协助下,苏格兰场搞到了上述三人起居、消费等方面的记录。侦探长拿着这些资料去请教福尔摩斯,福尔摩斯面临不充分的证据,不得不承认无能为力。正巧福尔摩斯的朋友萨缪尔森在一旁,他随手翻翻资料,发现以下事实:

A. 史蒂文森在逃离前,每周消费 20 升啤酒和 10 公斤香肠。当地啤酒每升 1 英镑,香肠每公斤 1 英镑;

B. 布朗每周消费 5 升啤酒和 20 公斤香肠。当地 1 升啤酒为 1 加元,1 公斤香肠为 2 加元;

C. 葛朗台每周消费 10 升啤酒和 5 公斤香肠。当地 1 升啤酒和 1 公斤香肠的价格均为 2 法郎;

D. 许瓦兹每周消费 30 升啤酒和 5 公斤香肠。当地 1 升啤酒为 1 马克,1 公斤香肠为 2 马克。

(1)萨缪尔森想了一会,说,"除非史蒂文森改变了他的偏好,不然我敢断定三个人之中一个不再受怀疑"。他是谁? 为什么?

(2) 又想了一会,萨缪尔森说:"史蒂文森自愿选择前往某地,那么他现在的处境一定比以前好。"因此,只要他的偏好没有改变,他一定住在:_____。

解:令(p_1,p_2)表示香肠和啤酒的价格,(x_1,x_2)表示选择香肠和啤酒消费束,依题意可以画出下表。其中,对角方格中表示不同消费者的最优选择消费束。

(p_1,p_2)	史蒂文森	布朗	葛朗台	许瓦兹
英镑(1,1)	(10,20)			
加元(2,1)		(20,5)		
法郎(2,2)			(5,10)	
马克(2,1)				(5,30)

进一步,我们列出下表。其中,方格中表示对应价格体系下各列消费束所需的货币量。一个细节性问题是,考虑各个国家货币单位不同,因此不同行内即使数字相同也不代表等量的支出。此外需要注意的是,这里我们所面对的是不同消费者,因此不能简单地运用显示偏好弱公理或显示偏好强公理。

(p_1,p_2)	(10,20)	(20,5)	(5,10)	(5,30)
英镑(1,1)	30	25*	15*	35
加元(2,1)	40*	45	20*	40
法郎(2,2)	60	50	30	70
马克(2,1)	40*	45	20*	40

首先,根据第一行,我们可以知道对于史蒂文森而言,
$$(10,20) \succ (20,5); (10,20) \succ (5,10)$$
而在布朗处,史蒂文森是可以选择消费束(10,20)的,因此他不可能躲在布朗处。

进一步,对于葛朗台和许瓦兹所在的两个地方,我们可以看出,在许瓦兹处,葛朗台选择的消费束(5,10)是可以被购买的。因此可以认为,如果让史蒂文森自愿选择,他肯定优先考虑许瓦兹处。而且,最后选择的(5,30)应该是优于他原来的消费束(10,20)。据此可以判断史蒂文森一定藏在德国许瓦兹处。

8. 小张目前在娱乐上的花费为每周 100 元。一个有钱的叔叔给了他两个选择:一个是每周给他 50 元的津贴,另一个是为他付一半的娱乐消费。娱乐对于小张属于正常品,且小张具有良性偏好。则小张会选择哪个方案? 请运用显示偏好原理对此进行论述。

解:

如图 7-2 所示,横轴表示娱乐消费,纵轴表示其他商品的消费。小张最初的预算线对应为图中 A 点所在的线段,预算线方程为:$x_1+x_2=M$(1),$M>100$ 为总收入。A 点表示小张的最初最优选择。若每周增加 50 元的津贴,预算线向外平移,如图 B 点所在线段所示,预算线方程为 $x_1+x_2=M+50$(2)。若小张的

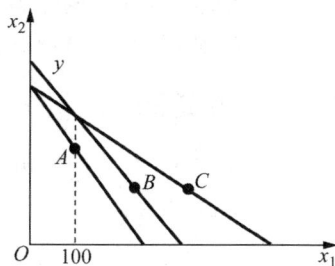

图 7-2

叔叔为其付一半的娱乐消费,即娱乐消费价格为原来的二分之一,预算线围绕纵轴交点向外转动,如图中 C 点所在线段所示,预算线方程为:$\frac{1}{2}x_1+x_2=M$(3)。

根据预算线方程可以验证,(2)和(3)交点横坐标也为 100。

如果娱乐属于正常品,则 y 线的最优选择应在 A 点以右的部分(增加收入,需求增加),即图中 B 点。若价格下降,则小张的最优选择应为图中 C 点所示。根据显示偏好原理,C 点显示偏好于 B 点。故小张会选择一半娱乐消费的补贴方案[①]。

7.3 练习题

7.3.1 判断题(T 或 F)

1. 某消费者行为为理性偏好,且他的偏好不会随着时间而改变。某一年,他在能买得起 x 消费束的时候却买了 y 消费束。另一年,如果他买了 x 消费束,那么说明他当时一定买不起 y 消费束。 (　　)

2. 某消费者追求效用最大化,其不具有良性偏好且无差异曲线为凹状,那么他的行为不满足显示偏好弱公理和显示偏好强公理。 (　　)

3. 第 2 时期相对于第 1 时期的拉氏价格指数化等于用时期 2 的价格买时期 1 的消费束与用时期 1 的价格买时期 1 的消费束所需费用的比值。 (　　)

4. 拉氏价格指数不同于帕氏价格指数的原因是:拉氏价格指数保持价格不变而使数量发生变化,而帕氏价格指数则保持数量不变而使价格发生变化。 (　　)

5. 显示偏好弱公理表示:如果一个消费者在他能够买得起消费束 y 的时候选择了消费束 x,同时在他能够买得起消费束 x 的时候选择了消费束 y,那么他的收入在这两个观察期必然改变。 (　　)

6. 显示偏好强公理表示:如果一个消费者在他能够买得起 y 的时候选择了 x,在他能够买得 z 起的时候选择了 y,那么在他能买得起 z 的任何时候他都会买 x。 (　　)

7. 低档品的价格上升会使那些消费这种商品的人状况变好。 (　　)

8. 某消费者预算保持不变,如果随着价格的改变她的状况变好了。那么可以判断在旧的价格下新的消费束的花费比旧的消费束要多。 (　　)

9. 可能存在这种情况:消费者满足显示偏好弱公理却违反显示偏好强公理。 (　　)

10. 有两种商品:香蕉和土豆。香蕉的价格上升,土豆的价格下降。如果在这种价格变化以后,一个消费者(其偏好满足显示偏好弱公理)正好能够买得起旧的消费束,那么即使土豆是吉芬商品,她将至少消费和以前一样多的土豆。 (　　)

7.3.2 单选题

1. A 代表(7,9)消费束,B 代表(10,5)消费束,C 代表(6,6)消费束。当价格为(2,4)的时

---

① 进一步分析表明,C 点中娱乐的消费量大于 B 点,即在 B 点右边。通过做辅助线(虚线所示),替代效应使得 D 点位于 B 点右边,而收入效应使得 C 点也位于 D 点右边:即给定一半娱乐消费补贴后的娱乐消费量一定大于 50 元货币补贴后的娱乐消费量。

候,消费者选择了 C 消费束;当价格为(12,3)的时候,他选择了 A 消费束,则 （　）

    A. A 消费束直接显示偏好于 B 消费束   B. A 消费束间接显示偏好于 B 消费束

    C. C 消费束直接显示偏好于 A 消费束   D. B 消费束直接显示偏好于 A 消费束

    E. 以上选项都不对

2. 1991 年,商品 x 的价格为 5 元/单位,商品 y 的价格为 1 元/单位,消费者选择的消费束为 $(x,y)=(2,4)$;现今,商品 x 的价格为 7 元/单位,商品 y 的价格为 6 元/单位,消费者选择的消费束为 $(x,y)=(5,3)$。则与 1991 年相比,现今的拉氏价格指数为多少? （　）

    A. 3.79   B. 2.71

    C. 0.26   D. 1.89

    E. 1.26

3. 20 年前,面包的价格为 10 元/袋,土豆的价格为 20 元/袋,某消费者用 330 元的收入买了 9 袋面包和 12 袋土豆。现在,该消费者的收入为 452 元,面包的价格变为 22 元/袋,土豆的价格变为 17 元/袋。假定该消费者的偏好没有改变,他何时的境况较好? （　）

    A. 20 年前的境况较好   B. 现在的境况较好

    C. 两个时期一样   D. 从以上给的信息,我们不能判断出

    E. 以上都不对

4. 价格为($4,$12)时,某消费者选择了(9,4)消费束。在价格为($8,$4)时,他选择了(2,9)消费束。他的行为是否服从显示偏好弱公理? （　）

    A. 是   B. 否

    C. 这取决于他的收入   D. 我们必须观察第 3 个选择才能知道

    E. 以上都不对

5. 当价格为($6,$3)时,某消费者选择(9,18)消费束;当价格为($1,$2)时,他选择(8,14)消费束。那么 （　）

    A. (9,18)消费束显示偏好于(8,14)消费束,同时他没有违反 WARP

    B. 他违反了 SARP,但没有违反 WARP

    C. (8,14)消费束显示偏好于(9,18)消费束,同时他没有违反 WARP

    D. 他违反了 WARP

    E. 以上都不对

6. 当草莓价格为 10 元/盒,香蕉 9 元/束时,小张用 192 元的收入买 12 盒的草莓和 8 束香蕉。当草莓价格为 6 元/盒,香蕉 6 元/束时,小李的收入为 170 元。假定他们的偏好完全相同,那么 （　）

    A. 与自己的消费束相比,小张偏好小李的消费束

    B. 与自己的消费束相比,小李偏好小张的消费束

    C. 他们的消费束对他们俩来说都是一样的

    D. 他们俩都偏好自己的消费束

    E. 没有更多的信息,我们不能做出以上任何判断

7. 1991 年,商品 x 的价格为 5,商品 y 的价格为 1。现在它们的价格分别为 9 和 5。1991 年的消费束为(4,5),现在的消费束为(9,7)。计算现在相对于 1991 年的拉氏价格指数是(　)

    A. 0.5   B. 2.4

中级微观经济学学习指南

C. 2.5　　　　　　　　　　　　D. 2.2

E. 以上都不对

8. 查尔斯曾经在阿根廷、玻利维亚和哥伦比亚住过。他只买两种商品 x 和 y。在阿根廷,两商品的价格为($9,$3),他的消费束为(6,7)。在玻利维亚,他的消费束为(9,2)。在哥伦比亚,两商品的价格为($3,$3),他的消费束为(6,5)。以下哪项正确?　　( )

A. 阿根廷的消费束直接显示偏好于玻利维亚的

B. 阿根廷的消费束间接显示偏好于玻利维亚的

C. 哥伦比亚的消费束直接显示偏好于阿根廷的

D. 玻利维亚的消费束间接显示偏好于阿根廷的

E. 以上都不对

9. 张同学获得了明年去巴黎交换学习的机会。为了使自己免受汇率波动造成的损失,她为明年计划要用的法郎用现价买了一个远期合约。按照这个远期合约,她到达法国后,不管汇率如何变化,她都可以用她合约里的所有法郎。如果法郎兑换美元的汇率在她去巴黎前突然下降,则她的境况　　( )

A. 至少跟汇率没有变化时一样好,或者甚至比汇率没有变化时更好

B. 比汇率没有变化时变差

C. 正好与汇率没有变化时一样好

D. 也许变好,也许变差,这取决于她是否花费和她国内计划时一样的钱

E. 不能判断

10. 给定书的价格为 8 元/本,家具的价格为 10 元/件,小张用他所有的收入买了 9 本书和 11 件家具。小李和小张具有相同偏好,但面对的价格和收入水平不同。小李的收入为 162 元,他买书的价格为 4 元/本,家具的价格为 11 元/件。以下哪项正确?　　( )

A. 比起自己的,小李更偏好于小张的消费束

B. 比起自己的,小张更偏好于小李的消费束

C. 他们都偏好自己的消费束

D. 他们都偏好对方的消费束

E. 不知道小李的消费束,我们不能判定他们是否偏好对方的消费束

11. 当价格为($2,$4)时,消费者选择(7,9)消费束;而当价格为($15,$3),她选择(10,3)消费束,问她的行为是否符合显示偏好弱定理?　　( )

A. 是

B. 否

C. 没有观察到第 3 个选择,我们不能确定

D. 因为不知道这两个选择时消费者的收入,我们不能确定

E. 以上都不对

12. 当价格为($2,$10)时,某消费者最优选择消费束为(1,6);而当价格为($12,$4)时,他选择(7,2)。则　　( )

A. 该消费者违反 WARP

B. 该消费者的无差异曲线有折点

C. (1,6)显示偏好于(7,2),但(7,2)不显示偏好于(1,6)

54

D. (7,2)显示偏好于(1,6),但(1,6)不显示偏好于(7,2)

E. 以上都不对

13. 如果所有的价格都上涨 20%,则　　　　　　　　　　　　　　　　( )

A. 帕氏价格指数上涨大于 20%,拉氏价格指数小于 20%

B. 拉氏价格指数上涨大于 20%,帕氏价格指数小于 20%

C. 帕氏价格指数和拉氏价格指数都上涨大于 20%

D. 帕氏价格指数和拉氏价格指数都正好上涨 20%

E. 帕氏价格指数和拉氏价格指数都上涨小于 20%

14. 观察一个消费者在三个不同价格不同收入的时期的行为:时期 1,她选择的消费束花费1 600元;时期 2,她选择的消费束花费2 500元;时期 3,她选择的消费束花费3 100元。时期 2 的消费束在时期 1 的价格下值1 200元。时期 3 的消费束在时期 2 的价格下值2 000元。该消费者为完全理性,则　　　　　　　　　　　　　　　　　　　　　　　　　　　( )

A. 时期 1 的消费束在时期 3 的价格下的花费一定少于3 100元

B. 时期 3 的消费束在时期 1 的价格下的花费至少等于3 100元

C. 时期 1 的消费束在时期 3 的价格下的花费不可能少于3 100元

D. 时期 2 的消费束在时期 1 的价格下的花费至少等于3 100元

E. 以上都不对

15. 如果所有商品的价格是原来的 2 倍,而收入是原来的 3 倍,则　　　　( )

A. 收入的上涨超过拉氏价格指数的上涨,但也许没有超过帕氏价格指数的上涨

B. 收入的上涨超过拉氏价格指数的上涨,也超过了帕氏价格指数的上涨

C. 收入的上涨超过帕氏价格指数的上涨,但也许没有超过拉氏价格指数的上涨

D. 需要知道旧的和新的消费束,才能比较收入和价格指数的变化

E. 以上都不对

16. 如果政府给你每月 100 元的补贴,但你必须把它用在住房上,剩下的收入可以用在任何你喜欢的地方。只有在以下哪种情况,这种补贴和给你每月 100 元的津贴而不限制你用途的补贴不同?　　　　　　　　　　　　　　　　　　　　　　　　　　　( )

A. 住房对你来说是低档商品

B. 住房对你来说是正常商品

C. 当你得到不限制的 100 元津贴时,你用在住房上的钱少于 100 元

D. 当你得到不限制的 100 元津贴时,你用在住房上的钱多于 100 元

E. 你的偏好是恒定的

17. 当价格为($5,$1)时,某消费者选择的消费束为 (6,3)。新的价格(p_x,p_y)下,该消费者选择的消费束为$(x,y)=(5,7)$。如果消费者的行为符合显示偏好弱定理,一定有　( )

A. $4p_y < p_x$ 　　　　　　　　　　　　B. $p_x < 4p_y$

C. $5p_y < p_x$ 　　　　　　　　　　　　D. $p_y = 5p_x$

E. 以上都不对

18. 如果在价格为($6,$2)时,某消费者选择了(6,6)消费束;在价格为($2,$5)时,他选择了消费束(10,0),则　　　　　　　　　　　　　　　　　　　　　　　　( )

A. (6,6)消费束显示偏好于(10,0),但是没有证据表明她违反了 WARP

B. 没有一个消费束显示偏好于另一个

C. 该消费者违反了 WARP

D. 消费束 $(10,0)$ 显示偏好于 $(6,6)$，而且她违反了 WARP

E. 消费束 $(10,0)$ 显示偏好于 $(6,6)$，但是没有证据表明她违反了 WARP

19. 鲍伯的朋友亨利住在一个小镇，在那里 1 杯酒的价格为 3 法郎，1 块面包的价格为 5 法郎。亨利每天消费 5 杯酒和 4 块面包。鲍伯的收入为每天 15 美元，他消费的面包的价格为每块 0.5 美元，酒的价格为每杯 2 美元。如果鲍伯和亨利有相同的偏好，而且他们都只关心面包和酒的消费量，那么 （ ）

A. 鲍伯和亨利的境况一样　　　　　　B. 亨利的境况比鲍伯的好

C. 鲍伯的境况比亨利的好　　　　　　D. 他们都违反了显示偏好弱定理

E. 我们没有足够的信息去决定谁的境况比较好

20. 给定基年的商品 1 和商品 2 的价格分别为 $p_1=3, p_2=1$，消费者对不同商品的消费量分别为 $x_1=5, x_2=15$；现在商品 1 和商品 2 的价格为 $p_1'=1, p_2'=2$，该消费者的消费量分别为 $x_1'=25, x_2'=25$。可以计算现年价格相对于基年价格的拉氏价格指数为 （ ）

A. 1.17　　　　　　　　　　　　　　B. 2.50

C. 0.75　　　　　　　　　　　　　　D. 0.50

E. 1.75

7.3.3　计算题

1. 当价格为 $(p_1, p_2)=(\$4, \$1)$ 时，消费者选择的消费束为 $(x_1, x_2)=(10,20)$。当价格为 $(p_1', p_2')=(\$1, \$4)$ 时，他选择的消费束为 $(x_1', x_2')=(4,14)$。当价格为 (p_1'', p_2'')，他选择的消费束为 $(x_1'', x_2'')=(20,10)$。如果他的偏好满足显示偏好强定理，那么 (p_1'', p_2'') 必须满足什么关系？

2. 某农民工当前每月花费 500 元购买 10 元/份的工作盒饭。他总是抱怨盒饭的质量太差，并且表示，如果收入每增加 10 元，他就会选择少吃 1 份这种工作盒饭（即选择其他更高的伙食标准）。最近他发现有一个新的工作机会，工资相同，但同样的工作盒饭只卖 7.5 元/份。为了挽留他，工头答应给他涨 100 元工资。请问他最后该选择哪份工作，并详细说明理由。如果新工作单位同样的工作盒饭涨价到 8 元/份，他之前的选择是否会改变，为什么？

参 考 答 案

判断题

1. T　2. F　3. T　4. F　5. F　6. F　7. F　8. T　9. T　10. T

单选题

1. E　2. B　3. B　4. A　5. A　6. A　7. B　8. B　9. A　10. B　11. B　12. A　13. D　14. C　15. B　16. C　17. A　18. B　19. C　20. A

计算题

1. $p_2'' > 4 p_1''$

2. 解：设该农民工的收入为 M，考虑其在盒饭 F 和其他商品支出 E 上的消费空间：

（1）最初的预算线为图 7-3 中 A 点所在线段所示，预算线方程为：$10F+E=M$，其中 10 表示盒饭的价格，其他商品支出价格为 1。根据题意，最初的选择点 A 满足 $F=50$。

（2）若新工作盒饭价格为 7.5，则预算线方程为 $7.5F+E=M$，如图 C 点所在线段所示；而原工作单位若工资提高 100 元，则新预算线方程为 $10F+E=M+100$，如图中虚线段所示。根据题意，收入增加 100 元，将减少 10 份盒饭，因此若提高工资则盒饭消

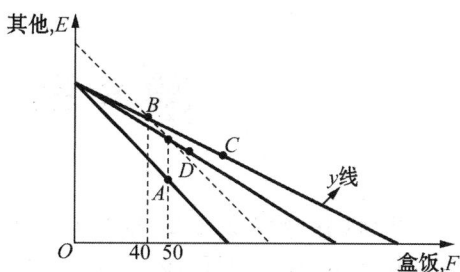

图 7-3

费数量为 40，正好为两条预算线的交点 B。根据显示偏好原理，则 y 预算线的最优选择 C 一定位于 B 的右边，且显示偏好于 B。即该农民工一定会选择新工作单位。

（3）如果新工作单位盒饭价格为 8，则预算线方程为 $8F+E=M$，如图中 D 点所在线段所示。该预算线和收入增加 100 元的预算线交点正好位于 A 点上方。此时，该农民工的最优选择点 D 与收入增加 100 元的最优选择 B 相比存在不确定性，因此我们不能判断其是否会改变工作。即，之前换到新工作单位的选择可能会改变。

第8章 斯勒茨基方程

当某商品价格发生变化时,会对该商品的需求量产生两种影响效应:一种是因为相对价格的变化所引起需求量的改变,称之为替代效应(Substitution Effect),如商品价格下降意味该商品相对其他商品更便宜了;一种是因为价格变化引起货币购买力发生变化从而对商品需求量的影响,称之为收入效应(Income Effect),如商品价格下降意味货币实际购买力增加了。本章通过运用斯勒茨基方程(Slutsky Equation)对这两种效应进行分解说明,进一步揭示需求法则。

8.1 本章要点

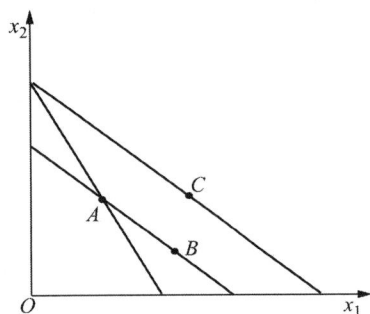

图 8-1

1. 首先给定消费者偏好和收入 m。如果商品 1 及商品 2 的价格为 p_1、p_2,最优选择为 A 点;如果商品 1 的价格下降为 p'_1,消费者的最优选择变为 C 点。通过运用斯勒茨基方程,我们可以对从 A 点到 C 点消费者对商品 1 的需求量变化进行分解。如图 8-1。

A 点对应商品 1 的需求量为 $x_1(p_1, p_2, m)$,C 点对应商品 1 的需求量为 $x_1(p'_1, p_2, m)$。因此,从 A 点到 C 点,商品 1 的总变动量为:$\Delta x_1 = x_1(p'_1, p_2, m) - x_1(p_1, p_2, m)$。

为了将替代效应与收入效应相分离,仅考虑相对价格变化对需求量的影响,作辅助预算线,斜率与变化后的相对价格一致。辅助预算线通过 A 点,表示对收入进行调整使得保持对原最优消费束购买力不变,收入调整为 $m' = m + x_1(p_1, p_2, m)(p'_1 - p_1)$。记此时预算约束下的最优选择为 B 点,B 点对应商品 1 的需求量为 $x_1(p'_1, p_2, m')$。据此,定义从 A 点到 B 点商品 1 消费量的变化 $\Delta x_1^s = x_1(p'_1, p_2, m') - x_1(p_1, p_2, m)$ 为斯勒茨基替代效应。

同时,从 B 点到 C 点商品 1 消费量的变化 $\Delta x_1^n = x_1(p'_1, p_2, m) - x_1(p'_1, p_2, m')$ 则表示价格下降引起实际购买力增加,从而增加对商品 1 的需求增加,也即是斯勒茨基方程中的收入效应[1]。

综上,最后可得斯勒茨基方程:

$$A \to C = A \to B + B \to C$$
$$\Delta x_1 = \Delta x_1^s + \Delta x_1^n$$
$$x_1(p'_1, p_2, m) - x_1(p_1, p_2, m) = x_1(p'_1, p_2, m') - x_1(p_1, p_2, m) +$$

---

① 替代效应和收入效应既可指价格变化对本商品需求量的影响,也可用于分析价格变化对其他商品需求量的影响。在本教材中如不特别说明,我们所提到的替代效应和收入效应都是指价格变动对本商品需求量的影响效应。

$$x_1(p'_1,p_2,m)-x_1(p'_1,p_2,m')$$

进一步,在方程两边同除以商品 1 价格的变动量 $\Delta p_1=p'_1-p_1$,并记 $\Delta x_1^m=x_1(p'_1,p_2,m')-x_1(p'_1,p_2,m)$,$\Delta m=m'-m$,最后可得以变动率表示的斯勒茨基方程:

$$\Delta x_1/\Delta p_1 = \Delta x_1^s/\Delta p_1 - x_1\Delta x_1^m/\Delta m$$

$$\frac{x_1(p'_1,p_2,m)-x_1(p_1,p_2,m)}{p'_1-p_1}=\frac{x_1(p'_1,p_2,m')-x_1(p_1,p_2,m)}{p'_1-p_1}-$$

$$x_1(p_1,p_2,m)\frac{x_1(p'_1,p_2,m')-x_1(p'_1,p_2,m)}{m'-m}$$

2. 基于变动率表示的斯勒茨基方程,我们可以进一步阐述需求法则:

$$\Delta x_1/\Delta p_1=\Delta x_1^s/\Delta p_1 - x_1 \times \Delta x_1^m/\Delta m$$
$$- \quad - \quad + \quad \times \quad +/-$$

● 可以证明,斯勒茨基替代效应总是负的(即价格变化与需求量变化呈反向关系)。

● 收入效应可正可负,取决于商品属于正常品还是低档商品。

● 如果商品是正常商品,那么总效应一定和价格是反向变化关系,即商品价格下降,需求增加(需求法则)。

● 吉芬商品一定是低档商品,而低档商品并不一定为吉芬商品。

斯勒茨基替代效应是替代效应的一种,此外还有希克斯替代效应(Hick Substitution Effect)。在斯勒茨基替代效应中,收入进行调整保持对原消费束的购买力不变,而希克斯替代效应收入调整保持消费者效用水平不变。最后值得提一下的是,给定收入下的需求曲线也称为马歇尔需求曲线,价格变动过程中收入进行调整并保持效用不变的需求曲线称为补偿需求曲线(也称希克斯需求曲线),补偿需求曲线在高级微观经济分析中被大量使用。

8.2 例题讲解

1. 某消费者对商品 x 的需求函数为 $x(p,m)=0.05m-5.15p$(p 为商品 x 的价格)。现在他的收入 $m=\$419$,商品 x 的价格 $p=\$3$。如果商品 x 的价格上升至 $p'=\$4$,用 DI 来表示价格变化所引起商品 x 消费量变动中的收入效应,DS 表示价格变化所引起商品 x 消费量变动中的斯勒茨基替代效应,则 DI 和 DS 分别为多少?

解:设原来对商品 x 的消费为 x_1,给定原来收入为 $m=\$419$,原价格 $p=\$3$,可得:

$$x_1=0.05m-5.15p=0.05\times419-5.15\times3=5.5$$

现商品 x 价格变为 $p'=\$4$,设 m' 为恰好能支付得起原最优消费束的货币收入,由 $m'-m=x_1(p'-p)$,可得 $m'=m+x_1(p'-p)=419+5.5(4-3)=424.5$

所以,$DS=x(p',m')-x(p,m)=(0.05m'-5.15p')-(0.05m-5.15p)=-4.875$

$$DI=x(p',m)-x(p',m')=(0.05m-5.15p')-(0.05m'-5.15p')=-0.275$$

2. 某消费者消费香蕉和苹果两种水果,他的效用函数为 $u(x,y)=xy^2$,其中,x 表示消费苹果的数量,y 表示消费香蕉的数量。初始时苹果的价格是 1,香蕉的价格是 $2,他的收入是 $30。如果香蕉的价格下降至 $1,求香蕉价格变化所引起香蕉消费变动量中的斯勒茨基替代效应和收入效应。

解:根据柯布—道格拉斯效用函数的需求特点,该消费者初始最优消费选择为:

$$x=\frac{1}{3}\times\frac{m}{p_x}=10 \qquad y=\frac{2}{3}\times\frac{m}{p_y}=10$$

设 m' 为香蕉价格变动后仍能支付得起原最优消费束的货币收入,可得:

$$m'=m+y(p_y,m)\times(p'_y-p_y)=30+\frac{2}{3}\times\frac{30}{2}(1-2)=20$$

记 Δy^s、Δy^n 分别表示香蕉价格变化所引起的斯勒茨基替代效应和收入效应,可得:

$$\Delta y^s=y(p'_y,m')-y(p_y,m)=\frac{2}{3}\times\frac{m'}{p'_y}-\frac{2}{3}\times\frac{m}{p_y}=\frac{2}{3}\times\frac{20}{1}-\frac{2}{3}\times\frac{30}{2}=3\frac{1}{3}$$

$$\Delta y^n=y(p'_y,m)-y(p'_y,m')=\frac{2}{3}\times\frac{m}{p'_y}-\frac{2}{3}\times\frac{m'}{p'_y}=\frac{2}{3}\times\frac{30}{1}-\frac{2}{3}\times\frac{20}{1}=6\frac{2}{3}$$

3. 某消费者消费两种完全替代商品 x 和 y,且替代率为 1:1,他的收入 \$720。两种商品最初的价格分别是 $p_x=\$10$ 和 $p_y=\$9$,若商品 x 的价格降至 $p'_x=\$8$,求价格变化引起商品 x 消费量变动中的斯勒茨基替代效应和收入效应分别是多少?

解:根据替代率和价格的关系,可知消费者原来只消费商品 $y=\$80$,而 $x=0$;

故价格变动后,设 m' 为恰好能支付得起原最优消费束的货币收入,可得:

$$m'=m+x(p_x,m)\times(p'-p_x)=720+0\cdot(8-10)=\$720$$

所以,斯勒茨基替代效应为:$\Delta x^s=x(p',m')-x(p_x,m)=\frac{720}{8-0}=90$

相应收入效应为:$\Delta x^n=x(p',m)-x(p',m')=\frac{720}{8}-\frac{720}{8}=0$

即完全替代偏好下,价格变动中全部表现为替代效应,收入效应为零。

4. 商品 x 与商品 y 对某消费者为完全互补品,且消费者总是以 1:2 的比率消费这两种商品($x:y=1:2$)。如果消费者收入为 \$300,当商品 x 的价格从 \$2 变化到 \$1,商品 y 的价格保持 \$1 不变,求价格变化引起商品 x 消费量变动中的斯勒茨基替代效应和收入效应分别是多少?

解:根据完全互补偏好的需求特点,消费者在价格变化前对两种商品的需求量为:

$$x=\frac{m}{p_x+2p_y}=\frac{300}{2+2}=75,y=\frac{2m}{p_x+2p_y}=\frac{2\times300}{2+2}=\$150$$

设 m' 为恰好能支付得起原最优消费束的货币收入,可得:

$$m'=m+x(p_x,m)\cdot(p'-p_x)=300+75\times(1-2)=\$225$$

所以,斯勒茨基替代效应为:$\Delta x^s=x(p',m')-x(p_x,m)=\frac{225}{1+2}-\frac{300}{2+2}=0$

相应收入效应为:$\Delta x^n=x(p',m)-x(p',m')=\frac{300}{1+2}-\frac{225}{1+2}=25$

即完全互补偏好下,价格变动中全部表现为收入效应,替代效应为零。

5. 一个消费者的效用函数为 $u(x,y)=x+2\sqrt{y}$,商品 x 的价格是 \$2,商品 y 的价格是 \$1,该消费者的收入是 \$20。如果 y 的价格上升到 \$2,那么则斯勒茨基替代效应和收入效应分别是多少?

解:这是一个拟线性偏好效用函数,可以算出价格变化前消费者的最优选择为 $y=4$。

设 m' 为恰好能支付得起原最优消费束的货币收入,可得:

$$m'=m+y(p_y,m)\times(p'-p_y)=20+4\times(2-1)=\$24$$

所以,斯勒茨基替代效应为:$\Delta y^s = y(p',m') - y(p_y,m) = 1 - 4 = -3$

相应收入效应为:$\Delta y^n = y(p',m) - y(p',m') = 1 - 1 = 0$

拟线性偏好具有"零收入效应"的特点,因此价格变化只引起替代效应。

8.3　练习题

8.3.1　判断题(T 或 F)

1. 补偿需求函数指的是价格变动中保持对原消费束购买力不变而对收入进行调整的需求函数。　　　　　　　　　　　　　　　　　　　　　　　　　　　　　　(　　)

2. 在相似偏好下,由于价格变动引起的需求变化全部来自于替代效应。　　(　　)

3. 如果商品 x 与商品 y 对某消费者为完全互补品,则商品 x 的价格下降引起 x 的需求变化全部归因于收入效应。　　　　　　　　　　　　　　　　　　(　　)

4. 如果某商品的恩格尔曲线向上倾斜,那么该商品的需求曲线一定向下倾斜。　(　　)

5. 商品 x 对消费者是越多越喜欢,如果 x 商品的价格下降并且其他商品的价格保持不变,那么这个消费者必然增加对 x 的需求。　　　　　　　　　　　　(　　)

6. 在当前收入下,某消费者所消费的两种商品中有一种是吉芬商品。如果该吉芬商品的价格上升,则消费者对另一种商品的需求一定减少。　　　　　　　　(　　)

7. 吉芬商品价格的上升会使消费它的消费者状况改变得更好。　　　　　　(　　)

8. 某消费者效用函数为 $u(x,y) = \min\{2x, 5y\}$,如果两种商品价格和消费者收入都发生变化,但他原来的最优消费束正好在新的预算线上,他不会改变原来的消费选择。　(　　)

9. 某消费者效用函数为 $u(x,y) = xy$,如果两种商品价格和消费者收入都发生变化,但他原来的最优消费束正好在新的预算线上,他不会改变原来的消费选择。　　(　　)

10. 某消费者只消费两种商品 x 和 y,商品 x 在某个收入范围内是低档商品,那么一定有另一个收入范围,商品 x 是正常商品。　　　　　　　　　　　　(　　)

11. 产品 x 和产品 y 为完全替代品。当产品 x 的价格下降,则希克斯替代效应和斯勒茨基替代效应相同。　　　　　　　　　　　　　　　　　　　　　　(　　)

8.3.2　单选题

1. 某消费者对商品 x 的需求函数为 $x(p,m) = 0.04m - 4.24p$(p 为商品 x 的价格)。现在他的收入 $m = \$322$,商品 x 的价格 $p = \$2$。如果商品 x 的价格上升至 $p' = \$3$,用 DI 来表示价格变化所引起商品 x 消费量变动中的收入效应,DS 表示价格变化所引起商品 x 消费量变动中的斯勒茨基替代效应,则 DI 和 DS 分别为多少?　　　　　　(　　)

A. $DI = 0, DS = -2.00$　　　　　　B. $DI = -0.18, DS = -0.52$

C. $DI = -0.52, DS = -0.52$　　　　D. $DI = -0.18, DS = -4.06$

E. 以上都不对

2. 某消费者对天然气的收入需求弹性为 0.4,价格需求弹性 -0.3,他把收入的 10% 用于消费天然气。请问相应的斯勒茨基替代价格弹性 $\left(\dfrac{\Delta x^s/x}{\Delta p/p}\right)$ 是多少?　　　(　　)

A. -0.26   B. -0.34

C. 0.20   D. -0.12

E. 以上都不对

3. 关于价格上升引起的需求变化的收入效应和替代效应中,下列哪项说法正确?(　　)

A. 前者总是正的,后者总是负的

B. 两者都可以是正的,也可以都是负的

C. 虽然后者总是负的,前者可正可负

D. 虽然前者总是负的,后者可正可负

E. 前者有时为负,但他绝不会超过后者

4. 某消费者把每年全部收入花在两种商品 x 和商品 y 上。从 2006 年到 2007 年,商品 x 的价格上涨 8%,商品 y 的价格也上涨 8%。2007 年该消费者购买同 2006 年一样数量的商品 x,但他买了比 2006 年更多的商品 y(每年收入不同),则可以判断　　　　　　　(　　)

A. 商品 y 是正常商品

B. 商品 y 是低档商品

C. 商品 x 是低档商品

D. 因为不知道收入发生了什么变化,所以关于优等和劣等无法评价

E. 消费者的行为不理性,因为 x 和 y 的相对价格没有发生变化

5. 某消费者消费苹果和香蕉两种商品,并且对于他来说,香蕉是一种低档商品。该消费者具有良性偏好。考虑如果苹果的价格上涨,同时他的收入也增加到使他处在原来那条无差异曲线上。那么,下列哪项说法正确?　　　　　　　　　　　　　(　　)

A. 经过变化后,他会买更多的香蕉和更少的苹果

B. 经过变化后,他会买更少的香蕉和更多的苹果

C. 经过变化后,他两种商品都会消费得更多

D. 经过变化后,他两种商品都会消费得更少

E. 需要知道他的效用函数才能确定哪种商品消费得更多

6. 某消费者消费两种商品 x 和 y。如果商品 x 的价格上涨,替代效应和收入效应从相反的方向影响需求,则有　　　　　　　　　　　　　　　　　　　(　　)

A. 商品 x 一定是吉芬商品   B. 商品 x 一定是低档商品

C. 违背了若显示偏好   D. 商品 x 一定是正常商品

E. 没有足够的信息来判断商品 x 是低档商品还是正常商品

7. 某消费者消费两种商品 x 和 y,他的效用函数为 $u(x, y) = x^2 y^4$。给定商品 y 的价格和他的收入不变,商品 x 价格下降,则　　　　　　　　　　　　(　　)

A. 商品 y 的收入效应为 0,因为他的收入保持不变

B. 商品 y 的替代效应为 0,因为商品 y 的价格没有变

C. 替代效应减少了商品 y 的需求,因为收入效应为 0,所以 y 的需求下降

D. 价格变化引起的替代效应减少了 y 商品的需求,增加了 x 商品的需求

E. 上述不止一项是正确的

8. 某消费者的效用函数为 $u(x_A, x_B) = x_A x_B$,x_A、x_B 分别表示苹果和香蕉的消费数量。原来苹果的价格为 1 元/斤,香蕉的价格 2 元/斤。他的收入为每天 40 元。如果苹果的价格上

升到 1.5 元/斤,而香蕉的价格下降至 1.75 元/斤,那么为了能够消费原来的消费束,消费者的收入应为多少?　　　　　　　　　　　　　　　　　　　　　　　　　(　)

    A. 23.75 元　　　　　　　　　　　　B. 47.50 元

    C. 96 元　　　　　　　　　　　　　　D. 71.25 元

    E. 190 元

9. 某消费者的效用函数为 $u(x_A,x_B)=x_Ax_B$,x_A、x_B 分别表示苹果和香蕉的消费数量。原来苹果的价格为 1 元/斤,香蕉的价格 2 元/斤。他的收入为每天 40 元。如果苹果的价格上升到 5 元/斤,而香蕉的价格保持不变,那么斯勒茨基代效应将会使得他减少消费多少苹果?

    　　　　　　　　　　　　　　　　　　　　　　　　　　　　　　　　　(　)

    A. 4 斤　　　　　　　　　　　　　　B. 13 斤

    C. 8 斤　　　　　　　　　　　　　　D. 16 斤

    E. 以上都不对

10. 某消费者对蛋糕的需求函数为 $q=0.02m-2p$,其中 m 代表收入,p 代表价格。该消费者收入为 6 000 元,开始要为每盒蛋糕支付 40 元。现蛋糕的价格涨到了 60 元/盒,斯勒茨基替代效应将使得对蛋糕的需求?　　　　　　　　　　　　　　　　　　　　(　)

    A. 减少 24　　　　　　　　　　　　B. 增加 40

    C. 减少 56　　　　　　　　　　　　D. 减少 40

    E. 减少 34

11. 某消费者认为草莓冰淇淋和香草冰淇淋是一比一完全替代的。现在草莓冰淇淋 5 元/个,香草冰淇淋 6 元/个。如果草莓冰淇淋价格上升到 8 元/个,则　　　　(　)

    A. 价格变动所引起的收入效应大于替代效应

    B. 对香草冰淇淋的需求不会发生变化

    C. 对草莓冰淇淋需求的变化完全由替代效应引起

    D. 1/3 的需求变化是由收入效应引起的

    E. 2/3 的需求变化是由收入效应引起的

12. 某消费者的效用函数为 $u(x_A,x_B)=x_Ax_B$,x_A、x_B 分别表示苹果和香蕉的消费数量。如果在他做出消费选择之后,苹果和香蕉的相对价格发生了变化。因为还没有食用,他能够在新的相对价格下通过市场交易重新选择,则　　　　　　　　　(　)

    A. 价格变化后消费者的状况会变好

    B. 价格变化后消费者的状况会变差

    C. 消费者状况的改变取决于他原来所购买的苹果和香蕉的数量

    D. 消费者的状况不会受到价格变化的影响

    E. 无法判断

13. 某消费者的效用函数为 $u(x_A,x_B)=\min\{x_A,2x_B\}$,$x_A$、$x_B$ 分别表示苹果和香蕉的消费数量。如果在他做出消费选择之后,苹果和香蕉的相对价格发生了变化。因为还没有食用,他能够在新的相对价格下通过市场交易重新选择,则　　　(　)

    A. 价格变化使得消费者的状况变好

    B. 价格变化使得消费者的状况变差

    C. 消费者状况的改变取决于他原来所购买的苹果和香蕉的数量

D. 消费者的状况不会受到价格变化的影响

E. 无法判断

14. 小张喜欢音乐,且每次都会够买 2 盘磁带和 1 张唱片。最初,音像商店的唱片 9 元/张,磁带 5 元/盘。当唱片的价格下降到 8 元/张时,他所购买唱片数量的变化: （　　）

A. 全部来自于替代效应

B. 全部来自于收入效应

C. 部分来自于替代效应,部分来自于收入效应

D. 取决于具体的收入水平

E. 他对唱片的需求没有变化

15. 下述哪些说法是正确的? （　　）

A. 斯勒茨基替代效应是指价格变化对需求量的影响效应

B. 收入效应对应消费者收入发生变化时需求量的变化

C. 斯勒茨基替代效应衡量了保持效用不变的前提下价格变化对需求量的影响

D. 斯勒茨基替代效应衡量了保持对原消费书购买力不变的前提下价格变化对需求量的影响

E. 以上都不对

8.3.3　计算题

1. 某消费者效用函数为 $u(x,y)=xy$,消费者最初收入为 100。分别考虑商品 x 的价格从 $p_x=2$ 下降为 $p'_x=1$;从 $p_x=1$ 上升为 $p'_x=2$。两种价格变化下斯勒茨基替代效应和收入相同吗?

2. 某消费者效用函数为 $u(x,y)=xy$,消费者最初收入为 100,如果商品 x 的初始价格 $p_x=2$,现在变为 $p'_x=1$,计算价格变动对商品 x 的希克斯替代效应和收入效应。

参 考 答 案

判断题

1. F　2. F　3. T　4. T　5. F　6. T　7. F　8. T　9. F　10. T　11. F

单选题

1. D　2. A　3. C　4. A　5. A　6. 盘　7. D　8. B　9. C　10. A　11. C　12. A 13. D　14. B　15. D

计算题

1. 不同。

2. 本题计算的关键在于计算替代效应时,收入调整的依据是保持效用水平不变。因此,相应的 $m'=50\sqrt{2}$。最后,希克斯替代效应为 $25(\sqrt{2}-1)$,约为 10.35,希克斯收入效应为 $25(2-\sqrt{2})$,约为 14.65。

第 9 章　购买与销售

斯勒茨基方程阐述给定收入下价格变动所带来的替代效应和收入效应。然而,如果消费者收入不是以货币量水平来表示,而是在初始时拥有某些商品禀赋,但可以在当前市场价格体系下通过交换重新选择其"最优消费束",那么"正常商品价格下降引起需求量增加"这一需求法则是否依然适用? 例如,苹果价格上升是否也使得苹果园主对苹果的消费量减少? 这些问题将在本章得以展开论述,相应的方法还应用到关于劳动供给问题,即工资的上升是否导致劳动供给量增加等。

9.1　本章要点

1. 首先是与本章内容相联系的一些基本概念:

● 消费者初始时所拥有的商品(ω_1,ω_2)称为禀赋(endowment),收入由禀赋决定情况下消费者的预算方程为:$p_1x_1+p_2x_2=p_1\omega_1+p_2\omega_2$。

● 在市场上以(p_1,p_2)进行交换后的最优选择(x_1,x_2)称为总需求(gross demands),相应$(x_1-\omega_1,x_2-\omega_2)$称为净需求(net demands)。

● 净需求为正值,消费者为该商品的购买者;净需求为负值,消费者为该商品的提供者。

2. 运用显示偏好原理,我们可以分析得出:

● 如果某商品价格下降,而消费者仍为该商品的提供者,则他的状况一定变得更坏。

● 如果某商品价格下降,而消费者原来是该商品的购买者,则他仍会继续充当购买者,且他的状况会变得更好。

3. 消费者在给定禀赋下的消费选择问题,可以通过修正的斯勒茨基方程阐述:

● 给定消费者初始禀赋为(ω_1,ω_2),即图 9-1 中的 W 点。

● 在价格(p_1,p_2)下,消费者的最优选择消费束为图中 A 点,对应商品 1 的需求量为 $x_1(p_1,p_2,p_1\omega_1+p_2\omega_2)$,其中收入 $m=p_1\omega_1+p_2\omega_2$ 由初始禀赋价值决定。

● 如果商品 1 的价格变为 p'_1,消费者的最优选择消费书为图中 D 点,对应商品 1 的需求量为 $x_1(p'_1,p_2,p'_1\omega_1+p_2\omega_2)$,其中收入 $m''=p'_1\omega_1+p_2\omega_2$ 由价格变动后禀赋价值决定。

● 因此,基于禀赋下价格变动对商品 1 的影响即为 A 点到 D 点对应需求量的变动,即 $\Delta x_1=x_1(p'_1,p'_1\omega_1+p_2\omega_2)-x_1(p_1,p_1\omega_1+p_2\omega_2)$(因为 p_2 保持不变,限于篇幅我们在需求函数中略去,后同)。

● 做两条辅助预算线:一条以变动后的相对价格为斜率,但通过原最优消费束 A 点,对应预算约束下的最优选择为 B 点,对应商品 1 的需求量为 $x_1(p'_1,p_2,m')$,$m'=p'_1x_1+p_2x_2$;一

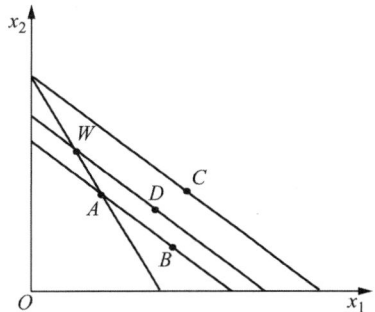

图 9-1

65

条也以价格变动后的相对价格为斜率,但通过初始预算线与纵轴的交点,对应预算约束下的最优选择为 C 点,对应商品 1 的需求量为 $x_1(p'_1,p_2,m)$, $m=p_1\omega_1+p_2\omega_2=p_1x_1+p_2x_2$;因此,A 点到 B 点、B 点到 C 点商品 1 需求量的变动与上一章斯勒茨基方程中的斯勒茨基替代效应、收入效应(为了区分,我们后面称之为普通收入效应)完全一致。

● 最后,从 C 点到 D 点商品 1 需求量的变动可理解为价格变化对禀赋价值影响所带来的,因此称为禀赋收入效应,记为 Δx_1^ω。

● 据此,可以对商品 1 需求量变动分解如下,即修正的斯勒茨基方程:

$$A\to D=A\to B+B\to C+C\to D$$
$$\Delta x_1=\Delta x_1^s+\Delta x_1^n+\Delta x_1^\omega$$
$$x_1(p'_1,m''_1)-x_1(p_1,m)=x_1(p'_1,m')-x_1(p_1,m)+x_1(p'_1,m)-$$
$$x_1(p'_1,m')+x_1(p'_1,m'')-x_1(p'_1,m)$$

● 在方程两边同除以商品 1 价格的变动量 $\Delta p_1=p'_1-p_1$,并基于 $\frac{\Delta x_1^\omega}{\Delta p_1}=\frac{x_1(p'_1,m'')-x_1(p'_1,m)}{p'_1-p_1}=\frac{x_1(p'_1,m'')-x_1(p'_1,m)}{m''-m}\omega_1$,最后可得以变动率表示的修正的斯勒茨基方程:

$$\frac{\Delta x_1}{\Delta p_1}=\frac{\Delta x_1^s}{\Delta p_1}+(\omega_1-x_1)\frac{\Delta x_1^m}{\Delta m}$$

4. 与此后的商品供给问题不同,劳动供给是消费选择的结果,是基于禀赋的消费者选择结果:

令 C 表示消费量,L 表示劳动供给量,p 表示消费价格,ω 表示工资率,初始货币量禀赋为 M,劳动时间决定了消费者最后可消费量:

$$pC=M+\omega L \tag{9-1}$$

记可用于劳动的时间禀赋为 $\overline{L}$(如一天 24 小时),令 $R=\overline{L}-L$ 表示劳动以外的闲暇时间,方程(9-1)可整理为:

$$pC+\omega(\overline{L}-L)=M+\omega\overline{L}$$
$$pC+\omega R=M+\omega\overline{R},\overline{R}=\overline{L}$$

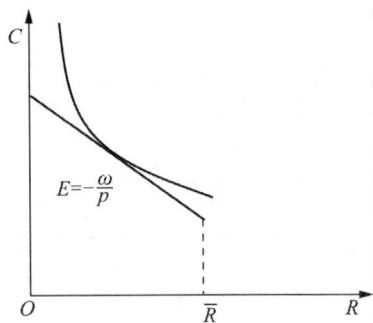

图 9-2

因此,劳动供给问题可以理解为是消费者在给定初始货币量和时间禀赋下进行消费—闲暇选择的结果。闲暇的代价是放弃劳动和相应的工资收入,工资率衡量了闲暇的机会成本,相当于闲暇的价格。预算线的斜率由实际工资 $\frac{\omega}{p}$ 决定。

消费者对消费和闲暇一般都具有良性偏好的特点,并且可以认为,闲暇对任何消费者而言都属于正常"商品"。

通过运用修正的斯勒茨基方程并结合图 9-2 分析可以发现,如果工资率上升,预算线越来越陡,则闲暇的最优选择可能会出现增加,或者说劳动供给减少,即劳动供给曲线出现后弯。

9.2 例题讲解

1. 试证明：如果理性消费者是某种商品的净需求者，并且随着商品价格上升他会购买更多的这种商品，则目前这种商品对消费者为低档商品。

证：利用修正后的斯勒茨基方程：$\frac{\Delta x}{\Delta p}=\frac{\Delta x^s}{\Delta p}+(\omega-x)\frac{\Delta x^m}{\Delta m}$

其中，$\frac{\Delta x^s}{\Delta p}$表示价格变动后的替代效应，恒为负值；

如果该消费者是商品的净需求者，则$(\omega-x)<0$

但如果价格上升后他反而购买更多，即$\frac{\Delta x}{\Delta p}>0$，因此$\frac{\Delta x^m}{\Delta m}<0$，如下所示：

$$\frac{\Delta x}{\Delta p}=\frac{\Delta x^s}{\Delta p}+(\omega-x)\frac{\Delta x^m}{\Delta m}$$
$$+ \qquad - \qquad - \qquad -$$

即该商品收入效应为负，目前对消费者而言为低档商品。

2. 某消费者效用函数为 $u(x,y)=x^5y^5$，消费者最初禀赋为$(50,0)$。如果商品 x 的初始价格 $p_x=2$，现在变为 $p'_x=1$。请计算斯勒茨基方程中相应的替代效应、普通收入效应和禀赋收入效应。

解：效用函数为柯布—道格拉斯函数，根据该效用函数下需求特点：系数之比 $5:5=1:1$ 即为支出之比，即消费者会把收入的一半用于购买商品 x，商品 x 的需求方程为：

$$x(p_x,p_y,m)=\frac{m}{2p_x}$$

其中：

给定禀赋$(50,0)$及商品价格，禀赋价值为 $m=50\times2=100$，对应商品 x 的需求量为：

$$x(p_x,p_y,m)=x(2,p_y,100)=\frac{100}{2\times2}=25$$

价格变动后，为保持原最优选择消费束的购买力，对收入进行调整 $m'=100-1\times25=75$，对应商品 x 的需求量为：

$$x(p'_x,p_y,m')=x(1,p_y,75)=\frac{75}{2\times1}=37.5$$

价格变动后，基于初始禀赋价值的货币收入 $m=100$，对应商品 x 的需求量为：

$$x(p'_x,p_y,m)=x(1,p_y,100)=\frac{100}{2\times1}=50$$

价格变动后，禀赋价值为 $m''=50\times1=50$，对应商品 x 的需求量为：

$$x(p'_x,p_y,m'')=x(1,p_y,50)=\frac{50}{2\times1}=25$$

因此，总变动量 $\Delta x=0$，对应修正后的斯勒茨基方程中：
- 替代效应：$\Delta x^s=x(p'_x,p_y,m')-x(p_x,p_y,m)=x(1,p_y,75)-x(2,p_y,100)=12.5$
- 普通收入效应：
$$\Delta x^n=x(p'_x,p_y,m)-x(p'_x,p_y,m')=x(1,p_y,100)-x(1,p_y,75)=12.5$$

● 禀赋收入效应：

$$\Delta x^w = x(p'_x, p_y, m'') - x(p'_x, p_y, m) = x(1, p_y, 50) - x(1, p_y, 100) = -25$$

3. 小张和小李具有相同的偏好，且两人除工资外均无其他收入。小张工资为 10 元/小时，她选择每天工作 10 小时。小李在 8 小时内工资为 9 元/小时，超过 8 小时工资为 14 元/小时。试问，小李会选择工作时间是多于、少于还是等于 10 小时？

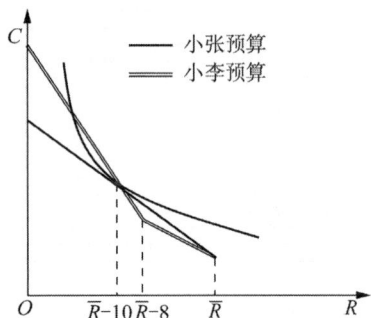

答：根据题目，我们可以画出小张和小李在不同工资计划下所面临的预算线，如图 9-3 所示。

需要注意的是，小李的预算线正好通过目前小张选择最优闲暇—消费组合，即小李如果选择工作 10 小时，那么他也能获得相应 100 元的工资收入。

如果两人对闲暇—消费具有严格凸的偏好，那么考虑小李的预算线穿过了无差异曲线，因此小李会选择减少闲暇，或者说选择工作时间多于 10 小时。然而，如果两人对闲暇—消费偏好并非严格凸，如完全互补偏好，那么小李也会选择继续工作 10 小时。

图 9-3

4. 假定社会上所有纳税人都具有相同的闲暇—消费偏好，相同的禀赋和工资水平。如果政府向所有纳税人征收同样税率的所得税，又将征得所得税款全部返还给消费者，请分析这一政策对纳税人的影响。

解：设 C 表示某纳税人消费，L 表示劳动时间，R 表示休闲时间，$\bar{L}/\bar{R}$ 表示用于休闲和劳动总时间禀赋，P 表示消费品价格，W 表示工资率。因此，征税前纳税人的预算线方程为：

$$PC + WR = P\bar{C} + W\bar{R} \qquad (9\text{-}2)$$

记此时最优选择为 (R^*, C^*)。

现考虑政府对纳税人征收收入所得税（设税率为 t）并进行退税，预算方程为：

$$PC + W(1-t)R = P\bar{C} + W(1-t)\bar{R} + T \qquad (9\text{-}3)$$

其中 T 取决于社会平均纳税水平。基于全部纳税人都具有共同禀赋和偏好的假设，令 (R', C') 表示消费者最后的最优选择，那么均衡后退税额就相当于个人所纳税款 $T = tw(\bar{R} - R')$（根据对称性），并且 (R', C') 满足预算方程(9-3)。整理可得：

$$PC' + WR' = P\bar{C} + W\bar{L}$$

即 (R', C') 满足预算方程(9-2)，也就是说在原预算线上，如图 9-4 所示[①]。根据显示偏好理论，原最优选择点 (R^*, C^*) 应该是偏好于 (R', C')。因此，即使政府把所征收的税收等额退还，纳税人的状况其实也是不如最初的。

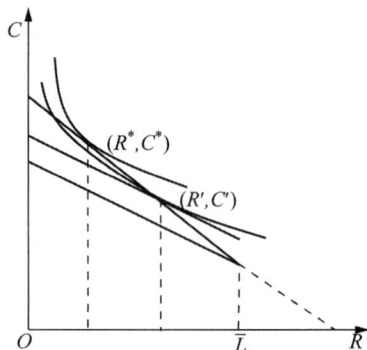

图 9-4

5. 财政政策中的减税政策包括降低所得税税率和提高所得税起征点（例如，2005 年我国所得税起征点从原来 800 元调整到 1 600 元）。试分析这两种减税政策对劳动供给的

① 注意，新的最优选择一定在原最优选择的右下方，而不可能位于左上方，请思考为什么？

影响。

答：降低所得税税率实质上是提高税后工资率，即预算线斜率提高。此时，对劳动选择的影响存在收入效应和替代效应，且收入效应为负（增加休闲，减少劳动），替代效应为正（减少休闲，增加劳动），故最后劳动供给的变化存在不确定性。另外，考虑提高所得税起征点，则预算线向上平移，对劳动选择的影响只存在收入效应。故劳动供给减少。以上具体分析如图 9-5、图 9-6 所示：

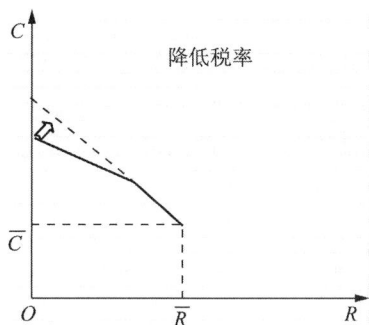

图 9-5

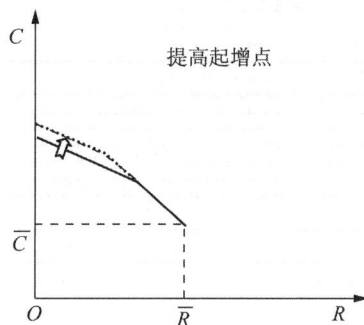

图 9-6

9.3　练习题

9.3.1　判断题(T 或 F)

1. 某消费者是一种正常商品的净供给者，如果该商品价格上升（其他的价格保持不变），则他对于这种商品的需求肯定会下降。　　　　　　　　　　　　　　　　　　（　　）

2. 某消费者是一种商品的净销售者，如果这种商品的价格上升（其他的价格保持不变），则他的境况就会得到很大的改善以至于她可能成为这种商品的净购买者。　　　（　　）

3. 某消费者是一种商品的净销售者，如果这种商品的价格下降，则他可能会成为该商品的净购买者。　　　　　　　　　　　　　　　　　　　　　　　　　　　　（　　）

4. 某消费者消费苹果和香蕉，他的初始禀赋为 5 单位苹果和 10 单位香蕉，两种商品都是正常商品。在当前的价格下，该消费者是苹果的净销售者。如果苹果的价格上升且香蕉的价格不变，则他对苹果的需求肯定会下降。　　　　　　　　　　　　　　　（　　）

5. 某消费者的收入一半来自工资，一半来自于投资红利，则工资上涨 50％和他的投资红利增加 50％对他是无差异的。　　　　　　　　　　　　　　　　　　　　　（　　）

6. 某消费者对闲暇—消费偏好的效用函数为柯布—道格拉斯函数，除了劳动所得之外没有其他的收入来源，则工资上涨不会改变他的劳动供给选择。　　　　　　　　（　　）

7. 基于闲暇是正常商品，非劳动收入的增加会减少劳动的供给量。　　　　　（　　）

8. 某消费者具有一个向后弯曲的劳动供给曲线。在工资为 5 元/小时的时候他每星期工作 50 小时。老板希望他每星期能够工作更多时间，所以规定开始的 50 个小时给他 5 元/小时的工资，工作 50 小时后工资为 7 元/小时。但是基于该消费者具有向后弯曲的供给曲线，这一

政策可能使他会选择更少的工作时间。 （　　）

9. 某消费者同时打两份工,他的第一份工收入为固定工资,且每天工作 8 小时(不多也不少,就像上班);他的第二份工作平均每小时工资率比第一份工作低,但是他可以选择工作时间。如果第一份工的工资上升,他一定会减少第二份工的工作时间。 （　　）

10. 某消费者初始拥有两种商品并通过市场交换进行最优选择,如果其中一种商品价格上升,那么他的状况一定是改善的。 （　　）

9.3.2　单选题

1. 某消费者消费商品 x 和商品 y。为了描述他对这两种商品的偏好,他说:"给我商品 x 或者商品 y 没什么区别。"现在他的禀赋为 14 个单位的商品 x 和 3 个单位的商品 y。其中商品 x 价格是商品 y 价格的 3 倍。该消费者可以在目前的价格下交易两种商品,但是他没有其他的收入来源。则他会消费多少单位的商品 y? （　　）

A. 48　　　　　　　　　　　　　B. 17

C. 45　　　　　　　　　　　　　D. 3

E. 23

2. 某消费者消费商品 y 的数量总是为商品 x 的数量的三倍(即 $y = 3x$)。商品 x 的价格是商品 y 价格的 2 倍。该消费者初始的禀赋为 20 单位商品 x 和 75 单位商品 y,他可以在目前价格下交易两种商品,但是他没有其他的收入来源。则他对于商品 x 的总需求是多少? （　　）

A. 21　　　　　　　　　　　　　B. 115

C. 23　　　　　　　　　　　　　D. 95

E. 因为 x 的价格未知,所以不能够得出答案

3. 某消费者对两种商品 x 和 y 的效用函数为 $u(x, y) = xy^2$。商品 x 每单位售价 2 元,商品 y 每单位售价 1 元。如果该消费者初始的禀赋为 3 单位的商品 x 和 6 单位的商品 y,则她会消费多少单位的商品 y? （　　）

A. 11　　　　　　　　　　　　　B. 3

C. 8　　　　　　　　　　　　　　D. 14

E. 以上都不对

4. 某消费者消费两种商品 x 和 y。其中商品 x 的价格为 \$4,商品 y 的价格为 \$4。该消费者唯一的收入来源就是他的禀赋,包括 6 单位的商品 x 和 6 单位的商品 y。该消费者可以在目前的价格下交易两种商品,但是他没有其他的收入来源。他原来消费 7 单位的商品 x 和 5 单位的商品 y。如果商品 x 和商品 y 的价格都变为 \$7,则 （　　）

A. 他的境况变好

B. 他的境况变坏

C. 他的境况既没有变好也没有变坏

D. 如果他具有非凸性偏好则境况变好

E. 除非我们知道他的效用函数,否则我们无法说明他的境况是变好还是变坏

5. 某消费者消费两种商品 x 和 y。其中商品 x 的价格为 \$5,商品 y 的价格为 \$1。他的效用函数为 $u(x, y) = xy$,他的初始禀赋仅为 40 单位的 x,没有 y 商品。则他最后选择消费

商品 y 的数量为　　　　　　　　　　　　　　　　　　　　　　　　（　　）

A. 110

B. 105

C. 50

D. 100

E. 以上都不对

6. 张先生是一个乳牛场主,他消费牛奶和其他商品,效用函数为 $u(x,y)=y(x+1)$,其中 x 是牛奶的消费量,y 是他消费的其他商品的量。他最初的禀赋为 19 单位的牛奶,没有其他商品。如果牛奶的价格为 2 元/单位,其他商品的价格为 1 元/单位,则他会消费多少单位牛奶?　　　　　　　　　　　　　　　　　　　　　　　　　　　　（　　）

A. 9

B. 38

C. 20

D. 14

E. 12

7. 小李一小时能挣 5 元,他每周可以支配 100 小时去工作或者休闲。政府制定了一个计划,每个工人可以从政府手中获得 100 元,但是他们需要支付他们劳动所得的 50% 作为税收。如果小李的效用函数为 $u(C,R)=CR$,其中 C 为消费商品的价值,R 为每周闲暇的时间。则他会选择每周工作多少小时?　　　　　　　　　　　　　　　　（　　）

A. 30

B. 40

C. 26

D. 20

E. 以上都不对

8. 小王一小时能挣 5 元。他每周可以支配 110 小时去工作或者休闲。过去他不支付税收也不从政府手中得到补助。现在他每周从政府手中获得 200 元,但是需要支付劳动所得的 50% 作为税收。他注意到在现在的情况下,他恰能支付得起他原来消费的闲暇和商品的组合。则过去他每周工作多少小时?　　　　　　　　　　　　　　　　　　　（　　）

A. 100

B. 20

C. 45

D. 60

E. 以上都不对

9. 小文和小马在一家快餐店工作。在每周最初的 40 小时工作时间里小文每小时工资为 4 元,超过 40 小时后每小时为 6 元。小马的工资为 5 元/小时。不论他工作了多少小时,他们都拥有每周 110 个小时自由决定是去工作还是休闲。每个人的效用函数都为 $u(C,R)=CR$,其中 C 为消费商品的价值,R 为每周闲暇的时间。如果小文每周工作 W 小时,小马每周工作 M 小时,则　　　　　　　　　　　　　　　　　　　　　　　　（　　）

A. $W=1.5M$

B. $W<M$

C. $W-M=6.66$

D. $W-M=10$

E. 以上都不对

10. 某消费者喜欢看电视和吃糖果,他的效用函数为 $u(x,y)=x^2y$,x 表示他看电视的时间,y 是他在糖果上的花费。他的母亲不希望他看太多的电视,所以限制他看电视的时间不超过每周 36 个小时,并且如果他减少一个小时的看电视时间她就付给他 1 元。如果这是此消费者唯一的收入来源,且他会把所有的收入全都用去购买糖果,则他会选择每周看几个小时的电视?　　　　　　　　　　　　　　　　　　　　　　　　　　　　　　　（　　）

A. 36

B. 12

C. 24   D. 18

E. 16

11. 某消费者每小时能挣 6 元,且没有其他的非劳动收入。他拥有每周 100 个小时自由支配去劳动或者闲暇。若他的效用函数为 $u(c,r)=cr^3$,其中 c 是消费的商品的价值,r 是闲暇的时间。则她每周工作多少小时?   (   )

A. 23   B. 25

C. 28   D. 50

E. 以上都不对

12. 某消费者在一周工作的头 40 个小时里每小时挣 10 元。他可以选择工作更多的时间,在超过 40 小时的工作时间里,他的工资为每小时 15 元。闲暇对他而言是一种正常商品,并且现在他工作时间超过 40 个小时。如果他 40 个小时以内的小时工资上涨到 12 元,40 小时后的工资保持不变,即 15 元/小时,则他会工作多少时间?   (   )

A. 每周工作更少时间   B. 每周工作更多时间

C. 跟以前工作相同时间

D. 当且仅当他的收入超过了他的劳动收入,他会比以前工作的更多

E. 当且仅当他工作不超过 60 小时,他会工作的更多

13. 某消费者的效用函数为 $u(x,y,R)=(x+y)R^2$,其中 x 和 y 表示她消费两种商品的数量,R 是她每天闲暇的时间。商品 x 的价格为 4 元/单位,商品 y 的价格为 2 元/单位。她目前的工资为每小时 8 元,无其他收入,她每天有 15 个小时可以选择工作还是休闲。则她会: (   )

A. 消费相等量的商品 x 和 y B. 消费 10 单位的商品 x

C. 消费 20 单位的商品 y D. 一天工作 10 个小时

E. 消费等量的商品 x 和 y

14. 某消费者只消费橘子和香蕉,他唯一的收入来源就是 30 单位的橘子和 10 单位香蕉的禀赋。该消费者坚持按固定的比率(1∶1)消费橘子和香蕉。这两种水果最初的价格都是 10 元/单位。现在橘子的价格上涨到 30 元/单位,香蕉的价格保持不变。则: (   )

A. 橘子的消费量增加 5 个单位   B. 橘子的消费量减少 5 个单位

C. 橘子的消费量上升 15 个单位   D. 橘子的消费量减少 7 个单位

E. 香蕉的消费量至少减少 1 个单位

15. 张女士每周可获得 150 元的儿童抚养费,此外她每周拥有 80 个小时可以选择工作或者休闲。她每小时的工资为 5 元。每周头 150 元的收入不需要交税,但是超过 150 元的所有劳动收入都需要交纳 30% 的税收。如果我们画出她的预算线(闲暇为横轴,消费为纵轴),则她的预算线: (   )

A. 闲暇为 60 的点为拐点

B. 闲暇为 50 并且收入为 300 元的点为拐点

C. 斜率恒为 -3.50

D. 在劳动供给大于零的部分没有拐点

E. 有一部分是一条水平直线

16. 某消费者以 1∶1 的比例固定消费茄子和番茄两种商品。他菜园可生产 30 公斤的茄

子和 10 公斤的番茄。最初茄子和番茄都为 25 元/公斤,但是茄子的价格上涨到了 100 元/公斤,番茄的价格保持不变。经过价格变化,他会:　　　　　　　　　　　　　　　（　　）

A. 将茄子的消费增加 6 公斤　　　　　B. 将茄子的消费减少至少 6 公斤

C. 将茄子的消费增加 8 公斤　　　　　D. 将茄子的消费减少 8 公斤

E. 将番茄的消费减少至少 1 公斤

17. 某消费者的效用函数为 $u(C,R)=C-(12-R)^2$,其中 R 为闲暇,C 为每天的消费。他每天有 16 个小时可以选择工作或者闲暇。如果他每天拥有 20 元的非劳动收入,并且他每小时的工资为 0,则他每天会选择闲暇多少小时?　　　　　　　　　　　　（　　）

A. 9　　　　　　　　　　　　　　　B. 10

C. 11　　　　　　　　　　　　　　　D. 13

E. 12

18. 某先生每天有 18 个小时可以选择工作或者闲暇。他的效用函数为 $u(C,R)=CR$,其中 R 为闲暇的时间,C 为每年的消费。如果他每天有 19 元的非劳动收入,他每小时的工资为 15 元,则表示他能够支付得起的消费和闲暇的组合的预算方程式可以写成:　　（　　）

A. $15R+C=19$　　　　　　　　　B. $15R+C=289$

C. $R+C/15=379$　　　　　　　　D. $C=289+15R$

E. $C=346+15R$

19. 某消费者每天有 18 个小时可以选择工作或者闲暇。他的效用函数为 $u(C,R)=CR$,其中 R 为闲暇的时间,C 为每年的消费。如果他每天有 40 元的非劳动收入,他每小时的工资为 8 元,则他会选择支付得起的消费为:　　　　　　　　　　　（　　）

A. 每天消费 184 元　　　　　　　　B. 每天消费 82 元

C. 每天消费 112 元　　　　　　　　D. 每天消费 92 元

E. 每天消费 138 元

20. 某消费者的禀赋为 10 把枪和 10 磅黄油。黄油购买和销售的价格为每磅 1 美元。但是枪支的国际市场复杂得多:他可以花 5 美元买一支枪,但是只能卖 2 美元一支枪。如果我们画出他的预算线(枪支为横轴,黄油为纵轴),则他的预算线:　　　　　　　（　　）

A. 连接 (12,0) 和 (0,30) 的一条直线　B. 连接 (14,0) 和 (0,14) 的一条直线

C. 过点 (10,10) 的斜率为 $-2/5$　　　D. 过点 (10,10) 的斜率为 $-5/2$

E. 以上都不对

21. 某消费者消费苹果和香蕉,效用函数为 $u(a,b)=ab$,a 表示苹果,b 表示香蕉。他的果园生产 5 单位的苹果和 10 单位的香蕉。当前苹果的价格为 2 元/单位,香蕉的价格为 1 元/单位,如果他意外获得了 10 元钱,则他会消费　　　　　　　　　　　　　　（　　）

A. 比他生产的更多的苹果和香蕉　　　B. 比他生产的更多的苹果,更少的香蕉

C. 比他生产的更少的苹果,更多的香蕉　D. 比他生产的更少的苹果,更多的香蕉

E. 他生产的苹果的数量,更多的香蕉

22. 一个农民每周从他的农场里收获 20 个鸡蛋和 10 个番茄。他没有其他的收入来源。他拥有凸状并向下倾斜的无差异曲线。现在市场上鸡蛋和番茄的价格分别为 2 元/个和 3 元/个,他决定不进行任何市场交易而保持其目前的商品束进行消费。那么　　　　　（　　）

A. 相对的价格无论怎么改变,他的境况都不会变坏并且有可能比价格变化前的境况

更好

B. 鸡蛋的价格上涨（番茄的价格不变）会使得他的效用变小

C. 番茄的价格上涨（鸡蛋的价格不变）会使得他的境况变坏

D. 如果两种价格都上涨，他的境况会变坏；但是如果只有一种价格上涨，他的境况可能会变坏或者变好，取决于他的偏好

E. 由于他仅仅从番茄和鸡蛋里获得收入，他把鸡蛋和番茄看作完全替代品

9.3.3 计算题

1. 一个人是某种商品的净销售者，当这种商品的价格下降，他从销售者变成了购买者，则他的境况是否可能会变好？请画图解释。

2. 一个商品的净销售者是否会因为这种商品价格的上升而境况变坏？请画图解释自己的答案。

3. 某消费者的禀赋为 3 单位的商品 x 和 5 单位的商品 y。商品 x 的价格为 100 元/单位，商品 y 的价格为 200 元/单位。目前他的收入为 700 元。

（1）画出他的预算线，标出禀赋点。

（2）计算他把全部收入用来购买 x 可获得的 x 的数量和他把全部收入用来购买 y 可获得 y 的数量。

（3）写出他的预算方程。

4. 某消费者的效用函数为 $u(G,R) = G - (20 - R)(20 - R)$，其中 G 表示消费水平，R 是每天闲暇的时间。

（1）如果他每天非劳动收入为 25 元，并且他工作的工资为零，则他会工作多少时间？

（2）画出他的无差异曲线，闲暇为横轴，收入为纵轴。如果他的非劳动收入为 25 元/天，并且他可能在 10 元/小时的工资下工作他愿意工作的时间，则他会工作多少个小时？

5. 某记者正在考虑两个工作。其中一个是杂志的编辑，另外一个是销售自己作品的自由作家。如果她为杂志工作，她每天的工作时间为 10 个小时，工资为 130 元/天。如果她选择自由写作，她可以自主选择工作时间，并且估计自己可以挣到 10 元/小时。现在她的效用函数为 $u = R^3 C$，其中 R 是闲暇的时间，C 表示消费水平。

（1）如果她选择自由写作，则她会工作多少小时？

（2）计算她每份工作的效用，并且确定她应该选择哪份工作。

6. 某消费者的工资率为 10 元/小时。他除了劳动外没有其他的收入来源。他的效用函数为 $u(C,R) = CR^2$，其中 C 是他消费水平，R 是他每天工作之外的时间。

（1）写出他的预算方程。

（2）该消费者每天会工作几个小时？

（3）他每天在消费上花费多少？

7. 李某认为闲暇和消费是完全互补的，且愿意每一小时闲暇的同时消费 5 元的商品。他没有其他的收入来源，但可以在 15 元/小时的工资水平下选择他愿意的工作时间。

（1）他每天会选择休闲多少小时？

（2）画出他的预算线，标出他选择的商品和闲暇的消费。

（3）如果工资上涨，他会工作得更多还是更少？

8. 某消费者消费商品 y 的数量恒为消费商品 x 数量的 4 倍（即 $y = 4x$）。市场上商品 x 的价格是商品 y 价格的 3 倍。该消费者初始拥有 20 单位商品 x 和 45 单位商品 y，他可以在现行价格进行市场交易。求该消费者对商品 x 的总需求量。

9. 某消费者对闲暇—消费的效用函数为 $u(R,C)=RC^2$。该消费者收入来源仅来自工资收入。如果每月收入在 500 元以下不用交所得税，但是对于超过 500 元的收入，必须支付 60% 的税收。该消费者的工资为 10 元/小时，其每周共有 100 小时可以选择去工作或者休闲。则她每周会工作多少小时？

<h2 align="center">参 考 答 案</h2>

判断题

1. F　2. F　3. T　4. F　5. F　6. T　7. T　8. F　9. T　10. F

单选题

1. C　2. C　3. C　4. C　5. D　6. A　7. A　8. E　9. C　10. C　11. B　12. A　13. C　14. A　15. B　16. A　17. E　18. B　19. D　20. E　21. A　22. A

计算题

1. 这是可能的。图略。

2. 不会。如果一个人是一种商品的净销售者并且商品价格上升，他依然支付得起他原来的消费束，因此他的境况不可能变坏。图略。

3. (1) 图略；(2) 20,10；(3) $100x + 200y = 2\,000$

4. (1) 一天 4 个小时；(2) 图略，一天 9 个小时

5. (1) 6 个小时；(2) 自由写作的效用为 349 920，为杂志工作的效用为 356 720；所以，她应该选择杂志的编辑工作。

6. (1) $C + 10R = 240$；(2) 8 小时；(3) 80 元

7. (1) 18 小时；(2) 图略；(3) 更少

8. 15 单位

9. 50 小时

第10章 跨时期选择

本章是禀赋相关选择问题的应用与扩展。不同商品之间的选择变为跨时期的消费选择：跨时期消费的"价格"与利率相联系。

10.1 本章要点

1. 之前所介绍的消费理论讨论当期消费决策问题：各个时期的消费支出取决于当期的收入。资本市场的存在，使得消费者可以通过借贷行为来调整（分配）多期收入以改变不同时期的消费量。给定消费者对跨期消费的偏好，利率和物价水平的变动会改变消费者所面临的跨期预算约束，从而影响消费决策。

2. 首先，不考虑物价水平的变动，仅分析利率效应。分别记 c_i，m_i 表示各期的消费量和名义货币量，i 表示时期，r 表示利率。以两期为例（现期和未来期），消费者最大化其跨期消费的总效用 $u(c, c_2)$。

基于 $p_2 c_2 = m_2 + (1+r)(m_1 - p_1 c_1)$，因为物价水平不变，不妨假定 $p_1 = p_2 = 1$。整理可得：

以未来值来表示跨时期消费的预算约束：
$$(1+r)c_1 + c_2 = (1+r)m_1 + m_2$$

或者以现值来表示跨时期消费的预算约束：

$$c_1 + \frac{c_2}{1+r} = m_1 + \frac{m_2}{1+r}$$

预算方程表明，以未来期价格水平为度量的现期消费价格为 $1+r$，或者以现期价格水平为度量的未来期价格为 $\frac{1}{1+r}$。

3. 在跨时期选择的比较静态分析中，我们仍然可以用显示偏好理论及修正的斯勒茨基方程等方法进行分析，具体过程与前面相关章节类似：

● 如果一个人是一位贷款者，那么利率上升后，他将仍然会是贷款者；

● 当借款者面临的利率上升，而消费者决定仍然做一个借款者时，那么他的境况就肯定会变坏。

4. 如果跨时期中消费品价格发生了变化，即 $p_1 \neq p_2$（其中 $p_2 > p_1$ 表示通货膨胀，$p_2 < p_1$ 代表通货紧缩）。为简化起见，记 $p_1 = 1, 1 + \pi = \frac{p_2}{p_1}$ 表示物价水平的变动，其中 π 为通胀（通缩）率。整理可得以未来值所表示的预算方程：

$$\frac{1+r}{1+\pi}c_1 + c_2 = \frac{1+r}{1+\pi}m_1 + \frac{1}{1+\pi}m_2 ^①$$

---

① 因为我们以 m_1，m_2 表示名义货币收入，所以这里与原书略有不同。

其中,记 $1+\rho=\dfrac{1+r}{1+\pi}$,或者 $\rho=\dfrac{1+r}{1+\pi}-1=\dfrac{r-\pi}{1+\pi}\approx r-\pi$

$$(1+\rho)c_1+c_2=(1+\rho)m_1+\frac{1}{1+\pi}m_2$$

我们发现,我们要用通货膨胀率调整后的实际利率(real interest rate,ρ)替代原预算方程中的名义利率(nominal interest rate,r)来反映这种物价水平变动的影响。此外,物价水平变动也影响未来期名义货币量的现期价值。

5. 以现值表示的预算方程另一个解释是:消费的现值等于收入的现值。借助这一思路,可以把两期预算约束拓展到多期以及变动利率下的预算约束。如同消费者总是偏好具有较高价值的禀赋一样,消费者也更偏好具有较高现值的收入流(因为这样能支持更高的消费现值,预算集将整体外推)。

6. 现值分析(Present Value,PV)的方法可以帮助我们对不同投资方案(或者是不同收入流)之间进行比较分析:一项投资值得进行的充分必要条件是它的净现值(Net Present Value,NPV)为正值。

7. 我们可以借助现值分析计算债券价格。比较分析表明,如果利率上升,则固定收益的债券价格会下降。

8. 税收会对利率产生影响:如果贷款利率为 r,税率为 t,贷款人实际上所得到的税后利率(after-tax interest rate)只有 $r(1-t)$;如果允许借款的利息支付可以扣除税款(在美国,抵押贷款的利息支付是可以的,而消费性借款则不行,我们国家目前还未实行相应政策),那么借款人实际上所支付的税后利率也是 $r(1-t)$。或者说,如果贷款者和借款者处在同一个税率水平,那么两人实际上所得到和需支付的税后利率还是相同的。关于这个结论,我们在市场均衡一章分析中还要用到。

10.2　例题讲解

1. 试证明:利率上升不会使满足显示偏好弱公理的贷款者变成借款者。

证:如图 10-1,若消费者原来是贷款者,表示第一阶段消费小于该阶段收入,最优选择位于 A 处。利率上升使得围绕禀赋点 (m_1,m_2) 的预算线向外转动。根据显示偏好原理,新的最优点不可能位于 C 段内(因为该段内的消费束被原来的 A 点所显示偏好)。因此,最优点应处于 B 段上,也即表示消费者依然仍是贷款者,且状况较之原来得以改善(B 段上的点显示偏好于 A 点)。

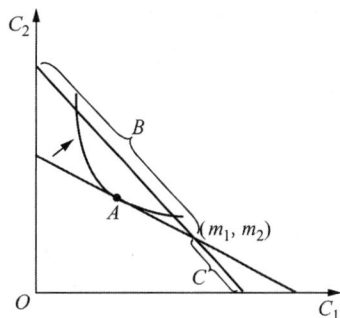

2. 某消费者的效用函数为 $u=\min\{a_1,a_2\}\times\min\{b_1,b_2\}$,其中 a_1、a_2 分别是他今年和明年参加的钢琴课数,b_1、b_2 分别是他今年和明年参加的滑冰课数。钢琴课每节 10 元,滑冰课每节 4 元。这些价格不会变,但利率是 7%。如果该消费者今年上 20 节钢琴课,那么他明年会参加几节滑冰课?

解:对效用函数分析表明,该消费者对今年和明年所参加滑冰课和钢琴课的偏好都具有完

图 10-1

全互补的特性——即两种课程每年都最好能按 1：1 的比例进行安排,多了均无意义。换个说法,即每门课程每年参加的课数应该都是一样的,从而,每年在两门课程上的支出总量也是相同。对效用函数的进一步思考还表明,无论是今年还是明年,各年中两类课程的对总效用的影响都可以用 $u=ab$ 来表示。这是一个典型的柯布—道格拉斯效用函数,表明在两类课程支出中应满足 $p_a a : p_b b = 1 : 1$ 的关系。

结合题中相关信息,我们可以得出,今年所参加的滑冰课数应为:$b = \dfrac{p_a a}{p_b} = \dfrac{20 \times 10}{4} = 50$

故明年应参加滑冰课数也为 50 节(该题中利率其实为非必要条件)。

3. 某消费者的效用函数为 $u(c_1, c_2) = c_1^{1/2} + 0.87 c_2^{1/2}$,其中 c_1、c_2 分别是她在时期 1 与时期 2 的消费量。若在时期 2 她的收入是时期 1 的两倍,则利率为多少时,在两个时期她会选择相同的消费量?

解:根据效用函数,以及"边际效用之比等于价格之比"的均衡条件,我们有:

$$\frac{MU_{c_1}}{MU_{c_2}} = \frac{\dfrac{1}{2\sqrt{c_1}}}{0.87 \cdot \dfrac{1}{2\sqrt{c_2}}} = \frac{1+r}{1}$$

如果两期消费量相同 $c_1 : c_2 = 1 : 1$,代入可算出 $r \approx 0.15$。

即在利率为 15% 时,她会在两个时期选择相同的消费量。

4. 张先生将他的生活大致分为两个时期(退休前),退休前他总计赚了 100 万元,退休后他靠之前的储蓄生活。张先生的效用函数为柯布—道格拉斯函数 $u(c_1, c_2) = c_1^2 c_2$,c_1、c_2 分别表示他在时期 1 与时期 2 的消费量。记实际利率为 r。试分析,若实际利率发生变化,张先生会如何调整他的储蓄?

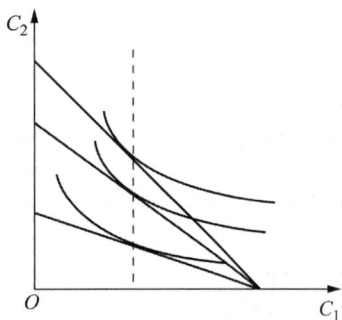

图 10-2

解:该题中首先需要注意的是张先生的消费禀赋点为 $(1\,000\,000, 0)$,即在横轴上。利率的变化使得预算线绕该禀赋点发生转动:利率上升则预算线向外转动;利率下降则禀赋点向内转动。此外,张先生两期消费的效用函数为柯布—道格拉斯函数,对该函数性质我们要非常熟悉:如果预算线的变化仅仅是某一商品价格(该题中其实为时期 2 的消费价格)的变化,而其他条件(收入和其他商品价格,该题中为禀赋现值,时期 1 的消费价格)保持不变,则最优选择中只是变化时期 2 的最优选择量(简言之,价格提供线为一条垂直线,如图 10-2 所示)。因此,张先生不会因为利率的变化改变其在时期 1 的消费量,对应的储蓄量也不会发生改变。但时期 2 的消费量会随着利率的变化而变化。

5. 在一个与世隔绝的山村中,唯一的农作物是玉米,好收成与坏收成是交替出现的。今年的收成是 1000 公斤,明年的收成是 150 公斤,且与外界没有交易。玉米可以贮存,但每年贮存的玉米会有 25% 被老鼠吃掉。村民的效用函数为 $u(c_1, c_2) = c_1 c_2$,其中 c_1、c_2 分别为今年和明年的消费量。

(1) 以今年的消费为横轴、明年的消费为纵轴画出山村的预算线,并标出预算线与横轴和纵轴的交点数量。

(2) 今年村民会消费多少?

(3) 老鼠会吃掉多少?

(4) 明年村民会消费多少?

解:(1) 根据题意,老鼠吃掉玉米表现为一种负的利率,今年和明年所消费的玉米量预算方程可表示为:

$$c_2 = m_2 + 0.75(m_1 - c_1)$$

整理后可得:

$$0.75c_1 + c_2 = 0.75m_1 + m_2, 且 c_1 \leqslant m_1$$

据此可画出相应预算线如图 10-3。

(2)、(3)、(4)问题实际上与最优消费选择相联系,效用函数为柯布—道格拉斯效用函数,根据函数特性,我们有:

$$0.75c_1 : c_2 = 1 : 1$$

代入预算方程,可得:$c_1 = 600, c_2 = 450$,因此,今年和明年的玉米消费量分别为 600 公斤和 450 公斤,老鼠吃掉的玉米量为今年贮存量(400 公斤)的 25%,即 100 公斤。

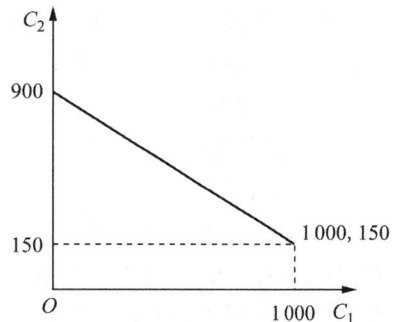

图 10-3

10.3 练习题

10.3.1 判断题(T 或 F)

1. 利率上升必然引起给定正收入流现值的减少。 ( )

2. 在以现在的消费为横轴、未来的消费为纵轴的跨期消费空间图中,预算约束线的横轴截距等于两个时期总收入的现值。 ( )

3. 如果消费者可以以相同的利率进行借贷,那么消费者可以负担起一项消费现值等于收入现值的消费计划。 ( )

4. 如果借款利率高于贷款利率,则现在与未来消费的预算集是凸集。 ( )

5. 当利率是 5% 时,某消费者是一个净借款者,但利率是 25% 时,该消费者是一个净储蓄者。利率从 5% 增长至 25% 可能会使该消费者境况变坏。 ( )

6. 如果利率小于通货膨胀率,理性人就不会存钱。 ( )

7. 利率的上升会使追求效用最大化的贷款者变成借款者。 ( )

8. 如果通货膨胀率加倍,名义利率不变,实际利率就会减半。 ( )

9. 若名义利率为 3%,物价每年下降 2%,则实际利率大约为 5%。 ( )

10. 报纸上有一篇文章指出,更多的学生选择 1 年的 MBA 课程而非 2 年的 MBA 是因为两年的课程不再能保证一个高收入的工作。如果雇主不关心你参加的 MBA 课程的长短,你读完 MBA 后就去工作,那么无论参加 1 年还是 2 年的课程,你的一生收入的净现值都是相同的。 ( )

10.3.2 单选题

1. 如果现在与将来消费的都是正常商品,利率上升一定会使 ( )

A. 储蓄者存钱更多   B. 借款者借钱更少

C. 减少每个人的现在消费   D. 每个人的境况更坏

E. 以上都不对

2. 某消费者的效用函数为 $u(c_1,c_2)=\min\{c_1,c_2\}$，$c_1$、$c_2$ 分别为时期 1 和时期 2 的消费量。该消费者在时期 1 赚了 189 元，将会在时期 2 赚到 63 元。他可以 10% 的利率进行借贷，并且没有通货膨胀，则该消费者 （　）

A. 会存 60 元
B. 会借 60 元
C. 不会进行借贷
D. 会存 124 元

E. 以上都不对

3. 假设通货膨胀率为 5%，一个人可以 10% 的利率进行借贷：如果贷款，必须缴纳 30% 的利息收入税；如果借款，利息支付可以扣除税款。在以现在消费为横轴、未来消费为纵轴的跨期消费空间图上，预算约束线 （　）

A. 在没有借贷处出现拐点
B. 是一条斜率大约为 -1.02 的直线
C. 是一条斜率大约为 -1.05 的直线
D. 是一条斜率大约为 -1.35 的直线

E. 以上都不对

4. 某消费者每消费两盒草莓都要消费一罐乳酪，但她每周消费的数量不是相同的。她的效用函数为 $u(s_1,c_1,s_2,c_2)=\min\{s_1,2c_1\}\times\min\{s_2,2c_2\}$，其中 s_1 和 s_2 分别是她这周和下周消费的草莓数，c_1 和 c_2 分别是她这周和下周消费的乳酪数。草莓每盒 2 元，乳酪每罐 1 元。接下来两周她共有现值 100 元用于消费，周利率为 1%。则她这周会消费多少盒草莓？（　）

A. 10
B. 20
C. 22
D. 14.1

E. 6.06

5. 若消费者将时期 1 的一单位消费看做时期 2 的一单位消费的完全替代品，且实际利率为正值，则消费者 （　）

A. 只在时期 1 消费
B. 只在时期 2 消费

C. 每个时期消费相同

D. 如果收入弹性大于 1 则在时期 1 的消费大于时期 2，否则在时期 2 的消费大于时期 1

E. 两个时期支出额相同但消费量不同

6. 若某年物价水平上涨 80%，实际利率为 10%，则名义利率为 （　）

A. 98%
B. 70%
C. 18%
D. 88%

E. 72%

7. 某消费者的效用函数为 $u(c_1,c_2)=\min\{c_1,c_2\}$，其中 c_1、c_2 分别是他在时期 1 与时期 2 的消费量。他在时期 1 赚到 200 元，时期 2 赚到 220 元。该消费者可以按 10% 的利率进行借贷，且没有通货膨胀。则该消费者在时期 1 花费 （　）

A. 多于 200 元但少于 220 元
B. 正好 200 元
C. 多于 220 元
D. 正好 180 元

E. 多于 180 元但少于 200 元

8. 若名义利率为 5%，通货膨胀率为 6%，则理性消费者 （　）

A. 由于实际利率是负的，不会储蓄

B. 会储蓄少于其收入的 1%

C. 只由名义利率决定,不管通货膨胀率为多少都会储蓄相同的数量

D. 即使实际利率为负也有可能储蓄

E. 如果通货膨胀率上升而名义利率不变,储蓄一定会减少

9. 若实际利率为 8%,名义利率为 28%,则最为接近的通货膨胀率为　　　　　(　　)

A. 36%　　　　　　　　　　　　　　B. 24.26%

C. 3.50%　　　　　　　　　　　　　D. 18.52%

E. 23%

10. 某消费者在时期 1 的收入为 300 元,在时期 2 的收入为 625 元。她的需求函数为 $u(c_1,c_2)=c_1^{0.80}c_2^{0.20}$,其中 c_1、c_2 分别是她在时期 1 与时期 2 的消费量。利率为 0.25。如果她出乎意料中了彩票,在时期 2 会得到奖金,即她的收入在时期 2 将为 1250 元,时期 1 的收入仍为 300 元,则她在时期 1 的消费量将会　　　　　(　　)

A. 加倍　　　　　　　　　　　　　　B. 增加 400 元

C. 增加 150 元　　　　　　　　　　D. 保持不变

E. 增加 120 元

11. 某消费者的生活分为两个时期,他的效用函数为 $u(c_1,c_2)=c_1c_2$,其中 c_1、c_2 分别是他在时期 1 与时期 2 的消费量。他在时期 2 没有收入,时期 1 的收入为 80 000 元。若利率从 10% 上升至 12%,则　　　　　(　　)

A. 他的储蓄会增长 2%,在时期 2 的消费会增加

B. 他的储蓄不会改变,但时期 2 的消费会增加 800 元

C. 他在两个时期的消费都会增加

D. 他在两个时期的消费都会减少

E. 他在时期 1 的消费会减少 12%,时期 2 的消费会增加

12. 某消费者两期的消费为 (700,880),两期的收入为 (600,990)。若利率为 0.10,则他的禀赋的现值为　　　　　(　　)

A. 1590　　　　　　　　　　　　　　B. 1500

C. 1580　　　　　　　　　　　　　　D. 3150

E. 3750

13. 某消费者第一期的收入为 200 元,第二期的收入为 920 元,利率为 0.20,效用函数为 $u(c_1,c_2)=c_1^{0.40}c_2^{0.60}$,其中 c_1、c_2 分别是他在时期 1 与时期 2 的消费量。若他在时期 1 的收入加倍,时期 2 的收入不变,则他在时期 1 的消费会　　　　　(　　)

A. 加倍　　　　　　　　　　　　　　B. 增加 160 元

C. 增加 80 元　　　　　　　　　　　D. 不变

E. 增加 400 元

14. 某消费者的效用函数为 $u(c_1,c_2)=c_1c_2$,其中 c_1、c_2 分别是他在时期 1 与时期 2 的消费量。他在时期 2 没有收入,若他在时期 1 的收入为 80 000 元,利率从 10% 上升至 19%,则　　　　　(　　)

A. 他的储蓄会增加 9%,时期 2 的消费也会增加

B. 他的储蓄不变,但时期 2 的消费会增加 3 600 元

C. 他在两个时期的消费都会增加

D. 他在两个时期的消费都会减少

E. 他在时期1的消费会减少19%,时期2的消费也会减少

15. 某消费者的效用函数为$u(c_1,c_2)=\min\{c_1,c_2\}$,若他在时期1的收入为880元,时期2的收入为1320元,当期利率为20%,则该消费者会在时期1花多少钱买面包? （　　）

A. 1620元
B. 360元

C. 540元
D. 2160元

E. 1080元

16. 在一个与世隔绝的山村中,今年收获了3000公斤的粮食,明年将会收获1100公斤。村民的效用函数为$u(c_1,c_2)=c_1c_2$,其中c_1、c_2分别是今年和明年的消费量。老鼠会吃掉每年贮存的粮食的10%,若村民今年消费1000公斤的粮食,则他们明年会消费多少粮食? （　　）

A. 2900公斤
B. 1800公斤

C. 4100公斤
D. 4350公斤

E. 1200公斤

10.3.3　简答题

1. 某消费者说:"如果我能以我借款的利率进行贷款,我就会借给别人钱;如果我能以贷款收到的利率进行借款,我就会借钱。但事实上,虽然我也会消费,但我从来不进行借贷。"若她的借款利率与贷款利率不同,试用图形表示她的话与给定凸偏好下理性选择相一致的情形,并解释。

2. 某消费者的效用函数为$u(c_1,c_2)=c_1^{1/2}+2c_2^{1/2}$,其中$c_1$、$c_2$分别是她在时期1与时期2的消费量。她在每个时期都可以赚得100单位的消费品,并可以按10%的利率进行借贷。

（1）写出该消费者的预算方程。

（2）若该消费者不进行借贷,则她以现在表示未来消费品的边际替代率是多少?

（3）若该消费者进行最佳数量的借款或者储蓄,则她在时期2的消费对时期1的消费的比率是多少?

3. 某消费者养鸡今年的收入为100元,明年的收入为100元,他可以按20%的利率放贷。由于对养鸡者进行借款补贴,他可以按10%的利率借款。无论他借款还是贷款,每年收入都是100元。

（1）若他不能同时进行借贷,请画出他对今年与明年消费的预算,在预算集与横轴和纵轴的截距处标出数字。

（2）假设该消费者可以按10%的利率借到明年收入的现值,也可以进行放贷,画出该消费者的预算约束。

4. 张先生有一个小型农场,他每周工作80小时,可以种甘蔗也可以养猪。每花一个钟头种甘蔗可以得到2元的收入,今年每花一个钟头养猪可以使明年的收入增加4元(即明年每周的收入为$100+4h$元,其中h为他今年养猪花费的小时数)。张先生的效用函数为$u(c_1,c_2)=\min\{c_1,c_2\}$,其中$c_1$、$c_2$分别为今年和明年的消费支出。张先生不相信银行,故不会进行借贷。

（1）画出张先生对现在与未来的消费预算线并标出关键点。

（2）他每周将会花多少小时养猪?

（3）他每年每周会消费多少?

5. 李小姐要借款需要付出 50％的利率,但贷款只会得到 5％的利率。她现在的禀赋为时期 1 的1000元和时期 2 的1050元,她要考虑两种不同的投资方案,只能选择其中的一种。方案 A:在时期 1 付出 500 元,在时期 2 收回 630 元。方案 B:在时期 1 收到 500 元,在时期 2 付出 525 元。

(1) 分别画出她选择方案 A 或者方案 B 时的预算集。

(2) 若她不进行借贷,在利率为 50％时,哪个方案的净现值较高? 当利率为 5％时呢?

(3) 画出无差异曲线使她要选择方案 A。

(4) 偏好不同时她会选择方案 B 吗?

6. 在一个与世隔绝的山村中,唯一的农作物就是玉米,村民为两个时期作打算。在时期 1,每个村民可收获 100 公斤玉米;在时期 2,没有玉米收获。这里与外界没有贸易往来,并且时期 1 之前没有玉米留存。玉米可以从一个时期存到另一个时期,但是会有 25％的玉米被老鼠吃掉。村民的效用函数为 $u(c_1,c_2)=c_1c_2$,其中 c_1、c_2 分别是他们在时期 1 与时期 2 的消费量。他们可以随意决定消费与贮存的分配。如果由于引进了猫,使老鼠造成的损失降到 10％。请比较,引进猫前后村民两个时期玉米消费量的变化。

参 考 答 案

判断题

1. T 2. T 3. T 4. T 5. T 6. F 7. F 8. F 9. T 10. F

单选题

1. B 2. A 3. B 4. B 5. B 6. A 7. A 8. D 9. D 10. B 11. B 12. B 13. C 14. B 15. E 16. A

简答题

1. 该消费者的预算约束与无差异曲线如图 10-4 所示。最高效用水平无差异曲线与预算集相"切"于禀赋点 A,表示消费者的最优选择是以各期收入为其消费水平(既不贷款,也不借款)。同时,无差异曲线穿过贷款和借款预算线的延长线,表示如果允许消费者以贷款利率进行借款或者以借款利率放贷的话,她都会改变目前行为而进行借款/放贷。

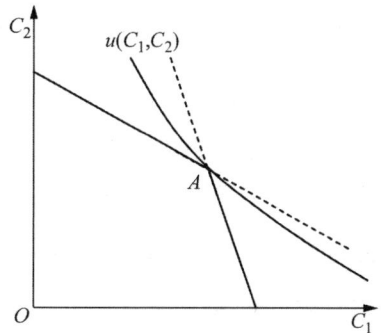

图 10-4

2. (1) $1.1c_1+c_2=210$;(2) 2;(3) 她在时期 2 的消费是时期 1 消费的 4.84 倍。

3. (1) 他的预算现在(100,100)处出现拐点,纵轴截距为 220,横轴截距为 100＋100/1.1;

(2) 他的预算约束是一条斜率为－1.2 的直线,通过前一条预算线的横轴截距。

4. (1) 他的预算集由通过(0,420)和(160,100)的直线和通过(160,100)的垂线围成;(2) 10;(3) 140。

5. (1) 图略;(2) 利率为 50％时她会选择方案 B,利率为 5％时她会选择方案 A;(3)图略;(4) 会。

6. 引进猫后,时期 1 的消费不会改变,时期 2 的玉米消费会增加。

第 11 章 资产市场

资产是一种能长期提供服务流的商品。这种服务流既可以是消费服务流,如住房;也可以是货币流,即金融资产,如债券等。本章讨论在确定收入下的资产收益与资产管理等问题。

11.1 本章要点

1. 如果资产所提供的现金流不存在不确定性,则所有的资产就一定具有相同的报酬率,否则存在无风险套利(又称短期套利)机会。可以预期,运行良好的市场会迅速消除任何的套利机会。因此,均衡条件也称作无套利条件。

2. 现实中,资产的报酬率还应根据具体情况作出调整:

(1) 如不同资产的流动性存在差异(考虑价值 100 万元的房产和当前价值也为 100 万元且可在二级市场交易的国债);

(2) 此外,具有消费报酬的资产具有消费性收益(用机会成本衡量),因此,该资产的金融收益率(仅考虑买入与卖出价格的收益率)应该低于纯金融资产的收益率;

(3) 不同资产的税收政策也有所不同,因此,均衡下应该是每种资产的税后报酬相同。

此外,这里我们仅考虑固定报酬率的资产,还有很多如股票等资产的收益存在不确定性(风险)。对于风险资产的投资分析等将在下两章展开。

3. 下面两个是有关对资产进行管理的例子:

(1) 可耗竭资源也可以看成是一种资产。此类资产价格的变动应与当前市场均衡收益率相匹配。因此该类资产的现价 p_0 取决于末期替代品的价格 c、利率 r 以及资源的可用年限 T:

$$p_0 = \frac{c}{(1+r)^T};$$

(2) 具有增值性资源(如森林)也是一类资产。它的价值是时间的递增函数(函数 $F(t)$,且该函数一阶导数大于零,二阶导数小于零);同时,等值的货币可获得利率 r 的回报。对该类资源进行变现(将树砍掉或者将增值性商品出售)时间选择最优条件为 $\frac{F'(t)}{F(t)} = r$,即资源的增长率与利率相等(按复利计算)。

4. 通过包括银行、股票市场等在内的资产市场进行投资,人们可以改变现有的收入流模型,实现跨期消费。

11.2 例题讲解

1. 某种酒制造的成本为每瓶 3 元,若适当储存一段时间,酒的味道会更好。第一年刚包装上市的酒(只存储一年),人们只愿意每瓶花 2 元,但此后 50 年人们愿意每年多花 3 元买一瓶这种酒。不含利息的储存成本为每年 0.50 元。这种酒由投资者投资。若利率为 5%,则理性投资者会选择储存多少年后销售这种酒,那时一瓶酒的价格为多少?

解:我们可分别列出各年酒的价格以及相应成本,为便于比较,我们都用现值来表示(注:这里我们设第一年也存在储存成本,但第一年若不存在储存成本也不影响最后结论)。

	第一年	第二年	第三年	第 t 年
售价现值	2	$(2+3)/1.05$	$(2+6)/1.05^2$	$\dfrac{2+3(t-1)}{1.05^{t-1}}$
成本现值	$3+0.5$	$3+0.5+0.5/1.05$	$3+0.5+0.5/1.05+0.5/1.05^2$	$3+0.5\sum\limits_{i=0}^{t-1}1.05^{-i}$

故利润现值为:

$$\dfrac{2+3(t-1)}{1.05^{t-1}}-\left[3+0.5\sum_{i=0}^{t-1}1.05^{-i}\right]=\dfrac{2+3(t-1)}{1.05^{t-1}}-\left(13.5-\dfrac{10.5}{1.05^t}\right)$$
$$=\dfrac{3(t-1)+12}{1.05^{t-1}}-13.5$$

对该函数求最大化条件,可得:$t^*\approx17.5$。

检验发现,$t=17$ 与 $t=18$ 的利润现值相等。不妨取 17 年,则那时该瓶酒的售价为:$2+3\times(t-1)=50$ 元。

2. 你花 1 280 元买了一幅油画,在接下来的 30 年中,该画的市场价值每年增加 80 元。把油画挂在墙上每年对你相当于 80 元的价值,利率为 10%,则多少年后你会卖掉这幅画?

解:油画作为一种资产每年在增值,此外还具有消费价值,要决定卖掉他,取决于该资产的投资收益率与利率水平的比较。

具体而言,考虑下一年所增加的价值(包括资产增值和消费价值,恒定为 $80+80=160$)与当年的油画价格 P,若 $\dfrac{160}{P}\leqslant10\%$ 则售出油画,即油画价格应小于1 600元(注:在计算价值增加时,我们需要把消费价值计算在内,但计算收益率时的资产价值基数则不应包括消费价值,因为消费价值只在当年有效,本身不具备储藏性和增值性)。以当年价格1 280元基础上每年 80 元的增幅计算,第四年价格已达到1 600元。故会选择在第四年卖掉油画。

3. 小张家里的燃气取暖费每年是 800 元。他正考虑三种方案令他的房屋隔热。方案 A 能使他每年的燃气费减少 15%,方案 B 能减少 20%,方案 C 能使他完全不需要燃气取暖。方案 A 的隔热工作需花费 800 元,方案 B 需花费1 100元,方案 C 需花费8 800元。若利率为 10%,他的房屋与隔热工作是永远持续的,则哪种方案最好?

解:列出目前及改造三种方案的支出现金流:

	第一年	第二年	第三年	第 t 年
目前	800	800	800	800
方案 A	$800+800\times85\%$	$800\times85\%$	$800\times85\%$	$800\times85\%$
方案 B	$1\,100+800\times80\%$	$800\times80\%$	$800\times80\%$	$800\times80\%$
方案 C	8 800	0	0	0

分别以利率计算四种情况下现金流支出的现值:

目前：$\sum_{t=0}^{\infty} \dfrac{800}{1.1^t} = 800\left(\dfrac{1}{1-\dfrac{1}{1.1}}\right) = 8\,800（元）$

方案 A：$800 + \sum_{t=0}^{\infty} \dfrac{800 \times 85\%}{1.1^t} = 800 + 8\,800 \times 85\% = 8\,280（元）$

方案 B：$1\,100 + \sum_{t=0}^{\infty} \dfrac{800 \times 80\%}{1.1^t} = 1\,100 + 8\,800 \times 80\% = 8\,140（元）$

方案 C：8 800 元。

比较下来，应该选择方案 B。

11.3 练习题

11.3.1 判断题(T 或 F)

1. 若利率为 10%，没有通货膨胀。有一种债券可以在一年后或者两年后兑现，如果投资者在一年后兑现可以得到 110 元，在两年后兑现可得到 117.70 元。当她兑现债券时，不会得到其他报酬，则在均衡时，投资者愿意以超过 100 元的价格买这个债券。（　）

2. 在资产市场中，若明确地知道一年后某项资产的价格为 24 元，当年利率为 10%时，现在该项资产的价格为 26.40 元。（　）

3. 若一个消费者可以按相同的利率进行借贷，无论他在生活中计划如何分配消费，他都会喜欢有较高现值的禀赋。（　）

4. 若每个人都有相同的信息，则一个运行良好的资产市场就不会存在套利的机会。（　）

5. 假设砍伐树木的成本为零，种下去的树木没有其他的用处，利率为恒定，木材的价格不变。则砍伐树木的最佳时间为树木的增长率与利率的差距最大时。（　）

6. 根据资产市场理论，若利率恒定，则竞争性市场上的一瓶酒的价格每年将以恒定的比率上升，直至这瓶酒被消费掉，而无论饮酒者愿意支付的价格是否以恒定的比率上升。（　）

11.3.2 单选题

1. 张三的油画现在不受欢迎，没人愿意花钱买他的油画挂在墙上。但 5 年之后张三的作品将永久流行，如果能有一幅张三的原作挂在墙上，人们会愿意每年花 1 000 元。若投资者意识到了这种情形，且利率一直为 r，则张三的一幅油画现在价值是多少？（　）
A. $(1\,000/r)[1/(1 + r)^4]$元
B. $1\,000/r - 5\,000/r$ 元
C. $1\,000(1 + r)^5$ 元
D. $1\,000(1/r)^5$ 元
E. $200/r$ 元

2. 若利率永远为 r，从现在开始每年支付 95 元的债券的时价为多少？（　）
A. $95/(1 + r)$元
B. $95(1 + r)$元
C. $95/r$ 元
D. $95/(1 + r + r^2 + \cdots + r^n)$元
E. 以上都不对

3. 若名义利率为 80％,通货膨胀率为 50％,则实际利率为多少?　　　　　　(　　)

    A. 10％　　　　　　　　　　　　　　　B. 20％

    C. 30％　　　　　　　　　　　　　　　D. 40％

    E. 以上都不对

4. 有一片土地可以用来作停车场,这样的话没有建设费用并且从现在开始每年一直还会有 5 000 元的净收益。若把这片土地用来建房屋,现在将花费 50 000 元的成本,从明年开始每年将会有 12 000 元的净收入流。预期这片土地不会有其他的用途了,假设利率为 10％,根据资产市场理论,这片土地将卖价　　　　　　(　　)

    A. 120 000 元,用于建造房屋　　　　　B. 50 000 元,用于建停车场

    C. 70 000 元,用于建造房屋　　　　　D. 13 200 元,用于建造房屋

    E. 80 000 元,用于建停车场

5. 今天是 1 月 1 日,利率为 8％,投资者确信接下来 10 年利率将保持在 8％。市场上发行了一个七年期的公司债券,每年 12 月 31 日将付给债券持有者 160 元。从今天起 7 年后的 1 月 1 日,债券发行者将以 2 000 元从债券持有者手中购回债券。则债券的时价为　　　(　　)

    A. 3 120 元　　　　　　　　　　　　　B. 2 160 元

    C. 1 600 元　　　　　　　　　　　　　D. 2 000 元

    E. 2 780 元

6. 下一年利率为 10％,从现在起一年后利率将降为 5％,并永远保持在 5％。一种投资从今天起两年后每年都确定地会获得 220 元,则该投资的市场价值为　　　　(　　)

    A. 4 000 元　　　　　　　　　　　　　B. 4 400 元

    C. 2 000 元　　　　　　　　　　　　　D. 2 200 元

    E. 5 000 元

7. 当某种葡萄酒的年限为 t 时,人们愿意花费 $2+3t$ 元买一瓶葡萄酒。每年要花费 0.50 元储存一瓶酒,利率为 5％。若储存酒的成本每年提高 1 元,则对这种酒的消费价格以及消费前被储存的时间的影响是　　　　　　　　　　　　　　　　　　　　　　(　　)

    A. 都增加　　　　　　　　　　　　　　B. 都减少

    C. 价格上升,储存时间减少　　　　　　D. 价格不变,储存时间减少

    E. 价格上升,储存时间不变

8. 李四的油画现在很不流行,事实上没有一个人会花钱买一幅他的油画挂在墙上。但专家认为 10 年后将会有一股追求李四油画的狂热,并且将持续 2 年,然后又没有人想看李四的油画了。在这 2 年中,每年人们愿意花 1 100 元买一幅李四的原作挂在墙上。利率为 r,若投资者普遍相信专家的观点,则李四今天一幅油画的市场价值为　　　　　　　　(　　)

    A. $2 200/r$ 元　　　　　　　　　　　　B. $2 200/(1＋r)$ 元

    C. $1 100(1＋r)^{10}＋1 100(1＋r)^{11}$ 元　　D. $1 100/(1＋r)^{10}＋1 100/(1＋r)^{11}$ 元

    E. $1 100r＋1 100r^2$ 元

9. 在俄亥俄州的一个偏远地区中有一个大的地下油田,石油公司已在该地区开始了探测,知道这里有多少石油。他们购买了随时挖掘提取石油的权利。由于极其复杂的地理环境以及当地人民的野性,该公司决定推迟开采直至石油价格较高时。根据跨时期套利理论,下列哪项说法正确?　　　　　　　　　　　　　　　　　　　　　　　　　　　(　　)

A. 该公司的行为是非理性的

B. 石油开采的权利的价格在该利率下上升

C. 石油公司直到开采成本价低时才会开采

D. 石油开采的权利的价格在提取石油前会保持不变

E. 以上都不对

10. 利率为10％且永远保持不变,你不喝酒但喜欢为了投资买一些酒。假设没有交易费用和贮存成本,一年后某种酒每瓶价值44元,两年后价值51元,三年后价值55元,之后就会变为没有价值的醋。则你愿意花多少钱买一瓶酒?(选择最接近的答案)   (　　)

A. 40元   B. 42.15元

C. 47.15元   D. 41.32元

E. 49.30元

11. 假设由于波斯湾争论导致波斯湾的石油出售停止一年,同时在一个出乎意料的地方发现了一个重要的新油田。根据经济理论,这会对两年后的石油价格产生何种影响?   (　　)

A. 若新油田比波斯湾的油田大则两年后价格会下跌,否则会上升

B. 两年后价格会下跌

C. 除非在波斯湾石油供应恢复前新油田能带来产出,否则两年后价格会上升

D. 两年后价格会上升

E. 若新油田的开采成本比波斯湾的成本高则两年后价格会上升,否则会下降

12. 银行1提供1000元以上的存款服务,必须将钱存三年,前两年利率为4％,第三年利率为7％。同时,银行2声称提供更好的服务:存款也必须是1000元以上存三年,但第一年利率为7％,后两年利率为4％。若三年后可将钱取出,两家银行每年都按复利计算,那么(　　)

A. 银行2提供的服务比银行1好   B. 银行1提供的服务比银行2好

C. 两个银行的服务一样好

D. 若初始存款较多银行2的服务会较有吸引力

E. 以上都不对

13. 若通货膨胀率比利率高,则   (　　)

A. 应该在第一时期消费掉所有的财富

B. 将钱藏在家里床底下会比存入银行更好(假定没有被偷的风险)

C. 消费必然会少于当通货膨胀率比利率低时

D. 消费必然会多于当通货膨胀率比利率低时

E. 以上都不对

14. 无息票债券是在到期前不付息票,到期日付给持有者面值的债券。假设有一张在2020年1月1日到期的2000元无息票债券,若利率永远为5％,则该债券在2005年1月1日价值   (　　)

A. $2000/0.05$元   B. $2000/0.05^{15}$元

C. $2000+2000/15$元   D. $2000/1.05^{15}$元

E. 以上都不对

15. 现在有一种新酒,喝酒的人目前愿意花40元买一瓶,且将会随着酒的年限的增长每年增加20元。利率为10％,则买这种酒作投资,比较合适的价格是多少?   (　　)

A. 93 元   B. 40 元

C. 200 元   D. 440 元

E. 71 元

16. 古董的价格预计明年将上涨 4%,利率为 6%。你现在正考虑买一件古董一年之后卖掉。你每年愿意为拥有这件古董付出 400 元,则你愿意花多少钱买这件古董? （　　）

A. 6 666.67 元   B. 8 400 元

C. 400 元   D. 20 000 元

E. 4 000 元

17. 一种债券的面值为 7 000 元,以后 50 年的每年年底将支付 700 元的利息。50 年后最后一次支付股息时,发行该债券的公司以面值收回该债券,即该公司从债券持有人手中以面值的价格购回债券。若利率将永远为 10%,理性投资者现在愿意花多少钱买这种股票? （　　）

A. 7 000 元   B. 42 000 元

C. 35 000 元   D. 比以上价格要高

E. 比以上价格要低

18. 若利率永远是 17%,一项资产第一年收益为 7 020 元,第二年收益为 1 368 元,其他时间无收益,则理性投资者现在愿意购买该资产的价格为 （　　）

A. 7 000 元   B. 6 000 元

C. 41 176.47 元   D. 126 000 元

E. 8 000 元

19. 利率预期将永远保持在 10%,从今天开始每年 50 000 元的贴现值为 （　　）

A. 500 000 元   B. 550 000 元

C. 无穷大   D. 1 000 000 元

E. 45 454.45 元

11.3.3　计算题

1. 利率永远为 10%,假设你不喝酒但喜欢买些酒作投资。以下各种情况中你最高愿意支付的价格为多少? 并解释。

(1) 一瓶酒一年后价值 22 元,然后会坏掉一文不值。

(2) 一瓶酒一年后价值 22 元,然后每年升值 1 元。

2. 据《纽约时报》近来的一则消息,南非的金矿罢工每天大约消耗采矿公司 750 万元。这个数字是通过用罢工没有开采出来的金子的价值减去关闭矿场而节省的劳务费用(包括其他运营费用)计算出来的。请问,这种计算有何错误?

参 考 答 案

判断题

1. F　2. F　3. T　4. T　5. F　6. T

单选题

1. A　2. C　3. B　4. C　5. D　6. A　7. B　8. D　9. B　10. B　11. B　12. C

13. E   14. D   15. A   16. D   17. A   18. A   19. B

计算题

1. (1)和(2)都是 20 元。每种情况下都会在一年后卖掉。每瓶 22 元的酒每年增值 1 元并没有足够高的收益率令人们愿意再多储存一年。

2. 现在没有开采出来的金子还在那儿,以后会被开采出来。所以没有被开采出来的金子不能说是损失。如果需要计算罢工所引起的实际成本,可以近似地由金矿的净利润推迟至罢工解决后产生的利息成本来衡量。

第 12 章　不确定性

现实生活中存在着大量的不确定性。同时,消费者对于风险偏好的异质性影响其对不确定性消费的选择。本章研究不确定性条件下的个人选择行为。

12.1　本章要点

1. 生活中充满着不确定性:购买一张 5 元的彩票有可能中奖 1 000 万元,也可能仅仅是"留个纪念"而已。即便人们不去追求这种"冒险性"行为,也会因为其他原因导致未来的不确定性,如自然灾害等。具体而言,这种不确定性可表述为:未来各种情况发生的概率是 π_i (i 表示状态类型, $\sum \pi_i = 1$),相应各种状态下消费者的财富为 c_i 。

2. 研究不确定性条件下决策的一个有效的办法就是:将不同条件下相应的货币视作不同的商品,并据此构建消费空间。简化起见,仅考虑两种状态:"好"与"坏",分别用 $i=g,b$ 表示。消费空间中 $(\hat{c}_b, \hat{c}_g)$ 对应于初始时两种可能状态下的或有消费水平(即消费者在不确定性下所拥有的禀赋消费束)。

3. 与不确定性相对应的是保险,保险为改变人们在不确定性下财富水平的概率分布提供了一条途径。例如,如果支付 rk 的保费为价值 K 的资产购买了保险,则消费者所面临的新的消费束为 $(\hat{c}_b - rk + K, \hat{c}_g - rk)$ 。或者说,给定保险费率为 r ,保险市场为消费者提供了一套斜率为 $\dfrac{r}{1-r}$ 的预算线(如图 12-1 所示[①]),消费者可根据该市场交换率重新选择其在不确定性下的消费水平(进行保险)。

4. 给定消费者的初始禀赋及保险市场所提供的保费水平,决定消费者选择的另一个因素则是消费者在不确定性下的偏好。在构建不确定性下的效用函数 $U=u(c_1,c_2,\pi_1,\pi_2)$ 时,有以下需留意的特征:

● 首先,我们可以认为消费者比较和评价不同状态下的消费,应该与不同状态实际发生的概率有关。因此,效用函数不仅取决于消费水平,还取决于他们的概率。

● 其次,因为消费者最终只能消费其中一种状态,或者说,消费者对各种状态下消费的偏好应该是相互独立的。这种独立性隐含着此类效用函数中各种状态的效用应该是可加的。

● 如果不确定性只是改变消费者的财富水平,而对消费者财富消费的偏好本身没有影响,则各种状态下消费者的效用函数应该是相同的。

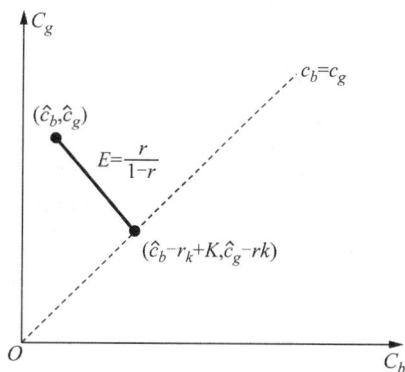

图 12-1

---

① 需要留意的是,消费者的预算空间应在 $c_g \geqslant c_b$ 范围,且 c_g 不可能超过原来初始值 $\hat{c}_g$ 。

根据以上特征,经济学人认为,期望效用函数(也称冯·诺依曼—摩根斯顿效用函数)为:

$$u(c_1,c_2,\pi_1,\pi_2) = \pi_1 v(c_1) + \pi_2 v(c_2), \pi_1 + \pi_2 = 1$$

是描述不确定性偏好较为合理的效用函数。

5. 冯·诺依曼—摩根斯顿(Von Neumann-Morgenstern)效用函数中的 $v(c)$,即消费者在给定状态下的效用函数,与消费者的风险偏好相对应:

● 如果 $v''(c)>0$,则消费者属于风险偏好型,无差异曲线为凹状;

● 如果 $v''(c)<0$,则消费者属于风险厌恶型,无差异曲线为凸状;

● 如果 $v''(c)=0$,则消费者属于风险中立型,无差异曲线斜率恒定,为 $\frac{\pi_1}{\pi_2}$。

6. 可以证明以下结论:

● 如果消费者属于风险偏好型,则消费者不会购买保险。

● 如果消费者属于风险厌恶型,且消费者对风险发生概率的判断与实际保率相一致(即 $r=\pi$),则消费者会对全部风险资产投保(全额保险);如果保率高于风险发生的概率($r>\pi$),消费者只会对部分风险资产投保。

● 如果消费者属于风险中立型,且消费者对风险发生概率的判断与实际保率相一致($r=\pi$),则消费者对保险多少资产无差异;如果保率高于风险发生的概率($r>\pi$),消费者不会对风险资产投保。

上述风险—保险模型可推广到赌博等各类不确定性问题的分析。

12.2 例题讲解

1. 郑和船长只有一艘船,价值 2 亿美元。如果这艘船沉了(沉船的概率为 $p=0.02$),他将损失 2 亿美元。郑和船长的总财产包括这艘船一共是 2.25 亿美元。郑和船长的效用函数为 $u=p\sqrt{w_b}+(1-p)\sqrt{w_g}$,$w_b$ 和 w_g 分别表示沉船发生和不发生他的财富。那么,郑和船长愿意支付用于足额保险以对抗沉船损失的最高金额是多少? 此时保险公司获利期望为多少? 如果保险市场是竞争的,则足额保费为多少? 结合图形比较两种情况下(支付最高保费和竞争性保费)郑和船长的效用。

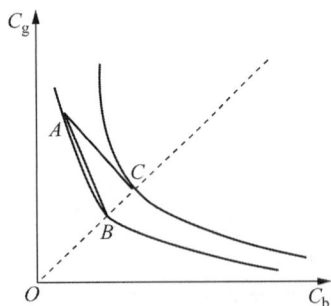
图 12-2

解:首先画出郑和船长意外消费束空间(图 12-2),并结合分析。

初始时,郑和船长的意外消费计划位于 A 点(0.25,2.25),根据效用函数可以计算出此时他的效用水平为:

$$u=0.02\sqrt{0.25}+0.98\sqrt{2.25}=1.48$$

在全额保险下,设保费为 x,则支付足额保险后的意外消费束为 $(2.25-x,2.25-x)$,这个意外消费计划的效用水平为:

$$u=0.02\sqrt{2.25-x}+0.98\sqrt{2.25-x}=\sqrt{2.25-x}$$

这个效用水平应不低于 1.48(即该意外消费计划束应该至少与 A 点在同一条无差异曲线上,即图中 B 点),解得 $x=0.0596$,即最高保费为 596 万美元。此时,保险公司的期望利润为 $596-0.02\times20\,000=196$ 万美元。

如果保险市场是竞争的,则保险公司期望利润为零,足额保费应为 400 万美元。此时,郑和船长的意外消费计划束为$(2.21,2.21)$,即图中C点。郑和船长的效用水平约为$\sqrt{2.21}\approx$
1.4866,高于原来效用水平。

2. 杰克有 1200 美元。他计划在苏利文和法兰克对弈的拳击赛上打赌。他可以花 4 美元
在苏利文胜出时获利 10 美元,否则将一无所获。他也可以花 6 美元在法兰克胜出时获利 10
美元,否则将一无所获。杰克不同意这个胜算可能。他认为比赛双方各有 1/2 的可能获胜。
如果他是一个期望效用最大化者并试图使财富自然对数 $\ln W$ 的期望值最大。请问,他将如何
购买拳击赛的赌票(各买多少张)?

解:不妨设杰克最后买苏利文赢 x 张,买法兰克赢 y 张,因此,他的效用函数为:

$$u=\frac{1}{2}\ln(1\,200-4x-6y+10x)+\frac{1}{2}\ln(1\,200-4x-6y+10y)$$
$$=\frac{1}{2}\ln[1\,200+6(x-y)]+\frac{1}{2}\ln[1\,200-4(x-y)]$$
$$=\frac{1}{2}\ln[1\,200^2+2\,400(x-y)-24(x-y)^2]$$

对该函数进行分析,可发现函数取最大值条件为:$x-y=50$。

进一步,考虑杰克属于风险厌恶型,应比较赌博后与赌博前的收益,即应有:

$$\frac{1}{2}\ln[1\,200^2+2\,400(x-y)-24(x-y)^2]\geqslant\ln1\,200\Rightarrow x-y\leqslant100$$

结合以上两个条件,因此,只要杰克在 1200 美元的总支出范围内,买苏利文赢比买法兰
克赢多 50 张即可。

3. 迪克有 6400 美元,他打算赌球。假设球赛不会出现平局,且 A 队是最有希望获胜。
一个人可以用 0.8 美元买入一张赌票,如果 A 队获胜,那么他将会赢得 1 美元,否则一无所
获。也可以用 0.2 美元买入一张赌票,如果 B 队获胜,那么他将会赢得 1 美元,否则一无所获。
迪克认为两队获胜的可能性相等。他买赌票,并且使 $\ln W$(财富的自然对数)期望值最大化。
他买下赌票后,A 队损失了一名明星队员,这样两种赌票的价格都变成 0.5 美元。迪克买了一
些新的赌票并且卖掉了一些原先买的赌票。比赛结束,A 队获胜。请问他将有多少财富?

解:首先,我们可以采取与前面类似的方法,设买 A 队赢 x 张,B 队赢 y 张,则效用函
数为:

$$u=\frac{1}{2}\ln(6\,400-0.8x-0.2y+x)+\frac{1}{2}\ln(6\,400-0.8x-0.2y+y)$$

可算出该效用最大化条件为:$y-x=12\,000$,即多买 B 队赢 12 000 张。进一步检验表明,
购买彩票后效用大于赌博之前的条件为:$y-x\leqslant24\,000$;给定收入下该购买方案也是可行的
(如只购买 B 队赢 12 000 张只需 2 400 美元)。

因为 A 队损失了明星,导致 A 队赢的赌票价格从 0.80 美元下降到 0.50 美元,B 队赢的
价格从 0.20 美元上升到 0.50 美元,因此,迪克从原先所购买的赌票中即可获利(12 000×
0.3=3 600 美元,在重新购买赌票钱,他的财富总额已增加到 10 000 美元)。

分析第二次赌票的购买方案,迪克的效用函数为:

$$u=\frac{1}{2}\ln(10\,000-0.5x-0.5y+x)+\frac{1}{2}\ln(10\,000-0.5x-0.5y+y)$$
$$=\frac{1}{2}\ln[10\,000^2-0.25(x-y)^2]$$

该效用函数最大化条件为 $x-y=0$，即购买等量的两种赌票（或者哪种都不买）。无论最后是 A 队获胜还是 B 队获胜，迪克的财富也仍保持在10 000美元。（可以考虑，迪克属于风险厌恶型，如果赌票预期收益为零，他将不参加赌票，这与购买等量的两种赌票是一致的）。

4. 每投资 1 元在生产短袜的公司将产出 2 元。每投资 1 元在生产雨伞的公司将以 1/2 的概率产出 8 元，以 1/2 的概率无产出。一位投资者有10 000元用于投资在这两个公司，她有冯·诺依曼—摩根斯顿效用函数为她投资总产出的自然对数的期望值。如果 S 是她在生产短袜公司的投资额，$10 000-S$ 是她在生产雨伞公司的投资额，S 取多少可以使她的期望效用最大？

解：S 元在生产短袜公司的投资可确定获得 $2S$ 的产出，$1 000-S$ 在生产雨伞公司的投资有 50% 的可能获得 $8\times(10 000-S)$ 的产出，也有 50% 的可能没有产出。因此，该投资者的期望效用函数为：

$$u=\frac{1}{2}\ln[2S+8(10 000-S)]+\frac{1}{2}\ln 2S$$

该效用函数最大化的 S 条件为 $S=80 000/12\approx 6 667$。

5. 威利的唯一收入来源是他的巧克力厂。他有冯·诺依曼—摩根斯顿效用函数：$u=p\sqrt{c_f}+(1-p)\sqrt{c_{nf}}$，$p$ 是发洪水的概率，$1-p$ 是不发洪水的概率。c_f 和 c_{nf} 是他以是否发洪水而定的财富。发洪水的概率 $p=1/16$。威利的工厂在不发洪水时价值620 000元，发洪水后一文不值。威利可以买保险，他为每 x 价值的财产保险，无论是否发洪水，需要付给保险公司 $2x/17$ 元，但是他可以在发洪水时将拿回 x 元。请问威利会选择购买多少保险？

解：根据效用函数，威利无差异曲线的边际替代率为：

$$MRS=\frac{p/2\sqrt{c_f}}{(1-p)/2\sqrt{c_{nf}}}=\frac{p}{1-p}\sqrt{\frac{c_{nf}}{c_f}}=\frac{1}{15}\sqrt{\frac{c_{nf}}{c_f}}$$

根据保险计划，保险率 $r=\frac{2}{17}$，故保险预算线的斜率为：$\frac{r}{1-r}=\frac{2}{15}$

最优保险计划下，无差异曲线与预算线相切，故有：

$$\frac{1}{15}\sqrt{\frac{c_{nf}}{c_f}}=\frac{2}{15}\Rightarrow\frac{c_{nf}}{c_f}=4$$

即此时威利不会选择全额保险（全额保险下 $c_f=c_{nf}$，因为保率高于风险发生率，因此不会选择全额保险）。具体投保额度 x 可结合：

$$c_{nf}=620 000-\frac{2}{17}x$$

$$c_f=x-\frac{2}{11}x=\frac{15}{17}x$$

算得 $x=170 000$

12.3 练习题

12.3.1 判断题(T 或 F)

1. 对于两种赌博，不论他们的期望报酬怎样，一个风险厌恶者总会选择方差小的那种。

（　　）

2. 一个期望效用最大化者在对以事件 1 发生而定的消费束的偏好必须独立于他在事件 2 发生时能得到什么。（　　）

3. 如果某人对于所有的意外消费束有严格凸性偏好,那么他必定是风险厌恶的。（　　）

4. 某消费者不属于风险厌恶者。他有机会通过支付 10 元去买一张彩票,这张彩票将使他以 0.05 的概率赢得 100 元,以 0.1 的概率赢得 50 元,有 0.85 的概率他将一无所获。如果他明白胜算的可能并且计算没有错误,那么他将买下彩票。（　　）

5. 如果某消费者是风险爱好者并且他的篮球队有 0.5 的概率胜出,当该消费者押注 x 元时,他将在他的球队胜出时赢得 x 元,在他的球队败时损失 x 元。给定消费者有 100 元,那么该消费者宁愿在他的球队上押注 10 元而不是 100 元。（　　）

6. 如果保险费用上升,人们将减少风险厌恶程度。（　　）

7. 某消费者有冯·诺依曼—摩根斯顿效用函数 $u(c_a,c_b,p_a,p_b)=p_a v(c_a)+p_b v(c_b)$,$p_a$ 和 p_b 分别是事件 a 和事件 b 发生的概率,c_a 和 c_b 分别是以事件 a 和事件 b 而定的消费。如果 $v(c)$ 是一个增函数,这个消费者必定是风险爱好者。（　　）

12.3.2　单选题

1. 张先生属于风险厌恶型。他面临一个赌博,有 1/4 的概率他将损失 1000 元,有 3/4 的概率他将赢 500 元。那么（　　）

A. 既然他是风险厌恶,他当然将不参与这次赌博

B. 既然赌博的期望价值是正的,他当然将参与这次赌博

C. 如果张先生的初始财富大于 1500 元,他当然将参与这次赌博

D. 如果张先生的初始财富小于 1500 元,他当然将不参与这次赌博

E. 没有足够的信息以判断他是否会参与赌博

2. 汤姆的叔叔给了他一张彩票。有 1/2 的可能这张彩票将值 100 元,有 1/2 的可能性它将不值一文。令 x 表示彩票中奖时汤姆的财富;令 y 表示彩票没有中奖时他的财富。汤姆对不同情况下的偏好由效用函数 $u(x,y)=\min\{2x-y,2y-x\}$ 来表示。他没有除这张彩票以外的风险,则（　　）

A. 汤姆将以不低于 25 元的价格出卖彩票

B. 汤姆如此的风险厌恶以致他将扔掉彩票而不用担心他赢得什么

C. 汤姆满足期望效用假设

D. 汤姆是一个风险爱好者

E. 以上皆不对

3. 有两个可能发生的事件:事件 1 和事件 2。事件 1 发生的概率为 p;事件 2 发生的概率为 $1-p$。小李是一个期望效用最大化者。并且有效用函数 $u(c_1,c_2,p,1-p)=pv(c_1)+(1-p)v(c_2)$,如果 $x<1000$,$v(x)=2x$;如果 x 大于等于 1000,$v(x)=1000+x$。那么（　　）

A. 小李是风险爱好者

B. 小李收入低于 1000 元时是风险厌恶者,收入高于 1000 元时是风险爱好者

C. 小李收入高于 1000 是风险厌恶者,收入低于 1000 元时是风险爱好者

D. 如果没有机会使他的财富超过 1000 元,那么他将接受任何能挣到正的期望净值的赌注

E. 以上说法均不对

4. 布克正在考虑在一所西北大学建一个柯林特球场。他的目标是期望效用最大化,并且有冯·诺依曼—摩根斯顿效用函数。其中,$u(W)=1-(6\,000/W)$,W 代表他的财富。布克的总财富为 24 000 美元。有 0.2 的概率这个球场将经营失败而使他损失 18 000 美元,这样他的财富将为 6 000 美元。有 0.8 的概率这个球场将成功且他的财富将为 x 美元。求足以使布克去投资建球场而不是就揣着 24 000 美元不动的 x 的最小值。　　　　　（　　）

A. 28 500 美元 　　　　　　　　　　B. 150 000 美元

C. 96 000 美元 　　　　　　　　　　D. 72 000 美元

E. 30 000 美元

5. 奥斯卡的效用函数为 $0.5\sqrt{y_1}+0.5\sqrt{y_2}$,$y_1$、$y_2$ 分别表示事件 1 和事件 2 发生时他的消费水平,事件 1 和事件 2 的发生概率均为 1/2。一种赌博可以使他在事件 1 发生时消费 9 美元,事件 2 发生时消费 25 美元。这种赌博与奥斯卡具有多少美元确定收入给他带来的效用一样好?　　　　　　　　　　　　　　　　　　　　　　　　　　　　　（　　）

A. \$12.5 　　　　　　　　　　　　　B. \$9

C. \$16 　　　　　　　　　　　　　　D. \$17

E. 以上皆错

6. 张小姐和李先生正在考虑结婚。张小姐说她总是按照期望效用假设行事,她试图使她收入的对数值的期望值最大。李先生说他也是一个期望效用最大化者,但他试图使他收入平方的期望值最大。张小姐说:"我们恐怕要分手,我们对于风险的态度差别太大。"李先生说:"不要怕,亲爱的,收入平方是收入对数的单调递增函数,因此我们事实上有着相同的偏好。"谁的看法是正确的?　　　　　　　　　　　　　　　　　　　　　　　　　　　　　　　　　（　　）

A. 张小姐是正确的

B. 李先生是正确的

C. 李先生对于小的风险是正确的,但对于大的风险是错误的

D. 张小姐对于小的风险是正确的,但对于大的风险是错误的

E. 他们都不对

7. 赵某喜欢赌博。李某提出与他就划船比赛的结果打赌 70 元。如果赵某赢了,李某就给他 70 元;如果赵某输了,赵某也需付给李某 70 元。赵某的效用函数是 $u(c_1,c_2,p_1,p_2)=p_1c_1^2+p_2c_2^2$,$p_1$、$p_2$ 是事件 1 和事件 2 发生的概率,c_1、c_2 是事件 1 和事件 2 发生时他的消费。赵某现在的总财富是 80 元,并且他相信他赢这场比赛的概率是 0.3。则　　　　（　　）

A. 打这场赌会增加他的期望效用

B. 打这场赌会减少他的期望效用

C. 打这场赌不会影响他的期望效用

D. 没有充足的信息以决定他打这场赌会增加或减少他的期望效用

E. 所给信息自相矛盾

8. 张某目前的财富为 100 元且他是一个期望效用最大化者,他有冯·诺依曼—摩根斯顿效用函数,且为 $v(w)=\sqrt{w}$。张某可能因睡过头而错过经济学考试。他认为只有 1/10 的可能他会睡过头,但如果真睡过头,他得交给大学缴纳 100 元以参加补考。张某的室友李某从来不

睡过头,李某提出在考试前 1 小时来叫醒张某,但张某必须为此付款。张某最多愿意为这项服务花多少钱? 　　　　　　　　　　　　　　　　　　　　　　　　　　(　)

A. 10 元　　　　　　　　　　　　　　B. 15 元

C. 19 元　　　　　　　　　　　　　　D. 100 元

E. 50 元

9. 某消费者目前有 600 元,但是有 25% 的可能他将损失 100 元。该消费者是风险中立者。他有机会买保险以使他在损失 100 元时可以重新要回。那么　　　　　(　)

A. 该消费者愿意花多于 25 元来买保险

B. 该消费者最多愿意花 25 元来买保险

C. 既然该消费者是风险中立者,他不愿意花任何钱来买保险

D. 因为不知道该消费者的效用函数,我们不能判断他将花多少钱来买保险

E. 该消费者买保险费用不愿意超过 16.66 元

10. 毕业后,杰西卡的最佳职业或者是在八大会计公司每年赚160 000美元或者在密歇根州做农场管理人,每年赚40 000美元。她可以通过进一步学习以使得到前一份工作的可能性增大,但是学习要花费。如果 s 代表她学习的努力程度:$s=0$ 为不学习,$s=1$ 表示全身心学习;对应她得到八大公司的工作的可能性也等于 s。她的效用取决于她的勤奋程度以及之后她的年收入 y。她试图使冯·诺依曼—摩根斯顿效用函数中的 $v(s,y)=y^{1/2}-400s^2$ 的期望值最大化。如果她选择 s 以使她的期望效用最大化,她学习努力程度应为多少? 　　(　)

A. $s=0.1$　　　　　　　　　　　　B. $s=0.25$

C. $s=0.5$　　　　　　　　　　　　D. $s=0.75$

E. $s=0.9$

11. 威利的唯一收入来源是他的巧克力厂。他具有冯·诺依曼—摩根斯顿效用函数:$u=p\sqrt{c_f}+(1-p)\sqrt{c_{nf}}$,$p$ 是发洪水的概率,$1-p$ 是不发洪水的概率。c_f 和 c_{nf} 是他以是否发洪水而定的财富。发洪水的概率 $p=1/14$。威利的工厂价值在不发洪水时为 50 万元,发洪水后一文不值。威利可以买保险,他为每 x 价值的财产保险,就得付给保险公司 $5x/18$ 元,无论是否发洪水。但是他可以在发洪水时将拿回 x 元。威利应当　　　　　　　(　)

A. 买足够的保险以使当有洪水时,取得保险赔偿后他的财富是未发洪水时的 1/25

B. 买足够的保险以使当有洪水时,取得保险赔偿后,他的财富和未发洪水时一样

C. 不买保险因为每美元的保险费用超过了洪水发生的可能性

D. 买足够的保险以使当有洪水时,取得保险赔偿后,他的财富是未发洪水时的 1/6

E. 买足够的保险以使当有洪水时,取得保险赔偿后,他的财富是未发洪水时的 1/11

12. 某消费者的期望效用函数为 $u=p\sqrt{c_1}+(1-p)\sqrt{c_2}$,$p$ 是他消费 c_1 的可能性,$1-p$ 是他消费 c_2 的可能性。该消费者现有两种选择:得到确定的收入 Z 元或者得到一张彩票:以 0.3 的概率得到2 500元,以 0.7 的概率得到3 600元。当 Z 是多少时,该消费者将选择确定收入 Z? 　　　　　　　　　　　　　　　　　　　　　　　　(　)

A. $Z>3 249$ 元,否则将选择彩票　　　　B. $Z>2 874.5$ 元,否则将选择彩票

C. $Z>3 600$ 元,否则将选择彩票　　　　D. $Z>3 424.5$ 元,否则将选择彩票

E. $Z>3 270$ 元,否则将选择彩票

13. 杰克有1 800美元。他计划在苏利文和法兰克对弈的拳击赛上打赌。他可以花 9 美

元在苏利文胜出时获利 10 美元。他在另一家店发现有卖在法兰克胜出时获利 10 美元的息票。每张法兰克息票为 1 元。杰克认为比赛双方各有 1/2 的可能获胜。杰克是风险厌恶者且他试图使 $\ln W$ 的期望值最大，W 表示他的财富。他将有理由 （ ）

    A. 不赌博   B. 买 100 张苏利文息票，900 张法兰克息票

    C. 买同样多的法兰克息票和苏利文息票   D. 买 50 张苏利文息票，450 张法兰克息票

    E. 买 50 张苏利文息票，900 张法兰克息票

14. 汤姆的小汽车值 10 万美元。但是汤姆很粗心，经常开着车门，且忘了拔钥匙，这样他的车会被偷的可能性为 0.5。汤姆除车子以外还有其他价值 10 万美元的财产，他的冯·诺依曼—摩根斯顿效用函数中 $v(w)=\ln w$。如果汤姆可以 0.6K 美元的价格为车子买价值 K 美元的保险，汤姆将买多少保险？ （ ）

    A. 不会购买   B. 10 万美元

    C. 会购买不超过 5 万美元的保险   D. 会购买多于 5 万美元，但不到 10 万美元

    E. 正好 5 万美元

12.3.3 计算题

1. 某消费者喜爱美食，且他只消费食品。由于一种罕见的疾病，他有 1/4 的可能性将失去嗅觉，这将大煞他对于食品的享受。该消费者说："如果我失去嗅觉，享受食品所带来的效用只有原来的一半。"因此他的期望效用函数可以表示为 $u(c_1,c_2)=\frac{3}{4}\sqrt{c_1}+\frac{1}{8}\sqrt{c_2}$，$c_1$、$c_2$ 分别表示他拥有嗅觉和失去嗅觉时食品的消费额。该消费者发现保险公司正在出售一种保险：如果他失去嗅觉他将得到 $3x$ 元，如果他没有失去嗅觉，他将付 x 元。他也可以买另一种"消极"保险：即如果失去嗅觉他就支付 $3x$ 元，否则得到 x 元。试问：该消费者会购买何种保险？如何购买？

2. 张先生带着 1000 元来到赌场，他来到掷硬币的赌桌上。如果张先生在正面上下注 x 元，这样在正面朝上时，他赢 0.8x 元，如果反面朝上，他支付 x 元；同样地，如果张先生在反面上下注 x 元，这样在反面朝上时，他赢 0.8x 元，如果正面朝上，他支付 x 元。张先生是一个期望效用最大化者，效用函数为 $u(h,t)=\frac{1}{2}h^2+\frac{1}{2}t^2$，$h$ 为正面朝上时他的财富，t 是反面朝上时他的财富。如果坐标轴分别表示以反面朝上和正面朝上时张先生的财富，请画出张先生的预算约束线以及无差异曲线，并说出张先生应该如何下注？

3. 某消费者正面临两个可能发生的事件（H 和 T），两个事件各自的发生概率为 1/2。该消费者的效用函数为 $u(h,t)=v(h)/2+v(t)/2$，h 为事件 H 发生时他的财富，t 为事件 T 发生时他的财富。函数 $v(x)=x$，如果 $x<100$；$v(x)=\frac{100+x}{2}$，如果 x 大于等于 100。请图示该消费者过以下各点的无差异曲线：A. 点(50,0)；B. 点(50,100)；C. 点(100,100)；D. 点(150,100)。

4. 赌博的确定性等价物被定义为：你被许诺所得的钱与参加这场赌博无差异。

(1) 如果一个期望效用最大化者有冯·诺依曼—摩根斯顿效用函数 $v(w)=\sqrt{w}$（w 是财富），并且如果事件 1 和事件 2 发生的概率都是 1/2。写出一个赌博的确定性等价物公式，这个赌博是：如果事件 1 发生，你得到 x 元；如果事件 2 发生，你得到 y 元。

（2）把（1）推广到事件 1 发生的概率为 p，事件 2 发生的概率为 $1-p$，写出赌博的确定性等价物公式。

（3）把（1）公式推广到 $v(w)=w^a$，$a>0$，写出赌博的确定性等价物公式。

参 考 答 案

判断题

1. F　2. T　3. T　4. T　5. F　6. F　7. F

单选题

1. E　2. B　3. D　4. C　5. C　6. A　7. A　8. C　9. B　10. B　11. A　12. A　13. B　14. C

计算题

1. 如果该消费者购买 x 元的第一类保险，则他的效用为 $u(c_1,c_2)=\dfrac{3}{4}\sqrt{c-x}+\dfrac{1}{8}\sqrt{c+3x}$，最优化分析表明，最优保险金额为边界解：$x=0$。实际上，消费者购买此类保险只会导致效用水平下降。

如果该消费者购买 x 元的第二类保险，则他的效用为 $u(c_1,c_2)=\dfrac{3}{4}\sqrt{c+x}+\dfrac{1}{8}\sqrt{c-3x}$，最优化的结果应满足 $\dfrac{3}{4}\dfrac{1}{2\sqrt{c+x}}=\dfrac{1}{8}\dfrac{3}{2\sqrt{c-3x}}\Rightarrow(c+x)=4(c-3x)$。即该消费者会选择购买"消极"保险，并购买相应保险额度使他在没有失去嗅觉时的财富是他失去嗅觉时财富的 4 倍。

2. 张先生预算线如图 12-3 中 ABC 线段所示。其中 A 点坐标为（0，1 800），表示将所有赌注（1 000）元全压正面朝上；C 点坐标为（1 800，0），表示将所有赌注全压反面朝上；B 点坐标为（1 000，1 000），即不投注。AB 线段对应他将部分赌注压正面朝上，BC 线段对应他将部分赌注压反面朝上。由效用函数可画出张先生的无差异曲线是以原点为圆心的 1/4 圆（第一象限内）。对于两种意外消费，张先生具有凹性偏好（他是风险偏好型），他会把 1 000 元全部赌正面或者反面（选择其中一种）。

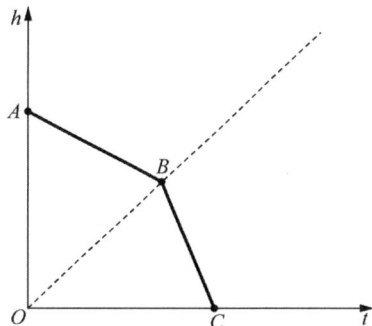

图 12-3

3. 经过各点的无差异曲线如图 12-4 所示。其中，在各个区间内无差异曲线的斜率（边际替代率）考虑具体收入区间计算得出。具体而言：

A. 经过点（50，0）的无差异曲线的斜率为 -1；

B. 经过点（50，100）的无差异曲线有 3 个直线部分：一条直线从（100，50）到（50，100），一条直线斜率为 -2 在点（50，100）的左面，一条直线斜率为 $-1/2$ 在点（100，50）的右面；

C. 经过点（100，100）的无差异曲线有两个部分：一条斜率为 -2 在（100，100）的左面，一条斜率为 $-1/2$ 在点（100，100）的右面；

D. 经过点（150，100）的无差异曲线有三个部分：一条直线从（150，100）到（100，150），一条直线从$(150,100)$到$(200,0)$,另一条从$(0,200)$到$(100,150)$。

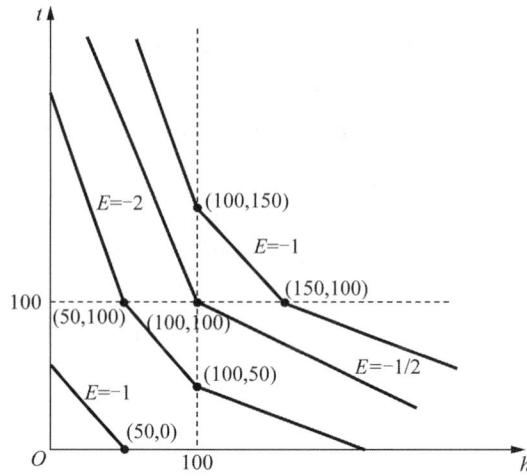

图 12-4

4. (1) $\left(\dfrac{1}{2}\sqrt{x}+\dfrac{1}{2}\sqrt{y}\right)^2$; (2) $\left[p\sqrt{x}+(1-p)\sqrt{y}\right]^2$; (3) $\left(\dfrac{1}{2}x^a+\dfrac{1}{2}y^a\right)^{1/a}$

第 13 章　风险资产

投资者可以在不同资产中选择进行投资组合：一些资产是有风险的(Risky Asset)，我们用(σ_m, r_m)表示风险资产的报酬标准差和期望收益；一些资产是无风险且具有确定的收益r_f。如何在不同资产中进行投资组合是本章研究的主要问题。

13.1　本章要点

1. 除了期望效用函数之外，另一种刻画消费者在不确定性下的偏好就是用不确定性资产的若干参数来决定消费者的效用水平，如资产的期望报酬（均值）以及变化程度（方差/标准差），这种效用函数称为均值—方差效用函数：$U = u(\mu, \sigma^2)$，或者用均值—标准差来表示$U = u(\mu, \sigma)$。其中，μ表示期望报酬率，$\sigma^2(\sigma)$为该风险资产报酬率对应的方差（标准差）。

2. 给定只有一类风险资产(r_m, σ_m)以及无风险资产的报酬率为r_f，消费者可以在两类资产中进行自由组合：令x表示投资风险资产的比例，相应$1-x$部分投资于无风险资产，则该投资组合的报酬—风险可用$(xr_m + (1-x)r_f, x\sigma_m)$表示。不同的投资组合方式对应在标准差—报酬率空间图中的预算线上的某一点（如图 13-1 所示）。该预算线的斜率为$p = \dfrac{r_m - r_f}{\sigma_m}$，也表示为风险的价格(Price of Risk)，即消费者若承担一单位风险（以标准差来度量）所相应获得的期望报酬的增加。

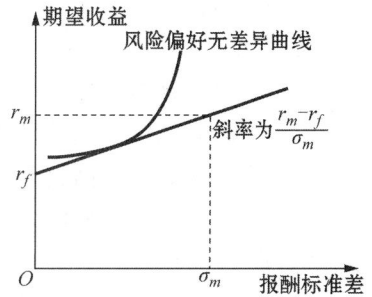

图 13-1

3. 对投资者而言，以标准差所度量的风险属于厌恶品，因此消费者关于无差异曲线向上倾斜。投资者根据具体偏好来确定相应投资风险资产的比例。虽然不同投资者因为风险偏好不同，对风险资产投资的比例也不同，但均衡时所有投资者的边际替代率一定相等：都等于该预算线的斜率，正如人们面临同一商品价格的最优选择下边际效用替代率相等。

4. 实际的风险资产市场（如股票市场）中，各类资产的风险—报酬各不相同。此时，对某一类风险资产（某只股票）风险的测度则不再取决于它自身的方差（标准差），而是该资产相对于整体市场的风险程度。金融学中用β值来表示：

$$\beta_i = \frac{\text{资产 } i \text{ 的风险程度}}{\text{市场整体的风险程度}}$$

5. 在一个均衡的风险市场中，所有资产的报酬率应该根据其风险程度进行调整，这个调整程度可以由下面的公式给出

$$\text{风险调整} = \beta_i \sigma_m p = \beta_i(r_m - r_f)$$

其中，(r_m, σ_m)为整体市场的期望报酬和报酬标准差。

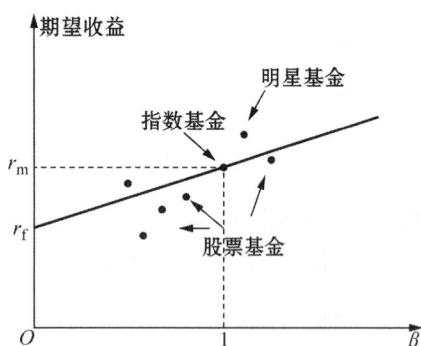

图 13-2

6. 调整后所有资产的报酬率应该与无风险资产报酬率相等：

$$r_i - \beta_i(r_m - r_f) = r_j - \beta_j(r_m - r_f) = r_f$$

其中，r_f 为无风险资产报酬率。

或者说，市场上各类风险资产（如各类基金）都应该落在 $\beta - r$ 空间中的报酬线上。当然，实际计算表明，很多基金的业绩表现都位于该报酬线的下方。这也预示着投资指数型基金（可看成非常接近市场期望报酬与风险程度）也许是更明智的选择，如图 13-2 所示。

即便市场上会出现少数表现出色的明星基金，但会随着市场的追捧会产生价格上升（溢价）并降低报酬率。

13.2 例题讲解

1. 如果你现在投资 A 公司 100 元，一年后你能收回 $(30+T)$ 元；如果你投资 B 公司 100 元，一年后你能得到 $(180-T)$ 元。T 是这个夏天的平均温度（华氏温度），T 的期望值是 70，标准差为 10。

（1）画出一张表示你将 100 元分开投资在股票 A 和股票 B 的期望收益和标准差的组合。

（2）你能做的最安全的投资期望收益和标准差是多少？

（3）你能达到的最高收益是多少？

解：令 U 表示投资组合的收益，该投资组合中，x 表示资产 A 的比例，那么 $1-x$ 为资产 B 的比例，即：

$$U = x(30+T) + (1-x)(180-T) = (2x-1)T + 180 - 150x$$

根据随机变量函数期望和方差的性质，我们有：

$$E(U) = E[(2x-1)T + 180 - 150x] = (2x-1)ET + 180 - 150x = 110 - 10x$$

$$SD(U) = |2x-1|SD(T) = 10|2x-1| \quad (SD \text{ 表示标准差})$$

其中：

当 $x=1$ 时，$E(U)=100$，$SD(U)=10$

当 $x=0$ 时，$E(U)=110$，$SD(U)=10$

当 $x=0.5$ 时，$E(U)=105$，$SD(U)=0$

因此，投资收益组合线为从点 $(0, 105)$ 到点 $(10, 110)$ 的直线和从点 $(0, 105)$ 到点 $(10, 100)$ 的直线，如图 13-3 所示。具体而言，当投资 A 公司的比例 $x \in [0.5, 1]$ 时，组合线位于 A 线段上；当投资 A 公司的比例 $x \in [0, 0.5]$ 时，组合线位于 B 线段上。

据此，最安全的收益为在 A、B 公司上各投 50%，此时期望收益为 105，标准差为 0（无风险收益）。若追求高收益，则全部投在 B 公司上，期望收益为 110，标准差为 10。

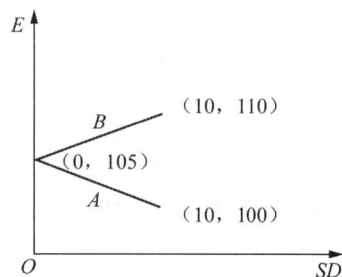

图 13-3

13.3　练习题

13.3.1　判断题(T 或 F)

1. 如果两项资产有同样的期望收益率但是有不同的方差,一个风险厌恶的投资者总是会选择方差小的资产,不论他已经持有了什么样的别的资产。　　　　　　　　　　　　(　　)

2. 如果两项资产收益负相关,那么每一元投资在包括这两项资产的投资组合所产生的收益将会比只投资其中一项资产所产生的收益的方差小。　　　　　　　　　　　(　　)

3. 如果将平均值标绘在横轴上,将方差标绘在纵轴上,那么一个风险厌恶者的无差异曲线将斜向右上方。　　　　　　　　　　　　　　　　　　　　　　　　(　　)

4. 如果你将钱一半投资在无风险资产上,一半投资在风险资产上,这项风险资产收益的标准差是 S,那么你得投资组合收益的标准差为 $S/2$。　　　　　　　　　　(　　)

13.3.2　单选题

1. 公司 A 卖柠檬水,公司 B 卖热巧克力。如果投资 A 公司 100 元,一年后能收回 $(30+T)$ 元;如果投资 B 公司 100 元,一年后能得到 $(150-T)$ 元。T 是这个夏天的平均温度(华氏温度),期望值是 70,标准差为 10。如果投资 A 公司 50 元,B 公司 50 元。那么投资收益的标准差是多少?　　　　　　　　　　　　　　　　　　　　　　　　　(　　)

A. 10   B. 20

C. 5   D. 0

E. 以上皆错

2. 一项无风险资产可得到 5% 的利息。另一项资产可得到 15% 的平均收益率但是有 5% 的标准差。一名投资者正在考虑包含着两种股票的投资组合。在一张图上横轴表示标准差,纵轴表示平均收益率,那么由这两项资产组合投资的各个可能平均收益率和方差组合的预算线是怎样的?　　　　　　　　　　　　　　　　　　　　　　　　　　(　　)

A. 一条斜率为 2 的直线   B. 一条斜率为 −3 的直线

C. 当向左移动时斜率不断增加   D. 一条斜率为 −1 的直线

E. 一条斜率为 −1/3 的直线

3. 你被一家股票经纪公司聘为投资组合经理。你的第一个工作就是在一个包含两项资产的投资组合上投资100 000元。第一项资产是有确定的 4% 的利率的安全资产,第二项资产是有 26% 的期望收益率的风险资产,但是标准差是 10%。你的客户希望得到高收益的同时将标准差控制在 4% 以下。你应当将她的多少钱投资在安全资产上?　　　　　　(　　)

A. 22 000 元   B. 40 000 元

C. 64 000 元   D. 36 000 元

E. 60 000 元

4. 比尔有一家出口公司,目前年期望利润为 100 000 美元。如果日元相对美元每升值 1%,公司的利润增加20 000美元。比尔现打算买以下两个公司中的一家:一家是一个进口公司,年期望利润为70 000美元,若日元相对美元每升值 1%,它的利润下降5 000美元;另一家是

安全的国内公司,提供给他每年70 000美元的确定利润。两家公司的价格相同。如果比尔是风险厌恶的,那么 （　　）

  A. 他应该买下国内公司

  B. 他应该买下进口公司

  C. 他应该两家公司各买下一半

  D. 他买哪家无关紧要

  E. 他应该买下80%的国内公司,20%的进口公司

  5. 张女士可在10%确定收益率的无风险资产和一项有25%的期望收益率及5%标准差的风险资产之间进行投资组合。如果这个投资组合的期望收益率为25%,那么这样的投资组合收益的标准差为 （　　）

  A. 2.50%   B. 8%

  C. 5%   D. 10%

  E. 以上皆错

  6. 如果斯密斯先生将他的投资划分成两类资产。一项是15%确定收益率而标准差为零的无风险资产,一项是30%的期望收益率而标准差为5%的资产。他可以通过改变持有这两项资产的比例来改变期望收益率和方差。如果以纵轴标记期望收益,用横轴标记标准差,则斯密斯先生可以得到的投资组合预算线的斜率为 （　　）

  A. 3   B. −3

  C. 1.50   D. −1.50

  E. 4.50

<h2 style="text-align:center">参 考 答 案</h2>

判断题

1. F 2. T 3. T 4. T

单选题

1. D 2. A 3. E 4. B 5. C 6. A

第 14 章　消费者剩余

初级微观经济课程中我们已经接触过消费者剩余的基本概念:需求曲线以下的面积称为消费者总剩余(Gross Consumer's Surplus),也称总效益(Gross Benefit);需求曲线以下、价格线以上的面积称为消费者净剩余(Net Consumer's Surplus),也称净效益(Net Benefit)。一般当我们提到消费者剩余,如果没有特别说明,指的是消费者净剩余。在本章中,我们将对消费者剩余的经济学含义做进一步说明,并简单论证用消费者净剩余的变动来度量消费者福利水平变化的合理性(完整的证明已经超出本书范围,读者可以参考高级微观教程相关内容)。

14.1　本章要点

1. 首先考虑在拟线性偏好及离散商品需求情况下:消费者最高能承受消费 n 个单位商品的价格记为消费该数量单位商品的保留价格 r_n。

● 可以证明,保留价格 r_n 与消费者在相邻单位商品效用之差 $v(n)-v(n-1)$ 是等价的。给定价格 $r_n \geqslant p \geqslant r_{n+1}$,消费者选择消费 n 个单位该商品。

● 计算表明,需求曲线以下的面积(消费者总剩余)等价于给定价格 p 和对应消费者选择消费量所获得与该商品消费相关的总消费者剩余 $v(n)$。

● 该消费者净剩余 $CS(n)=v(n)-np$ 相应测度了消费 n 单位商品的净效益:即消费者的总效用 $v(n)$ 扣除在商品消费上的支出。

2. 对应价格 $r_n \geqslant p \geqslant r_{n+1}$ 下,消费者(净)剩余 $CS(n)$ 其他解释还包括:

● 消费者消费从第 1 个单位到第 n 个单位商品中,每个商品所获得的剩余之和:

$$r_1 - p + r_2 - p + \cdots r_n - p = \sum_{i=1}^{n} r_n - np = v(n) - np = CS(n)$$

● 如果要消费者放弃他对该商品全部消费,则必须补偿给他的货币量。

这两个解释对于进一步理解离散拟线性偏好下消费者剩余是非常有帮助的。

3. 在连续需求函数情况下,具体的消费者剩余我们可以运用积分方法进行计算。要进一步理解连续需求情况下消费者剩余的经济学含义,需要引入等价变化(Equivalent Variation,EV)和补偿变化(Compensating Variation,CV)两个概念:当价格发生变动并引起消费者选择变化时,消费者的效用水平也发生相应变化,等价变化和补偿变化是对这种效用水平变化的一种货币测量。

● 在价格变化后,要使消费者的境况与价格变化后的境况一样,需在价格变化前从消费者那里拿走的货币量,该货币量的大小就叫做等价变化。

● 在价格变化后,要使消费者的境况与价格变化前的境况一样,需补偿给消费者的货币量,该货币量的大小就叫做补偿变化。

● 等价变化与补偿变化都是对效用水平变化的一种货币度量。书中附录计算表明,消费者剩余的变化量总是处于等价变化量与补偿变化量之间,可以作为价格变化引起消费者效用水平变化的货币度量的一个近似。

● 在拟线性偏好的条件下,消费者剩余的变化量、等价变化量、补偿变化量是完全等价,因为在拟线性偏好下不存在收入效应。对于理解拟线性偏好与非拟线性偏好下消费者剩余的区别,读者可以参考例题1。

4. 与消费者(净)剩余相对应,供给曲线、价格线、纵轴围起来的面积表示生产者(净)剩余(Producer's Surplus,PS)。到第22章我们可以进一步了解,生产者剩余的变化与厂商的利润变化也是等价的。

5. 我们把消费者(净)剩余和生产者(净)剩余的变化作为各自福利水平变化的一种度量,并基于此分析不同市场均衡以及经济政策对社会总福利水平的影响。

14.2 例题讲解

1. 假设消费者的收入为 $m=2$,分别考虑效用函数为 $u=xy$ 和 $u=y+\ln x$ 情况下对商品 x 的需求函数以及消费者剩余(其中 y 表示一般等价物,如单位货币,$p_y=1$)。

解:第一个效用函数为柯布-道格拉斯效用函数,根据该效用函数的特性(各商品消费支出之比等于系数之比),因此,x 的需求函数为:

$$x=\frac{m}{2p_x}=\frac{1}{p_x}$$

相应消费者剩余为 $CS^n=\int_p^\infty \frac{1}{x}dx$

第二个效用函数为拟线偏好的效用函数,根据最优选择下边际效用之比等于价格之比($\frac{MU_x}{MU_y}=\frac{p_x}{p_y}$),$x$ 的需求函数为:

$$\frac{1/x}{1}=\frac{p_x}{p_y}\Rightarrow x=\frac{1}{p_x}$$

相应消费者剩余为 $CS^n=\int_p^\infty \frac{1}{x}dx$

因此,虽然两个效用函数下 x 的需求函数和消费者剩余相等,但这仅是在收入水平 $m=2$ 情况下的一个特例。当收入发生变动时,基于柯布—道格拉斯效用函数下的需求函数和消费者剩余均会发生变化,而对拟线性偏好下的需求及消费者剩余则不产生影响。

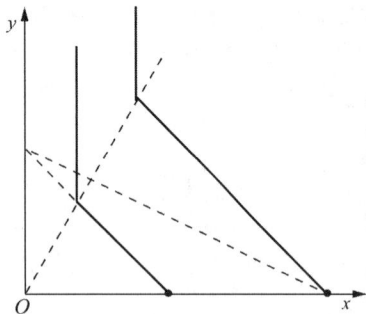

图 14-1

2. 已知某消费者的效用函数为 $u(x,y)=x+\min(2x,y)$,收入 $m=100$,开始时商品 x 的价格为 $P_x=2$,商品 y 的价格 $P_y=4$,现商品 x 的价格变为 $P'_x=4$,问:补偿变化 CV 和等价变化 EV 分别为多少?

解:该效用函数对应为:

$$u(x,y)=\begin{cases} x+y & y\leq 2x \\ 3x & y\geq 2x \end{cases}$$

无差异曲线如图 14-1 所示。

给定收入 $m=100$ 和初始 x、y 商品价格,消费者最优选择为 $(50,0)$,相应效用水平为 50;考虑 x 商品的价格变为 $P'_x=$

4,消费者最优选择可为(25,0),相应效用水平为 25。

补偿变化为给定变化价格后回到原效用水平,考虑价格变化后消费者的最优选择可全部选择商品 x(效用水平与选择 $y=2x$ 商品组合相当),即有

$$\frac{m+CV}{p_x}=\frac{100+CV}{4}=50\Rightarrow CV=100$$

等价变化为原有价格下效用与价格变化后效用相同,考虑原价格体系下消费者的最优选择为全部选择商品 x,即有

$$\frac{m-EV}{p_x}=\frac{100-EV}{2}=25\Rightarrow EV=50$$

3. 小张的收入为 150 元/月,他消费两种商品 x 和 y,效用函数为 $u(x,y)=\min\{x,y\}$,商品 x 和 y 的价格均为 1 元/单位。小张的老板想将他调任到另外一个城市去,那里商品 x 的价格仍为 1 元/单位,而商品 y 的价格为 2 元/单位。小张非常抱怨老板的这一决定。他说,尽管前往另外一座城市并不使他感到反感,但还是相当于削减了他一部分的工资 A,并且如果给他加薪 B 他将不介意前往另外的城市。请问 A、B 分别是多少?

解:根据题意,这里的 A 就代表等价变化,B 代表补偿变化。

由效用函数可知,两种商品为完全互补品,当 $x=y$ 时消费者效用达到最大化。

调任前,根据预算约束和消费者最优选择条件:

$$\begin{cases}x+y=150\\x=y\end{cases},可得\begin{cases}x=y=75\\u_1=75\end{cases}$$

调任后,根据价格变化后对最优选择的影响,即

$$\begin{cases}x+2y=150\\x=y\end{cases},可得\begin{cases}x=y=50\\u_2=50\end{cases}$$

A 为等价变化量,即保持价格不变且效用降到 50:

$$\begin{cases}x+y=150-A\\x=y\\u(x,y)=50\end{cases},可得 A=50$$

B 为补偿变化量,即价格变化后依然使效用回到 75 的水平:

$$\begin{cases}x+2y=150+B\\x=y\\u(x,y)=75\end{cases},可得 B=75$$

4. 某消费者的效用函数为 $u(x,y)=100x-0.5x^2+y$,其中 y 表示除商品 x 以外其他商品的消费金额。若该消费者的收入为 10 000 元,且商品 x 的价格从 50 元/单位上升到 70 元/单位,则该消费者净剩余的变动量为多少?

解:根据消费者最优选择(效用最大化),可得出相应反需求函数如下:

$$\frac{p_x}{1}=\frac{MUx}{MUm}\Rightarrow p_x=\frac{100-x}{1}$$

因此,他的净消费者剩余变动为:

$$\Delta CS^n=\int_{70}^{\infty}(100-p_x)\mathrm{d}p_x-\int_{50}^{\infty}(100-p_x)\mathrm{d}p_x$$

$$=\int_{70}^{50}(100-p_x)\mathrm{d}p_x=(100p_x-p_x^2)\Big|_{70}^{50}=-800$$

5. 如果政府对消费者(具有严格凸的良性偏好)征收汽油消费的从量税,并按消费者税前的消费量进行补贴,补贴价格等于从量税率。请问,

(1) 汽油消费量和消费者状况会有什么变化?

(2) 社会福利水平会有什么变化?

解:

(1) 给定消费者的效用函数为 $u=(x_1,x_2)$,其中 x_1 表示汽油消费量,x_2 表示除汽油之外其他商品的支出(复合商品)。消费者最初收入水平为 m,汽油价格为 p_1,其他复合商品价格 $p_2=1$,消费者的预算方程为:

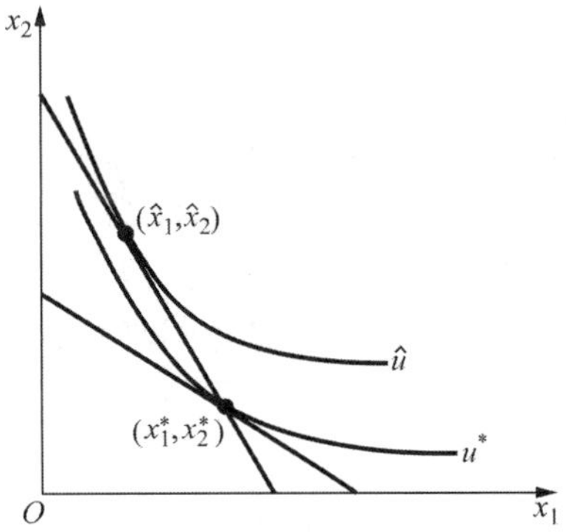

$$p_1 x_1 + x_2 = m$$

对应最初选择为 (x_1^*, x_2^*),即税前汽油消费量为 x_1^*。

如果征收 t 元的从量税,并按照税前消费量进行补贴,则新的预算方程为:

$$(p_1+t)x_1 + x_2 = m + tx_1^*$$

对应最优选择为图 14-2 中 $(\hat{x}_1, \hat{x}_1)$,且预算线经过原最优选择点。根据显示偏好原则,$(\hat{x}_1, \hat{x}_1)$ 位于 (x_1^*, x_2^*) 左上方,即汽油消费量减少,但消费者状况改善,从原有的 u^* 水平上升到 $\hat{u}$ 水平。

图 14-2

(2) 社会总福利变化取决于社会中所有"经济人"的状况改变,该政策引起消费者和政府的状况发生改变①,因此社会总福利的变化取决于:

$$\Delta W = \Delta T + \Delta U$$

在该政策下,政府税收为负:$\Delta T = t\hat{x}_1 - tx_1^* < 0$,而消费者状况是改善的 $\Delta U = \hat{u} - u^* > 0$。因此,严格判断社会福利变化需要比较两者变化的大小。考虑到税收以货币为度量,为客观值,而效用变动量为主观值(因效用函数而异),我们等价变化对两者进行比较。如果政府直接对消费者进行 $|\Delta T|$ 的货币补贴,则消费者的预算方程为:

$$p_1 x_1 + x_2 = m + (tx_1^* - t\hat{x}_1)$$

该预算方程对应预算线经过 $(\hat{x}_1, \hat{x}_1)$。再次运用显示偏好原理分析表明,直接进行 $|\Delta T|$ 的货币补贴下,消费者的效用水平将高于 $\hat{u}$。换句话说,从 u^* 到 $\hat{u}$ 的效用变动所对应的等价变化量应小于 $|\Delta T|$,即 $EV < |\Delta T|$。

综上所述,以 EV 为度量的消费者效用改善水平低于政府税收的减少量 $|\Delta T|$。据此认为,社会总福利下降,再次验证了任何扭曲市场价格的行为导致社会福利损失的基本原理。

14.3 练习题

14.3.1 判断题(T 或 F)

1. 当消费者为某商品的实际支付量小于他愿意为该商品支付的最高支付量时,消费者剩

---

① 结合之后的厂商理论,竞争性市场中厂商维持在零利润水平,因此不影响社会总福利的变化。

余为正值。　　　　　　　　　　　　　　　　　　　　　　　　　　（　　）

2. 由税收引起的等价变化是指税收引起价格变化后,要使消费者的境况同他在价格变化前的境况一样好,他必须得到额外的货币量。　　　　　　　　　　　　　　　　　（　　）

3. 拟线性偏好下的补偿变化与等价变化恒等。　　　　　　　　　　　　　（　　）

4. 柯布-道格拉斯效用函数所对应偏好下补偿变化与等价变化恒等。　　　（　　）

5. 价格为 p 时的生产者剩余等于供给曲线与价格线以及纵轴围成的面积。　（　　）

6. 某消费者初始时消费 10 单位商品 x,当商品 x 的价格下降 3 元时,则此人的净消费者剩余至少增加了 30 元。　　　　　　　　　　　　　　　　　　　　　　　　　（　　）

7. 某消费者的效用函数为 $u(x,y)=\min\{x,y\}$,该消费者收入为 12 元。若商品 x 的价格由 3 元/单位变为 4 元/单位,而商品 y 价格保持为 1 元/单位,则这种价格上涨与减少该消费者 3 元收入引起效用变化相同。　　　　　　　　　　　　　　　　　　　　（　　）

8. 某消费者的效用函数为 $u(x,y)=\min\{x,y\}$,该消费者收入为 12 元。若商品 x 的价格由 3 元/单位变为 4 元/单位,而商品 y 价格保持为 1 元/单位。为了使价格变动后该消费者仍能够保持原来的效用水平,则他的收入需要增加到 15 元。　　　　　　　　　（　　）

9. 如果消费者所消费的某种商品价格上涨,那么补偿变化就是使她能够在新的价格下仍能够购买原来的最优消费束的收入变化。　　　　　　　　　　　　　　　　　（　　）

10. 如果消费者所消费的某种商品价格上涨,那么补偿变化就是使她能够在新的价格下仍能够达到原来效用水平的收入变化。　　　　　　　　　　　　　　　　　　　（　　）

14.3.2　单选题

1. 某消费者效用函数为 $u(x,y)=2x+y$,x、y 表示他每周消费两种商品的数量。该消费者每周收入为 200 元,商品 x 的价格为 4 元/单位,但目前该消费者不消费商品 y。现在该消费者收到了一个俱乐部的邀请,如果他参加了俱乐部,购买商品 y 产品就享受 1 元/单位的折扣价。那么该消费者愿意最多花多少钱参加此俱乐部呢?　　　　　　　　　　（　　）

A. 0　　　　　　　　　　　　　　　　B. 每周 100 元

C. 每周 50 元　　　　　　　　　　　　D. 每周 40 元

E. 以上都不对

2. 小张得到 4 盒录音带作为生日礼物,但是因为他没有放音机,这些录音带对于他暂时没有用。他的效用函数为 $u(x,y,z)=x+f(y)z^2$,其中 z 表示录音带的数量,y 表示录音机的数量,x 代表他在其他商品上的花费。$y<1$ 时,$f(y)=0$,否则 $f(y)=1$,录音带的市场价格是 8 元/盒。请问他对录音机的保留价格是多少(假定小张的收入足够大)?　　　　　（　　）

A. 16 元　　　　　　　　　　　　　　B. 8 元

C. 32 元　　　　　　　　　　　　　　D. 0 元

E. 以上都不对

3. 某消费者的效用函数为 $u(x,y)=\max\{x,y\}$,x、y 表示他消费两种商品的数量。若初始时他的收入为 600 元,商品 x 的价格为 0.5 元/单位,商品 y 的价格为 1 元/单位,若商品 x 的价格上升到 2 元/单位,则相当于他的收入减少了多少?　　　　　　　　　　（　　）

A. 300 元　　　　　　　　　　　　　　B. 600 元

C. 150 元　　　　　　　　　　　　　　D. 800 元

E. 以上都不对

4. 某消费者对商品 x 的反需求函数为 $p_x = 49 - 6x$,若商品 x 的价格从 1 元/单位上升到 7 元/单位,则该消费者净剩余变化了 （　　）

A. -90 B. -56

C. -42 D. -45

E. -42

5. 某消费者效用函数为 $u(x,y) = \min\{x, y\}$,x、y 表示他消费两种商品的数量,该消费者收入为 12 元。若两种商品价格从 $(p_x, p_y) = (2,1)$ 变为 $(p_x, p_y) = (3,1)$,则相应的补偿变化: （　　）

A. 等于等价变化   B. 比等价变化多 2

C. 比等价变化少 2   D. 比等价变化多 1

E. 信息不足,无法判断

14.3.3 计算题

1. 给定消费者的效用函数 $u(x,y)$,间接效用函数定义为 $V(p_x, p_y, m)$,即将效用值表示给定价格和收入水平下消费者的最优消费束所对应的效用水平。试写出以下效用函数的间接效用函数:(1) $u(x,y) = 2x + y$;(2) $u(x,y) = \min\{2x, y\}$。

2. 某消费者的效用函数为 $u(x,y) = \min\{5x, y\}$,x、y 表示他消费两种商品的数量。商品 x 价格为 10 元/单位,商品 y 价格为 15 元/单位。他需要多少收入才能达到与消费束 $(x,y) = (10, 25)$ 一样大小的效用水平?

3. 某消费者的效用函数为 $u(x,c) = x + 10c - 0.5c^2$,其中 c 表示他为每周的雪茄消耗量,x 为他在其他商品上的消费额。该消费者的收入为 200 元/周。若雪茄的价格由每支 1 元上升至每支 2 元,则相当于他的收入减少多少?

4. 某消费者对匹萨和钓鱼之间的偏好可以用效用函数 $u(x,y) = x + 6y$,$y \leqslant 8$ 表示,其中 x 表示在匹萨上的花费,y 表示钓鱼的时间且不能大于 8 小时(如果钓鱼时间超过 8 小时会引起效用下降)。该消费者的收入为 45 元/天。若渔业局最近做出决定,无钓鱼许可证者每天只允许钓 3 小时,而拥有许可证的话就可以钓任意时间。则该消费者愿意为钓鱼许可证支付多少钱?

5. 某消费者的效用函数为 $u(x,y) = \min\{x + 2y, 3x + y\}$,若两种商品的价格分别为 $p_x = 4$,$p_y = 5$,则该消费者至少要多少收入水平才能得到与消费数 $(4,3)$ 相同的效用水平?

参考答案

判断题

1. T 2. F 3. T 4. F 5. T 6. T 7. F 8. T 9. F 10. T

选择题

1. B 2. E 3. A 4. D 5. D

计算题

1. (1) $V(p_x, p_y, m) = m/\min\{0.5p_x, p_y\}$；(2) $V(p_x, p_y, m) = \dfrac{2m}{(p_x + 2p_y)}$

2. 425 元

3. 8.5 元

4. 30 元

5. 28 元

第 15 章　市场需求

市场上所有消费者需求的总和即为市场需求。本章重点介绍市场需求相关指标，如需求价格弹性、收入弹性、边际收益等。

15.1　本章要点

1. 市场需求为个人需求的总和：令 $x_i^1(p_1,p_2,m_i)$ 表示消费者 i 对商品 1 的需求（$i=1$，$2,\cdots n$），则 n 个消费者对商品 1 的总需求为：

$$x^1(p_1,p_2,m_1,m_2,\cdots,m_n)=\sum_{i=1}^{n}x_i^1(p_1,p_2,m_i)$$

从图形上看，市场需求曲线是个人需求曲线的水平加总，即需求量相加，而非价格相加。

一个细节性问题是，当个人需求存在阻断价格（即超过这个价格消费者不再购买），且不同消费者阻断价格不同时，市场需求曲线会存在折点。同时在处理市场需求函数时也应该注意采用分段函数形式表达。

2. 与需求函数对应的是反需求函数——把市场价格表示为需求量的函数 $P(q)$，反需求函数度量消费者的边际替代率或边际支付意愿。

3. 需求价格弹性（若不特定说明，一般我们所说的需求弹性即为需求价格弹性）是衡量需求对价格的敏感程度：

$$\varepsilon_p=\frac{\Delta q/q}{\Delta p/p}$$

价格弹性一般情况均为负值，方便起见，我们一般以绝对值大小来讨论：

- 需求价格弹性的绝对值大于 1，这种商品具有弹性需求（或需求富有弹性）。
- 需求价格弹性的绝对值小于 1，这种商品无弹性需求（或需求缺乏弹性）。
- 需求价格弹性的绝对值等于 1，这种商品具有单位弹性需求。

线性需求下，每一点的弹性等于需求曲线上该点到横轴长度与到纵轴长度之比。对于曲线需求形式，也可以画出该点切线，用切线上该点到横轴长度与到纵轴长度之比来度量弹性。

4. 对于 $q=\alpha p^{-\varepsilon}$ 形式的指数需求函数其需求价格弹性为：

$$弹性=\frac{\mathrm{d}q/q}{\mathrm{d}p/p}=\frac{\mathrm{d}q}{\mathrm{d}p}\times\frac{p}{q}=-\varepsilon\alpha p^{-\varepsilon-1}\frac{p}{q}=-\varepsilon\frac{\alpha p^{-\eta}}{q}=-\varepsilon$$

指数即为需求的价格弹性（绝对值），这个特征应该要很熟悉。

5. 收益是商品价格和销售量的乘积：$R=pq$

收益对价格变化的反应为：$\dfrac{\Delta R}{\Delta p}=q+p\dfrac{\Delta q}{\Delta p}=q[1-|\varepsilon(p)|]$

需求富有弹性时，价格上升会减少收益；需求缺乏弹性时，价格上升会增加收益。

收益对需求量变化（称之为边际收益，MR）的反应为：

$$\frac{\Delta R}{\Delta q}=p+q\,\frac{\Delta p}{\Delta q}=p\left[1-\frac{1}{|\varepsilon(p)|}\right]$$

与前面一致:需求富有弹性时,减少销售量(价格上升)会减少收益;需求缺乏弹性时,减少销售量(价格上升)会增加收益。

6. 如果反需求函数为线性函数:$p(y)=a-by$,则边际收益函数为:

$$MR=a-2by$$

一些同学会把需求函数 $q(p)=a-bp$ 的边际收益函数写成 $MR=a-2bp$。不幸的是,这样的错误总是有人去犯的!

7. 收入是影响需求变动的另一个影响因素。与需求的价格弹性所对应,我们定义需求的收入弹性为:

$$\varepsilon_m=\frac{\Delta q/q}{\Delta m/m}$$

- 收入弹性大于 1 的商品称之为奢侈品;
- 收入弹性小于 1 但大于零的商品称之为必需品;
- 收入弹性小于零的商品为劣等品(低档品)。

8. 可以证明,消费者购买所有商品的收入弹性按其支出比重加权平均后应恒等于 1:$\sum_{i=1}^{n}s_i\varepsilon_m^i=1$,其中 $s_i=p_ix_i/m$ 为该商品在总支出中的份额。

15.2　例题讲解

1. 若市场由休闲旅游者和商务旅游者组成,且这两类旅游者的需求均为线性函数。其中,当价格为 100 美元时,休闲旅游者需要 267 张飞机票,商务旅游者需要 237 张。当价格为 110 美元时,休闲旅游者需要 127 张飞机票,商务旅游者需要 127 张。则价格等于 100 美元处,市场的需求价格弹性为多少?

解:首先求出两类旅游者的市场需求函数。

设休闲旅游者的需求函数为 $q_1=a-bp$

商务旅游者的需求函数为 $q_2=c-dp$

将休闲旅游者需求信息($p=100$,$q_1=267$)和($p=110$,$q_1=127$)代入求解得:

$a=1667$,$b=14$,即休闲旅游者的需求函数为 $q_1=1667-14p$

将商务旅游者需求信息($p=100$,$q_2=237$)和($p=110$,$q_2=127$)代入求解得:

$c=1337$,$b=11$,即休闲旅游者的需求函数为 $q_2=1337-11p$

因此,市场总需求函数为 $q=q_1+q_2=3004-25p$

价格为 100 美元时,市场总需求为 504 张,故该点处价格弹性为:

$$\varepsilon=\frac{\mathrm{d}q}{\mathrm{d}p}\times\frac{p}{q}=-25\times\frac{100}{504}=-4.96$$

2. 考虑消费者购买两种商品(x_1,x_2),且商品 x_1 价格变化对应价格提供线如下图 15-1、图 15-2、图 15-3 所示,分别指出三种情况对应的商品 x_1 价格弹性特征。

解:价格提供线和价格弹性之间存在密切的联系。上述三种情况下,商品 x_2 的价格保持不变,随着商品 x_1 的价格下降,预算线向外转动,对应的价格提供线分别是向上倾斜、水平和向下倾斜。

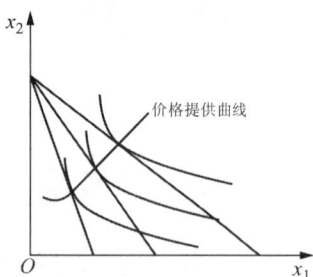

图 15-1

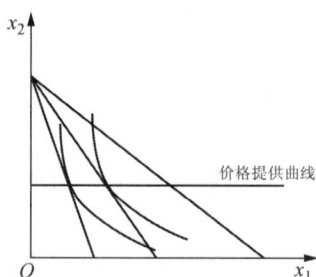

图 15-2

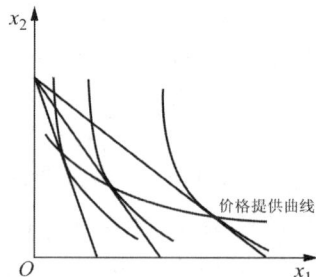

图 15-3

以图 15-1 为例分析,价格提供线向上倾斜意味着商品 x_1 的价格下降引起商品 x_2 的需求增加,因此在商品 x_2 上的支出增加,对应在商品 x_1 上的支出减少,这就意味着在商品 x_1 的支出与其价格保持同方向变化,即:

$$\frac{\Delta R_1}{\Delta p_1} = q[1 - |\varepsilon(p_1)|] > 0,故 |\varepsilon(p_1)| < 1,商品 x_1 的需求缺乏弹性。$$

同理可证,图 15-2 中,商品 x_1 的需求具有单位弹性($|\varepsilon(p_1)| = 1$);图 15-3 中,商品 x_1 的需求富有弹性($|\varepsilon(p_1)| > 1$)。

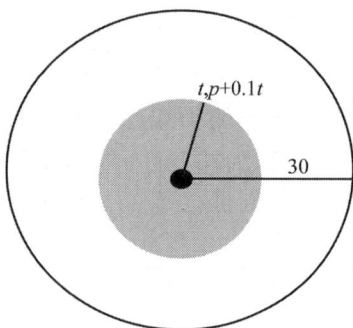

图 15-4

3. 巴特经营着城市花园里唯一的热狗摊。每周日,人们都会到城市花园里坐着晒太阳,坐在巴特热狗摊周围 t 分钟路程内的人数为 $10t^2$($0 \leqslant t \leqslant 30$)。城里的人都很懒而不愿意走路,他们认为每走一分钟的路相当于花费了 0.10 美元。花园里每个人对热狗的保留价格为 1 美元,包括走路过去时主观上感觉的花费(即每走一分钟相等 0.10 美元)以及到了热狗摊后支付的价格。没有人会为别人代买热狗。请写出巴特热狗摊面临的需求函数,并解释如何得出来的。

解:如图 15-4,若巴特将热狗定价为 p,则对于距离巴特的热狗摊 t 分钟路程的人来说,热狗的价格相当为 $p + 0.1t$ 美元。考虑人们的保留价格为 1 美元,因此只有在 $p + 0.1t \leqslant 1$ 的情况下人们才会购买巴特的热狗,即 $t \leqslant 10 - 10p$。

在该路程范围内的人数为:$10t^2 = 1000(1-p)^2$

故需求函数可表示为:

$$q(p) = 1000(1-p)^2 \quad 0 \leqslant p \leqslant 1$$

15.3 练习题

15.3.1 判断题(T 或 F)

1. 消费者反需求函数 $p(x)$ 度量的是不同需求量下消费者的边际支付意愿,因此,市场反

需求函数 $P(x)$ 度量的是市场上所有消费者边际支付意愿的总和。　　　　（　）

2. 市场总需求只取决于市场价格和消费者总收入,不取决于收入分配。　　（　）

3. 一种商品是奢侈品的充分条件是它的收入需求弹性大于 1。　　　　（　）

4. 低档商品的需求缺乏价格弹性,正常商品的需求富有价格弹性。　　（　）

5. 线性需求函数下需求价格弹性保持不变。　　　　　　　　　　（　）

15.3.2　单选题

1. 已知 1 配克(容量单位)等于 1/4 蒲式耳,当燕麦以蒲式耳计量时需求价格弹性为 -0.60,则当燕麦以配克计量时需求价格弹性为　　　　　　　　　　（　）

A. -0.15 B. -2.40

C. -0.30 D. -1.20

E. 以上都不是

2. 给定需求函数为 $q = m - 2\ln p$,则需求价格弹性的绝对值　　　　（　）

A. 随价格 p 的增加而增加

B. 随价格 p 的增加而减少

C. 不随价格 p 而改变

D. 在价格 p 小的范围内增加,在价格 p 大的范围内减少

E. 在价格 p 小的范围内减少,在价格 p 大的范围内增加

3. 某地区中所有居民愿意出价其收入的 1% 用于购买浴缸,当地收入水平大于 w 的居民数为 $\dfrac{1\,000\,000}{w}$,则该地区浴缸市场的需求价格弹性为　　　　　　　（　）

A. -0.1 B. -0.01

C. -1 D. -0.4

E. 无法确定

4. 如果市场上所有消费者增加一倍(保持原收入水平和偏好),则相应引起商品需求的变化为　　　　　　　　　　　　　　　　　　　　　　　　　（　）

A. 需求曲线斜率保持不变,相同价格下需求价格弹性增加一倍

B. 相同价格下需求价格弹性保持不变

C. 需求曲线斜率增加一倍,相同价格下需求价格弹性增加一倍

D. 需求曲线斜率保持不变,相同价格下需求价格弹性减少一半

E. 以上都不对

5. 假设只有两种商品,何时商品 1 价格上升会引起商品 2 需求增加?　　（　）

A. 当且仅当商品 1 的需求价格弹性绝对值大于 1 时

B. 当两种商品都是正常商品时

C. 只有在两种商品完全替代时

D. 永远不会

E. 以上都不对

6. 某小镇共有 100 个消费者,且每个消费者对香肠的需求函数为 $q = 20 - 1.5p$,若小镇增加了 10 个具有相同需求函数的消费者,则香肠需求价格弹性　　　　　　（　）

A. 增加 10%

B. 下降 10%

C. 不变

D. 增加 15%

E. 以上都不对

7. 给定市场需求函数 $D(p)$,收益最大化时价格为 16 元/单位。若市场需求函数变为 $2D(p)$,则新市场需求函数下收益最大化价格为　　　　　　　　　　　　　　　（　　）

A. 8 元/单位

B. 16 元/单位

C. 32 元/单位

D. 没有足够的信息作出判断

E. 以上都不是

8. 如果在当前价格下某种商品市场需求富有价格弹性,那么当沿着需求曲线移动时（　　）

A. 价格的上升会引起收益的增加

B. 价格的下降会引起收益的减少

C. 卖出数量的增加会引起收益的增加

D. 卖出数量的增加会引起收益的减少

E. 以上不止一个是正确的

9. 给定香烟的需求价格弹性为 0.5,若计划减少 75% 的吸烟者,则应向 1 元/包的香烟征收多少税收?　　　　　　　　　　　　　　　　　　　　　　　　　　　　　（　　）

A. 0.38 元/包

B. 0.75 元/包

C. 1.50 元/包

D. 2.25 元/包

E. 4.00 元/包

10. 有线电视的需求函数为 $Q=100-10P^{0.5}+2I^2$,P 表示价格,I 表示收入,则表明有线电视是　　　　　　　　　　　　　　　　　　　　　　　　　　　　　　　　　（　　）

A. 正常商品

B. 高需求弹性

C. 低档商品

D. 替代品

E. 互补品

15.3.3　计算题

1. 手工可调整床的需求为 $Q_c=P_c^{-1.40}I^{0.60}P_m^{0.20}A^{0.25}$,$Q_c$ 表示床的需求数量,P_c 表示手工可调整床的价格,I 是人均收入,P_m 是电池按摩枕的价格,A 是广告预算。假设手工可调整床市场由某一垄断厂商供给。

(1) 如果制造一张手工可调整床的边际成本是 200 元,利润最大化时的价格为多少?

(2) 若明年美国的人均收入预计将增长 3%,会对该床的销售有何影响?

(3) 若电池按摩枕的价格下降 10%,对该床的销售有何影响?

2. 某城市有两类家庭:一类喜欢游泳池,一类不喜欢游泳池,每类家庭各占城市的一半。喜欢游泳池的家庭每年愿意花费收入的 5% 在游泳池上,不喜欢的不会花任何钱在游泳池上。没人会想要多于一个的游泳池,也没人会公用游泳池。该城市家庭收入在 10 000 到 110 000 元之间,收入其中超过 M 的家庭数为 $22\,000-0.2M(10\,000\leqslant M\leqslant110\,000)$,两种家庭都有相同的收入分配。求该城市游泳池市场的总需求函数。

3. 某消费者在汽车和其他商品上的效用函数为 $u(x,y)$,其中 x 表示她拥有的汽车数,y

表示她每年在其他商品上的花费,且 $u(0,y)=y^{\frac{1}{2}}$,$u(1,y)=(\frac{15}{14})y^{\frac{1}{2}}$,$u(2,y)=\frac{10}{9}y^{\frac{1}{2}}$。汽车的价格为2 000元。请问该消费者收入至少为多少时才考虑买一辆(两辆)汽车?

4. 假设全球市场羊毛的需求函数为 $q=\dfrac{A}{p}$,其中 A 为一常数。已知世界羊毛1/4产自澳大利亚。

(1)如果澳大利亚羊毛产出增长 1%,世界其他羊毛产区产出不变,会对世界羊毛价格有什么影响?

(2)澳大利亚生产额外一单位羊毛的边际收益是羊毛价格的多少?

5. 证明:线性需求下,每一点的弹性等于需求曲线上该点到横轴长度与到纵轴长度之比。

参 考 答 案

判断题

1. F 2. F 3. T 4. F 5. F

选择题

1. E 2. A 3. C 4. B 5. A 6. C 7. B 8. C 9. C 10. A

计算题

1. (1)700 元;(2)需求将增加 1.8%;(3)需求将减少 2%。

2. 总需求函数为 $q=11\,000-2p$。

3. 买一辆车的最低收入为 15 517 元,买两辆车的最低收入为 30 509 元。

4. (1) 价格下降 0.25%;(2)边际收益是羊毛价格的 75%。

5. 结合几何图形,利用相似三角形原理即可证明(略)。

第 16 章 均 衡

本章分析竞争性市场中均衡价格及均衡数量,并比较均衡状态变化及经济政策对社会总福利水平影响。

16.1 本章要点

1. 均衡(Equilibrium)的概念来自于物理学,即当一个物体所受外力为零时,保持静止或匀速运动状态,经济学家马歇尔将其引入经济学。所谓经济均衡,就是所有经济主体为他们自己选择了最优行为策略,而各自行为与其他经济主体行为保持一致的这样一种状态。

2. 在竞争性市场下,我们可以由市场供给曲线以及市场需求曲线及其交点来得出市场均衡价格和均衡数量。

3. 税收会改变原有的市场均衡。以商品从量税(也称销售税)为例,税收来自于消费者付出的价格和供给者得到的价格,相当于在两者之间打入了一个"楔子"。新的均衡下,消费者付出的价格提高,供给者得到的价格降低,双方共同承担了税收(税收转嫁问题)。消费者和供给者承担税收比重与两者价格弹性相关——价格弹性低的一方承担税收的比重较大。特别地,

● 当供给曲线为水平时,所有税收都转嫁给消费者。
● 当供给曲线为垂直时,所有税收均不转嫁给消费者而全部由供给者承担。

4. 从量税会引起社会福利的净损失。一般而言,竞争性市场均衡能达到帕累托有效配置水平,税收将引起市场均衡量变化并导致帕累托无效配置。

5. 并不是所有的税收都会改变市场均衡或者引起社会福利水平的下降。基于可以进行税收抵扣的利息税,在借方和贷方处于同一税收等级的前提下,借方付出的利息率和贷方得到利率保持相等。因此,市场的均衡量以及社会总福利水平不会改变。然而,市场均衡利率(并非借方和贷方实际付出和得到的利率)会因此而上升。

16.2 例题讲解

1. 假设美国公共部门对汽油的需求函数为:$D_1(p)=40-p,0 \leqslant p \leqslant 40$,而美国私人消费者对汽油的需求函数为:$D_2(p)=30-p,0 \leqslant p \leqslant 30$。又假设美国国内汽油生产者对汽油的供给函数为:$S_1(p)=-10+p$,而其余国家的汽油生产者愿意按 25 美元一桶的不变价格供应美国市场所需的汽油。求:

(1) 美国国内市场对汽油的总需求函数并以图表示。
(2) 美国国内市场对汽油的总供给函数并以图表示。
(3) 美国国内市场上均衡价格和均衡销售量。
(4) 若美国政府对进口汽油征收每桶 5 美元的关税,那么无谓损失是多少。

解:(1)市场总需求等于不同部门需求加总。需要注意的是,这里因为两类需求阻断价格

不同,因此需求曲线存在折拗点(在价格 $p=30$ 处)。具体总需求函数为:

$$q=\begin{cases}70-2p & 0<p\leqslant30 \\ 40-p & 30\leqslant p\leqslant40\end{cases}$$,需求曲线如图 16-1。

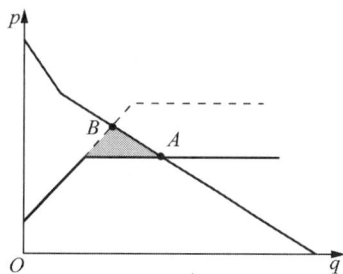

图 16-1

(2)市场总供给也等于不同部门供给加总。当价格达到 25 美元时,国外生产者愿意无限供给,因此总供给函数为:

$$q=\begin{cases}-10+p & 10\leqslant p<25 \\ [0,\infty] & p\geqslant25\end{cases}$$,供给曲线如图 16-1。

(3)根据图示中的需求曲线与供给曲线,此时市场均衡应为图中 A 点所示,即市场均衡价格为 25 美元/桶,此时市场总需求量为 20 桶,其中 15 桶由国内厂商供给。

(4)如果政府对进口石油征收 5 美元/桶的关税,将引起进口石油的供给曲线向上平移 5 美元(即此时进口石油生产商可以接受的价格位 30 元/桶)。给定国内供给商的供给曲线,可以求出新的市场均衡为图中 B 点所示。即市场均衡价格为 25 美元/桶,此时 15 桶的需求量实际上全部为国内生产商提供。因此,该税收政策引起的福利损失为图中所示阴影三角形面积,可以计算得出 $\Delta W=\dfrac{1}{2}\times\Delta Q\times\Delta P=\dfrac{25}{6}$。

2. 某产品市场需求函数为 $D=20-2p$,市场供给函数为 $S=2p-10$。若政府进行如下补贴:消费者在购买商品时,只需按市场价格一半进行付费,另一半由政府"买单"。请计算:

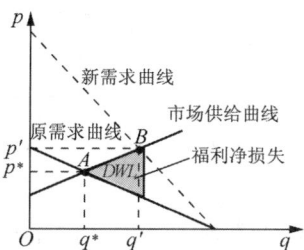

图 16-2

(1)补贴前的市场均衡价格、数量、消费者剩余、生产者剩余。

(2)补贴后的消费者剩余、生产者剩余及政府补贴量,并综合以上分析社会总福利水平的变化。

解:(1)根据市场需求函数和供给函数可以画图 16-2,相应可以求出补贴前的市场均衡为 A 点:$(q^*,p^*)=(5,7.5)$,即均衡的价格为 7.5,均衡数量为 5 单位。对应消费者剩余为 $CS^n=6.25$,生产者剩余为 $PS^n=6.25$,社会总福利水平为 12.5。

(2)如果政府对消费者进行半价补贴,即当市场价格为 p 时,消费者实际支付价格为 $\dfrac{p}{2}$。补贴后,新的需求函数为 $D=20-2\dfrac{p}{2}=20-p$,新市场需求曲线如图所示。因此,新的市场均衡位于 B 点:$(q',p')=(10,10)$。此时对应消费者剩余为 $CS^n=25$,生产者剩余为 $PS^n=25$,政府补贴量为 $S=\dfrac{1}{2}p'q'=50$,社会总福利水平为 0。因此,社会总福利水平较政策前下降了 12.5。

3. 证明:从量税下需求者和供给者承担税收份额之比等于供给价格弹性和需求价格弹性之比。

证:如图 16-3 所示,设税前的均衡为 (p^*,q^*)。征收 T 元的从量税后,需求者实际付出的价格为 p_D,供给者实际得到的价格为 p_S,均衡数量为 $\hat{q}$,且 $p_D-p_S=T$。税收前后的均衡可分别表示为

$$D(p^*)=S(p^*)=q^* \quad\cdots\cdots\cdots 税前(1)$$

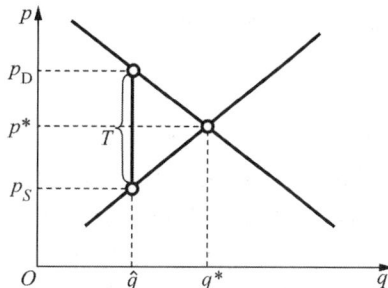

图 16-3

119

$$D(p_D) = S(p_S) = \hat{q} \quad \cdots\cdots\cdots\cdots\cdots\cdots\cdots\cdots\cdots\cdots\cdots\cdots \quad 税后(2)$$

(2)－(1)可得:

$$D(p_D) - D(p^*) = S(p_S) - S(p^*)$$

$$\frac{p_D - p^*}{p^* - p_s} = \frac{[S(p_S) - S(p^*)]/[p^* - p_s]}{[D(p_D) - D(p^*)]/[p_D - p^*]}$$

$$\frac{p_D - p^*}{p^* - p_s} = \frac{[S(p_S) - S(p^*)]/q^*/[p_s - p^*]/p^*}{-[D(p_D) - D(p^*)]/q^*/[p_D - p^*]/p^*} = \frac{E_p^s}{-E_p^D} = \left| \frac{E_p^s}{E_p^D} \right|$$

证毕。

16.3 练习题

16.3.1 判断题(T 或 F)

1. 垂直的供给曲线下供给量与价格无关。 （   ）

2. 如果供给完全弹性,那么上移供给曲线将使均衡价格升高,均衡数量增加。 （   ）

3. 任何形式的税收都将会降低社会福利水平。 （   ）

4. 任何情况下面向卖方或是面向买方征收销售税,税收都将由需求者与供给者共同承担。 （   ）

5. 当没有任何方法能使经济体中一些人的状况变得更好时,社会达到帕累托有效配置。 （   ）

6. 若商品供给量与价格无关,则对商品征收销售税时不影响消费者所付价格。 （   ）

7. 对竞争性行业的厂商征收销售税后,消费者承担的商品价格将高于直接对消费者征税时的商品价格。 （   ）

8. 给定需求曲线为向下倾斜的直线,供给曲线为向上倾斜的直线,两线相交,且需求曲线斜率的绝对值大于供给曲线的斜率的绝对值。若卖方每卖出一单位商品将缴纳 2 元税收,那么由需求者实际付出的价格将比原来上升超过 1 元。 （   ）

9. 如果借款人的税率高于贷款人的税率,则征收利息税并允许税前扣除的政策将引起市场均衡借贷量的上升。 （   ）

10. 如果借款人与贷款人税率相等,则征收利息税并允许税前扣除的政策不影响借款人实际支付利率。 （   ）

16.3.2 单选题

1. Xaquane 和 Yullare 是十八世纪两位不为人知但才华横溢的画家。世界上现存 Xaquane 作品 100 幅,Yullare 作品 70 幅。对每位画家作品的需求由此画家作品价格与另一位画家作品价格共同决定。设 p_x 为 Xaquane 的作品价格,p_y 为 Yullare 的作品价格,对 Xaquane 作品的需求函数为 $D_X = 101 - 3p_x + 2p_y$,对 Yullare 画作的需求函数为 $D_y = 72 + p_x - p_y$。那么,Yullare 作品的均衡价格为 （   ）

A. 5 美元/幅   B. 11 美元/幅

C. 12 美元/幅   D. 7 美元/幅

E. 以上都不是

2. 某国对黑面包的需求函数为 $q=181-8p$，供给函数为 $q=13+6p$。若该国国王下令黑面包的价格不准高于 6 元/个。同时为了避免市场短缺，他同意给予面包师足够的补贴以使供需平衡。对每个面包的补贴应为多少？　　　　　　　　　　　　　　　　　　　（　　）

　A. 21 元/个 　　　　　　　　　　　　B. 20 元/个

　C. 14 元/个 　　　　　　　　　　　　D. 12 元/个

　E. 以上都不是

3. 某地区橙汁市场的需求函数为 $q=269-9p$，供给函数为 $q=9+4p$。政府决定将橙汁的价格维持在 24 元/瓶，并且由政府买入并销毁市场上滞销的橙汁。政府每年将销毁多少瓶的橙汁？　　　　　　　　　　　　　　　　　　　　　　　　　　　　　（　　）

　A. 52 瓶 　　　　　　　　　　　　　B. 56 瓶

　C. 25 瓶 　　　　　　　　　　　　　D. 61 瓶

　E. 57 瓶

4. 租用公寓的市场需求函数为 $q=960-7p$，供给函数为 $q=160+3p$。若政府规定公寓租金高于 35 元/月为非法。那么市场的超额需求为多少？　　　　　　　　　　　（　　）

　A. 149 套 　　　　　　　　　　　　B. 450 套

　C. 364 套 　　　　　　　　　　　　D. 726 套

　E. 245 套

5. 假定早期鲍鱼市场的需求函数为 $q=30-9p$，供给函数为 $q=6p$。忽然有一天当地人们发现了鲍鱼的美味，于是在每一个价格水平上的需求量都翻倍，而供给保持不变。这种变化对鲍鱼市场的均衡价格与均衡量将产生怎样的影响？　　　　　　　　　　　（　　）

　A. 价格翻倍，数量不变 　　　　　　　B. 数量翻倍，价格不变

　C. 价格与数量都翻倍 　　　　　　　　D. 价格升高，数量增加，但都非原来的两倍

　E. 以上说法都不对

6. 电子游戏市场的反需求函数为 $p=240-2q$，反供给函数为 $p=3+q$。政府对单位电子游戏产品征收 6 美元的销售税，则　　　　　　　　　　　　　　　　　　（　　）

　A. 消费者剩余的减少大于生产者剩余的减少

　B. 生产者剩余的减少大于消费者剩余的减少

　C. 生产者剩余的减少等于消费者剩余的减少

　D. 消费者剩余减少，生产者剩余增加

　E. 生产者剩余减少，消费者剩余增加

7. 网球鞋市场的供给曲线为一条水平线，需求曲线为线性并向下倾斜。原本政府对每双售出的网球鞋征收 t 元的销售税。如果税收加倍，那么　　　　　　　　　　（　　）

　A. 由双倍销售税造成的总无谓损失是原税收下总无谓损失的两倍

　B. 由双倍销售税造成的总无谓损失是原税收下总无谓损失的两倍以上

　C. 由双倍销售税造成的总无谓损失不足原税收下总无谓损失的两倍

　D. 为确定双倍销售税是否会使总无谓损失成为原来的两倍以上，我们需要知道需求曲线的斜率

　E. 以上说法都不对

8. 张三有 100 吨肥料,他愿意出售的最低价格为 10 万元/吨。李四想买 100 吨肥料,他最愿购买的价格为 8 万元/吨。政府为肥料销售提供补贴 1 万元/吨,补贴政策引起的无谓损失是   （　　）

  A. 100 万元   B. 50 万元

  C. 0 万元   D. 200 万元

  E. 以上都不对

16.3.3　计算题

1. 某岛国国民对椰子的需求函数为 $D(p)=1200-100p$,当地椰子供给函数为 $S(p)=100p$。若法律规定国民每消费 1 个椰子就必须付给国王 1 个椰子,然后国王把他得到的所有椰子都吃掉,求该岛国的椰子产量;如果国王选择将所有得到的椰子都在当地市场上以市场价格进行出售,求新均衡时的椰子产量。

2. 某产品市场需求函数为 $D=30-2p$,市场供给函数为 $S=2p$。若考虑厂商在出售商品时,一半的销售收入被政府以税收的方式取走。求:

(1) 征税前的市场均衡价格、数量、消费者净剩余、生产者剩余。

(2) 征税后的消费者净剩余、生产者剩余及政府税收量,并分析征税前后社会总福利水平的变化。

参 考 答 案

判断题

1. T 2. F 3. F 4. F 5. F 6. T 7. F 8. T 9. T 10. T

单选题

1. D 2. C 3. A 4. B 5. D 6. A 7. B 8. C

计算题

1. 若国民每消费 1 个椰子就必须付给国王 1 个椰子,国民为得到 1 个椰子需要付 2 倍市场价格。市场总需求则包括国民需求和国王需求,均衡条件:

$$2D(2p) = S(p)$$

求得均衡价格为 4.8,初始时椰子产量为 480 个。

若国王把所有椰子在市场上出售,相当于供给增加,新的均衡条件为:

$$2D(2p) = S(p) + D(2p)$$

新均衡价格为 4,对应椰子产量为 400 个。

2. (1) 征税前市场均衡价格为 7.5 元/单位,均衡数量为 15 单位,消费者净剩余为 56.25,生产者剩余为 56.25。

(2) 征税后消费者净剩余为 25,生产者剩余为 25,征税引起社会福利水平下降 12.5。

第17章 拍 卖

拍卖是最古老的市场交易形式之一,也是近年来经济学家研究的热点方向。

17.1 本章要点

1. 根据商品的性质,经济学家区分个人价值拍卖和共同价值拍卖:
● 在个人价值拍卖中,拍卖商品对每一个参与人都具有不同的潜在价值。
● 在共同价值拍卖中,拍卖商品对每个投标人都具有相同的价值,尽管不同的投标人对这个共同价值可能具有不同的预测。
2. 本章介绍几种基本的拍卖规则:
● 英式拍卖:拍卖人以一个保留价格起拍,出价最高的人获得拍卖商品。
● 荷式拍卖:拍卖人以一个较高的价格起拍,然后逐步降低降格,直到某个投标人愿意接受这个价格为止。
● 一级密封价格拍卖:投标人将其出价记录在一个密封信封中,集中所有信封后出价最高人获得商品,向拍卖人支付其出价。
● 二级密封价格拍卖(也称维克里拍卖):与一级类似,也是投标人将其出价记录在一个密封信封中,集中所有信封后出价最高人获得商品,不同之处在于支付价格为第二高的出价。
3. 对于不同拍卖规则下的拍卖的结果,主要从两个方面进行考察:
● 帕累托有效性:是否支付意愿最高的投标人最后得到拍卖商品。
● 利润最大化:是否卖方在拍卖规则下能实现期望利润最大化。
4. 根据以上两个标准,我们对几种拍卖规则结果简要分析如下:
● 不具有保留价格的英式拍卖能够实现帕累托有效性,但通过设定一个适当的保留价格,英式拍卖可以获得更大的期望收益。
● 荷式拍卖通常并不能保证结果的有效性。
● 二级密封价格拍卖能使得投标人最后"说真话"并达到帕累托有效结果,因此二级密封价格拍卖和无保留价格的英式拍卖是等价的。通过设定一个自动化的竞价代理人,二级密封价格成为目前在线拍卖中最为流行的形式。
5. 共同价值商品拍卖通常会有"胜者的诅咒"的结果,因为胜出者往往高估了拍卖商品的价值。

17.2 例题讲解

1. 某古董商计划拍卖出售一古董,现有三个投标人 A、B 和 C。古董商不知道投标人对该古董的真实支付意愿,但基于先前的经验,古董商相信不同投标人对古董的估值保持独立同分布,其中每个投标人有 1/3 的概率对古董的估计值为 6 万元,有 1/3 的概率对古董的估计值为

5 万元,有 1/3 的概率对古董的估计值为 2 万元。如果古董商以维克里拍卖法出售该古董,那么古董商期望收入是多少?

解:三个投标人 A、B 和 C 的出价组合共有 27 种,具体分析如下:

对于其中 7 种情况{(2,2,2)、(2,2,5)、(2,5,2)、(5,2,2)、(2,2,6)、(2,6,2)、(6,2,2)}的每一种,如果采取维克里拍卖,古董商的收入为 2 万元;

对于另外 7 种情况{(6,6,6)、(6,6,5)、(6,5,6)、(5,6,6)、(2,6,6)、(6,6,2)、(6,2,6)}的每一种,如果采取维克里拍卖,古董商的收入为 6 万元;

对于其余 13 种情况,如(2,5,6),如果采取维克里拍卖,古董商的收入都为 5 万元;

所以,古董商期望收入是:$\frac{7}{27} \times 2 + \frac{7}{27} \times 6 + \frac{13}{27} \times 5 = 4\frac{13}{27} \approx 4.48$ 万元。

2. 某汽车商决定用英国式拍卖法出售一辆汽车,并保留价格 \$1 800,最小竞价增量 \$100,相同出价情况投币决定。现有两个投标人。汽车商相信每个投标人的支付愿望只有三个可能值:\$6 300 元、\$3 600 元和 \$1 800。每个投标人对每个支付愿望都有 1/3 的概率,且这些概率相互独立。假设两个投标人理性出价且不串谋,那么,该汽车商出售该汽车的期望收入大约是多少?

解:见下表,T_1 表示投标人 1 的出价,T_2 表示投标人 2 的出价。由于是英国式拍卖,所以,表中双线框里的数据是对应于投标人不同出价的汽车商收入。

T_2 ＼ T_1	\$1 800	\$3 600	\$6 300
\$1 800	\$1 800	\$1 900	\$1 900
\$3 600	\$1 900	\$3 600	\$3 700
\$6 300	\$1 900	\$3 700	\$6 300

最后可得该汽车商出售该汽车的期望收入为

$$\frac{1}{9} \times (1\,800 + 4 \times 1\,900 + 3\,600 + 2 \times 3\,700 + 6\,300) = \frac{26\,700}{9} \approx 2\,967(\text{美元})$$

17.3 练习题

17.3.1 判断题(T 或 F)

1. 在荷式拍卖中,可能会发生对拍卖物品的评价不如他人高的投标人获得拍卖物品。

( )

2. 在英式拍卖中,拍卖物品总是由对拍卖物品的评价最高人获得。 ( )

3. 一些投标人与其他投标人对于物品的价值具有不同信息的拍卖叫做个人价值拍卖。

( )

4. 在个人价值商品拍卖中,英式拍卖与二级密封价格拍卖具有相同的结果。 ( )

5. 某拍卖中,允许投标人检查一罐硬币,但不允许投标人打开罐子数硬币。这罐硬币按照英式拍卖方式出售。因为投标人意见不一,所以这个拍卖属于个人价值拍卖。 ( )

6. 拍卖中的保留价格是指拍卖人出售商品的最低价格。（ ）

7. 如果某商品按照荷式拍卖出售，且投标人理性出价，那么支付这商品的价格总是等于投标参与人的次高支付愿望。（ ）

8. 胜者的诅咒是指在个人价值的密封拍卖中，为了赢得拍卖物，胜出的投标人常常比他所最初意愿的支付更多。（ ）

9. 在个人价值商品的维克里拍卖中，投标人最优策略是按照自己的支付意愿报价。（ ）

10. 在共同价值商品的拍卖中，投标人的支付意愿可能受其他投标人的影响，在个人价值商品的拍卖中不会发生这种情况。（ ）

17.3.2 单选题

1. 亚当·斯密的《国富论》（1776 年出版）第一版通过互联网拍卖。首先是当前持有人自己出价；在一个星期内的任何时间内允许其他投标人提交出价，高于持有人的出价会被接受；在这个星期的过程内谁的出价最高，该出价会在网上显示；到星期末，书属于出价最高投标人。假设投标人了解拍卖规则，那么，该拍卖的结果相似于（ ）

   A. 保留价格等于持有人出价的英式拍卖

   B. 保留价格等于持有人出价的荷式拍卖

   C. 以最高投标人的出价把该书出售给最高投标人的密封拍卖

   D. 共同价值商品的拍卖

   E. 无保留价格的英式拍卖

2. 一邮票商拍卖一张 1840 年发行的英国便士邮票。要求潜在的购买人递交书面出价。该邮票以次最高出价投标人出的价格出售给最高出价的投标人。如果投标人了解拍卖逻辑且按照自己的利益出价，那么（ ）

   A. 投标人以保守大约 10％出价，邮票以大约低于次最高支付愿望 10％的价格出售

   B. 投标人以高于真实的估计值出价，因为他们以次最高出价支付而不是以自己的出价支付

   C. 投标人完全按照真实的估计值出价

   D. 最高投标人将高估价值，而次最高投标人将低估价值

   E. 所有投标人都按照他们真实估计值的 $\frac{n-1}{n}$ 出价，其中 n 是投标人数

3. 一古董通过英式拍卖法出售某古董。现有四个投标人，他们分别是 Z、C、A 和 D。他们彼此不了解而且不串谋。Z 投标人对古董的估计值为 800 元，C 投标人对古董的估计值为 550 元，A 投标人对古董的估计值为 1 300 元，而 D 投标人对古董的估计值为 300 元。如果四个投标人是理性的、自利的，那么，该古董最后出售结果是怎样的？（ ）

   A. 以大约 1 300 元的价格出售给 A 投标人

   B. 以大约 800 元的价格出售给 Z 投标人

   C. 以略高于 800 元的价格出售给 A 或 Z 投标人，随机决定到底哪一个获得

   D. 以略高于 800 元的价格出售给 A 投标人

   E. 以上都不对

4. 某房产商以拍卖方式出售一栋房子。有三个投标人想买该房子。房产商不知道三个投标人对该房子的实际支付愿望。但是,基于先前的经验,房产商相信每个投标人有 1/3 的概率对房子的估计值为 70 万元,有 1/3 的概率对房子的估计值为 40 万元,有 1/3 的概率对房子的估计值为 30 万元。而且这些概率在三个投标人中是相互独立的。如果房产商以维克里拍卖法出售该房子,那么,其期望收入是多少?(最接近的数字) （　　）

    A. 400 000 元   B. 451 852 元

    C. 466 667 元   D. 700 000 元

    E. 300 000 元

5. 某汽车商决定用英式拍卖法以保留价格为 2 700 元拍卖一辆汽车。现有两个投标人,汽车商相信每个投标人的支付愿望只有三个可能值:5 400 元、3 600 元和 2 700 元。每个投标人对每个支付愿望都有 1/3 的概率,且这些概率相互独立。该汽车商出售该汽车的期望收入大约是多少? （　　）

    A. 4 500 元   B. 3 900 元

    C. 3 600 元   D. 3 300 元

    E. 5 400 元

6. 一商人决定以保留价格略低于 72 000 元的英国式拍卖法拍卖一油画。如果油画的价格没有达到该商人的保留价格,他将烧毁油画。现有两个投标人竞买油画。该商人认为每个投标人的支付愿望只有三种可能值:117 000 元、72 000 元和 27 000 元,对每种支付愿望都有 1/3 的概率,而且对每个投标人的概率独立于其他人的估计值。假设两个投标人理性出价且不串谋,那么,该商人出售该油画的期望收入大约是多少? （　　）

    A. 72 000 元   B. 69 000 元

    C. 49 500 元   D. 27 000 元

    E. 72 000 元

7. 某拍卖人知道有两个投标人想购买其拍卖物。拍卖人相信一投标人有 1/2 的概率认为拍卖物的价值为 5 元,1/2 的概率认为拍卖物的价值为 8 元;而另一投标人有 1/2 的概率认为拍卖物的价值为 10 元,1/2 的概率认为拍卖物的价值为 15 元。拍卖人采取设定保留价格的英式拍卖,为了达到期望收益最大,保留价格应该确定为多少? （　　）

    A. 5 元   B. 10 元

    C. 8 元   D. 13 元

    E. 15 元

8. 某拍卖人知道有两个投标人想购买其拍卖物。拍卖人相信一投标人有 1/2 概率认为拍卖物的价值为 5 元,1/2 概率认为拍卖物的价值为 10 元;而另一投标人有 1/2 概率认为拍卖物的价值为 12 元,1/2 概率认为拍卖物的价值为 30 元。拍卖人采取设定保留价格的英式拍卖,为了达到期望收益最大,保留价格应该确定为多少? （　　）

    A. 30 元   B. 5 元

    C. 12 元   D. 10 元

    E. 20 元

9. 某拍卖人知道有两个投标人想购买其拍卖物。拍卖人运用无保留价格的维克里拍卖。他知道每个投标人都有 1/2 概率认为拍卖物的价值为 600 元,有 1/2 概率认为拍卖物的价值

为 200 元。每个投标人的概率相互独立。该拍卖人的期望收入是多少?　　　　　　　(　　)

    A. 600 元　　　　　　　　　　　　　　B. 400 元

    C. 300 元　　　　　　　　　　　　　　D. 280 元

    E. 360 元

    10. 某拍卖人知道有两个投标人想购买其拍卖物。该拍卖人运用无保留价格的英式拍卖。他知道每个投标人都有 1/2 的概率认为拍卖物的价值为 600 元,有 1/2 的概率认为拍卖物的价值为 200 元。该拍卖人的期望收入约是多少?　　　　　(　　)

    A. 300 元　　　　　　　　　　　　　　B. 360 元

    C. 400 元　　　　　　　　　　　　　　D. 600 元

    E. 200 元

参 考 答 案

判断题

1. T　2. T　3. T　4. T　5. F　6. T　7. F　8. F　9. T　10. T

单选题

1. A　2. C　3. D　4. B　5. D　6. B　7. B　8. A　9. C　10. A

第18章 技 术

本章开始进入厂商理论部分。经济学研究行为人如何在一定约束下进行最优选择,厂商在技术约束和市场约束下追求利润最大化:技术约束是指给定现有的技术水平,一定的要素投入所能获得的产出量;市场约束指产品市场和要素市场的价格决定机制。本章讨论厂商所面临的技术约束问题。

18.1 本章要点

1. 技术代表要素投入与产出的关系。具体而言,可以用生产函数 $q=f(x,y)$ 来代表相应的技术约束,即给定要素投入下所对应的产出水平。生产集则表示了给定技术下要素投入与产出量之间的可能组合。

2. 短期中,一些要素投入是固定的:如果只考虑单要素的投入与产出之间的关系,技术集可以用两维图形来表示;长期中,所有要素都是可变的:考虑两种要素,技术约束可以在二维图上用等产量线(所有能产出既定产量水平的投入组合)来表示,如果要表示技术集,需要用相应的三维图来表示。

3. 短期中,与单要素变动相联系的是边际产品(Marginal Product,MP),表示在其他投入保持不变的情况下,可变要素投入每增加1单位所取得的产出增量。边际产品可以在初始时是递增的,但最后必然走向递减,即在其他条件保持不变的情况,随着某要素投入不断增加,每单位该要素所带来产出的增加量总归是不断减少的,这是一个基本经济规律。

4. 长期中,与双要素变动相联系的是技术替代率(Technical Rate of Substitution,TRS),它对应于等产量线斜率,也等于要素边际产量之比:

$$TRS = \frac{\Delta y}{\Delta x} = -\frac{MP_x}{MP_y}$$

等产量线为凸状时对应技术替代率递减(Diminishing Technical Rate of Substitution)。

5. 几种特定的技术与生产函数:

● 要素投入具有完全替代关系中的生产函数:$f(x,y)=f(ax+by)$

● 要素投入必须保持固定比例投入的生产函数:$f(x,y)=\min\{ax,by\}$

● 柯布-道格拉斯生产函数:$f(x,y)=Ax^ay^b$

6. 规模报酬:要素投入按一定倍数增加所引起的产出增加幅度,当我们讨论规模报酬时,所有要素均是可变的,规模报酬的概念与长期生产函数相对应。

● 规模报酬不变(Constant Returns to Scale):$f(tx,ty)=tf(x,y)$

● 规模报酬递增(Increasing Returns to Scale):$f(tx,ty)>tf(x,y),t>1$

● 规模报酬递减(Decreasing Returns to Scale):$f(tx,ty)<tf(x,y),t>1$

18.2　例题讲解

1. 若生产函数为 $f(x_1,x_2)=\min\{x_1,x_2\}$，考虑以下几种情况：

（1）当 $x_1<x_2$ 时，要素 x_1 的边际产量为多少？且随着要素 x_1 的微小变动，要素 x_1 的边际产量的变化情况如何？要素 x_2 的边际产量为多少？且随着要素 x_2 的微小变动，要素 x_2 的边际产量的变化情况如何？要素 x_2 对要素 x_1 的边际技术替代率为多少？

（2）当 $x_1=x_2=20$ 时，要素 x_1 的边际产量为多少？要素 x_2 的边际产量为多少？基于要素 x_2 的微小增量的基础上，要素 x_1 的边际产量会发生什么变化？

解：

（1）当 $x_1<x_2$ 时，产量取决于要素 x_1 的使用量，此时生产函数等价于 $f(x_1,x_2)=x_1$，故要素 x_1 边际产量为 1，并且随着要素 x_1 的微小变动，其边际产量保持不变为 1。因为此时要素 x_2 投入已超过所需，故要素 x_2 的边际产量为零，并随着要素 x_2 的微小变动，其边际产量仍保持不变为零。要素 x_2 对要素 x_1 的边际技术替代率等于两者的边际产量之比为零。

（2）当 $x_1=x_2=20$，要素 x_1 的微小增加不引起产量增加，故边际产量为零；要素 x_2 的边际产量也为零，但基于要素 x_2 微小增量的基础上，要素 x_1 的边际产量会增长到 1。

18.3　练习题

18.3.1　判断题(T 或 F)

1. 生产集就是厂商所能生产所有产品的集合。　　　　　　　　　　　（　　）
2. 等产量线表示可获得相同利润的投入要素组合的轨迹。　　　　　　（　　）
3. 如果规模报酬不变，那么将任何一种要素的投入增加一倍，产量也会相应增加一倍。　　　　　　　　　　　　　　　　　　　　　　　　　　　　（　　）
4. 即便所有生产要素边际产品递减的情况下，规模报酬递增也是可能的。（　　）
5. 某厂商有两个可变生产要素，且生产函数为 $f(x,y)=(2x+4y)^{\frac{1}{2}}$。那么两个要素的技术替代率保持不变。　　　　　　　　　　　　　　　　　　　　（　　）
6. 如果只有一种生产要素用于生产并且规模报酬递减，那么该要素的边际产品也递减。　　　　　　　　　　　　　　　　　　　　　　　　　　　　（　　）
7. 如果生产函数为 $f(x,y)=x+2y$，则表示要素 y 比 x 贵一倍。　（　　）
8. 某厂商生产函数为 $f(x,y)=x^{1.40}y$，则该厂商规模报酬递减且要素 x 的边际产品递增。　　　　　　　　　　　　　　　　　　　　　　　　　　（　　）
9. 某厂商生产函数为 $f(x,y,z)=\min\{x^3/y,y^2,(z^4-x^4)/y^2\}$，如果每种要素的投入量增加到原来的 3 倍，则产量增加到原来的 9 倍。　　　　　　　（　　）
10. 某厂商生产函数为 $f(x,y)=1.4(x^{0.6}+y^{0.6})^2$，则两种要素为完全替代关系。（　　）

18.3.2　单选题

1. 劳动的边际产品是指　　　　　　　　　　　　　　　　　　　　　（　　）

A. 总产出的价值减去固定资本存货的成本

B. 一个单位劳动要素投入的改变所引起的产出量的变化

C. 总产出除以总的劳动投入

D. 给定劳动投入下的总产出

E. 厂商雇用的最不熟练工的平均产量

2. 如果厂商从等产量线的一点移动到同一等产量线的另一点。下列哪种情况肯定不会发生？ （　　）

A. 产量水平的变化　　　　　　　　　　　B. 要素投入组合比例的变化

C. 要素的边际产品的改变　　　　　　　　D. 技术替代率的变化

E. 利润的改变

3. 给定某厂商生产函数为 $f(x,y)=x^5+y$，x、y 分别表示两种要素的投入量。记横轴表示要素 x，纵轴表示要素 y，画出该生产函数对应的等产量线。若某直线与等产量线交点的斜率均相等。那么我们所画的直线是 （　　）

A. 垂直的　　　　　　　　　　　　　　　B. 水平的

C. 从原点引出的斜率为 0.5 的斜线　　　　D. 斜率为 2 的斜线

E. 斜率大于 2 的斜线

4. 下列哪些生产函数表示规模报酬不变？ y 表示产出量，K 和 L 为要素投入。（1）$y=K^{\frac{1}{2}}L^{\frac{2}{5}}$；（2）$y=3K^{\frac{1}{2}}L^{\frac{1}{2}}$；（3）$y=K^{\frac{1}{2}}+L^{\frac{1}{2}}$；（4）$y=2K+3L$。 （　　）

A. （1）、（2）和（4）　　　　　　　　　B. （2）、（3）和（4）

C. （1）、（3）和（4）　　　　　　　　　D. （2）和（3）

E. （2）和（4）

5. 某厂商的生产函数为 $f(x,y)=60x^{\frac{4}{5}}y^{\frac{1}{5}}$，该厂商的等产量线在点（40,80）处的斜率为 （　　）

A. -0.50　　　　　　　　　　　　　　　B. -4

C. -0.25　　　　　　　　　　　　　　　D. -8

E. -0.125

6. 某厂商只用两种要素生产，这两种要素是完全替代品。那么这家厂商 （　　）

A. 规模报酬递增　　　　　　　　　　　　B. 规模报酬不变

C. 规模报酬可能递增、递减或不变　　　　D. 规模报酬递减

E. 短期中规模报酬递减，长期中规模报酬不变

7. 某厂商生产函数为 $f(x,y)=x^{\frac{1}{2}}y^{\frac{1}{2}}$。记横轴表示要素 x，纵轴表示要素 y，画出等产量线。如果在图上画一条直线并且发现等产量线与该直线相交点斜率均为 -3。则该直线是 （　　）

A. 垂直的　　　　　　　　　　　　　　　B. 水平的

C. 从原点引出的斜率为 3 的射线　　　　　D. 从原点引出的斜率为 4 的射线

E. 有负的斜率

8. 如果产出由两种生产要素生产，且规模报酬递增，则 （　　）

A. 不可能有递减的技术替代率

B. 所有要素都有递增的边际产品

C. 在等产量线图上,在从原点引出的一条射线上移动,当与原点的距离增加一倍时,产量增加大于一倍

D. 至少一种要素的边际产品递增

E. 所有要素一定有递减的边际产品

9. 某厂商的生产函数为 $f(x,y)=(x^b+y^b)^c$,且 $b>0,c>0$,则这家厂商　　　　　　　(　　)

A. 规模报酬递增,当且仅当 $2b+c>1$　　　　　B. 规模报酬递增,当且仅当 $bc>1$

C. 规模报酬递增,当且仅当 $b+c>1$　　　　　D. 规模报酬不变,当且仅当 $c=1$

E. 规模报酬不变,当且仅当 $b=c$

10. 某厂商的生产函数为 $f(x,y)=x+\min\{x,y\}$。那么等产量　　　　　　　　　(　　)

A. 是 L 型,在 $y=x$ 处有拗折

B. 是 L 型,在 $y=x+1$ 处有拗折

C. 由两部分组成,一部分垂直,另一部分为由斜率为 -1 的直线

D. 由两部分组成,一部分水平,另一部分为由斜率为 -1 的直线

E. 倒 L 型

18.3.3　计算题

1. 请判断以下生产函数,哪些属于规模报酬不变、递增或递减。

(1) $f(x,y)=\min\{2x+y,x+2y\}$

(2) $f(x,y)=x+\min\{x,y\}$

(3) $f(x,y)=\min\{12x,3y\}$

(4) $f(x,y)=xy$

(5) $f(x,y)=x^{\frac{2}{5}}+y^{\frac{2}{5}}$

(6) $f(x,y)=x+y$

2. 某企业的生产函数为 $f(L,K)=21LK+9L^2K-L^3K$,如果该企业生产的产品的竞争性市场价格为 3 元,劳动力 L 的市场价格为 63 元,短期中 K 固定在 1。求短期中该企业最优的劳动投入量。

<h2 style="text-align:center">参 考 答 案</h2>

判断题

1. F　2. F　3. F　4. T　5. T　6. T　7. F　8. F　9. T　10. F

单选题

1. B　2. A　3. A　4. E　5. D　6. C　7. C　8. C　9. B　10. C

计算题

1. (1)、(2)、(3)、(6)为规模报酬不变,(4)为规模报酬递增,(5)为规模报酬递减。

2. 最优劳动投入量为 6 单位。

第 19 章　利润最大化

上一章讨论厂商所面临的技术约束问题,除技术约束外,厂商还面临市场约束。市场约束来自于要素市场和产品市场,要素价格和产品价格决定了厂商的要素使用量和产量水平,并最终影响厂商利润。本章基于竞争性要素市场和产品市场结构下讨论厂商的利润最大化问题。在竞争性市场结构中,厂商是要素价格与产品价格的接受者。后续的章节中我们还将继续讨论其他要素市场结构和产品市场结构下厂商的利润最大化问题。从厂商利润最大化我们还可以导出厂商要素需求函数。

19.1　本章要点

1. 短期利润最大化:短期中,厂商决策可变要素使用量。利润最大化问题可以表示成 $\max\limits_{x_1} pf(x_1,\bar{x}_2)-\omega_1 x_1-\omega_2 \bar{x}_2$,根据一阶条件可得 $pMP_1(x_1^*,\bar{x}_2)=\omega_1$,即竞争性厂商利润最大化条件为生产要素的价格等于该要素的边际产品价值(Value of Marginal Product,VMP)。

2. 单要素利润最大化另一种表述为 $MP=\dfrac{w}{p}$,即边际产品等于要素实际价格。需要注意的是,当要素边际产量处于递增阶段时,$MP=\dfrac{w}{p}$ 并非为最优要素使用条件,如图 19-1 所示,$\dfrac{w}{p}$ 水平线与 MP 线有两个交点只取右边的那个,且当 $\dfrac{w}{p}$ 水平线超过 AP 的最高点时,企业会选择停止生产(请思考为什么)。要素使用区间应为平均产量递减且边际产量为正阶段,即图中阴影区域所示。

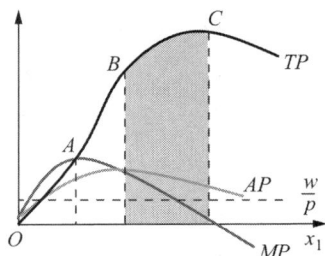

图 19-1

3. 长期利润最大化:长期中,厂商决策所有要素使用量。利润最大化问题可以表示成 $\max\limits_{x_1,x_2} pf(x_1,x_2)-\omega_1 x_1-\omega_2 x_2$,从而利润最大化条件为 $\begin{cases} pMP_1(x_1^*,x_2^*)=\omega_1 \\ pMP_2(x_1^*,x_2^*)=\omega_2 \end{cases}$

4. 根据利润最大化条件 $\begin{cases} pMP_1(x_1^*,x_2^*)=\omega_1 \\ pMP_2(x_1^*,x_2^*)=\omega_2 \end{cases}$,可导出 $\begin{cases} x_1^*=x_1^*(\omega_1,\omega_2,p) \\ x_2^*=x_2^*(\omega_1,\omega_2,p) \end{cases}$,即为竞争性产品市场和要素市场下的要素需求函数。

5. 利润最大化行为弱公理:根据利润最大化条件最后可得 $\Delta p\Delta y-\Delta\omega\Delta x\geqslant 0$,由此推出竞争性厂商的供给量是产品价格的增函数,每种要素的需求函数是该要素价格的减函数。

6. 在竞争性市场中,若技术为规模报酬不变,则厂商长期最大化利润一定为零。

19.2　例题讲解

1. 某竞争性厂商投入几种要素来生产某种产品。若该产品的价格每单位上升了 3 元/单位,而其中某种要素的价格上升了 6 元/单位,并且这种要素使用量上升了 12 个单位,其他要素价格保持不变。那么产出至少增加多少?

解:根据利润最大化行为弱公理:$\Delta p \cdot \Delta y - \Delta \omega \cdot \Delta x \geqslant 0$

由题中相关数据可知:$\Delta p = 3$　$\Delta \omega = 6$　$\Delta x = 12$,代入上式:

$$3\Delta y - 6 \times 12 \geqslant 0 \Rightarrow \Delta y \geqslant 24$$

所以,产出至少增加了 24 单位。

2. 某追求利润最大化的竞争性厂商生产函数为 $f(x) = 4\sqrt{x}$。若产品价格为 28 元/单位,要素 x 价格为 7 元/单位,则利润最大化下厂商对要素 x 的需求量为多少?

解:由利润最大化条件:生产要素的边际产品价值等于其价格,可得:

$$pMP(x) = \omega_x \Rightarrow p \cdot \frac{1}{2} \cdot 4 \cdot x^{-\frac{1}{2}} = \omega_x$$

由题意:$p = 28$　$\omega_x = 7$ 代入上式,得:$x = 64$

所以,厂商对该要素的需求量为 64 单位。

3. 一家竞争性厂商的生产函数为 $f(x_1, x_2) = 6x_1^{\frac{1}{2}} + 8x_2^{\frac{1}{2}}$,$x_1$、$x_2$ 表示要素 1 和要素 2 的使用量。若要素 1 的价格是 1 元/单位,要素 2 的价格是 4 元/单位,产品的价格是 8 元/单位。请问该厂商利润最大化的产量为多少?

解:由利润最大化条件:生产要素的边际产品价值等于其价格,可得:

$$\begin{cases} pMP(x_1) = \omega_1 \\ pMP(x_2) = \omega_2 \end{cases} \Rightarrow \begin{cases} 8 \cdot \frac{1}{2} \cdot 6 \cdot x_1^{-\frac{1}{2}} = 1 \\ 8 \cdot \frac{1}{2} \cdot 8 \cdot x_2^{-\frac{1}{2}} = 4 \end{cases} \Rightarrow \begin{cases} x_1^{\frac{1}{2}} = 24 \\ x_2^{\frac{1}{2}} = 8 \end{cases}$$

所以,利润最大化的产量是 $f(x_1, x_2) = 6 \times 24 + 8 \times 8 = 208$

4. 某竞争性厂商用单个要素 x 投入生产产品 y,生产函数为 $y = \begin{cases} x^2 & 0 \leqslant x \leqslant 4 \\ x + 12 & x \geqslant 4 \end{cases}$。若产品 y 的价格为 1 元/单位,要素 x 的价格为 2 元/单位。求利润最大化的要素 x 使用量。

解:若简单使用一阶条件 $p \times MP = w \Rightarrow x^* = 1$

但此时厂商利润为 $\pi = 1 \times 1^2 - 2 \times 1 = -1$,显然不合理。

根据生产函数,厂商要素投入在 $0 \leqslant x \leqslant 4$ 阶段为边际产量递增阶段,不能直接套用一阶条件。当边际产量递增时,企业应该增加要素使用量。而当要素投入在 $x \geqslant 4$ 阶段,边际产量恒为 1,低于要素实际价格 $\frac{w}{p} = 2$。故厂商应选择要素投入 $x = 4$,此时厂商利润为 $\pi = 1 \times 4^2 - 2 \times 4 = 8$。

5. 某竞争性厂商生产函数为 $f(x_1, x_2) = x_1^{\frac{1}{2}} x_2^{\frac{1}{2}}$,$x_1$、$x_2$ 表示要素 1 和要素 2 的使用量。如果要素 1 的价格是 12 元/单位,要素 2 的价格是 24 元/单位。请问利润最大化条件下要素 1 和要素 2 的使用比例为多少?

解:由利润最大化条件:生产要素的边际产品价值等于其价格,可得:

$$\begin{cases} pMP(x_1) = \omega_1 \\ pMP(x_2) = \omega_2 \end{cases} \Rightarrow \frac{MP(x_1)}{MP(x_2)} = \frac{\omega_1}{\omega_2} \Rightarrow \frac{\frac{1}{2} \cdot x_1^{-\frac{1}{2}} \cdot x_2^{\frac{1}{2}}}{\frac{1}{2} \cdot x_1^{\frac{1}{2}} \cdot x_2^{\frac{-1}{2}}} = \frac{12}{24} \Rightarrow x_1 = 2x_2$$

所以,使用要素 1 和要素 2 的比例为 2∶1。

19.3 练习题

19.3.1 判断题(T 或 F)

1. 利润最大化行为弱公理是指厂商只有较弱的利润最大化动机。 （　）

2. 不变要素就是在使用过程中与产量水平成固定比例的生产要素。 （　）

3. 某要素边际产量等于在其他要素投入量保持不变的条件下生产函数对该要素的偏导数。 （　）

4. 若初始阶段要素 x 的边际产品价值随要素 x 投入的增加而上升,那么此时要素 x 边际产品价值等于要素价格也是厂商利润最大化条件。 （　）

5. 若追求利润最大化的竞争性厂商面临产品价格提高,而且所有其他价格保持不变,那么厂商的产量不可能下降的。 （　）

6. 若某竞争性行业中厂商生产函数均呈规模报酬不变的特点,那么他们的长期利润水平一定为零。 （　）

7. 与消费理论对应,厂商利润最大化下也可能存在"吉芬要素",这类要素价格下降反而引起对其需求的下降。 （　）

8. 若劳动的边际产品价值超过工资率,那么利润最大化的竞争厂商会雇佣更少的劳动力。 （　）

9. 如果要素处于平均产量递增区间,厂商肯定不会减少要素的投入量。 （　）

10. 当要素的平均产量和边际产量相等时,平均产量达到最大水平。 （　）

19.3.2 单选题

1. 某竞争性厂商短期生产函数为 $f(x) = 305x - 2x^2$,其中 x 为可变要素使用量。产品价格为 2 元/单位,可变要素 x 价格为 10 元/单位。请问厂商最优的要素 x 使用量为多少？ （　）

A. 37   B. 150

C. 21   D. 75

E. 以上全错

2. 某竞争性厂商投入几种要素来生产一种产品。若产品价格上升了 4 元/单位,其中一种要素的价格上升了 2 元/单位,并且这种要素的使用量上升了 8 个单位。其他要素的价格保持不变。从利润最大化行为弱公理,可以推断出: （　）

A. 产出必然增加了至少 4 单位

B. 其他要素投入必然保持不变

C. 产出必然下降了至少 2 单位

D. 至少有一种其他要素的使用量下降了至少 8 个单位

E. 至少有一种其他要素的使用量上升了至少 8 个单位

3. 竞争性厂商会: （　）

A. 寻求当期的利润最大化,而不是长期的回报

B. 使得销售的现值和成本现值的比率最大化

C. 使各期的利润相等

D. 是各期的销售相等

E. 以上全错

4. 某竞争性厂商用单要素生产某产品。当要素的价格是 3 元/单位,产品的价格是 3 元/单位时,厂商使用 6 单位的投入生产 18 单位的产品。当要素的价格是 7 元/单位,产品的价格是 4 元/单位时,厂商使用 5 单位的投入生产 20 单位的产品。这种行为: （　　）

A. 满足利润最大化条件,并且符合利润最大化弱公理

B. 与利润最大化弱公理不一致

C. 不满足利润最大化条件

D. 暗示厂商规模报酬递增

E. 暗示厂商规模报酬递减

5. 某追求利润最大化的竞争性厂商使用一种要素 x 生产产品,生产函数为 $f(x)=8\sqrt{x}$。若产品的价格是 24 元/单位,要素价格是 8 元/单位,则该厂商会使用多少单位要素 x? （　　）

A. 11 　　　　　　　　　　 B. 128

C. 144 　　　　　　　　　 D. 27.71

E. 以上全错

6. 某竞争性厂商的生产函数为 $f(x_1,x_2)=8x_1^{\frac{1}{2}}+8x_2^{\frac{1}{2}}$,$x_1$、$x_2$ 表示要素 1 和要素 2 的使用量。要素 1 的价格是 1 元/单位,要素 2 的价格是 3 元/单位,产品的价格是 6 元/单位。利润最大化厂商的产量为多少? （　　）

A. 256 　　　　　　　　　 B. 512

C. 252 　　　　　　　　　 D. 516

E. 244

7. 某竞争性厂商的生产函数为 $F(L)=6L^{\frac{2}{3}}$,L 表示厂商每天雇用劳动人数。假如工资为 16 元/人/天,产品价格为 8 元/单位,问厂商每天会雇佣多少员工? （　　）

A. 16 　　　　　　　　　　 B. 8

C. 4 　　　　　　　　　　 D. 24

E. 以上都不对

8. 某竞争性厂商的生产函数为 $f(x)=4\sqrt{x}$,若产品价格为 60 元/单位,投入要素 x 价格为 20 元/单位,请问厂商的最大利润为多少? （　　）

A. 1 444 　　　　　　　　 B. 705

C. 720 　　　　　　　　　 D. 358

E. 363

9. 某竞争性厂商的生产函数为 $f(x_1,x_2)=x_1^{\frac{1}{2}}x_2^{\frac{1}{2}}$,$x_1$、$x_2$ 表示要素 1 和要素 2 的使用量。如果要素 1 的价格是 10 元/单位,要素 2 的价格是 15 元/单位,若厂商以利润最大化为目标,则使用要素 1 和要素 2 的比例为多少? （　　）

A. $x_1 = 1.50x_2$ B. $x_1 = x_2$

C. $x_1 = 15x_2$ D. $x_1 = 0.67x_2$

E. 无法确定

10. 如果农夫给每一亩土地施 N 公斤化肥,可获得 $1 - \dfrac{N}{200}$ 公斤的边际玉米产量。若玉米的价格是 4 元/公斤,化肥的价格是 1.2 元/公斤。请问每亩地应该使用多少公斤化肥实现利润最大?   (   )

A. 140   B. 280

C. 74   D. 288

E. 200

19.3.3 计算题

1. 某竞争性厂商的生产函数为 $f(L) = 30L^2 - L^3$,L 表示厂商雇用的劳动者人数,若产品价格为 1 元/单位,求该厂商对劳动要素的反需求函数。

2. 某州长候选人聘请一咨询公司为其竞选进行广告宣传,并愿意为每一个百分点的选票率支付 100 万美元,咨询公司为每一则的广告每一则广告成本为 4 900 美元,广告投放与选票率之间的关系为 $S = 100 \times \dfrac{N}{N+1}$,$S$ 表示选票率,N 表示广告投放数量,问咨询公司利润最大化时会选择多少的广告量?

3. 竞争性厂商的生产函数可以如下描述:"每星期的产量是每星期使用的资本和雇佣的劳动中较小数的平方根。"假设在短期中,厂商必须使用 16 单元的资本,以 p 表示产品价格,w 表示劳动力工资,求厂商的短期劳动力需求函数。

参 考 答 案

判断题

1. F 2. F 3. T 4. F 5. T 6. T 7. F 8. F 9. T 10. T

单选题

1. D 2. A 3. E 4. C 5. C 6. A 7. B 8. C 9. A 10. A

计算题

1. 劳动力的反需求函数为 $w = 60L - 3L^2, 15 \leqslant L \leqslant 20$,$w$ 为劳动工资。

2. 142。

3. 短期劳动力需求函数为:$L = \begin{cases} \left(\dfrac{p}{2w}\right)^2 & \left(\dfrac{p}{2w}\right)^2 \leqslant 16 \\[2mm] 16 & \left(\dfrac{p}{2w}\right)^2 > 16 \end{cases}$

第 20 章　成本最小化

厂商理论可分为生产理论和成本理论两个部分。以生产函数为基础的生产理论强调实物量分析,即要素投入和产出之间的关系。在上一章"利润最大化"中,我们通过生产函数求解要素使用量、产量水平以及厂商最大化利润。从本章开始,我们逐步转向应用成本理论来分析厂商决策。成本理论以成本函数为基础,强调价值量分析,通过比较不同产量水平下的成本和收益进行利润最大化决策。生产理论在分析厂商利润最大化行为中,通过利润函数求解最优的要素使用量,同时得出相应的产量水平,成本理论根据与要素价格相关的成本函数求解最优产量水平,同时得出相应的厂商利润。

生产理论	成本理论
以生产函数 $y=f(x_1,x_2)$ 为基础,强调实物量分析	以成本函数 $c=c(y)$ 为基础,强调价值量分析
通过利润最大化可得出要素需求函数	通过成本最小化可得出条件要素需求函数

生产理论和成本理论存在密切联系,本质上是一枚硬币的正反面。其中,"成本最小化"是联系生产理论和成本理论的桥梁:给定要素价格下,通过成本方程和条件要素需求函数,我们就可以由生产函数得出成本函数。

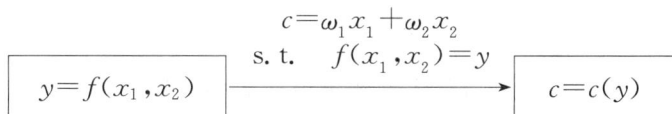

$$c=\omega_1 x_1 + \omega_2 x_2$$
$$\text{s. t.}\quad f(x_1,x_2)=y$$

$$\boxed{y=f(x_1,x_2)} \longrightarrow \boxed{c=c(y)}$$

20.1　本章要点

1. 成本最小化研究给定产量水平和要素价格条件下的最小化成本,即:

$$\min_{x_1,x_2}\omega_1 x_1 + \omega_2 x_2$$
$$\text{s. t.}\quad f(x_1,x_2)=y$$

对应于成本最小化下的要素选择 $x_1(\omega_1,\omega_2,y)$ 和 $x_2(\omega_1,\omega_2,y)$ 称为条件要素需求函数(或派生要素需求函数),表示给定要素价格以及产量水平下的厂商的最优要素选择。将条件要素函数代入成本方程 $c=\omega_1 x_1 + \omega_2 x_2$ 即可得到成本函数 $c(\omega_1,\omega_2,y)$,度量给定要素价格下生产既定产量的最小成本。

2. 成本最小化弱公理(Weak Axiom of Cost Minimization,WACM):如果在要素价格 (ω_1^t,ω_2^t) 和 (ω_1^s,ω_2^s) 下,相关的厂商选择为 (x_1^t,x_2^t) 和 (x_1^s,x_2^s),则有:

$$\omega_1^t x_1^t + \omega_2^t x_2^t \leqslant \omega_1^t x_1^s + \omega_2^t x_2^s$$
$$\omega_1^s x_1^s + \omega_2^s x_2^s \leqslant \omega_1^s x_1^t + \omega_2^s x_2^t$$

成本最小化弱公理与显示偏好弱公理的基本思想是相似的。由成本最小化弱公理我们可以得出(以上两个不等式相加)：

$$\Delta\omega_1\Delta x_1+\Delta\omega_2\Delta x_2\leqslant 0$$

即：其他要素价格固定的情况下，某要素价格与该要素需求呈反向变化关系。

3. 记平均成本函数为 $AC(y)=\dfrac{c(\omega_1,\omega_2,y)}{y}$，则平均成本函数与规模报酬存在以下对应关系：

● 如果技术显示规模报酬递增，平均成本函数则呈单调递减。
● 如果技术显示规模报酬递减，平均成本函数则呈单调递增。
● 如果技术显示规模报酬不变，平均成本函数则保持为常数。

4. 短期成本函数与长期成本函数：

● 短期中，给定固定要素 $x_2=\bar{x}_2$，记产量 y 的短期成本函数为 $c_s(y,\bar{x}_2)$。
● 长期中，所有要素均可进行优化调整，记产量 y 的长期成本函数为 $c(y)$。此时要素 x_2 处于最优水平 $x_2=x_2^*(y)$，故长期成本函数也可写为 $c(y)=\min\limits_{x_2}c_s(y,x_2)=c_s(y,x_2^*(y))$。

20.2 例题讲解

1. 某厂商短期生产函数为 $y=4\sqrt{x}$，x 为可变要素的使用量，另有短期固定成本 $2\,000$ 元。可变要素 x 的价格是 16 元/单位。求厂商短期成本函数。

解：这是一个典型的单要素从生产函数到成本函数的求解问题。根据成本方程和固定成本以及可变要素价格，即有：

$$c=16x+2\,000$$

另由短期生产函数有 $x=\left(\dfrac{y}{4}\right)^2$，代入上式可得成本函数为：

$$c=2\,000+16\times\left(\dfrac{y}{4}\right)^2=2\,000+y^2$$

2. 某竞争性厂商生产函数为 $y=\{\min(x_1,3x_2)\}^{\frac{1}{2}}$，$x_1$、$x_2$ 表示要素 1 和要素 2 的使用量，且两种要素价格 $\omega_1=\omega_2=1$，除此以外厂商没有其他成本。求该厂商成本函数。

解：这是一个双要素生产函数到成本函数的求解问题。根据该厂商生产函数，要素 1 和要素 2 具有完全互补性，且最优投入比例应为 $x_1:x_2=3:1$。因此，根据成本最小化：

$$\min\omega_1x_1+\omega_2x_x$$
$$\text{s. t.}\quad \{\min(x_1,3x_2)\}^{\frac{1}{2}}=y$$

有 $x_1=y^2$，$x_2=\dfrac{y^2}{3}$

对应成本函数为 $c=\omega_1x_1+\omega_2x_2=y^2+\dfrac{y^2}{3}=\dfrac{4y^2}{3}$

3. 某竞争性厂商生产函数为 $y=12x_1^{\frac{1}{3}}x_2^{\frac{2}{3}}$，$x_1$、$x_2$ 表示要素 1 和要素 2 的使用量。若要素 1 的价格是要素 2 的价格的 6 倍，那么要素 1 和 2 的投入量比例为多少？

解：根据成本最小化：

$$\min \omega_1 x_1 + \omega_2 x_2$$
$$\text{s. t.} \quad 12 x_1^{\frac{1}{3}} x_2^{\frac{2}{3}} = y$$

求解可以发现,在类似柯布—道格拉斯生产函数 $y = K x_1^{\alpha} x_2^{\beta}$ 下成本最小化条件有 $\dfrac{\omega_1 x_1}{\omega_2 x_2} = \dfrac{\alpha}{\beta}$,即系数之比等于各要素成本支出之比。

将该题相关条件代入,有 $\dfrac{x_1}{x_2} = \dfrac{\alpha}{\beta} \times \dfrac{\omega_2}{\omega_1} = \dfrac{1/3}{2/3} \times \dfrac{1}{6} = \dfrac{1}{12}$

通过该题我们应该熟悉柯布—道格拉斯生产函数的这一特性。

4. 某竞争性厂商生产函数为 $y = KL$,其中 K 表示资本投入量,L 表示劳动投入量。每单位资本价格为利率 r,每单位劳动价格为工资 w,求劳动的条件需求函数 $L(y, w, r)$。

解:该厂商生产函数也为柯布—道格拉斯函数,故成本最小化下

$$\frac{Kr}{Lw} = 1 \Rightarrow K = \frac{w}{r} L$$

代入生产函数可得劳动的条件需求函数为:$L(y, w, r) = \sqrt{yr/w}$

5. 某竞争性厂商生产函数为 $f(x_1, x_2, x_3, x_4) = \min\{x_1, x_2\} + \min\{x_3, x_4\}$,四种要素的价格分别是 $\omega_1 = 4, \omega_2 = 8, \omega_3 = 5, \omega_4 = 3$。这家厂商至少必须使用 20 单位的要素 2,那么生产 100 单位产品的最低成本是多少?

解:分析该生产函数特性,可知:

● 要素 x_1 与要素 x_2 为完全互补关系(即必须保持同比例投入)。

● 要素 x_3 与要素 x_4 为完全互补关系(即必须保持同比例投入)。

● 投入组合 (x_1, x_2) 与 (x_3, x_4) 为完全替代关系。

不考虑对要素 x_2 投入的限制,在该题已知价格体系下,因为一个单位要素组合 (x_1, x_2) 的成本为 $4+8=12$,而一个单位要素组合 (x_3, x_4) 的成本为 $5+3=8$,故应该选择所有成本支出花在要素组合 (x_3, x_4) 上,且产量 $y = x_3 = x_4$。

但考虑到要素 x_2 的最低投入为 20 单位(配套要素 x_1 的投入也应该为 20 个单位)。因此,只能对其余 80 单位采取 (x_3, x_4) 的要素投入组合。据此,生产 100 单位产量的总成本为 $20 \times (4+8) + 80 \times (5+3) = 880$。

6. 某竞争性厂商生产函数为 $f(x, y, z) = (x+y)^{\frac{1}{2}} z^{\frac{1}{2}}$,要素价格分别是 $\omega_x = 1, \omega_y = 2, \omega_z = 3$。假如要素 y 的价格翻一番,而其他两种要素的价格保持不变,那么总生产成本将变化多少?

解:分析该生产函数可知,要素 x 和要素 y 是完全替代的关系,当要素 x 的价格高于要素 y 的价格时,这家厂商只会使用要素 y 和要素 z,而当要素 x 的价格低于要素 y 的价格时,这家厂商只会使用要素 x 和要素 z。因此,当 $\omega_x = 1, \omega_y = 2$ 时,$y = 0$。当要素 y 的价格翻一番,而其他两种要素的价格保持不变时,由于要素 y 的价格还是高于要素 x,因此要素 y 的投入仍为零。而由于要素 x 和要素 z 的价格没有变化,其投入量相应也没有改变。所以,要素 y 的价格变化前后厂商生产成本保持不变。

20.3 练习题

20.3.1 判断题(T 或 F)

1. 准不变成本是指长期中仅当产出量为零时才可以避免的成本。 （　）
2. 如果规模报酬递增,那么平均成本是产出的递减函数。 （　）
3. 如果规模报酬递减,那么沿着一条等成本线向右下方移动,平均成本有可能下降。
（　）
4. 某竞争性厂商生产函数为 $f(x_1, x_2) = \min\{x_1, x_2\}$,则该厂商成本函数为 $c(\omega_1, \omega_2) = \min\{\omega_1, \omega_2\} \times y$。 （　）
5. 要素 1 的条件需求函数 $x_1(\omega_1, \omega_2, y)$ 是指厂商进行最佳要素选择时价格和产出之比的函数。 （　）
6. 如果两种元素的投入量相同,那么成本函数 $c(\omega_1, \omega_2, y)$ 表示生产 y 单位产品的单位成本。 （　）
7. 某竞争性厂商生产函数为 $f(x, y) = x + 2y$。如果要素 x 的价格变成原来的两倍,要素 y 的价格变成原来的三倍,那么给定产量水平下新的成本是原来的两倍到三倍之间。 （　）
8. 成本函数 $c(\omega_1, \omega_2, y)$ 是将产出成本表示成要素价格和产出的函数。 （　）
9. 等成本线上的产量最大化选择点要素边际产量之比等于要素价格之比。 （　）
10. 等成本线上的产量最大化选择点也是平均成本的最低点。 （　）

20.3.2 单选题

1. 张某经营一家饼干厂,生产饼干的原材料包括白糖、花生油和大豆油。饼干厂的生产函数为 $f(su, po, so) = \min\{su, po + 2so\}$,其中 su 表示糖的袋数,po 表示花生油的罐数,so 表示大豆油的罐数。糖的价格是 5 元/袋,花生油的价格是 9 元/罐,大豆油的价格是 19 元/罐。如果要生产 254 盒饼干,则最优要素组合下应使用多少罐大豆油? （　）
   A. 127
   B. 0
   C. 84.67
   D. 169.33
   E. 42.33

2. 某竞争性厂商的生产函数为 $q = 12\sqrt{xy}$,其中 x、y 分别是厂商所使用的要素 x 和 y 的投入量。如果厂商追求单位成本最小化,且要素 x 的价格是要素 y 的价格的 5 倍,那么要素 x 和 y 的投入量的比例接近于 （　）
   A. $x/y = 0.20$
   B. $x/y = 0.40$
   C. $x/y = 1$
   D. $x/y = 1.67$
   E. $x/y = 5$

3. 某竞争性厂商生产函数是 $y = 4\sqrt{x}$,生产固定成本为 4 000 元。若可变要素 x 的价格是 4 000 元/单位。以 y 表示产出量,则短期成本函数是 （　）
   A. $4\,000/y + 4\,000$
   B. $8\,000y$

C. $4\,000+4\,000y$ D. $4\,000+250y^2$

E. $4\,000y+0.25y^2$

4. 某竞争性厂商有两个工厂。其中一间工厂的生产成本函数是 $c_1(y_1)=2y_1^2+90$，另一间工厂的生产成本函数是 $c_2(y_2)=6y_2^2+40$。如果该厂商生产 32 单位产品，那么第二间工厂应该生产多少单位？　　　　　　　　　　　　　　　　　　　　　（　　）

A. 7   B. 2

C. 8   D. 14

E. 以上都不是

5. 某厂商可以选择两种方式租用复印机。第一种方式为每月固定租金为 34 元，此外每复印一张需再加 2 分；第二种方式为每月固定租金为 107 元，此外每复印一张需再加 1 分。这家厂商每个月应该复印多少份才会选择第二种租用方式？　　　　　　　（　　）

A. 7 300   B. 13 300

C. 12 400   D. 6 900

E. 以上都不是

6. 某厂商使用两种要素进行生产。当两种要素价格为 $(\omega_1,\omega_2)=(15,17)$ 时，厂商选择两种要素投入量为 $(x_1,x_2)=(17,71)$；当两种要素价格为 $(\omega_1,\omega_2)=(12,24)$ 时，厂商选择两种要素投入量为 $(x_1,x_2)=(77,4)$。以上两种要素投入组合产量水平相同。请问厂商这种行为是否和成本最小化弱公理一致？　　　　　　　　　　　　　　　　（　　）

A. 一致   B. 不一致

C. 因为不知道生产函数，所以不能确定   D. 因为不知道产品价格，所以不能确定

E. 以上都不对

7. 某竞争性厂商的生产函数为 $y=\min\{x_1,x_2\}$，x_1、x_2 表示要素 1 和要素 2 的使用量。若要素 1 的价格为 18 元/单位，要素 2 的价格为 10 元/单位，则生产 170 单位产品的成本为多少？　　　　　　　　　　　　　　　　　　　　　　　　　　　（　　）

A. 2 580 元   B. 4 760 元

C. 8 460 元   D. 6 180 元

E. 以上都不对

8. 某厂商的生产函数为 $y=x_1^{1/2}x_2^{1/2}$，x_1、x_2 表示要素 1 和要素 2 的使用量。若厂商可选择 A 国或者 B 国两地建厂。其中，在 A 国要素 1 的价格是 17 元/单位，要素 2 的价格是 7 元/单位；在 B 国要素 1 的价格是 8 元/单位，要素 2 的价格是 6 元/单位。该厂商会选择在哪个国家建厂？　　　　　　　　　　　　　　　　　　　　　　　　　　　（　　）

A. A 国

B. B 国

C. 没关系，因为两个国家的成本是一样的

D. 如果产量大于 14，则建在 A 国，否则建在 B 国

E. 没有足够的信息给我们做出决定

9. 某竞争性厂商使用两种要素投入 x 和 y，且总产出是 x 的平方根和 y 的平方根的乘积。要素 x 的价格是 17 元/单位，要素 y 的价格是 11 元/单位。该厂商使得它的每单位产出成本最小化，并在要素 x 上花费了 517 元。那么它将在要素 y 上花费多少？　　　　（　　）

A. 766 元　　　　　　　　　　　　　　B. 480 元

C. 655 元　　　　　　　　　　　　　　D. 517 元

E. 以上都不是

10. 某竞争性厂商使用两种要素投入 x 和 y。当要素 x 的价格是 10 元/单位,要素 y 的价格是 20 元/单位时,厂商使用 1 单位 x 和 2 单位 y;当要素 x 的价格是 20 元/单位,要素 y 的价格是 10 元/单位,厂商使用 2 单位 x 和 1 单位 y;且在以上在两种情况下,厂商具有相同的产量水平。以上情况说明　　　　　　　　　　　　　　（　　）

A. 该厂商有规模报酬不变的生产函数　　B. 该厂商有规模报酬递增的成本函数

C. 该厂商没有实现成本最小化　　　　　D. 该厂商行为符合利润最大化

E. 该厂商生产函数存在边际产量递减

11. 某竞争性厂商生产函数为 $y=\min\{2x_1,x_2\}$,x_1、x_2 表示要素 1 和要素 2 的使用量。两种要素的价格为 $(\omega_1,\omega_2)=(5,2)$,则生产 140 单位产品的最小成本为　　（　　）

A. 980　　　　　　　　　　　　　　　B. 630

C. 1400　　　　　　　　　　　　　　D. 280

E. 700

12. 某竞争性厂商的生产函数为 $f(x,y,z)=(x+y)^{\frac{1}{2}}z^{\frac{1}{2}}$。初始时三种要素价格为 $(\omega_x,\omega_y,\omega_z)=(1,2,3)$,若要素 x 和要素 z 的价格下降为原来的一半,而要素 y 的价格保持不变,那么生产成本　　　　　　　　　　　　　　　　　　　　　（　　）

A. 减少超过 1/2　　　　　　　　　　B. 减少 1/3

C. 减少 1/2　　　　　　　　　　　　D. 保持不变

E. 减少小于 1/3

13. 某竞争性厂商的生产函数为 $y=(2x_1+x_2)^{\frac{1}{2}}$,$x_1$、$x_2$ 表示要素 1 和要素 2 的使用量,价格分别为 ω_1 和 ω_2。下面哪种说法是正确的?　　　　　　　　　　（　　）

A. 该厂商具有 L 形的等产量线

B. 该厂商将全部使用比较便宜的那种要素进行生产

C. 当 $\omega_1<2\omega_2$ 时,该厂商只使用要素 1

D. 该厂商生产技术呈规模报酬递增

E. 以上有 1 个以上是正确的

14. 某厂商生产函数为 $f(x_1,x_2)=(\min\{x_1,2x_2\})^{1/2}$,$x_1$、$x_2$ 表示要素 1 和要素 2 的使用量,则该厂商　　　　　　　　　　　　　　　　　　　　　　　　　　（　　）

A. 生产函数呈规模报酬不变

B. 如果要素 1 的价格大于要素 2 的价格,则只使用要素 2 进行生产

C. 如果要素 1 的价格大于要素 2 的价格两倍以上,则只使用要素 2 生产

D. 生产 5 单位产品时会使用 25 单位要素 1

E. 成本函数是产出的线性函数

15. 某竞争性厂商生产函数为 $f(x_1,x_2,x_3,x_4)=\min\{x_1,x_2\}+\min\{x_3,x_4\}$,四种要素价格为 $(\omega_1,\omega_2,\omega_3,\omega_4)=(2,1,5,3)$。那么生产 1 单位产品的价格为　　（　　）

A. 1　　　　　　　　　　　　　　　　B. 3

C. 4   D. 8

E. 11

20.3.3 计算题

1. 一家厂商的生产函数描述如下：产出等于资本投入量（元）和劳动投入量（人/小时）的最小值的平方根。单位资本的价格即为利率 r，单位劳动的价格即为工资 w（元/人/小时），产出水平用 y 表示。请用 r、w 和 y 表示该厂商成本函数。

2. 某厂商的生产函数为 $y = \max\{10x_1, 4x_2\}$，x_1、x_2 表示要素 1 和要素 2 的使用量，两种要素价格用 ω_1、ω_2 表示。请写出该厂商的成本函数。

3. 某厂商的生产函数为 $y = \min\{x_1, x_2^2\}$，x_1、x_2 表示要素 1 和要素 2 的使用量，两种要素价格用 ω_1、ω_2 表示。请写出该厂商的成本函数。

4. 某企业的生产函数 $y = [\min(x_1 + 2x_2, x_3)]^{\frac{1}{3}} [\min(2x_4, x_5)]^{\frac{1}{3}}$，其中 x_1、x_2、x_3、x_4 和 x_5 是生产产品所需的五种生产要素 1、2、3、4 和 5 的数量，是可变要素，而第六种生产要素的数量，是不变要素，恒为 50。六种生产要素 1、2、3、4、5 和 6 的价格分别为：$\omega_1 = 1$，$\omega_2 = 3.5$，$\omega_3 = 1$，$\omega_4 = 2$，$\omega_5 = 1$，$\omega_6 = 2$。求出该企业的条件要素需求函数及成本函数。

参 考 答 案

判断题

1. T 2. T 3. T 4. F 5. F 6. F 7. T 8. T 9. T 10. T

单选题

1. B 2. A 3. D 4. C 5. A 6. B 7. B 8. B 9. D 10. C 11. B 12. C

13. C 14. D 15. B

计算题

1. $c = (w + r)y^2$

2. $c = \min\left\{\dfrac{\omega_1 y}{10}, \dfrac{\omega_2 y}{4}\right\}$

3. $c = \omega_1 y + \omega_2 \sqrt{y}$

4. 条件要素需求函数：$x_1(y) = x_3(y) = x_5(y) = y^{\frac{3}{2}}$，$x_2(y) = 0$，$x_4(y) = \dfrac{1}{2}y^{\frac{3}{2}}$

成本函数：$c(y) = 100 + 4y^{\frac{3}{2}}$

第 21 章 成本曲线

有了成本函数,我们就可以得出相应的成本曲线。成本曲线是成本理论分析厂商决策的重要工具。短期中,成本曲线包括短期总成本线(STC)、短期固定成本线(SFC)、短期可变成本线(SVC)以及短期边际成本线(SMC)、平均可变成本线(AVC)、平均固定成本线(AFC)以及短期平均成本线(SAC);长期中,成本曲线包括长期总成本线(LTC)、长期边际成本线(LMC)及长期平均成本线(LAC)。本章讨论各种成本曲线及它们之间的相互关系。

21.1 本章要点

1. 首先考虑短期。如图 21-1 所示,短期总成本线相当于将短期可变成本线向上平移固定成本单位。如图 21-2 所示,短期边际成本与短期平均可变成本在第一个单位产出水平相等(如果考虑连续产量水平变化,则在产量为零时相等)。当初期短期边际产量递增时,会引起短期边际成本下降,并带动平均可变成本以及短期平均成本下降。随着短期边际产量递减,短期边际成本也随之上升。当短期边际成本超过平均可变成本(短期平均成本)时,平均可变成本(短期平均成本)也随之上升。考虑平均固定成本一直处于下降阶段,因此短期平均成本递增所对应的最低产量水平高于平均可变成本递增的最低产量水平。

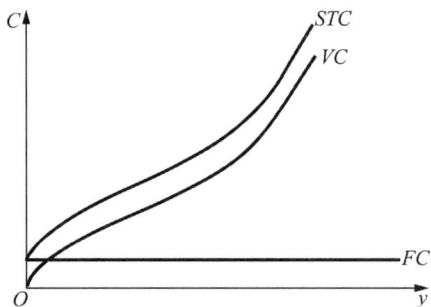

图 21-1

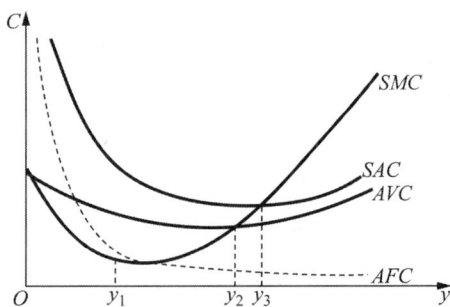

图 21-2

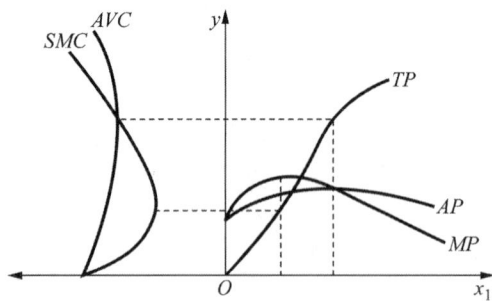

图 21-3

2. 成本理论建立在生产理论基础上,成本曲线与生产曲线具有对应关系:如图 21-3 所示,短期边际成本线最低点对应的产量水平即为短期边际产量线最高点对应的产量水平;边际成本下降(上升)对应边际产量递增(递减);短期边际成本线与平均可变成本线交点对应的产量水平即为短期边际产量线与平均产量线交点对应的产量水平;平均可变成本下降(上升)对应平均产量增加(减少)(相关证明参考本章例题 1、2)。

3. 值得一提的是,虽然在大多数教材中都将短期边际成本画为 U 型,但这是基于短期边际产量存在初始递增为前提的。若短期边际产量始终递减,短期边际成本和平均可变成本则也始终递增(曲线斜率恒为正)。

4. 等边际成本的产量分配原则:如果某竞争性厂商有多个工厂,且各个工厂成本函数不尽相同。则给定总产量水平,则厂商按照等边际成本的原则进行产量分配,且该厂商的边际成本与各个工厂对应所分配产量水平下的边际成本相等。以 2 个工厂为例,既有:

5. 在上一章我们已经讨论长期成本与短期成本的关系,这里进一步结合相关的成本曲线进行阐述:

(1) 各产量水平下的长期总成本对应不同固定成本(生产规模)下最小的短期总成本: $LTC(y) = \min\limits_{x_2} STC(y, x_2)$。从几何图形上观察,长期总成本线为短期总成本线的下包络线(参照图 21-4);

(2) 各产量水平的长期平均成本也对应不同固定成本(生产规模)下最小短期平均成本: $LAC(y) = \min\limits_{x_2} SAC(y, x_2)$。从几何图形上观察,长期平均成本线也为短期平均成本线的下包络线(参照图 21-5);

(3) 各产量水平的长期边际成本与该产量水平对应最优生产规模的短期边际成本相等: $LMC(y) = SMC(y, x_2^*)$(参照图 21-4,有兴趣的同学可参考原著附录中的数学证明)。

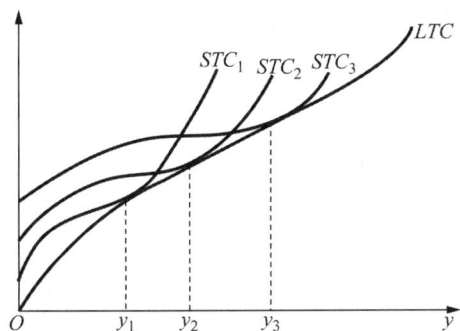

图 21-4

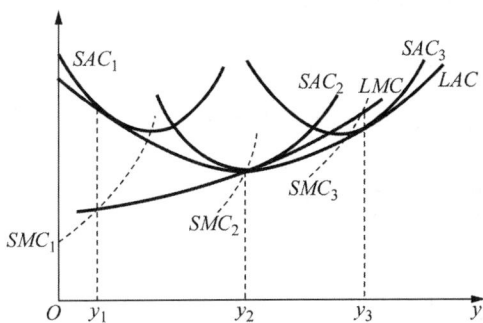

图 21-5

6. 长期平均成本最低点所对应的生产规模称为最佳生产规模,最低长期平均成本对应的产量水平(图 21-5 中的 y^2)称为最优产出率水平。

7. 长期中,平均成本递增(递减)对应于规模报酬递减(递增)。

8. 短期边际成本线以下的面积即为短期可变成本,长期边际成本线以下的面积即为长期总成本。

21.2　例题讲解

1. 请论述说明短期边际成本递增(递减)与短期边际产量递减(递增)存在一一对应关系。

答:记生产函数为 $y = f(x)$,成本函数为 $c = c(y)$,其中 x 为可变要素,价格为 ω。

短期边际产量为 $MP(x) = \dfrac{\mathrm{d}y}{\mathrm{d}x}$

短期边际成本为 $SMC(y)=\dfrac{\mathrm{d}c(y)}{\mathrm{d}y}=\dfrac{\mathrm{d}VC(y)}{\mathrm{d}y}=\dfrac{\mathrm{d}(\omega x)}{\mathrm{d}y}=\omega\ \dfrac{1}{\mathrm{d}y/\mathrm{d}x}$

从上述两个式子可以看出,短期边际成本和短期边际产量之间为倒数关系。因此,短期边际成本递增(递减)与短期边际产量递减(递增)一一对应。

2. 试证明短期边际成本线和平均可变成本线的交点为平均可变成本的最低点。

证:平均可变成本的最低点应满足一阶条件:平均可变成本函数一阶导数为零。

$$\frac{\mathrm{d}AVC(y)}{\mathrm{d}y}=0\Rightarrow\frac{\mathrm{d}(VC(y)/y)}{\mathrm{d}y}=0\Rightarrow\frac{\mathrm{d}VC(y)/\mathrm{d}y}{y}-\frac{VC(y)}{y^2}=0$$

因此有:$\Rightarrow\dfrac{SMC(y)}{y}=\dfrac{VC(y)}{y^2}\Rightarrow SMC(y)=AVC(y)$

即平均可变成本最低点满足平均可变成本与短期边际成本相等,从图形上看即为短期边际成本线与平均可变成本线的交点。

3. 某厂商的生产函数为 $y=\min\{M,\sqrt{L}\}$,其中 M 表示生产用的机器数量,L 表示劳动力数量,机器价格为 2 元/单位,劳动力价格为 1 元/单位。则该厂商的长期边际成本曲线是怎样的?

解:由题意可知:$y=M=\sqrt{L}$,所以,可得:$\begin{cases}M=y\\L=y^2\end{cases}$

因此,成本函数为:$C(y)=\omega_M\cdot M+\omega_L\cdot L=2y+y^2$

边际成本函数为:$MC(y)=\dfrac{\mathrm{d}C(y)}{\mathrm{d}y}=2y+2$

因此,边际成本曲线为一条截距为 2、斜率为 2 的直线。

21.3 练习题

21.3.1 判断题(T 或 F)

1. 平均可变成本曲线一定为 U 形。　　　　　　　　　　　　（　　）
2. 短期边际成本曲线通过平均固定成本曲线的最低点。　　　　（　　）
3. 如果短期平均成本曲线是 U 形曲线,则短期边际成本曲线一定与短期平均成本曲线相交,且交点是短期平均成本曲线的最低点。　　　　　　　　（　　）
4. 对于任何产出水平,短期成本函数 $C(y)=10+3y$ 所对应的短期边际成本都小于短期平均成本。　　　　　　　　　　　　　　　　　　　　（　　）
5. 对于任何正产出水平,短期成本函数 $C(y)=100+3y^2$ 所对应的短期边际成本都小于短期平均成本。　　　　　　　　　　　　　　　　　　（　　）
6. 某竞争性厂商生产函数为 $f(x_1,x_2)=\sqrt{x_1}+\sqrt{x_2}$,$x_1$、$x_2$ 表示要素 1 和要素 2 的使用量。该厂商的边际成本曲线是一条水平线。　　　　　　　　　　（　　）
7. 当短期边际成本下降时,平均可变成本不可能上升。　　　　（　　）
8. 短期边际成本曲线以下区域面积等于总固定成本。　　　　　（　　）
9. 如果边际成本随产量增加而增加,则平均固定成本曲线是 U 形。（　　）

10. 某竞争性厂商生产函数为 $f(x)=300x-6x^2$，另有固定成本 400 元。则短期边际成本曲线始终位于平均可变成本曲线的上方。　　　　　　　　　　　（　　）

21.3.2　单选题

1. 某厂商短期边际成本函数为 $SMC(y)=6y$，那么生产 10 单位产品的可变成本为多少？
　　　　　　　　　　　　　　　　　　　　　　　　　　　　　　（　　）

A. 120
B. 300
C. 80
D. 400
E. 26

2. 短期平均总成本线（SAC）和短期边际成本线（SMC）有如下关系：　（　　）
A. 如果 SMC 上升，SAC 必上升
B. 如果 SMC 上升，SAC 必比 SMC 大
C. 如果 SMC 上升，SAC 必比 SMC 小
D. 如果 SAC 上升，SMC 必比 SAC 大
E. 如果 SAC 上升，SMC 必比 SAC 小

3. 某竞争性厂商长期总成本函数为 $c(y)=11+3y,y>0$；若 $c(0)=0$，则该公司的准固定成本为：　　　　　　　　　　　　　　　　　　　　　　　　　（　　）

A. 8
B. 11
C. 3
D. 7
E. 从以上信息不可能算出

4. 某竞争性厂商短期总成本函数为 $c(y)=2y^3-16y^2+128y+10$，则使得该厂商产量为正的最低产品价格应为多少？　　　　　　　　　　　　　　　（　　）

A. 192
B. 48
C. 99
D. 96
E. 95

5. 某竞争性厂商生产函数为 $y=4\sqrt{x_1x_2}$，x_1、x_2 表示要素 1 和要素 2 的使用量，两种要素价格分别为 $\omega_1=1,\omega_2=36$。则该厂商的边际成本为：　　　（　　）
A. 恒等于 19
B. 恒等于 3
C. 随产量递增
D. 随产量递减
E. 以上都不是

6. 某竞争性厂商短期总成本函数为 $c(y)=100+4y^2$，那么生产多少产量使该公司的短期平均成本最低？　　　　　　　　　　　　　　　　　　　　　（　　）

A. 5
B. 2
C. 25
D. 0.4
E. 以上都不是

7. 某竞争性厂商生产函数为 $y=x_1^{\frac{1}{2}}x_2$，x_1、x_2 表示要素 1 和要素 2 的使用量。短期中，它必须恰好使用 15 单位的要素 2。要素 1 的价格是 75 元/单位，要素 2 价格为 2 元/单位。则该厂的短期边际成本函数为：　　　　　　　　　　　　　　　　　　　（　　）

A. $SMC(y)=\dfrac{2}{3}y$
B. $SMC(y)=30\sqrt{y}$
C. $SMC(y)=30+75y^2$
D. $SMC(y)=2y$

E. $SMC(y)=15\dfrac{1}{\sqrt{y}}$

8. 莱克斯先生从事废车处理工作,现在他有三种选择方案。方案一:他可以花 10 美元买一个可以使用一年的铁锹并且以每处理一辆废车支付 5 美元的价格雇佣他的哥哥斯科特先生为他工作;方案二:他可以花 200 美金/年租用一台低档冲床来处理废车,且处理每车的边际成本为 1 美元;方案三:他可以花 650 美元/年租用一台高档冲床来处理废车,且处理每车的边际成本为 $\dfrac{2}{3}$ 美元。那么,莱克斯先生每年需处理多少辆车时他会选择方案三更合算? （　　）

A. 至少每年 1 350 辆车 　　　　　　　B. 不超过每年 675 辆车

C. 至少每年 1 360 辆车 　　　　　　　D. 不超过每年 1 350 辆车

E. 至少每年 675 辆车

9. 玛丽花店的成本函数为 $c(y)=\dfrac{y^2}{F}$,其中 y 是每月她卖出的鲜花束数目,F 是她花店面积(平方英尺)。玛丽现在租了一间 200 平方英尺的花店,如果短期中,她不能改变合约或扩大店面,花束的价格是每单位 6 美元。短期中她应该每月卖出多少花束? （　　）

A. 200 　　　　　　　　　　　　　　　B. 100

C. 600 　　　　　　　　　　　　　　　D. 900

E. 660

10. 某厂商的生产函数为 $y=\min\{x_1,\sqrt{x_2}\}$,x_1、x_2 表示要素 1 和要素 2 的使用量。两种要素的价格分别为 $\omega_1=4$,$\omega_2=1$。下述哪个关于该厂商的长期边际成本线的描述是正确的? （　　）

A. 斜率为 4 的直线

B. 向上倾斜,随着产量 q 增加,曲线变得平坦

C. 向上倾斜,随着产量 q 增加,曲线变得陡峭

D. 斜率为 1 的直线

E. 斜率为 2 的直线

11. 躺椅行业的竞争性厂商中存在两种不同的生产技术,两种技术的总成本函数分别为:$c_1(y)=1000+600y-40y^2+y^3$,$c_2(y)=200+145y-10y^2+y^3$。如果躺椅的市场价格下降到 190 元/副,那么短期中使用技术 1 的厂商 （　　）

A. 和使用技术 2 的厂商都仍会存在 　　B. 仍会存在,但使用技术 2 的厂商会减少

C. 会关闭,但使用技术 2 的厂商仍存在 　D. 和使用技术 2 的厂商都会减少

E. 以上信息不足,不能判断

12. 录像机行业的竞争性厂商中存在两种生产技术,长期总成本函数分别为:$c_1(y)=340-20y+y^2$,$c_1(0)=0$;$c_2(y)=405-30y+y^2$,$c_2(0)=0$。不考虑新技术的引进,那么这个行业会有什么变化? （　　）

A. 使用技术 1 和技术 2 的厂商会同时存在

B. 使用技术 1 的厂商会存在,但使用技术 2 的厂商会关闭

C. 使用技术 1 的厂商会关闭,但使用技术 2 的厂商仍存在

D. 使用两种技术的厂商都会关闭

E. 以上都不是

13. 以下关于成本曲线的哪个说法是错误的？　　　　　　　　　　　　（　　）

A. 长期总成本曲线是短期总成本曲线的包络线

B. 长期平均成本曲线是短期平均成本曲线的包络线

C. 长期平均成本曲线是短期平均成本曲线最低点的连线

D. 当长期平均成本与短期平均成本相等时,长期边际成本也与短期边际成本相等

E. 长期边际成本与长期平均成本在初始时不一定相等

21.3.3　简答题

1. 海利德是一只聪明迷人的荷兰乳牛,她生活在一大片荒凉贫瘠的草场,只有零星点缀的几片草地才长着肥美的嫩草。当她找到一片新的嫩草地时,她从那片草地所能得到的鲜草量等于她用于觅食所花费时间 h(小时数)的平方根。她寻找一片新草地需要花费 1 小时的时间。

(1) 海利德寻找一片新的草地并从中得到 y 单位鲜草的总成本(时间)是多少？

(2) 写出以时间表示的海利德获得每片草地的边际成本和平均成本函数表达式。

(3) 如果海利德想使自己获得的食物量最大化,那么她花费在每片草地上的时间是多少？

2. 请论述说明平均可变成本递增(递减)与短期平均产量递减(递增)存在一一对应关系。

3. 试证明短期边际成本线与短期平均成本线的交点为短期平均成本的最低点。

参 考 答 案

判断题

1. F　2. F　3. T　4. T　5. F　6. F　7. T　8. F　9. F　10. T

单选题

1. B　2. D　3. B　4. D　5. B　6. A　7. A　8. A　9. C　10. E　11. C　12. C

13. C

简答题

1. (1) $C(y) = y^2 + 1$

(2) 边际成本函数为：$MC(y) = 2y$,平均成本函数为：$AC(y) = y + \dfrac{1}{y}$

(3) 当平均成本最小时获得的食物量最大,而 $y = 1$ 时平均成本最小,所以她花费在每片草地上的时间应为 1 小时。

2. 参照例题 1。

3. 参照例题 2。

第22章 厂商供给

如前所述,厂商面临技术约束和市场约束,从技术到成本曲线主要讨论厂商的技术约束问题,本章开始逐步进入市场约束问题。市场约束主要是指产品市场结构影响产品价格如何被决定[1],厂商所面临的市场约束也可由该厂商所面临的需求曲线来表示。市场结构分为完全竞争、完全垄断、垄断竞争与寡头垄断四种类型,本章基于完全竞争的市场约束下讨论厂商的产量选择问题。

22.1 本章要点

1. 在完全竞争的市场结构中,竞争性厂商为产品价格的接受者。厂商面临的需求曲线为市场价格下的水平线。严格来说,厂商的需求曲线在超过该价格所对应市场总需求产量后与市场需求曲线重合并向下倾斜,但考虑到竞争性市场中单个厂商的产量规模只占较小份额,对这种情况可以略去不讨论。

2. 厂商的利润最大化条件由 $\max\pi = py - c(y) \Rightarrow p = MC(y)$ 给出,即价格等于边际成本,该方程即为厂商的反供给函数。进一步,我们分别讨论短期与长期中厂商的供给问题:

● 竞争性厂商的短期供给曲线是位于平均可变成本曲线以上的向上倾斜的那部分短期边际成本曲线,如图 22-1。

● 竞争性厂商的长期供给曲线是位于长期平均成本曲线之上的向上倾斜的那部分长期边际成本曲线,如图 22-2。

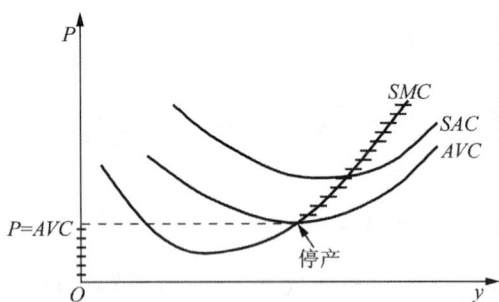

图 22-1

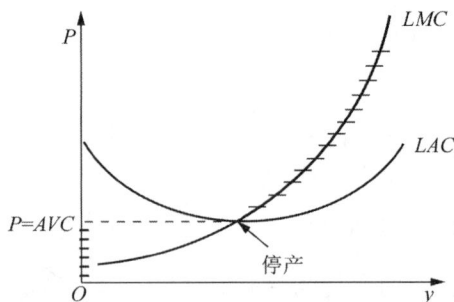

图 22-2

3. 在第 14 章中我们曾经给出生产者(净)剩余的定义——供给曲线、价格线、纵轴围起来的面积,如图 22-5 所示。上一章指出,边际成本以下的面积等价于可变成本。因此图 22-5 与图 22-4 是等价的。图 22-4 同时也对应于生产者剩余的另一种定义——厂商得到的价格与实际付出的边际成本之间差额的总和,代表了厂商的"剩余"。再次应用边际成本以下的面积等

---

① 此外,要素市场价格的决定也是市场约束的另一个方面,这个问题将在后面要素市场一章得以讨论。

价于可变成本这一性质,可以得出图 22-5、图 22-4、图 22-3 都是等价表示生产者剩余的一种方式。三种方式都表明,生产者剩余对应于总收益减去可变成本,与厂商的利润相差一个固定成本(常数)。因此,生产者剩余变化量与厂商利润变化量相一致,我们可以用生产者剩余变化来衡量厂商利润水平的变化。

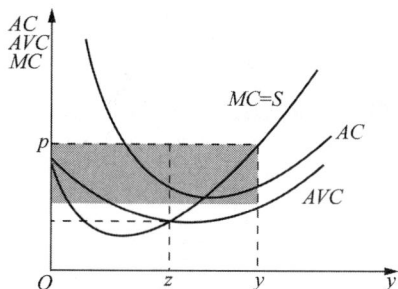

图 22-3　收益与可变成本的差额

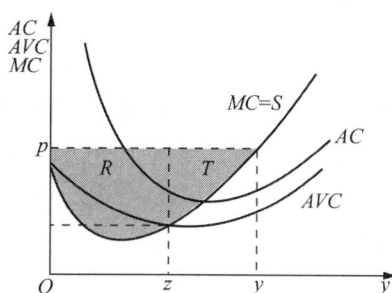

图 22-4　边际成本曲线与价格线围成的面积

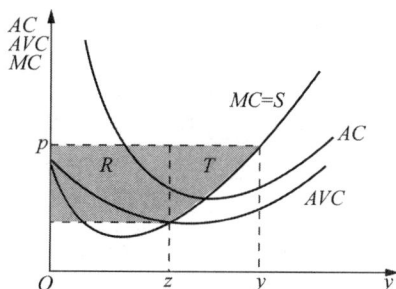

图 22-5　供给曲线与价格线围成的面积

22.2　例题讲解

1. 某竞争性厂商使用两种可变要素进行生产,生产函数为 $q=\min\{x,y\}$,此外还存在准不变成本 80 元。要素 x 和要素 y 的价格分别为 8 元/单位和 5 元/单位。因为仓库的空间有限,公司不能够使用超过 10 单位的 x。请问使得厂商愿意生产的最低产品价格为多少?

解:该生产函数具有要素完全互补的技术特征:即生产 q 单位的产品需要 q 单位的要素 x 和 y 的等量投入。因此,对应成本函数为:

$$c(q)=8x+5y+80=8q+5q+80$$
$$=13q+80(80\text{ 为准不变成本})$$

该成本函数对应的平均成本函数 $\dfrac{c(q)}{q}=13+\dfrac{80}{q}$,随产量增加而递减,并无限趋近于 13,如图 22-6。因此,若不考虑要素 x 的使用约束,只要产品的价格大于 13,则厂商会选择无限大产量并获利(请思考为什么?)。但如果要素 x 不超过 10 个单位,则平均成本的最小值为 $13+80/10=21$,

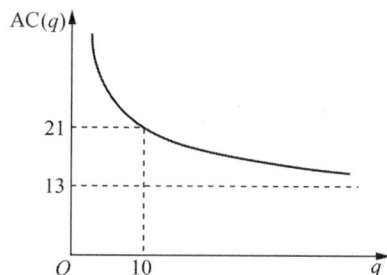

图 22-6

故产品价格必须大于 21 元/单位,且只要产品价格超过这一水平,厂商产量保持为 10 单位。

2. 某竞争性厂商有两家工厂,短期成本函数分别为 $C_1(y_1)=y_1^2+10y_1+10$ 和 $C_2(y_2)=y_2^2+4y_2+20$,求该厂商短期总成本函数和短期供给曲线。

解:据题意,该厂商两家工厂短期固定成本分别为 10 和 20。

此外,两家工厂的边际成本函数分别为:
$$\begin{cases} MC_1(y_1)=2y_1+10 \\ MC_2(y_2)=2y_2+4 \end{cases}$$

记总产量水平 y,厂商在两个工厂之间的产量分配应根据等边际成本原则,即
$$\begin{cases} y=y_1+y_2 \\ MC(y)=MC_1(y_1)=MC_2(y_2) \end{cases}$$

求解可得:
$$\begin{cases} y_1=\dfrac{y-3}{2} \\ y_2=\dfrac{y+3}{2} \end{cases},MC(y)=y+7,当\ y\geqslant3\ 时;当\ y\leqslant3\ 时,企业只采用工厂\ 2\ 进行生产。$$

据此,企业的短期总成本函数为
$$c(y)=\begin{cases} \dfrac{1}{2}y^2+7y+\dfrac{51}{2}^{①} & y\geqslant3 \\ y^2+4y+30 & 0\leqslant y\leqslant3 \end{cases}$$

根据成本函数以及边际成本,供给曲线如图 22-7 所示。

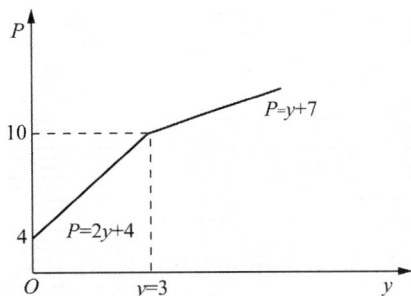

图 22-7

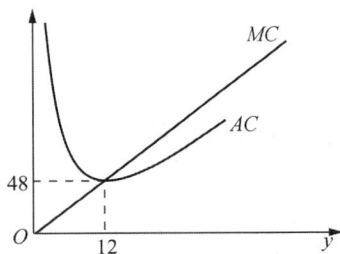

图 22-8

3. 某竞争性厂商长期总成本函数为 $c(y)=2y^2+288(y>0)$,且 $c(0)=0$。求该厂商的长期供给函数。

解:该厂商的长期边际成本函数为 $MC(y)=4y$,对应供给函数即为 $y=\dfrac{p}{4}$。

需要注意的是,长期中厂商不可能出现亏损(已知 $c(0)=0$,如果价格太低,厂商可选择不生产),故价格必须大于平均成本最低点。该厂商平均成本函数为 $AC(y)=2y+\dfrac{288}{y}$,最小值

---

① 当产量为 3 时,根据两个分段成本函数值相等(即成本函数的连续性),可得出常数项为 $\dfrac{51}{2}$。

为 48(此时产量为 12),故价格大于 48 时厂商才会选择生产。此外,当价格等于 48 时,厂商也可以选择生产 12 单位产量,也可选择不生产,利润均为零。如图 22-8 所示。

故长期供给函数为:

$$y=\frac{p}{4},如果\ p\geqslant 48$$

$$y=0,如果\ p\leqslant 48$$

4. 某竞争性厂商的生产函数为 $f(x_1,x_2)=[\min\{x_1,5x_2\}]^{1/2}$。如果要素 1 的价格为 $w_1=5$ 元/单位,要素 2 的价格为 $w_2=25$ 元/单位,求厂商的供给函数。

解:该厂商生产函数中要素呈完全互补特性,即要素投入必须满足 $x_1=5x_2$ 的比例关系。且由生产函数,可得 $y=\sqrt{x_1}$,$y=\sqrt{5x_2}$,y 表示厂商产量。

给定要素价格下可写出成本方程为:

$$c=w_1x_1+w_2x_2=5x_1+25x_2$$

进一步根据 y 与 x_1 及 x_2 的关系可写出成本函数:

$$c(y)=5y^2+25\frac{y^2}{5}=10y^2$$

相应边际成本为:$MC(y)=20y$

由完全竞争市场利润最大化条件 $MC(y)=p$,可得供给函数为:$S(p)=p/20$

5. 某竞争性厂商生产函数为 $y=\min\{x^2,100\}$。记 w 为要素 x 价格,产品价格为 1 元/单位,厂商除要素 x 外没有其他生产成本。求该厂商对要素 x 的需求函数。

解:根据该生产函数,有:$y=x^2,x\leqslant 10$;$y=100,x\geqslant 10$。

根据以上 x 与 y 的关系,我们可以把成本方程 $c=wx$ 转化为成本函数:

$$c(y)=w\sqrt{y}$$

该成本函数下具有边际成本 $MC(y)=\frac{w}{2\sqrt{y}}$ 递减性质,故给定产品价格(1 元/单位)下,厂商会选择最大化使用要素 x 从而扩大产量。又考虑到要素 x 的投入对产量的增加在大于 10 以后无作用,故要素 x 的需求为 10,对应产量为 100。进一步,考虑厂商总利润 $\pi=py-c(y)=y-w\sqrt{y}\geqslant 0$,可得 $w\leqslant 10$ 为对要素 x 的需求为 10 的必要条件。总结以上,该厂商对要素 x 的需求函数为:

$$\begin{cases} x=0 & w\geqslant 10 \\ x=10 & w\leqslant 10 \end{cases}$$

22.3　练习题

22.3.1　判断题(T 或 F)

1. 完全竞争市场中,竞争性厂商面临向下倾斜的需求曲线。　　　　　　　　(　　)
2. 完全竞争市场中,市场总需求曲线向下倾斜。　　　　　　　　　　　　(　　)
3. 价格等于边际成本是利润最大化的充分条件。　　　　　　　　　　　　(　　)
4. 一家厂商同时面临竞争性的要素市场和产品市场。如果它的长期供给曲线为 $q=3p$,

则这家厂商不可能具有规模报酬不变的技术特性。 （ ）

5. 某厂商长期成本函数为 $c(y)=20y^2+500,c(0)=0$,则平均总成本曲线为 U 形。 （ ）

6. 某厂商长期成本函数为 $c(y)=y^2+64,c(0)=0$,如果产品的价格为 12,利润最大化产量为零。 （ ）

7. 某厂商生产函数为 $f(x)=2x^{\frac{1}{3}}$,则只使用要素 x,则该厂商的成本函数与要素价格乘以产量的立方成比例。 （ ）

8. 一个竞争性厂商具有连续的边际成本曲线。随着产量的增加,边际成本曲线首先上升,然后下降,接着再次上升。如果这家厂商想获得利润最大化,那么它就不可能在价格等于边际成本并且边际成本随着产量增加有下降趋势的阶段生产。 （ ）

9. 短期边际成本曲线以下的面积表示可变成本。 （ ）

10. 当市场价格从 p_1 到 p_2 时,生产者剩余的变化等于边际成本曲线以左,并介于价格线 p_1 和 p_2 之间的面积。 （ ）

22.3.2 单选题

1. 一个利润最大化厂商在亏损的情况下依然生产,此时产品价格为 100 元/单位,则 （ ）

A. 平均总成本小于 100   B. 平均固定成本小于 100

C. 边际产量增加   D. 平均可变成本小于 100

E. 边际成本减少

2. 一个利润最大化的乳牛场现在每天生产10 000公斤牛奶。政府考虑两种政策。一是每月给与乳牛场 500 元的津贴,另一个是给与乳牛场每公斤产量 0.05 元的津贴。那么 （ ）

A. 两种类型的津贴都会使乳牛场的产量增加

B. 两种津贴都不会影响乳牛场的产量,因为产量是由利润最大化决定的

C. 后一种针对的产量的津贴会增加乳牛场的产量,但是前一种津贴类型不会

D. 哪种津贴类型对产量的影响大取决于固定成本是否大于可变成本

E. 当且仅当不存在规模报酬递减时,两种类型的津贴都会使得产量增加

3. 某竞争性厂商生产函数为 $f(x_1,x_2)=\min\{x_1,x_2\}$,$x_1$、$x_2$ 表示要素 1 和要素 2 的使用量。要素 1 和要素 2 的价格分别为 4 元/单位和 1 元/单位。因为仓库的空间有限,公司不能够使用超过 15 单位的要素 1。此外,厂商生产中存在准不变成本 90 元。请问使得厂商生产的最低产品价格为多少? （ ）

A. 15 元/单位   B. 21 元/单位

C. 5 元/单位   D. 24 元/单位

E. 11 元/单位

4. 关于追求短期利润最大化的某竞争性厂商,下面哪一项说法不正确? （ ）

A. 边际成本应大于等于平均可变成本   B. 总收入应大于等于总成本

C. 价格应大于等于平均可变成本   D. 价格应等于边际成本

E. 产量应选择边际成本曲线上升区域

5. 某竞争性厂商生产函数为 $y=(K+L)^{\frac{1}{2}}$,其中资本 K 的价格用利率 r 表示,劳动 L 的

价格用工资 w 表示,则有　　　　　　　　　　　　　　　　　　　　(　　)

　A. 不论 w 和 r 为多少,成本最小化情况下 $K = L$

　B. 技术具有递增的规模报酬

　C. 如果 $r > w$,则 $L = 0$

　D. 如果 $r > w$,则 $K = 0$

　E. 以上都不对

6. 某竞争性厂商生产函数为 $f(x_1,x_2)=39x_1^{0.25}x_2^{0.25}$,$x_1$、$x_2$ 表示要素 1 和要素 2 的使用量。若要素价格为 $w_1=w_2=1$,则厂商的成本函数为:　　　　　　　　(　　)

　A. $2\left(\dfrac{y}{39}\right)^2$　　　　　　　　　　B. $39(x_1+x_2)y$

　C. $(x_1+x_2)/39$　　　　　　　　　D. $\dfrac{y}{78}$

　E. $\dfrac{y^2}{78}$

7. 某竞争性厂商生产函数为 $f(x_1,x_2)=\left[\min\{x_1,3x_2\}\right]^{1/2}$,$x_1$、$x_2$ 表示要素 1 和要素 2 的使用量。如果要素的价格为 $w_1=w_2=6$,则该厂商供给函数 $S(p)$ 为　　　　(　　)

　A. $\max\{w_1,3w_2\}p$　　　　　　　B. $\min\{w_1,3w_2\}p$

　C. $8p$　　　　　　　　　　　　　D. $p/16$

　E. 以上都不对

8. 某汽车修理厂平均每个月的长期总成本为 $c(s)=3s^2+75$,$c(0)=0$,s 表示修理的汽车数量。如果修理汽车的价格为 18 元/辆。那么,为了达到利润最大化他每个月会修理多少辆汽车?　　　　　　　　　　　　　　　　　　　　　　　(　　)

　A. 3　　　　　　　　　　　　　B. 0

　C. 6　　　　　　　　　　　　　D. 4.50

　E. 9

9. 某竞争性厂商长期成本函数为 $c(y)=3y^2+27$,$c(0)=0$。请问使得该厂商生产的最低产品价格应为多少?　　　　　　　　　　　　　　　　　　　　　(　　)

　A. 36　　　　　　　　　　　　　B. 44

　C. 9　　　　　　　　　　　　　D. 18

　E. 23

10. 某竞争性厂商生产函数为 $y=\min\{x^3,1000\}$,厂商除要素 x 外没有其他生产成本。令 p 为产品的价格,要素 x 的价格为 1 元/单位。则利润最大化产量为　　(　　)

　A. 1 000,若 $p>1$;否则为 0　　　　B. 10

　C. 1 000　　　　　　　　　　　D. 0,若 $p<\dfrac{1}{100}$;否则为 1 000

　E. 以上都不对

22.3.3　计算题

1. 在某自然保护区有 n 头鹿,每头鹿发现一片新鲜的草地并且花费 h 分钟来牧草,那么它就会获得 $\sqrt{h}$ 单位的草,每头鹿需要花费 n^2 分钟的时间才找到一片新鲜的草地。如果一头鹿每 200 分钟能够获得 1 单位的草,它就能生存下去。

(1) 如果一头鹿从一片草地中得到 y 单位的草,那么获得一单位的草平均需要花费多少时间?

(2) 一头能干的鹿会选择在一片草地上花费多少时间?

(3) 根据自然淘汰的规律,最后均衡下鹿群可达到的最大数量是多少头?

2. 某竞争性厂商在生产产品过程只需要劳动和某种原材料作为投入,并且具有不变规模报酬的技术特性,除了劳动和原材料之外没有其他成本。其中,一个劳动力一小时可以生产 30 单位产品,工资为 9 元/小时,单位产品的原材料耗费 0.10 元/单位。求该产品市场的竞争性均衡价格。

3. 某竞争性厂商长期总成本函数为 $c(y)=3y^2+675, c(0)=0$。求该厂商的长期供给函数。

4. 某竞争性厂商生产函数为 $y=\min\{x^{1/2}, 10\}$。记 w 表示要素 x 的价格,产品价格为 1 元/单位。求要素 x 的需求函数。

5. 某竞争性厂商初始时拥有一个工厂,短期成本函数为 $c(y)=4y^2+89$,给定产品价格下利润最大化产量为 28 个单位产品。在产品价格不变的情况下,厂商决定建立另一个工厂,新工厂的短期成本函数为 $c(y)=8y^2+39$。为获得利润最大化,厂商第二家工厂的产量应该是多少? 求该厂商的总成本函数。

参 考 答 案

判断题

1. F 2. T 3. F 4. T 5. T 6. T 7. T 8. T 9. T 10. T

单选题

1. D 2. C 3. E 4. B 5. D 6. A 7. D 8. B 9. D 10. D

计算题

1. (1) $y+\dfrac{n^2}{y}$;(2) n^2 分钟;(3) 100 头

2. 0.4 元/单位

3. $\begin{cases} y=\dfrac{p}{6} & p\geqslant 90 \\ y=0 & 0\leqslant p\leqslant 90 \end{cases}$

4. $x=\min\left\{\dfrac{1}{4w^2}, 100\right\}$

5. 第二家工厂的产量为 14,该厂商的短期总成本函数为:$c(y)=\dfrac{8}{3}y^2+128$

第 23 章　行业供给

　　正如市场需求是消费者需求的加总,行业供给是竞争性市场中厂商供给的加总。本章分别讨论短期和长期的行业供给问题,并介绍经济租金等概念。

23.1　本章要点

　　1. 短期中,市场中厂商数量是既定的,行业供给为给定价格下现有厂商供给量的总和 $S(p)=\sum_{i=1}^{n}S_i(p)$,如图 23-1 所示。与市场需求类似,行业供给是指厂商供给量的水平加总,而非价格的加总。如果各厂商之间成本存在差异,短期行业供给线可能会出现折点。此外,短期中单个厂商利润可能为正、负或者为零。

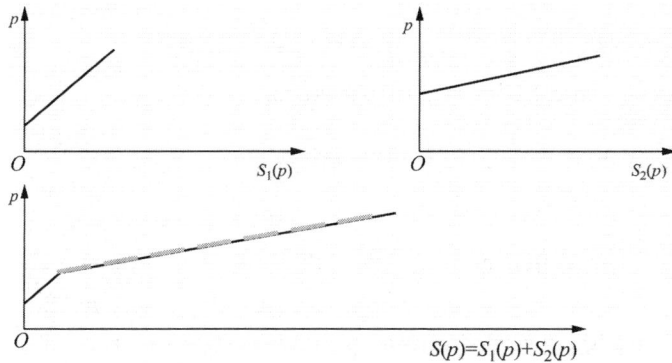

图 23-1

　　2. 长期中,厂商基于长期成本函数和市场价格来选择是否进入该行业。只要市场均衡价格高于长期平均成本的最低点,就会有新的厂商进入该行业并相应增加行业总供给。因此,长期行业供给曲线逐渐由一个锯齿形状趋向于最低平均成本的水平线,如图 23-2。在一个竞争性市场中,单个厂商占市场总供给的份额非常小。因此,我们可以把长期行业供给曲线就看为是等于最低平均成本的水平线。

图 23-2

中级微观经济学学习指南

3. 竞争性市场是一个自由进出的市场，只要短期市场均衡价格高于最低平均可变成本，就会吸引新的厂商进入并获得非负利润。厂商数量的增加会引起供给增加并降低市场均衡价格。因此，长期市场均衡价格必然等于(或者非常接近)最低平均成本，这也就得出竞争性市场中厂商长期利润为零(或者趋近于零)的一个重要结论。

4. 行业自由进出隐含着给定要素价格下要素市场供给无限这一前提。然而，一些行业存在有限要素供给问题，如土地、特质性人才等。此外，一些行业受政府规则并非是自由进出，如大多数城市的出租车运营都涉及由政府颁发牌照问题。这些有限要素的供给或者进入许可就使得市场中厂商数量是有限的，因此，市场均衡价格可能远远高于最低平均成本，此时在位的厂商能获得正利润。为了获得这个利润，厂商可能为这些有限要素或者经营许可支付一个高额费用，这个费用就相当于这些有限要素或者许可证的经济租金，相应的行为即为"寻租"。

23.2　例题讲解

1. 自行车行业由 160 家厂商构成，其中 100 家厂商成本函数是 $c(y)=\begin{cases}2+\dfrac{y^2}{2} & y>0 \\ 0 & y=0\end{cases}$，另外 60 家厂商生产成本函数是 $c(y)=\dfrac{y^2}{10}$。求短期行业供给函数。

解：对其中 100 家厂商来说，最低平均成本为 $MC=AC\Rightarrow p=2$

根据边际成本函数 $MC(y)=y$，每家的供给函数是 $y=\begin{cases}p & p\geqslant 2 \\ 0 & 0\leqslant p\leqslant 2\end{cases}$

因此，这 100 家厂商的总供给函数是 $y=\begin{cases}100p & p>2 \\ 0,2,4,\cdots,200 & p=2 \\ 0 & 0\leqslant p<2\end{cases}$

对其余 60 家厂商来说，最低平均可变成本为 $MC=AC\Rightarrow p=0$

根据边际成本函数 $MC(y)=\dfrac{y}{5}$，每家厂商的供给函数是 $y=5p$

因此，这 60 家厂商总供给函数是 $y=300p,p\geqslant 0$

综上，行业总供给函数为 $y=\begin{cases}400p & p>2 \\ 600,602,604,\cdots,800 & p=2 \\ 300p & 0\leqslant p<2\end{cases}$

2. 某竞争性行业厂商长期成本函数均为 $c(y)=\begin{cases}y^2+4 & y>0 \\ 0 & 0\end{cases}$，市场总需求函数为 $D(p)=50-p$。求长期竞争性均衡的厂商数量。

解：厂商边际成本函数为 $MC=\dfrac{\mathrm{d}c(y)}{\mathrm{d}y}=2y$，平均成本函数为 $AC=\dfrac{c(y)}{y}=y+\dfrac{4}{y}$

由 $MC\geqslant AC$ 可得：$y\geqslant 2$

因此，单个厂商的供给函数为 $\begin{cases}y=\dfrac{p}{2} & p>4 \\ 0\ or\ 2 & p=4 \\ 0 & p<4\end{cases}$

158

所在行业的供给函数为 $\begin{cases} y = \dfrac{np}{2} & p > 4 \\ 0, 2, \cdots, 2n & p = 4 \\ 0 & p < 4 \end{cases}$

由供求相等可得：$\dfrac{np}{2} = 50 - p \Rightarrow p = \dfrac{100}{(n+2)}$

n 取使 $p \geqslant 4$ 的最大整数，所以 $n = 23$，即竞争性均衡的厂商数为 23 家，此时市场均衡价格为 4 元/单位，厂商均衡利润为零。

3. 某竞争性行业中所有厂商都具有相同长期成本函数 $c(y) = \begin{cases} \dfrac{1}{8} y^2 + 8 & y > 0 \\ 0 & y = 0 \end{cases}$，市场总需求函数为 $D(p) = 231 - p$，求：

(1) 长期市场均衡价格和均衡的厂商数量。

(2) 若政府规定该行业中只能有 5 家厂商，但行业的竞争性使得每家厂商仍是市场价格接受者，那么从每家厂商里政府能够获得多少经济租金？

解：(1) n 个厂商总供给函数为：$S(p) = \begin{cases} 4np & p > 2 \\ 0, 8, 16, \cdots, 8n & p = 2 \\ 0 & p < 2 \end{cases}$

由供求相等可得：$4np = 231 - p \Rightarrow p = \dfrac{231}{4n+1}$

n 取使 $p \geqslant 2$ 的最大整数，求得 $n = 28$

此时市场均衡价格为 $p = \dfrac{231}{4 \times 28 + 1} = 2\dfrac{5}{113}$

(2) 若只能由 5 家厂商，则行业总供给函数为：$S(p) = \begin{cases} 20p & p > 2 \\ 0, 8, 16, \cdots, 40 & p = 2 \\ 0 & p < 2 \end{cases}$

由供求相等可得：$20p = 231 - p \Rightarrow p = 11$

此时，每个厂商提供的产量为 $S = 4p = 44$

此时，每个厂商可获得的准"利润" $= 11 \times 44 - \left(\dfrac{44^2}{8} + 8 \right) = 234$，因此，政府最多可以向每家厂商收取 234 元的经济租金。

23.3 练习题

23.3.1 判断题(T 或 F)

1. 短期行业总供给曲线是行业中现有厂商短期供给曲线的水平相加。 （　　）
2. 竞争性市场的长期均衡中，所有厂商的经济利润都为零(或者趋近为零)。 （　　）
3. 自由进出行业的长期供给价格弹性比短期供给价格弹性大。 （　　）
4. 在一个竞争性市场中，如果供给曲线和需求曲线均为线性，那么征收 10 元/单位的从

量税和对商品给予 10 元/单位补贴所产生的福利净损失相等。　　　　　　　（　　）

5. 某竞争性行业中所有厂商具有相同技术，且生产函数呈规模报酬不变，那么长期行业供给曲线为一根水平线。　　　　　　　　　　　　　　　　　　　　　　　　　　　（　　）

6. 某行业中某厂商生产函数为 $f(x,y)=x^{\frac{3}{4}}y^{\frac{3}{4}}$，$x$、$y$ 表示两种要素的投入量，那么长期中该行业不可能为竞争性的。　　　　　　　　　　　　　　　　　　　　　　　（　　）

7. 某竞争性行业初始时保持市场均衡状态，这时政府向厂商征收 2 元/单位的从量税，那么短期中产品价格也会上涨 2 元/单位。　　　　　　　　　　　　　　　　　　　　（　　）

8. 某竞争性行业初始时保持市场均衡状态，这时政府向厂商征收 2 元/单位的从量税，那么长期中产品价格也会上涨 2 元/单位。　　　　　　　　　　　　　　　　　　　　（　　）

9. 如果长期中存在有限要素供给问题，该有限要素一定能获得正的经济租金。　（　　）

10. 产品价格和经济租金是互为影响决定的，即产品价格上涨可能是由于经济租金上升所引起的。　　　　　　　　　　　　　　　　　　　　　　　　　　　　　　　（　　）

23.3.2　单选题

1. 两块面积相等的土地 A 地和 B 地，如果用于种植小麦的话，相同投入下（如施肥）A 地的产出总是比 B 地低。那么在利润最大化时：　　　　　　　　　　　　　　　（　　）

　　A. A 地的边际成本比 B 地的边际成本高　　B. 农民会在 A 地上使用更多化肥

　　C. A 地和 B 地边际成本相同　　　　　　　D. 农民会在 B 地上使用更多化肥

　　E. 以上都不对

2. 某竞争性行业在初始均衡时有 10 000 家相同厂商。每家厂商长期生产成本函数都是 $c(y)=100+y^2,y>0;c(0)=0$。政府现对每家厂商征收 300 元的一次性税收，那么在长期中，厂商的数量为：　　　　　　　　　　　　　　　　　　　　　　　　　　　　（　　）

　　A. 保持不变，产品价格上涨 30 元　　　　B. 加倍，同时价格加倍

　　C. 减半，同时价格加倍　　　　　　　　　D. 不变，同时价格上涨不到 30 元

　　E. 以上都不对

3. 某竞争性有两类厂商，其中 100 家厂商的短期成本函数为 $c(y)=2+\dfrac{y^2}{2}$，另外 120 家厂商短期生产成本函数是 $c(y)=\dfrac{y^2}{4}$。那么在产品价格大于 2 的区间内，行业供给函数为（　　）

　　A. $y=170p$　　　　　　　　　　　　　B. $y=360p$

　　C. $y=240p$　　　　　　　　　　　　　D. $y=340p$

　　E. $y=375p$

4. 某竞争性行业有两类厂商，一类厂商长期成本函数为 $c(y)=3+\dfrac{4}{3}y^2,y>0;c(0)=0$，另一类厂商长期成本函数为 $c(y)=10+\dfrac{y^2}{10},y>0;c(0)=0$。那么长期价格为多少时仅会有一类厂商经营？　　　　　　　　　　　　　　　　　　　　　　　　　　　　　　　（　　）

　　A. 1　　　　　　　　　　　　　　　　　B. 3

　　C. 5　　　　　　　　　　　　　　　　　D. 7

　　E. 以上都不对

5. 木瓜的种植成本为 1 元/个,市场价格为 3 元/个,但运输成本为 0.1 元/个/公里。如果 1 亩地可种 200 个木瓜/年,则距离市场 4 公里的一亩地年租金最高可达多少? 　　(　　)

A. 302 元
B. 320 元
C. 240 元
D. 262 元
E. 以上都不对

6. 在一个热带小岛上,有 100 个可能的造船厂商,编号为 1 到 100。每家厂商每年最多能造 8 条船,但厂商的边际成本都不相同。其中,用 y 表示厂商每年造船的数量,厂商 1 的总成本为 $c(y)=7+y,(y>0)$,厂商 2 的总成本为 $c(y)=7+2y,(y>0)$,厂商 i 的总成本为 $c(y)=7+iy,(y>0)$。如果船的市场价格为 15 元/艘,那么每年总共能制造多少艘船? 　　(　　)

A. 112
B. 64
C. 32
D. 168
E. 120

7. X 是某竞争行业的其中一个厂商,该行业中所有厂商都有相同的边际成本且恒等于 2。如果 X 厂商的边际成本上升到 4,而其他厂商的边际成本不变,那么产品价格会上涨多少?

　　(　　)

A. 2
B. 1
C. 不变
D. $2/n$(n 是行业中厂商数量)
E. 以上都不对

8. 某厂商使用单要素进行生产,生产函数为 $f(x)=45x-x^2$。购买要素有数量折扣,且每单位要素价格为 $3+\dfrac{289}{x}$。产品市场为竞争性且产品价格为 1 元/单位,那么利润最大化情况下厂商会购买多少单位要素? 　　(　　)

A. 21
B. 0
C. 42
D. 31.50
E. 以上都不对

9. 山东红富士苹果的种植成本为 4 元/个。如果出口到美国,有一半的苹果会腐烂在船上,被扔进海里,海上运费平均为 1 元/个。美国对山东红富士苹果的需求函数是 $q=10\,000-20p^2$。如果山东红富士苹果市场是完全竞争的,那么在美国出售的山东红富士苹果数量是多少? 　　(　　)

A. 8 000
B. 9 500
C. 9 680
D. 9 190
E. 9 000

10. 在一个有 1000 个厂商的行业中,每个厂商的生产函数是 $f(x_1,x_2)=x_1^{\frac{1}{2}}x_2^{\frac{1}{2}}$,$x_1$、$x_2$ 表示要素 1 和要素 2 的使用量,且两种要素价格 $\omega_1=\omega_2=1$。长期中两种要素都是可变的;但短期中每个厂商对要素 2 的需求恒定为 100 单位,(该要素为准不变要素),则长期行业供给曲线: 　　(　　)

A. 向上倾斜,在价格小于 10 时停止供应
B. 在产量小于 10 时向下倾斜
C. 在价格小于 2 时水平供给可能为零,在价格大于 2 时无限供给

D. 在价格小于 10 时水平供给可能为零,在价格大于 10 时无限供给

E. 在价格小于 20 时向上倾斜供给为零

11. 在没有政府干预的情况下,大麻的生产和运输的边际成本恒定为 4 元/单位。假如政府一旦发现运输的大麻就会没收,并且把没收的大麻在市场上出售。大麻运输被没收的概率是 0.50。假定大麻市场为完全竞争,那么政府行为会引起: (   )

　　A. 均衡价格增加 8　　　　　　　　　B. 均衡价格增加 4

　　C. 均衡价格下降 2　　　　　　　　　D. 不改变价格

　　E. 均衡价格增加 2

12. 捕获美冠鹦鹉并运到美国的边际成本是每只 40 美元。美冠鹦鹉被麻醉后用手提箱运进美国。有一半的走私鹦鹉会死在运输过程中。全部走私的鹦鹉中(包括死掉的),有 10% 的可能被发现并被没收。此外,走私者会被罚,每只走私鹦鹉的罚款为 1 100 美元。如果走私美冠鹦鹉是一个竞争性行业,那么美国市场上每只鹦鹉的均衡价格是多少?   (   )

　　A. 333.33 美元　　　　　　　　　　B. 150 美元

　　C. 95 美元　　　　　　　　　　　　D. 73 美元

　　E. 244.44 美元

13. 某竞争性行业中厂商的供给函数都是 $S(p) = \dfrac{p}{2}$,如果厂商生产 5 单位产品,那么厂商总可变成本是多少?   (   )

　　A. 50　　　　　　　　　　　　　　　B. 23

　　C. 37.50　　　　　　　　　　　　　D. 25

　　E. 条件不足,无法计算

14. 某竞争性行业中有 100 个具有同样生产函数的厂商。短期中每家厂商的生产函数为 $y = (\min\{x_1, 3x_2\})^{\frac{1}{2}}$,$x_1$、$x_2$ 表示要素 1 和要素 2 的使用量,两种要素价格 $\omega_1 = 2$,$\omega_2 = 6$,此外厂商还存在固定成本 100 元。短期行业供给函数是: (   )

　　A. $y = 100p$,$p \geqslant 2$　　　　　　B. $y = 100p$

　　C. $y = 12.5p$,$p \geqslant 40$　　　　　D. $y = 12.5p$

　　E. 以上都不对

15. 某竞争性行业厂商的长期成本函数是 $c(y) = 4 + y^2$,$y > 0$;$c(0) = 0$,市场需求函数是 $y = 120 - p$。那么长期均衡厂商数量为多少?   (   )

　　A. 29　　　　　　　　　　　　　　　B. 58

　　C. 56　　　　　　　　　　　　　　　D. 120

　　E. 59

16. 在美国怀俄明州,养牛的数量可以用公式计算:$C = G/20 + P/30$(其中 C 是牛的数量,G 是用蒲式耳衡量的谷物数量,P 是用英亩衡量的牧场面积)。如果,谷物的费用是 5 美元/蒲式耳,牧场的费用是 4 美元/英亩,那么牧场主罗伊用 3 000 美元的预算可以养多少牛? (   )

　　A. 600　　　　　　　　　　　　　　B. 60

　　C. 30　　　　　　　　　　　　　　　D. 25

　　E. 150

23.3.3　计算题

1. 种植玉米的成本受土壤质量、降雨量和生长期长短等因素影响，这些因素可以用 f 表示。在一亩地上生产 y 公斤玉米的成本函数为 $c(y,f)=\dfrac{1+y^2}{f}$，$y>0$；$c(0,f)=0$。

（1）写出生产玉米的长期平均生产成本函数。

（2）在哪种产出水平下，长期的平均生产成本最小？

（3）公斤玉米的最低价格是多少？

参 考 答 案

判断题

1. T　2. T　3. T　4. T　5. T　6. T　7. F　8. T　9. F　10. F

单选题

1. C　2. E　3. D　4. B　5. B　6. A　7. C　8. A　9. A　10. C　11. B　12. A
13. D　14. D　15. B　16. C

计算题

1.（1）$LAC=\dfrac{\left(y+\dfrac{1}{y}\right)}{f}$；（2）1 公斤；（3）$2/f$

第 24 章 垄 断

本章讨论产品市场为完全垄断时厂商利润最大化决策。

24.1 本章要点

1. 完全垄断市场结构中，行业中仅存在一家完全垄断厂商。此时市场需求曲线即为该厂商的需求曲线。完全厂商利润最大化决策 $\max\limits_{y} R(y) - C(y)$ 的一阶条件即为边际收益等于边际成本（$\dfrac{\mathrm{d}R(y)}{\mathrm{d}y} = MR = MC = \dfrac{\mathrm{d}C(y)}{\mathrm{d}y}$）。实际上，边际收益等于边际成本（$MR = MC$），是任何一个市场结构中厂商利润最大化的条件。在完全竞争市场结构中，单个厂商面临的需求曲线为给定市场均衡价格下的水平下，此时边际收益恒等于产品价格 $MR = p$，因此利润最大化条件为 $MR = p = MC$。与完全竞争市场结构中厂商为市场价格的接受者不同，完全垄断市场结构中，厂商是价格的设定者，厂商在确定利润最大化产量的同时，市场均衡价格也就相应被决定了。

2. 根据第 15 章相关内容，边际收益可以由 $MR = p(1 - \dfrac{1}{|\varepsilon|})$，相应代入利润最大化条件，有 $p = \dfrac{MC}{1 - \dfrac{1}{|\varepsilon|}}$。我们把这一公式称之为边际成本加成定价：即完全垄断厂商的定价是根据边际成本进行一个与市场需求弹性相关的系数进行调整。我们也可以用 $\dfrac{p - MC}{p} = \dfrac{1}{|\varepsilon|}$ 表示成本加成的幅度，也称为逆弹性准则，因为价格加成幅度与弹性倒数相关。可以看出，如果弹性系数 $|\varepsilon|$ 越大，即市场越富有弹性，消费者对价格越敏感，此时厂商的价格加成幅度也越低。因此，系数 $\dfrac{1}{|\varepsilon|}$ 是完全垄断厂商垄断势力的一种度量，我们称为勒纳指数（Lerner Index）。我们在例题中提出几种需求函数下垄断厂商的定价分析，可帮助大家进一步理解这一问题。

3. 对完全垄断市场的社会福利分析表明，与完全竞争市场中价格等于边际成本（$P = MC$）相比较，完全垄断市场均衡在边际收益等于边际成本（$MR = MC$）处。此时价格高于边际收益与边际成本 $p > p(1 - \dfrac{1}{|\varepsilon|}) = MC$，相应市场均衡量低于完全竞争市场均衡水平。完全垄断市场均衡下，厂商虽然获得了超额利润，但考虑到消费者剩余以及市场均衡量的减少，社会总福利水平是下降的。因此，市场产生了图 24-1 中三角的福利净损失。

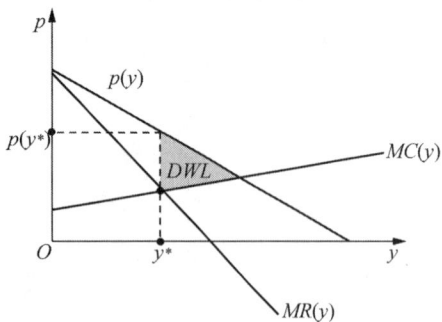

图 24-1

4. 考虑完全垄断对社会福利水平的影响，我们进一步关心两个问题：是什么造成完全垄断，应该如何对完全垄断市场进行规则从而提高社会福利水平。实际上，现实社会中最接近完全垄断市场结构的行业大多数集中在公用事业部门，主要是因为这些行业存在较大程度的规模经济；此外，由于专利或者专有技术也会产生完全垄断现象。对完全垄断行业的规制是一个重要的研究议题。出于某种需要，有时候需要允许垄断的存在，如通过专利许可鼓励技术创新。在面对完全垄断市场中低产量、高价格、低效率问题，税收政策是无能为力的(有趣的是，也许我们还要通过补贴来提高垄断厂商的产量)。

24.2　例题讲解

1. 设完全垄断厂商的边际成本为 c，记 $p^m(c)$ 表示垄断厂商所设定垄断价格，分别基于下列反需求函数求出相应完全垄断价格，并对结论进行分析。

(1) $p = q^{-\frac{1}{\varepsilon}}, \varepsilon > 1$

(2) $p = \alpha - \beta q^{\delta}, \delta > 0$

(3) $p = \alpha - \beta \ln q$

解：根据反需求函数我们可以写出相应的边际收益函数，结合垄断厂商利润最大化条件(边际收益等于边际成本)，我们就可以得出相应的垄断价格。

(1) 该反需求函数具有需求弹性不变的特性，系数 ε 即为市场需求弹性 $\left|\dfrac{\mathrm{d}q/q}{\mathrm{d}p/p}\right| = \varepsilon$。

可根据逆弹性准则，即有 $p^m(c) = \dfrac{c}{1 - \dfrac{1}{\varepsilon}}$。

(2) 该反需求函数为幂函数，根据利润最大化条件：

$$MR = \frac{\mathrm{d}r(q)}{\mathrm{d}q} = \frac{\mathrm{d}(\alpha q - \beta q^{\delta+1})}{\mathrm{d}q} = \alpha - \beta(\delta+1)q^{\delta} = MC = c$$

$$\Rightarrow \alpha - (\delta+1)(\alpha - p) = c \Rightarrow p^m(c) = \frac{\delta\alpha}{\delta+1} + \frac{1}{\delta+1}c$$

可以看出，该反需求函数下垄断价格与边际成本呈线性相关，系数为 $\dfrac{1}{\delta+1}$。当 $\delta = 1$ 时，该反需求函数对应线性需求函数，此时垄断价格与边际成本的变动关系保持固定比例关系 $\dfrac{\mathrm{d}p^m(c)}{\mathrm{d}c} = \dfrac{1}{2}$，熟悉这个结论对解答后面的练习是非常有帮助的。

(3) 该反需求函数为对数函数，根据利润最大化条件：

$$MR = \frac{\mathrm{d}r(q)}{\mathrm{d}q} = \frac{\mathrm{d}(\alpha q - \beta \ln q \times q)}{\mathrm{d}q} = \alpha - \beta \ln q - \beta = MC = c$$

$$\Rightarrow p - \beta = c \Rightarrow p^m(c) = \beta + c$$

可以看出，该反需求函数下垄断价格为边际成本加上一个固定常数。

通过上述几种情况可以看出，逆弹性准则对于固定弹性系数的需求函数是完全适用的。但要注意的是，在(2)和(3)问中，垄断价格和边际成本的关系则有所不同，因为需求弹性并非保持不变。

2. 在某个乡村里只有一个说书人张某，村人对说书的需求可以用函数 $q = 40 - p$ 表示，q 表示每周说书的小时数。此外，张某还可以到村里的杂货店打工并可得到 4 元/小时的工资收入。如果张某每天至少会到杂货店工作一小时且仍有时间空余,请问张某每周会选择多少小时在村里说书?

解:初看该题似乎条件不足——总支配时间、张某的效用函数等均未知。但仔细想来,最初张某的时间应该是选择说书,至少说书的第一个小时可以获得39元的收入,而在杂货店的收入只有4元/小时。随着说书时间的增加,张某的边际收入(每增加一小时说书所获收入的增加量)会下降。因此,给定最后均衡下张某会在杂货店工作且仍有时间空余,即意味着此时说书的边际收入与杂货店的边际收入(恒定为4元/小时)相等:即

$$MR = 40 - 2q = 4 \Rightarrow q = 18$$

所以,张某会选择每周在村里说书的时间为18小时。

3. 设消费者对某商品的需求量 q 取决于厂商对该商品的定价 p 和厂商的广告投入 a,即 $q = D(p, a)$。记厂商的生产成本函数为 $C(q)$(不包括广告投入)。令 ε_p 为需求价格弹性,ε_a 为需求广告投入弹性(需求量相对变化除以广告投入相对变化的比率)。证明:$\dfrac{\varepsilon_a}{\varepsilon_p} = \dfrac{a}{pq}$,即广告投入($a$)占销售额($pq$)的比例应等于需求的广告投入弹性与需求的价格弹性之比。(该结论也称之为多夫曼—斯泰勒条件,来自于 $Dorfman-Steiner$ 1954年对广告的一篇创造性研究论文)

证:企业利润函数为:$\pi(p, a) = pD(p, a) - C(D(p, a)) - a$

根据最大化条件,分别对 p 和 a 求一阶导数得:

$$\begin{cases} D(p, a) + pD_p(p, a) - C'(D(p, a))D_p(p, a) = 0 \\ pD_a(p, a) - C'(D(p, a))D_a(p, a) - 1 = 0 \end{cases}$$

整理可得:$p + \dfrac{D(p, a)}{D_P(p, a)} = p - \dfrac{1}{D_a(p, a)}$

即:$\dfrac{\dfrac{\partial D}{\partial a}}{\dfrac{\partial D}{\partial p}} = -\dfrac{1}{D(p, a)}$

故有:$\dfrac{\varepsilon_a}{\varepsilon_p} = -\dfrac{\dfrac{\partial D}{\partial a}\dfrac{a}{q}}{\dfrac{\partial D}{\partial p}\dfrac{p}{q}} = \dfrac{a}{pq}$

4. 一家厂商开发出一种新型饮料,因为该厂商对该新型饮料拥有专利,他在这个市场上是完全垄断者。市场对该新型饮料的需求函数是 $q = 14 - p$。生产新型饮料的边际成本为零。但在生产新型饮料之前,厂商要投入固定成本54元。请问:

(1) 该厂商将生产多少单位的该新型饮料?

(2) 上述结果是否为社会最优?即是否存在帕累托改进,如何改进?

解:(1) 垄断厂商利润函数为:$\max_q \pi = pq - c(q) = (14 - q)q - 54$

根据目标利润函数一阶条件,有 $q = 7$。但此时总收益为49,考虑存在54元的固定成本,厂商总利润为 -5。因此,厂商仍然会选择不生产,从而避免因不能回收固定成本所导致的亏损。

(2) 从社会总福利水平来看,价格应定在与边际成本相等水平,此时需求量为14,社会总福利水平 = 消费者剩余 + 厂家利润 = $14 \times 14/2 - 54 = 44$。因此,从社会最优的角度考虑应

该生产 14 个单位产品并定价为零。为了弥补厂商因生产导致的成本,可以对厂商进行生产补贴。补贴额只要大于初始投入 54,即保证企业利润大于零即可实现对原结果的帕累托改进。

24.3　练习题

24.3.1　判断题(T 或 F)

1. 垄断厂商定价高于边际成本,因此产生低效率。　　　　　　　　　　　　　(　　)

2. 所谓自然垄断,是指某厂商获得了某种自然资源的全部所有权,并因此可以排除其他生产者。　　　　　　　　　　　　　　　　　　　　　　　　　　　　　　(　　)

3. 因为垄断厂商能获得高于正常的投资回报率,因此投资者在证券市场上投资垄断性厂商比竞争性厂商的资本回报率也更高。　　　　　　　　　　　　　　　　(　　)

4. 某垄断厂商具有固定成本,但可变成本为零,则该垄断厂商将根据收益最大的原则定价。　　　　　　　　　　　　　　　　　　　　　　　　　　　　　　　　(　　)

5. 某垄断厂商面临向下倾斜的需求曲线,则利润最大化时厂商的边际收益低于市场产品价格。　　　　　　　　　　　　　　　　　　　　　　　　　　　　　　(　　)

6. 如果向该厂商征收 1 元/单位的从量税,那么垄断者一定会将产品价格在原基础上提高超过 1 元/单位。　　　　　　　　　　　　　　　　　　　　　　　　　(　　)

7. 垄断企业一定会定价于市场需求富有弹性的区间。　　　　　　　　　　　(　　)

8. 短期中追求利润最大化的厂商总是使得边际收益等于边际成本。　　　　(　　)

9. 完全垄断厂商一定能获得正的经济利润。　　　　　　　　　　　　　　　(　　)

10. 通过向垄断厂商征收从量税可有效提高社会福利水平。　　　　　　　　(　　)

24.3.2　单选题

1. 某垄断厂商面临市场反需求函数为 $p=50-4q$,其中 q 是产出量。该垄断者拥有零固定成本并且在任何产量水平的边际成本均为 5 元/单位。下列哪个选项描述了该垄断者的利润函数?　　　　　　　　　　　　　　　　　　　　　　　　　　　　　　(　　)

A. $50-4q-5$ 　　　　　　　　　　　B. $50-8q$

C. $45q-4q^2$ 　　　　　　　　　　　D. $50-4q^2-5$

E. 以上均不正确

2. 某垄断厂商面临市场反需求函数为 $p=64-2q$,产量多少时其总收益最大?　(　　)

A. 24 　　　　　　　　　　　　　　　B. 26

C. 8 　　　　　　　　　　　　　　　D. 32

E. 16

3. 某垄断厂商面临的市场需求函数为 $q=\dfrac{7\,000}{p^2}$。该厂商的边际成本恒为 1 元/单位。垄断厂商利润最大化的定价为　　　　　　　　　　　　　　　　　　　　　(　　)

A. 1 元/单位 　　　　　　　　　　　B. 2 元/单位

C. 3 元/单位 　　　　　　　　　　　D. 1.5 元/单位

E. 2.5 元/单位

4. 某垄断厂商面临的市场需求函数为 $q = 100 - 3p$。该厂商生产边际成本恒为 20 元/单位。如果厂商被征收 10 元/单位的从量税,则市场价格将 （ ）

A. 上升 5 元/单位   B. 上升 10 元/单位

C. 上升 20 元/单位   D. 上升 12 元/单位

E. 维持不变

5. 某垄断厂商面临市场需求函数为 $q = \dfrac{10\,000}{p^2}$。该厂商生产边际成本恒为 5 元/单位。如果政府向其征收 10 元/单位的从量税,厂商定价应该上升 （ ）

A. 5 元/单位   B. 10 元/单位

C. 20 元/单位   D. 12 元/单位

E. 以上均不变

6. 若垄断厂商边际成本恒为 1 元/单位,且利润最大化时市场需求价格弹性为 -2,那么 （ ）

A. 不能确定   B. 该厂商定价一定超过 2 元/单位

C. 该厂商定价一定低于 2 元/单位   D. 该厂商定价一定为 2 元/单位

E. 以上都不对

7. 某垄断厂商平均成本随产量增加而递减。如果他制定一个等于平均成本的价格,那么 （ ）

A. 产量高于社会最优产量水平   B. 产量等于社会最优产量水平

C. 产量低于社会最优产量水平   D. 实现利润最大化

E. 面临市场需求过剩

8. 某垄断厂商面临市场需求价格弹性恒为 -3,如果该厂商利润最大化定价为 12 元/单位,则该垄断厂商的边际成本为 （ ）

A. 5 元   B. 25 元

C. 24 元   D. 8 元

E. 12 元

9. 某垄断厂商边际成本恒为 1 元/单位,市场需求函数为 $q = \begin{cases} \dfrac{1\,000}{p} & p \leqslant 50 \\ 0 & p > 50 \end{cases}$。则利润最大化的产量水平为多少? （ ）

A. 5   B. 10

C. 15   D. 20

E. 25

10. 某行业市场需求函数为 $q = A - Bp$,行业中厂商边际成本恒为 C。对所有 A、B、C 的值均有 $A > 0, B > 0, 0 < C < A/B$。那么 （ ）

A. 如果该产业是完全垄断的,则均衡价格将恰好是完全竞争情况下的二倍

B. 如果该产业是完全竞争的,则均衡产出将恰好是完全垄断情况下的二倍

C. 如果该产业是完全垄断的,则均衡价格将比完全竞争情况下的高出二倍

D. 如果该产业是完全垄断的,则均衡产出将比完全竞争情况下的多出一半

E. 以上均不正确

11. 某垄断厂商面临市场需求函数为 $q = 90 - \dfrac{p}{2}$。该厂商长期成本函数为 $c(y) = \begin{cases} C + 20y & y > 0 \\ 0 & y = 0 \end{cases}$, C 为准不变成本。使得厂商愿意生产的最大 C 值为多少? （　　）

A. 20
B. 2 560

C. 3 200
D. 4 800

E. 3 840

12. 某自然垄断厂商成本函数为 $c(q) = 350 + 20q$,其中 q 为产量。市场反需求函数为 $p = 100 - 2q$。政府规定要求这家厂商产量为正,并且制定一个等于平均成本的价格。为了符合这种规定,那么 （　　）

A. 厂商仍可获得正的经济利润
B. 厂商必须生产 40 单位产品

C. 厂商可以生产 5 或 35 单位的产品
D. 厂商必须制定 70 元/单位的价格

E. 厂商必须生产 20 单位商品

13. 某垄断厂商成本函数为 $c(q) = 800 + 8q$,反需求函数为 $p = 80 - 6q$。如果厂商被要求价格等于边际成本,那么 （　　）

A. 厂商利润为 0
B. 厂商将亏损 400 元

C. 厂商仍可获得正的经济利润
D. 厂商将亏损 800 元

E. 厂商将亏损 600 元

14. 某经销商享有在一个岛上的汽车销售专有权,因而为该行业的完全垄断厂商。一天,岛上的政府管辖了相邻的另一个岛,垄断者因此将其汽车销售专有权扩展到另一个岛上。另一个岛的居民有着和这个岛相同的偏好和收入,而且两个岛居民数相同。则有 （　　）

A. 垄断者销售量不变,收入翻一番
B. 垄断者制定的价格不变,销量翻一番

C. 垄断者提高售价但不一定使售价翻番
D. 垄断者利润不止翻一番

E. 以上均不正确

15. 某垄断厂商成本函数为 $c(q) = 1000 + 10q$,市场需求函数为 $q = 10\,000 - 100p$。若政府向其征收 50% 的企业所得税,厂商会 （　　）

A. 加价 50%
B. 加价超过 50%

C. 加价但不超过 50% 以弥补征税带来的损失

D. 并不改变价格或销售量
E. 以上都不正确

16. 某垄断厂商面临向下倾斜的需求曲线,但因为存在较大的固定成本,因此最大化利润仍为零,在这个正的且使其利润最大化的产量水平上 （　　）

A. 技术呈规模报酬递增
B. 需求价格弹性小于 1

C. 边际收益大于边际成本
D. 价格等于边际成本

E. 平均总成本大于边际成本

17. 某小镇的委员会正在决定是否修建一个耗资一百万美元而且只能维持一季的室外冰场。该室外冰场运营成本为零。小镇对该室外冰场的需求函数为 $q = 1200 - 0.6p$。委员会将就此是否修建冰场征求你的意见。你应该告诉他们 （　　）

A. 在任何票价的情况下收入都不能弥补建造费用。建造冰场并不能增加总的消费者剩余

B. 如果冰场被修建并按利润最大化定价,小镇将获得一定利润并且居民的处境将得到改善

C. 如果冰场被修建并按利润最大化定价,小镇将获得一定利润但居民的处境将恶化

D. 没有任何票价能够使得收益弥补建造费用,但是总的消费者剩余增加将超过费用

E. 以上均不正确

18. 某垄断厂商的边际成本恒为 2 元/单位,当前定价下市场需求价格弹性为 -0.7。如果你受雇对该垄断厂商进行关于增加利润的建议,你认为应该 （　　）

A. 增加产出　　　　　　　　　　　B. 降低价格

C. 降低产出　　　　　　　　　　　D. 在价格等于边际成本处进行生产

E. 加大广告宣传力度

19. 某完全垄断的混凝土公司在竞争性要素市场上购买原材料水泥(c)和沙砾(g),生产函数为 $q = c^{1/2} g^{1/2}$。如果水泥的价格上升,该公司 （　　）

A. 对水泥的需求下降,同时其对沙砾的需求上升

B. 对水泥的需求下降,同时其对沙砾的需求也下降

C. 对水泥的需求下降,同时其对沙砾的需求可能上升、下降或不变,这取决于对混凝土的需求函数

D. 对水泥的需求下降可能上升、下降或不变,取决于水泥的需求弹性是大于、小于还是等于 -1

E. 对水泥的需求下降可能上升或下降但必定与对沙砾的需求反向变动

20. 某垄断厂商当前产量水平时总收益最大,若其边际成本大于零。则此时厂商 （　　）

A. 处于利润最小化产量水平　　　　B. 产量等于利润最大化的产量水平

C. 产量小于利润最大化的产量水平　D. 产量大于利润最大化的产量水平

E. 无法判断

21. 某垄断厂商成本函数为 $c(y) = 20y$。市场需求函数为 $y = \dfrac{600}{p^4}$。假设政府为使其增加产量而给其 15 元/单位补贴。则该补贴将使其 （　　）

A. 降价 7.50 元/单位　　　　　　　B. 降价 15 元/单位

C. 降价 20 元/单位　　　　　　　　D. 降价 35 元/单位

E. 价格不变

22. 某垄断厂商面临市场需求函数为 $q = 7\,000(p+3)^{-2}$。则用价格 p 表示的边际产品收益函数为 （　　）

A. $\dfrac{p}{2} + 3$　　　　　　　　　　　B. $2p + \dfrac{3}{2}$

C. $\dfrac{p}{2} - \dfrac{3}{2}$　　　　　　　　　　D. $-2p - 9$

E. $p + 1$

23. 某垄断厂商面临市场需求函数为 $q = \dfrac{1\,000\,000}{p^{1.40}}$,该厂商成本函数为 $c = 100\,000 + 20q$。

则利润最大化时产品价格比边际成本水平高多少？　　　　　　　　　　（　　）

    A. 220％　　　　　　　　　　　　　B. 290％

    C. 250％　　　　　　　　　　　　　D. 190％

    E. 350％

24. 某垄断厂商面临市场需求函数为 $Q=400-6P$。该厂商生产函数为 $Q=\min\left\{L,\dfrac{G}{6}\right\}$，其中 L 为劳动时间（单位：小时），G 为生产原材料使用量（单位：磅）。要素价格为 $P_L=15$，$P_G=3$。则利润最大化的产量和价格为　　　　　　　　　　　　　　　　（　　）

    A. $Q=179,P=36.83$　　　　　　　　B. $Q=192.25,P=34.63$

    C. $Q=199.42,P=33.43$　　　　　　　D. $Q=101,P=49.83$

    E. $Q=202,P=33$

25. 两个完全垄断市场，如果 A 市场的价格高于 B 市场的价格，则　　　　（　　）

    A. A 市场的需求弹性大于 B 市场的需求弹性

    B. A 市场的需求弹性小于 B 市场的需求弹性

    C. 两个市场需求弹性相等

    D. 条件不足，无法判断

    E. 以上都不对

24.3.3　计算题

1. 某篮球队比赛的观众人数取决于该队每赛季获胜的场次和门票的价格，可用函数 $Q=N(20-p)$ 表示，其中 Q 为每年售出的票的数量（以十万计），p 是票价，N 为球队胜率。球队可以通过雇佣更好地球员来增加获胜的场次。如果球队在球员身上花费 C 百万美元，他将获得 $0.7-\dfrac{1}{C}$ 的比赛胜率。

（1）写出以票价和在球员身上花费所表示的篮球队利润函数。

（2）计算出最大收益时的票价。

（3）计算出利润最大化时在球员身上的花费和球队胜率。

参 考 答 案

判断题

1. T　2. F　3. F　4. T　5. T　6. F　7. T　8. T　9. F　10. F

单选题

1. C　2. E　3. B　4. A　5. C　6. D　7. C　8. D　9. D　10. B　11. C　12. C　13. D　14. B　15. D　16. E　17. D　18. C　19. C　20. D　21. C　22. C　23. C　24. D　25. D

计算题

1. (1) $(0.7-1/C)(20-p)p-C$；(2) $p=10$；(3) $C=10$，胜率：60％

第 25 章　垄断行为

如果垄断厂商除了有关市场需求信息外,还了解更多有关消费者需求信息,那么垄断厂商就能通过一些垄断行为(如歧视性定价、捆绑销售等)来获得更多的消费者剩余并增加利润。

25.1　本章要点

1. 如果垄断厂商只了解总市场需求(函数),那么他只能通过单一定价来实现利润最大化。但更多有关消费者个体的需求信息使得垄断厂商可通过歧视性定价来增加垄断利润。

● 如果垄断厂商了解每个消费者的需求信息,也可识别消费者的类型,并能有效阻止产品在不同消费者之间的相互买卖(套利),那么垄断厂商就能进行一级价格歧视——向不同消费者索取不同最高保留价格。此时,消费者剩余和生产者剩余的总和实现了最大化,社会处于最优产量水平,但所有的剩余都被厂商获得,消费者剩余为零。

● 一级价格歧视的要求是非常高的,因此较难找到现实中的例子。有些情况下,我们可能只知道市场上消费者大致分为几种类型,但并不能区分哪个消费者属于哪种类型。如果垄断厂商能有效阻止商品在不同消费者之间的相互买卖的套利行为,依然可以进行二级价格歧视此时。二级价格歧视下,垄断厂商实际上是根据市场需求类型设计不同的数量(质量)包,让消费者自己选择对号入座。一般情况下,含商品数量越多的消费包平均价格越低,因此二级价格歧视也称为数量折扣,通俗来讲就是买得越多越便宜。例如,商场中"满 100 送 50"就是给高需求消费者一个价格折扣。现实情况下,因为不能有效阻止消费者之间相互买卖的套利行为,二级价格歧视更多是通过两部定价或者质量歧视的方案来实施。

● 另外一些情况下,垄断厂商能根据消费者的有关特征(如性别、年龄、职业等)识别不同需求类型的消费者,这样厂商就可以把整个市场分为几个不同类型的子市场。如果厂商能有效阻止产品在不同需求市场的买卖行为,那么厂商就能实行三级价格歧视。三级价格歧视下,垄断厂商会在不同需求市场制定不同的价格。如有些商家会在居民楼里统一派发一些折扣券,那些对价格敏感的消费者(如学生、老年人等)就会持券来购买商品,商家通过消费者是否持券来辨析消费者的需求类型并相应索取不同价格。

2. 如果垄断厂商是多产品垄断市场的提供者,那么,垄断厂商也可以通过设计一些产品组合来提高垄断利润。最常见的产品组合包括捆绑(bundling)和搭售(tie-in)。捆绑和搭售等销售方案与产品的互补性以及消费者对两种商品保留价格的相关性有关。

3. 两部收费制与二级价格歧视存在密切联系,有关这一问题,可以参考例题 2。

4. 垄断竞争是现实中最为常见的市场结构,但其分析的难度也最高。垄断竞争市场的垄断性使得厂商面临向下倾斜的需求曲线,竞争性导致最后厂商经济利润为零。因此,垄断竞争市场均衡的一个特征就是厂商需求曲线与平均成本曲线相切。现实中垄断竞争市场中的垄断性大多来自于产品的差异化。虽然说垄断竞争的均衡并不是最低平均成本的产量水平,但产品差异化确实使得我们的生活更有色彩。

25.2 例题讲解

1. 某垄断性市场有 5 个消费者。其中 2 个消费者(不妨记为消费者 1 和 2)对产品的反需求函数为 $P=20-Q$;其余 3 个消费者对产品的反需求函数为 $P=16-2Q$。垄断厂商生产的边际成本为零,且无固定成本。如果垄断厂商不能辨析每个消费者属于哪种类型,但可以有效阻止产品在消费者之间的买卖行为,请问厂商可进行哪类价格歧视,求垄断厂商的最优销售—定价方案、厂商总利润及每个消费者净剩余。

解:厂商知道市场上的消费者包括两类,但不能辨析具体每个消费者属于哪种类型,因此只能实行二级价格歧视。

如图 25-1,a 线为需求消费者的需求曲线,b 线为高需求消费者的需求曲线。二级价格歧视下,厂商面向低需求消费者设计 x_1 数量产品的消费包,并索取 A 面积的费用(即该类消费者的全部剩余);面向高需求消费者设计 $x_2=20$ 数量产品的消费包,考虑激励相容原则,索取的费用应为图中 $A+B+C$ 面积。

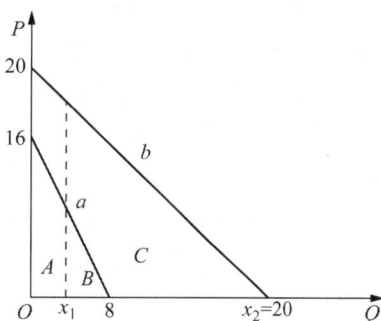

图 25-1

零边际成本时,根据不同类型需求者的数量,厂商的目标利润函数为:$\pi=3A+2(A+B+C)$,其中 A、B、C 的面积均与 x_1 相关。

具体而言最大化目标函数为:

$$\max_{x_1} 3\int_0^{x_1}(16-2x)\mathrm{d}x + 2\left[\int_0^{x_1}(16-2x)\mathrm{d}x + \frac{1}{2}(20-x_1)^2\right]$$

解得 $x_1=5$,$A=55$,$A+B+C=167.5$,即厂商定价方案为向市场出售两个不同数量的商品包:一个为含 5 单位商品的数量包,售价 55 元;另外一个为 20 单位商品的数量包,售价 167.5 元。最后,三位低需求消费者选择购买 5 单位的数量包,消费者净剩余为零;两位高需求消费者购买 20 单位的数量包,消费者净剩余为 32.5;厂商实现总利润 500 元[①]。

2. 某厂商发明了一种新型血糖仪和试纸,消费者可购买该血糖仪和相应的试纸进行血糖浓度测试,每份试纸只能测试一次。该厂商通过获取专利在该血糖仪和试纸市场上具有完全垄断势力。假设市场上有两类消费者 A 和 B:A 和 B 对该类血糖测试的需求函数分别为 $q_A=10-p_A$ 和 $q_B=12-p_B$,其中 q_A、q_B 表示测试的次数,p_A、p_B 表示测试的边际价格。A 类消费者和 B 类消费者的比重为 1:1,厂商不能有效区分某消费者属于哪类人群。

(1)若每个血糖仪的生产成本为 60,每张试纸的生产成本为 0(即非常低可忽略不计)。请问该厂商的最优销售—定价方案。如果政府规定厂商不能进行搭售,即血糖仪和试纸必须分别出售,求厂商的定价方案。(另外,请思考如果血糖仪的生产成本上升到 80 会导致什么结果)。

(2)若通过研发,厂商将血糖仪的生产成本降至 45,请问该厂商的最优销售—定价方

[①] 这里我们假定每类消费者只允许买 1 个消费包。有兴趣的消费者可以验证,给定解答中的销售—定价方案,高需求的消费者依然可以通过购买 2 个(5,55)的消费包获得净剩余 40,大于当前的净剩余 32.5。

案。同样,如果政府规定厂商不能进行搭售,即血糖仪和试纸必须分别出售(且试纸不允许打包出售),求厂商的定价方案。

(3) 再假设通过进一步的研发,厂商将血糖仪的生产成本降至 30,请问该厂商的最优销售—定价方案。同样,如果政府规定厂商不能进行搭售,即血糖仪和试纸必须分别出售,求厂商的定价方案。

解:首先要区分消费者是对血糖测试具有如上的需求,而血糖仪和试纸都是因为要进行血糖测试而产生的"派生需求",类似的问题包括照相(相机和胶卷)以及打印(打印机和墨盒)。而厂商则可以根据利用在血糖测试中对两种产品的同时需求而进行相应的搭售或者是两部定价进行二级价格歧视。

(1) 如果血糖仪的成本为 60,而此时低需求者按边际成本(试纸的成本)购买所获得的消费者剩余为 50,低于垄断厂商血糖仪成本,因此厂商只能选择舍弃该类需求市场,仅向高需求者提供。最优的销售策略包括向高需求者提供 [一台血糖仪 + 12 张试纸] 的产品包(捆绑销售),定价为 72;或者试纸定价为 0(边际成本为 0,可以免费派送),血糖仪定价为 72(两部定价);两种销售策略下厂商利润均为 12。如果血糖仪成本高于 72(如 80),则厂商则无法向任何市场提供产品。

(2) 当血糖仪成本降为 45 时,厂商可能向低需求市场提供。但进行二级价格歧视意味着必须放弃一部分来自高需求市场的利润,因此厂商也依然存在选择放弃低需求市场的可能。

分别考虑向两个市场销售和只提供一个市场的情况:如果同时销售两个市场,且允许进行搭售,则厂商向低需求市场销售的最优产品包含 1 单位血糖仪和 8 单位试纸,相应最高定价为 48;同时向高需求市场销售的最优产品包含 1 单位血糖仪和 12 单位试纸,相应最高定价为 56。此时总利润为 3+11=14,低于只提供高需求市场所获得利润(72−45 = 27),因此厂商最后仍会放弃低需求市场。不能进行搭售的两部定价所能获取的利润更低,因此不予考虑。

因此,最后厂商的销售策略—定价策略与前面一问中的情况完全相同:向高需求者提供 [一台血糖仪 + 12 张试纸] 的产品包(捆绑销售),定价为 72;或者试纸定价为 0(边际成本为 0,可以免费派送),血糖仪定价为 72(两部定价);两种销售策略下厂商利润均为 27。

(3) 首先考虑搭售。基于前面的分析,当血糖仪成本降为 30 时,分别考虑向两个市场销售和只提供一个市场的情况:如果同时销售两个市场,且允许进行搭售,则厂商向低需求市场销售的最优产品包含 1 单位血糖仪和 8 单位试纸,相应最高定价为 48;同时向高需求市场销售的最优产品包含 1 单位血糖仪和 12 单位试纸,相应最高定价为 56。向两个市场提供的总利润为 18 + 26 = 44,高于只提供高需求市场的利润(72−30=42)。

如果不能进行搭售(即血糖仪和试纸必须分别出售),设试纸的价格为 p,则血糖仪的最高定价取决于低需求在价格 p 下所获得的消费者净剩余 $CS_A^p = \frac{1}{2}(10-p)^2$(如图 25-2)。设 FC 和 MC 分别代表血糖仪和试纸的成本。

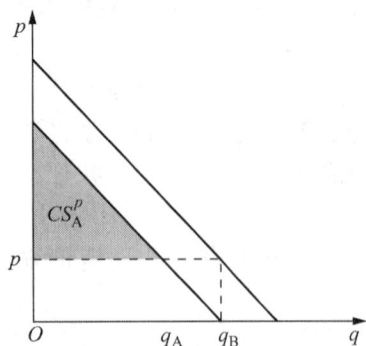

图 25-2

厂商最大化利润函数为：

$$\max_p \pi = [CS_A^\ell + pq_A - FC - MC] + [CS_A^\ell + pq_B - FC - MC]$$

其中 $p^* = 1$，此时厂商总利润为 41，仍低于只提供高需求市场的利润，因此，厂商会选择舍弃低需求市场。

3. 若消费者对产品 x 和产品 y 的保留价格服从 $[0,1]$ 上的独立均匀分布，消费者最多只购买一个产品 x 和产品 y（也可两个产品各购买一个）。完全垄断厂商生产两种产品成本均为零。如果分别出售，求最优产品定价和厂商总利润？如果将两种产品进行捆绑销售（即只出售产品组合 $x+y$），那么厂商的最优定价和利润又为多少？

解：记消费者对两种产品的保留价格为 r_x、r_y，垄断厂商相应的定价为 p_x、p_y。

以产品 x 为例，消费者购买量为 $\text{Prob}(p_x \leq r_x) = 1 - p_x$，厂商利润函数为 $\pi_x = p_x(1-p_x)$，因此利润最大化的定价为 $p_x = \frac{1}{2}$。此时厂商的总利润为 $\pi = \pi_x + \pi_y = \frac{1}{2}$。

如果将两种产品捆绑销售，则消费者对产品组合 $x+y$ 的保留价格在 $[0,2]$ 区间。根据有关概率论知识（如图 25-3 所示），可以算出给定产品组合的价格为 p，消费者购买量为

$$\text{Prob}(p \leq r_{x+y}) = \begin{cases} 1 - \frac{1}{2}p^2 & 0 \leq p \leq 1 \\ \frac{1}{2}(2-p)^2 & 1 \leq p \leq 2 \end{cases}$$

相应可得出利润最大化定价为 $p^* = \sqrt{\frac{2}{3}}$。此时厂商最大化利润为 $\pi^* = \sqrt{\frac{8}{27}}$，大于单独销售时的总利润。

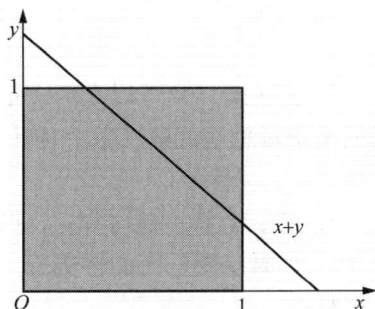

图 25-3

最后请读者思考下，厂商还有没有办法进一步提高利润？

4. 考虑在一个长度 $\overline{T} = 10$ 长滩的两端存在两个厂商 A 和 B（也可以把这个长滩理解为两个厂商提供了最具差异化的两类产品）。长滩上需求者总人数 $N = 10\,000$（这个数字其实并不重要，实际上我们可以一般化假设为 $N = 1$），在长滩上呈均匀分布。每个消费者对商品的保留价格 $\overline{S} = 10$。长滩上的消费者到距离为 x 的厂商需要支付 tx 的运输成本，单位距离运输成本 $t = 1$。厂商 A 的单位产品边际成本为 0。给定厂商 B 设定价格 $\overline{P}_B = 6$，求厂商 A 的最优定价。

解：给定 $\overline{P}_B = 6$，厂商 B 的市场需求消费者位于 $[6,10]$ 区间，进一步考虑厂商 A 的定价 p_A：

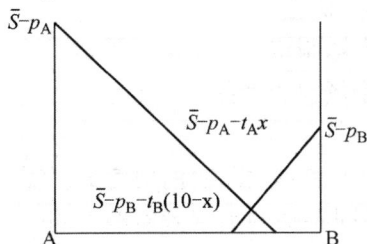

图 25-4

● 若 $4 \leq p_A \leq 10$，则厂商 A 的市场需求位于 $[0,6]$ 之间，与厂商 B 并未发生冲突，故价格满足这个条件下市场需求为 $D_A = N(10 - p_A)/10$；

● 若 $0 \leq p_A \leq 4$，则厂商 A 进一步将面临与厂商 B 的竞争问题，消费者根据两个厂商的价格以及运输成本来比较选择购买哪个厂商的产品。其中，位置 x 的消费者，从厂商 A 处购买产品的剩余为 $\overline{S} - p_A - t_A x$，从厂商 B 处购买产品的剩余为 $\overline{S} - \overline{p}_B - t_B(10-x)$。厂商 A 的最终市场需求量取决于

$\overline{S}-p_A-t_Ax^*=\overline{S}-\overline{p}_B-t_B(10-x^*)$ 的均衡解，即 $D_A=x\cdot\dfrac{N}{10}=N\left(8-\dfrac{p_A}{2}\right)/10$。

综上所述，厂商 A 的需求函数为：$D_A=\begin{cases}N(10-p_A)/10 & 4\leqslant p_A\leqslant10 \\ N\left(8-\dfrac{p_A}{2}\right)/10 & 0\leqslant p_A\leqslant4\end{cases}$

给定厂商 A 的边际成本为零，利润最大化时厂商定价为 $p_A^*=5$。

25.3 练习题

25.3.1 判断题(T 或 F)

1. 三级价格歧视是指同样的产品垄断厂商向不同的消费者索取不同的价格，但实际上产品的成本是相等的。 （　　）

2. 如果垄断厂商能实行三级价格歧视，那么肯定比一级价格歧视下获得更大的利润。 （　　）

3. 某垄断厂商可以在两个市场进行三级价格歧视。如果在任何相等的价格下，第一个市场的需求量总是比第二个市场的需求量大，那么垄断厂商一定会在第一个市场定一个更高的价格。 （　　）

4. 垄断竞争市场均衡下，零利润的厂商产量水平低于最低平均成本的产量水平。（　　）

5. 如果垄断厂商能够实行一级价格歧视，那么利润最大化产量水平时市场需求可能是缺乏弹性的。 （　　）

6. 如果垄断厂商能够实行三级价格歧视，那么他会在需求价格弹性较低的市场制定一个更高的价格。 （　　）

7. 如果垄断厂商能够实行三级价格歧视，那么价格更高的市场需求量更少。 （　　）

8. 在三级价格歧视下，第一个市场的价格比第二个市场高。那么如果进行统一定价，第一个市场的需求量一定比第二个市场跟过多。 （　　）

9. 二级价格歧视下，消费者可以按平均价格购买任意数量的商品。 （　　）

10. 垄断厂商需要根据消费者的特征(如年龄、职业等)进行二级价格歧视。 （　　）

25.3.2 单选题

1. 如果垄断厂商可以在两个市场进行三级价格歧视，其中第一个市场的需求函数为 $q=500-2p$，第二个市场的需求函数为 $q=1500-6p$。那么，该垄断厂商会 （　　）

A. 在第一个市场制定一个更高的价格　　B. 在第二个市场制定一个更高的价格

C. 两个市场的定价是一样的　　D. 只在一个市场出售产品

E. 以上都不对

2. 某垄断厂商发现不同消费者对其产品的需求与其年龄(用 y 表示)相关，消费者的反需求函数为 $p=A(y)-q$，其中 $A(y)$ 是 y 的增函数。厂商可以向不同年龄的消费者索取不同价格且能有效防止产品在不同消费者之间的买卖。那么，利润最大化情况下 （　　）

A. 年龄更大的消费者将支付更高的价格并购买更少的产品

B. 年龄更大的消费者将支付更高的价格并购买更多的产品

C. 年龄更大的消费者将支付更低的价格并购买更多的产品

D. 不同年龄的消费者支付价格相同,但年龄更大的消费者购买的更多

E. 以上都不对

3. 某垄断厂商发现不同消费者对其产品的需求与收入相关,消费者的反需求函数为 $p=0.002M-q$。垄断厂商能观察到不同需求者的收入水平并进行三级价格歧视。垄断厂商的成本函数为 $c(q)=100q$。则垄断厂商向不同收入水平的消费者索取的价格为　　　（　　）

A. $p=0.001M+50$　　　　　　　　B. $p=0.002M-100$

C. $p=M^2$　　　　　　　　D. $p=0.01M^2+100$

E. 以上都不对

4. 某垄断厂商边际成本恒为常数 c。该厂商面临两个市场:其中 A 市场的需求价格弹性恒为 -2,B 市场的需求价格弹性恒为 $-\frac{3}{2}$。若该厂商能在两个市场进行三级价格歧视定价,则利润最大化情况两个市场的价格之比 $\frac{p_A}{p_B}$ 为　　　（　　）

A. $\frac{2}{3}$　　　　　　　　B. $\frac{1}{3}$

C. $\frac{3}{2}$　　　　　　　　D. 3

E. 与 c 有关

5. 某垄断厂商面临两个市场的需求函数分别为 $p_1=122-2x_1$ 和 $p_2=306-5x_2$,厂商边际成本恒为 $c=6$ 且无固定成本。若该厂商可以在两个市场进行三级价格歧视,则两个市场利润最大化的产量组合分别为　　　（　　）

A. $x_1=58,x_2=32$　　　　　　　　B. $x_1=29,x_2=30$

C. $x_1=59,x_2=29$　　　　　　　　D. $x_1=39,x_2=28$

E. $x_1=49,x_2=40$

6. 某垄断厂商能够在两个市场进行三级价格歧视。若当前状况下该厂商在两个市场的价格分别为 $p_1=5$ 和 $p_2=10$,此时两个市场的需求价格弹性分别为 $\varepsilon_1=-1.4$ 和 $\varepsilon_2=-0.1$。以下哪种情况能增加厂商利润?　　　（　　）

A. 降低 p_2　　　　　　　　B. 提高 p_2

C. 提高 p_1,降低 p_2　　　　　　　　D. 提高 p_1 和 p_2

E. 提高 p_2,降低 p_1

7. 宝马公司在北美市场的定价比其在欧洲市场的定价更高,这说明　　　（　　）

A. 北美市场对宝马汽车的需求收入弹性大于 1,宝马汽车在北美属于奢侈品;而欧洲市场的需求收入弹性在 0 到 1 之间,宝马汽车在欧洲属于正常品

B. 北美市场对宝马汽车的需求收入弹性在 0 到 1 之间,宝马汽车在北美属于正常品;而欧洲市场的需求收入弹性小于 0,宝马汽车在欧洲属于列等品

C. 北美市场对宝马汽车的需求价格弹性大于 1,市场富有弹性;欧洲市场需求价格弹性在 0 到 1 之间,市场缺乏弹性

D. 北美市场和欧洲市场对宝马的需求收入弹性都大于 1,宝马汽车属于奢侈品,但北美

人均收入水平高于欧洲人均收入水平

E. 北美市场和欧洲市场对宝马的需求价格弹性都大于1,市场都富有弹性,但欧洲市场的需求价格弹性应大于北美市场

8. 关于三种价格歧视,以下哪种说法是不正确的? （　　）

A. 如果要进行一级价格歧视,厂商必须知道每个消费者的需求函数并能阻止产品在消费者之间进行买卖

B. 如果要进行二级价格歧视,厂商只需知道市场上有几类需求函数并能阻止产品在消费者之间进行买卖

C. 如果要进行二级价格歧视,厂商必须知道市场上不同类型消费者的需求函数

D. 如果要进行三级价格歧视,厂商必须知道市场上不同类型消费者的需求函数并能阻止产品在不同类型消费者进行买卖

E. 以上至少有两个说法不正确

25.3.3　计算题

1. 某垄断厂商的生产函数为 $Q=\min\left\{\dfrac{x}{3},y\right\}$,$x$、$y$ 表示两种要素的使用量,价格分别为 $p_x=1$,$p_y=5$,厂商除了两种要素外没有其他成本投入。若该厂商面临两个市场,其中一个为大于65岁的老年人市场 $Q_O=500p_O^{-\frac{3}{2}}$,另一个为小于65岁的中青年市场 $Q_Y=50p_Y^{-5}$。若该垄断厂商能对两个市场进行三级价格歧视,求垄断厂商在两个市场的定价分别是多少?

2. 有两类不同的消费者都愿意消费某垄断厂商的产品,他们的反需求函数分别为 $P_1=25-2q_1$ 和 $P_2=17-\dfrac{1}{3}q_2$,垄断厂商的边际成本为1。求三级价格歧视下,两类消费者所面临的价格以及垄断者的总利润。

3. 假设垄断厂商在同一工厂生产某种产品,且边际成本为 c。设单位距离的运输成本为 t。如果该垄断厂商对不同距离的客户制定不同的到岸价(CIF 价),即实行空间价格歧视。分别基于第24章例题1中的三种需求函数讨论垄断厂商的到岸价设定。

4. 在例题4中,若 $\bar{P}_B=2$,求垄断厂商的最优定价。

5. 在例题4中,若 $\bar{P}_B=4$,但消费者到厂商B的单位距离运输成本 $t_B=2\neq t_A=1$,求厂商A的最优定价。

6. 找出生活中有关价格歧视的例子,并分析该例子属于哪类价格歧视。

参 考 答 案

判断题

1. T 2. F 3. F 4. T 5. T 6. T 7. F 8. F 9. F 10. F

单选题

1. C 2. B 3. A 4. A 5. B 6. B 7. E 8. C

计算题

1. $p_O=24$,$p_Y=10$

2. $P_1 = 13$，$P_2 = 9$，利润 $= 264$

3. 基于第 24 章例题 1 的结论，进一步计算 $\dfrac{\mathrm{d}p^m}{\mathrm{d}c}$，可以发现：固定需求弹性下垄断厂商加价超过运输成本，为 $\dfrac{tx}{1-\dfrac{1}{\varepsilon}}$；线性需求函数下垄断厂商加价为运输成本的一半，称为"运费吸收"；指数需求函数下垄断厂商加价等于运输成本。

4. 6

5. 5

6. 略。

第 26 章 要素市场

要素市场结构也是厂商约束的来源之一,来自产品市场的垄断地位将影响厂商对要素的需求,要素需求受要素边际产品收益影响。此外,本章分别讨论了要素市场为买方垄断和卖方垄断两种情况下要素选择问题,并分析多重垄断市场结构的有关特征。

26.1 本章要点

1. 在第 18 章中,给定竞争性产品市场和要素市场,要素需求与要素边际产品价值相关:$p \times MP_x = VMP = \omega$。当产品市场为完全垄断时,厂商的要素需求与要素产品边际收益(Marginal Revenue of Product,MRP)相关:$MR_y MP_x = MRP = \omega$。比较分析表明(如图 26-1 所示),产品边际收益低于产品市场价格,因此在产品市场具有垄断势力的厂商要素需求量也低于完全竞争产品市场的厂商要素需求量,这与垄断厂商的低产量是一致的。

2. 之前我们提到的垄断性市场一般都是指卖方垄断(即一个提供者面临许多竞争性的需求者),垄断性还有可能是来自于买方(即只有一个需求者)。例如,在要素市场为买方垄断的市场结构中,作为要素需求者的厂商是基于向上倾斜的要素供给曲线来决定要素的需求量。此时厂商是要素价格的制定者,要素价格由给定要素供给曲线和厂商要素需求量共同所决定。因此,使用要素的边际成本不再是一个给定的常数,而是由 $MC_x = \dfrac{\mathrm{d}(\omega(x)x)}{\mathrm{d}x} = \omega + \dfrac{\mathrm{d}(\omega(x))}{\mathrm{d}x}x$ 所决定。图 26-2 表示某竞争性产品市场下的厂商,但具有要素市场的买方垄断势力的要素需求量。有兴趣的读者可以思考如果厂商在产品市场和要素市场同时具有垄断势力,相应的要素需求的决定问题。

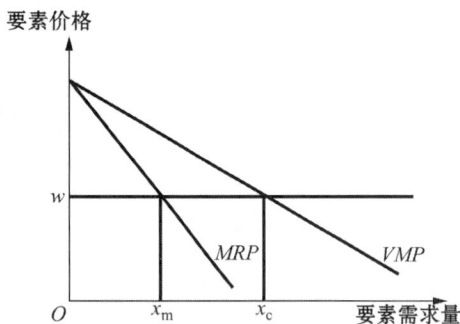

图 26-1

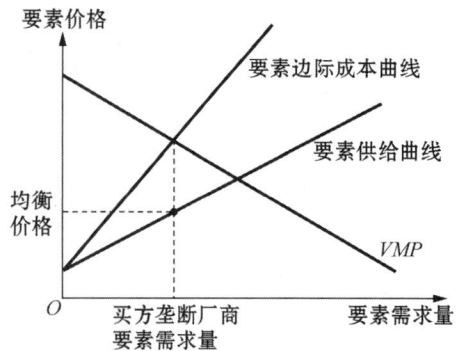

图 26-2

3. 如果要素市场(上游)和产品市场(下游)均为卖方垄断市场,这时候我们就称之为双重垄断的市场结构,如图 26-3 所示。例如,考虑上游厂商为批发商,下游厂商为零售商。若该批发—零售产业链中存在双重垄断,下游零售商根据市场需求所对应的边际产品收益来确定要素需求,即图 26-4 中的 MR_D 线;而上游批发商根据下游零售商要素需求的边际收益线来进行利润最大化决策,对应的边际收益线为图 26-4 中的 MR_U。给定边际成本为 MC,双重垄断下批发价格为 p^U,终端零售价格为 p^D,市场均衡数量 y^{mm} 低于纵向一体化后的垄断产量水平 y^m。因此说,比垄断更糟糕的是垄断链。

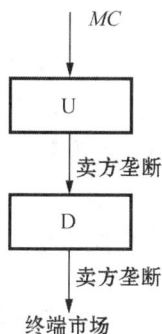

图 26-3

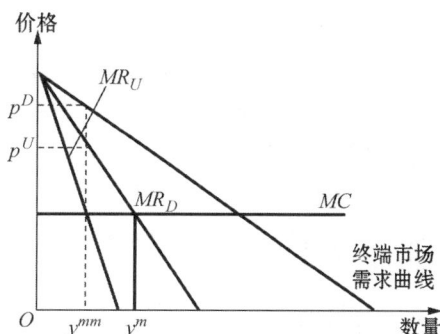

图 26-4

26.2 例题讲解

1. 在劳动力市场具有买方垄断地位的厂商同时雇佣男女工人,假设两类工人能同样胜任工作,是完全替代者,两类工人的劳动供给曲线都向上倾斜。如果要雇佣 M 名男工人,厂商需要付 $A \times M$ 元/人/天的工资,A 为一个正常数;如果要雇佣 F 名女工人,厂商需要付 $B \times F^c$ 元/人/天的工资,B、c 为正常数。什么情况下买方垄断厂商付给女工人的工资低于付给男工人的工资?

解:雇佣 M 名男工人的成本为:$C(M) = AM^2$,所以,雇佣 M 名男工人的边际成本为:$MC(M) = 2AM$;

雇佣 F 名女工人的成本为:$C(M) = BF^{c+1}$,所以,雇佣 F 名女工人的边际成本为:$MC(F) = (c+1)BF^c$;

利润最大化时,雇佣 M 名男工人的边际成本=雇佣 F 名女工人的边际成本,所以,可得:$2AM = (c+1)BF^c$。

如果垄断厂商付给女工人的工资低于付给男工人的工资,则有

$$AM > BF^c \Rightarrow \frac{AM}{BF^c} = \frac{c+1}{2} > 1 \Rightarrow c > 1$$

因此,$c > 1$ 时垄断厂商付给女工人的工资低于付给男工人的工资。

2. 具有完全垄断市场结构的某工艺品行业市场需求函数为 $q = 100 - p$,垄断厂商生产函数为 $q = L$,L 为劳动力要素使用量,厂商除了劳动要素外没有其他成本。当地的劳动力市场由一个强大工会组织所垄断,该工会组织具有制定工资水平的能力。垄断厂商可以在给定工资水平雇佣任意数量的工人。若工会以工资总额最大化为目标,则工会将会把工资定在多少水平?

解:设工会制定的工资为 ω,劳动单位数为 L;

则工资总额(即厂商成本)为:$\omega L = C(q)$

垄断厂商目标利润函数为:$\pi = (100 - q)q - c(q) = (100 - L)L - \omega L$

因此,利润最大化条件下的劳动力要素需求函数为 $L^* = \dfrac{100-\omega}{2}$

代入工资总额函数并求最大化一阶条件 $\dfrac{\mathrm{d}(\omega L^*)}{\mathrm{d}\omega}=0$,可得 $\omega^*=50$

即工会制定的工人工资水平为 50 元/人/天。

3. 矿泉水市场反需求函数为 $p=40-0.02q$,其中数量 q 以瓶计算。该市场具有双重垄断的结构特征:上游制造商与下游零售商均为卖方垄断者。若上游矿泉水制造商生产矿泉水的边际成本为零,且无其他固定成本。那么制造商向下游零售商的批发价格为多少元/瓶,市场零售价格为多少元/瓶?

解:设上游制造商的批发价格为 w 元/瓶,则下游批发商的利润函数为:

$$\pi_D = (40-0.02q)q - wq$$

零售商利润最大化一阶条件为 $40-0.04q=w$ 即为上游制造商反需求函数。

上游制造商的利润函数为:$\pi_U = wq = (40-0.04q)q$

根据利润最大化一阶条件可得 $q^*=500$,$w^*=20$,代入市场反需求函数可得 $p^*=30$。即批发价格为 20 元/瓶,市场零售价格为 30 元/瓶。

4. 某产品由一垄断制造商生产并批发给下游垄断零售商,制造商的成本为 $C(q)=\dfrac{q^2}{2}$,零售市场上该商品需求函数为 $q=1-p$,零售成本为零。

(1) 纵向一体化下的总利润是多少?

(2) 如果制造商进行线性收费 $T(q)=p_w q$,p_w 表示商品的批发价格,则 p_w、制造商和零售商的利润分别为多少?

(3) 如果制造商进行两部收费制,$T'(q)=A+p'_w q$,A 和 p'_w 以及最后制造商和零售商的利润分别为多少?

解:(1) 对于上下游一体化而形成的完全垄断厂商,

根据 $MR=MC$,可得 $1-2q=q \Rightarrow q^m=\dfrac{1}{3}$,$p^m=\dfrac{2}{3}$

最后,纵向一体化厂商的总利润为 $\pi=R-C=\dfrac{1}{3}\times\dfrac{2}{3}-\dfrac{1}{2}\left(\dfrac{1}{3}\right)^2=\dfrac{1}{6}$

(2) 线性定价下,由零售商的利润最大化 $\max\limits_q \pi^D=(1-q)q-p_w q$

可得制造商的反需求函数为 $p_w=1-2q$

代入制造商的目标利润函数并求解最大化 $\max\limits_q \pi^U=(1-2q)q-\dfrac{q^2}{2}$

最后可得 $q^*=\dfrac{1}{5}$,$p_w^*=\dfrac{3}{5}$,$p=\dfrac{4}{5}$,制造商和零售商的利润分别为

$$\pi^U=\dfrac{3}{5}\times\dfrac{1}{5}-\dfrac{1}{2}\left(\dfrac{1}{5}\right)^2=\dfrac{1}{10},\quad \pi^D=\dfrac{4}{5}\times\dfrac{1}{5}-\dfrac{3}{5}\times\dfrac{1}{5}=\dfrac{1}{25}$$

(3) 两部收费制下制造商可将价格定为边际成本,然后将零售商的利润通过 A 全部索得。

根据之前计算的结果,即为 $p'_w=\dfrac{1}{3}$,$A=\dfrac{1}{9}$,$\pi^U=\dfrac{1}{6}$,$\pi^D=0$

5. 完全垄断音乐录音带厂商面临的市场需求函数为 $D=1000p^{-2}$,该厂商生产要素只有空白录音带,边际成本为 10 元(忽略其他成本)。

（1）求当前的市场均衡价格、数量及利润。

（2）若一种新型家用录音机发明并被广泛使用，用户可以用它对所购买的原始母带录制一个复制带（但只能录制一次），并且在竞争性的复制带市场出售，边际成本也只是价格 10 元的空白录音带。复制带除了不能被用于再次复制，在使用上和销售与母带具有同等效果，消费者能完全区分母带和复制带。试问，垄断厂商对母带的定价、销售量和利润。

解：（1）根据逆弹性准则，垄断企业利润最大化的定价条件为：

$$MR=p\left(1-\frac{1}{\varepsilon}\right)=MC，市场需求具有不变弹性 \varepsilon=2。$$

根据边际成本等数据最后计算可得市场的均衡价格为 20 元，均衡数量为 2.5，企业获得利润 25 元。

（2）设母带厂商向市场销售 x 单位的母带，考虑到相应的复制带，因此市场上母带和复制带共计有 $2x$ 单位，因此，复制带价格为 $p(2x)$。而对母带的意愿性支付价格则需要考虑从复制带上能获取的利润 $p(2x)-c$，因此，母带的价格为 $p(2x)+p(2x)-c=2p(2x)-c$。因此，垄断厂商最大化目标利润函数：$\max_{x}[2p(2x)-c]x-cx$，求解可得 $x=1.25，p=20$。即母带的价格为 30 元，企业利润仍为 25 元。

26.3　练习题

26.3.1　判断题（T 或 F）

1. 当要素市场为买方垄断时，要素价格由要素提供者决定。　　　　　　　（　　）

2. 如果劳动力市场为买方垄断，则具有垄断势力的厂商雇佣劳动力的边际成本低于工资水平。　　　　　　　　　　　　　　　　　　　　　　　　　　　（　　）

3. 如果要素供给曲线为水平线，则具有买方垄断地位的厂商和竞争性厂商的要素需求量相同。　　　　　　　　　　　　　　　　　　　　　　　　　　　　　（　　）

4. 在双重垄断的市场结构中，如果上游厂商对下游厂商进行并购并提高终端产品价格，能增加总利润水平。　　　　　　　　　　　　　　　　　　　　　　　　　（　　）

5. 对于买方垄断厂商来说，劳动（要素）供给曲线越有弹性，要素的边际成本和工资率相差越大。　　　　　　　　　　　　　　　　　　　　　　　　　　　　　（　　）

6. 产品市场为完全垄断时，垄断厂商的劳动力要素使用量由产品价格与边际产品的乘积等于工资水平所决定。　　　　　　　　　　　　　　　　　　　　　　　（　　）

7. 如果要素供给曲线向上倾斜，要素市场由竞争性转向买方垄断一定能增加厂商利润。
　　　　　　　　　　　　　　　　　　　　　　　　　　　　　　　　　（　　）

8. 双重垄断市场结构中，终端产品高于竞争性市场的均衡价格，但低于纵向一体化后的均衡价格。　　　　　　　　　　　　　　　　　　　　　　　　　　　　（　　）

9. 若垄断厂商支配劳动市场，规定最低工资的法规可能会使就业量增加。　（　　）

10. 在双重垄断市场结构中，因为只有一个下游厂商，因此下游厂商为中间产品的买方垄断地位。　　　　　　　　　　　　　　　　　　　　　　　　　　　　　（　　）

26.3.2 单选题

1. 垄断厂商使用单一生产要素——劳动来生产产品,且技术呈规模报酬不变。厂商面临的产品市场需求曲线是一条斜率为-1的向下倾斜的直线,劳动力供给曲线为一条水平线。如果该垄断厂商选择使其利润最大化的产量,则（　　）

    A. 边际劳动成本大于工资

    B. 边际劳动产品与产品价格的乘积等于工资

    C. 边际劳动产品与产品价格的乘积小于工资

    D. 边际劳动产品与产品价格的乘积大于工资

    E. 边际劳动产品收益小于工资

2. 如果具有劳动力市场买方垄断地位的厂商支付工资率w,他能雇佣到的劳动量为$L(w)=Aw$,A为一正常数。则该厂商使用劳动力的边际成本:（　　）

    A. 等于工资率　　　　　　　　　B. 是工资率的两倍

    C. 是工资率的一半　　　　　　　D. 大于工资率小于工资率的两倍

    E. 大于工资率的一半小于工资率

3. 饰品市场是一个可以自由进出的竞争性市场,有一种固定的技术使得使用一单位的劳动和一单位的塑料可以制造一个饰品。饰品行业的工人都属于饰品市场劳工联盟,该联盟确定市场工资水平。塑料的市场价格是10元/单位,饰品的市场需求函数为$q=1000-10p$。竞争性市场均衡下,饰品的价格等于成本。那么,如果要使得所有工人收入最大化,该劳工联盟应定工资水平为:（　　）

    A. 100元/人　　　　　　　　　　B. 10元/人

    C. 45元/人　　　　　　　　　　　D. 20元/人

    E. 无穷大

4. 某具有劳动力市场买方垄断的厂商面临劳动供给曲线为$w=60+0.05L$,L表示厂商每周雇佣的劳动数,w是厂商支付周工资水平。如果厂商现在每周雇佣1000人,那么他雇佣劳动力的边际成本:（　　）

    A. 等于工资率　　　　　　　　　B. 等于工资率的两倍

    C. 等于工资率加上100美元　　　D. 等于工资率加上50美元

    E. 等于工资率加上150美元

5. 某小镇中唯一生产企业是一蛋糕厂。因此该蛋糕厂在小镇的劳动力市场以及蛋糕市场都具有完全垄断地位。蛋糕厂的生产函数为$Q=40L$,L表示其雇佣的劳动力人数。若已知小镇蛋糕市场的反需求函数为$p=5.25-\dfrac{Q}{1000}$,劳动力的反供给函数为$w=40+0.1L$。则蛋糕厂利润最大化的蛋糕生产数量Q为（　　）

    A. 2000　　　　　　　　　　　　B. 4000

    C. 500　　　　　　　　　　　　　D. 0

    E. 250

26.3.3 计算题

1. 在例题3中,如果制造商改为以10瓶/箱向下游零售商批发,则批发价格为多少元/

箱,市场零售价格又为多少元/瓶?

2. 宏观经济学中,经济学家批评最低工资法将导致失业率的上升,如图 26-5 所示。然而根据 Katz 和 Krueger 等人的一项研究[1]却发现,当新泽西州提高了州内最低工资水平,而河对岸的宾州并没有同时提高最低工资时,雇佣大量低工资工人的新泽西州快餐店就业却反而增加了。请试用劳动力市场存在买方垄断的观点来解释这一现象。

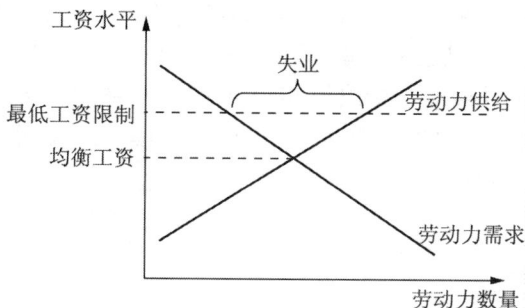

图 26-5

3. 考虑在上下游垄断中,上游中间品(x)的生产商和下游最终品(y)的生产商都具有卖方完全垄断地位。下游生产商的生产函数为 $y=2x$,且除了 x 外没有其他生产投入和成本。最终品的市场需求为 $y=200-2P$。上游中间品的边际成本为 40。试问,上游生产商对 x 的定价为多少? 下游生产商对 y 的定价为多少? 最终品的市场均衡产量为多少?

参 考 答 案

判断题
1. F 2. F 3. T 4. F 5. F 6. F 7. T 8. F 9. T 10. F
单选题
1. D 2. B 3. C 4. D 5. A
分析题
1. 批发价格为 200 元/箱,零售 30 元/瓶。
2. 参照教材对劳动力市场买方垄断的分析。
3. $P_x=120, P_y=80$,均衡产量 $y=40$

① Lawrence Katz and Alan Krueger,"The Effects of the Minimum Wage on the Fast-Food Industry," *Industrial and Labor Relations Review* 46 (October 1992):6-21.

第 27 章　寡头垄断

寡头垄断(Oligopoly)是现实中常见的一种市场结构:市场由少数寡头厂商所垄断。寡头厂商之间采取何种手段争夺市场会引起市场最终结果的不同。本章分别以双寡头垄断(Duopoly)为代表,介绍了寡头厂商在产量决策和价格决策、厂商博弈的先后等不同情况下的四个寡头垄断模型:产量领导模型、同时定产模型、价格领导模型以及同时定价模型。这四个模型是分析寡头垄断市场的基础。

27.1　本章要点

1. 产量领导模型(也称斯塔克尔伯格模型,以德国经济学家 Stackelberg 命名):在此模型中,寡头厂商之间存在领导者和跟随者的关系。领导厂商确定产量决策后,跟随厂商随之制定自己的利润最大化产量。因此,领导厂商在这个博弈过程中具有先行者优势,他可以根据市场需求以及跟随厂商的生产成本等信息来判断自己产量水平对市场的最终影响,并确定使自身利润最大化的产量水平。在产量领导模型中,可以理解产量决策是一次性的:先是领导厂商确定一个产量水平,然后跟随厂商确定一个产量水平,最终产量水平也就被决定了。

2. 同时定产模型(也称古诺模型,以法国经济学家 Cournot 命名):在古诺模型中,寡头厂商之间产量决策博弈是多次的,各方可以根据对方的产量再次调整自己的产量水平从而追求更大利润水平。与斯塔克尔伯格模型类似,我们在分析过程中将反应曲线和等利润线相结合,这也是不同于初级微观的方法,要熟悉并掌握。古诺模型可进一步推导到多厂商的古诺模型均衡:

$$p(Y)\left[1-\frac{S_i}{|\varepsilon(Y)|}\right]=MC(y_i),S_i \text{ 表示厂商的市场份额}$$

可以发现,该公式中对应两种极端情况分别是完全垄断和完全竞争市场中的相关结论:

完全竞争市场:$S_i \rightarrow 0$,即有 $p=MC$

完全垄断市场:$S_i=1$,即有 $p(1-\frac{1}{|\varepsilon|})=MC$

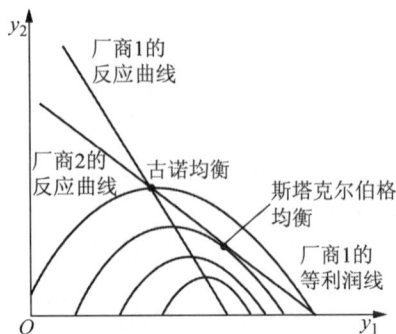

图 27-1

3. 在斯塔克尔伯格模型和古诺模型中,都涉及反应函数(曲线)的概念。如图 27-1 所示,斯塔克尔伯格模型中,产量领导者根据跟随者的反应曲线和自己的等利润线需求利润最大产量决策点。而在古诺模型中,因为两家厂商可以进行多次博弈,因此均衡点为两条反应曲线的交点。

4. 价格领导模型:在寡头厂商之间存在一个价格领导厂商。所谓价格领导者,其实是市场价格的维护者,即向市场发布价格,并相应调整自己的产量以维持该价格。该模型的关键在于要根据市场总需求曲线以及跟随者的供给曲线求出价格领导者所面临的剩余需求曲线，从而确立其利润最大化的价格水平及相应的产量。

5. 同时定价模型（也称伯特兰模型，以法国经济学家 Bertrand 命名）：在该模型下，假设各厂商都有足够的市场供给能力，为了争夺整个市场，厂商会相互竞价直到价格等于边际成本（这里隐含认为厂商边际成本相等，否则高边际成本的厂商会被挤出市场）。这种与完全竞争市场中价格等于边际成本的现象也称为寡头垄断市场中的"伯特兰悖论"，现实中考虑到产能约束和信息等客观条件，"伯特兰悖论"实际上不会发生，不过对该问题更深入的讨论已超出本书范围。

6. 串谋（Collusion）：前面提到，如果所有厂商联合起来，制定一个总体利润最大化水平的产量决策，那么这些厂商就总称作卡特尔，与前面几个模型相比较，串谋解总产量水平最低，总利润最高（这与串谋的出发是一致的）。与之前模型中非合作博弈不同，串谋属于合作博弈。

27.2　例题讲解

1. 某产业有两家厂商，一个产量领导者和一个产量跟随者。该行业市场需求函数为 $p=456-6q$。两家厂商边际成本均为零。求产量领导厂商的最优产量决策。

解：可按斯塔克尔伯格模型解该题，产量领导者利润函数为：

$$\pi_1 = pq_1 - c(q_1) = [456 - 6(q_1 + q_2)]q_1$$

根据跟随者的利润最大化条件

$$\max_{q_2} \pi_2 = pq_2 - c(q_2) = [456 - 6(q_1 + q_2)]q_2$$

可解得跟随者的反应函数为 $q_2 = 38 - q_1/2$，代入领导者的利润函数并求出领导者利润最大化的产量选择：

$$\max_{q_1} \pi_1 = [456 - 6(q_1 + q_2)]q_1 = [456 - 6(q_1 + 38 - q_1/2)]q_1 \Rightarrow q_1^* = 38$$

即领导者选择产量为 38 单位。

2. 某城市有两大联盟棒球队，A 队和 B 队。每个球队售出的门票数量取决于主队的门票价格和客队的门票价格。如果 A 队对其门票收取 P_a，B 队对其门票收取 P_b，则门票的销售量（单位：万人，按照每赛季计算）分别为：A 队：$10 - 2P_a + P_b$，B 队：$20 + P_a - 2P_b$。对于两队来说，增加一个观众的边际成本为 0。每个球队都认为对方的价格独立于自己的价格选择，而且每个球队都以收入最大化为目标制定自己的价格。那么，每个球队的票价分别是多少？

解：该题虽然是一个价格决策的博弈模型，但其实与产量决策中的古诺模型有很大的相似性：

A 队利润函数为 $\pi_A = P_a(10 - 2P_a + P_b)$；

B 队利润函数为 $\pi_B = P_b(20 - 2P_b + P_a)$；

各自利润最大化决策导出：

$$\max_{P_a} \pi_A = P_a(10 - 2P_a + P_b) \Rightarrow 10 - 4P_a + P_b = 0$$

$$\max_{P_b} \pi_B = P_b(20 - 2P_b + P_a) \Rightarrow 20 - 4P_b + P_a = 0$$

解得 $P_a = 4$，$P_b = 6$，故 A 队定价 4 元/张，B 队定价 6 元/张。

3. 生产一单位黄铜需要一单位的锌和一单位的铜。而世界的锌和铜的供给分别由两个不同的厂商所垄断。为了简化,我们假设开采铜和锌的成本为零,生产黄铜也不需要额外的支出,而且黄铜市场是完全竞争性的。黄铜的需求函数是 $q=900-2p$,其中 p 指黄铜的价格。锌和铜的垄断者分别基于对方的价格(假设不变)制定自己的价格。求黄铜的均衡价格。

解:令 p 代表黄铜的价格,p_z 和 p_c 分别代表锌和铜的价格。因为黄铜市场是完全竞争的,故黄铜价格等于边际成本:$p=p_z+p_c$。

此外,锌和铜的垄断者各自的利润函数分别为

$$\pi_z = p_z q = p_z(900-2p) = p_z(900-2p_z-2p_c)$$
$$\pi_c = p_c q = p_c(900-2p) = p_c(900-2p_z-2p_c)$$

两个垄断者各自基于对方价格不变制定自己的价格实现利润最大化,这有点类似于古诺模型,但在这里决策的是价格而不是产量。分别对各自利润函数求最大化条件,则有:

$$\frac{\partial \pi_z}{\partial p_z} = 0 \Rightarrow 900-4p_z-2p_c = 0$$

$$\frac{\partial \pi_c}{\partial p_c} = 0 \Rightarrow 900-4p_c-2p_z = 0$$

运用对称性可解得:$p_z=p_c=150$,故黄铜的价格 $p=p_z+p_c=300$。

4. 一个城市有两家报纸,每一家报纸的需求由自己和对手的定价决定。两家报纸的需求函数分别为 $q_a=21-2p_a+p_b$ 和 $q_b=21-2p_b+p_a$(以万份为单位)。印刷和分发额外一份报纸的边际成本等于增加一个读者对于广告收入的贡献,因此边际成本可以看成为零。每家报纸都认为对方的价格独立于自己的价格选择,而且每家报纸都以收入最大化为目标制定自己的价格。如果两家报纸达成一份合并协议,他们将为了共同的利润最大化而定价,问各自的价格将要上升多少?

解:合并之前两家报纸各自的利润函数为:

$$\pi_a = p_a q_a = p_a(21-2p_a+p_b)$$
$$\pi_b = p_b q_b = p_b(21-2p_b+p_a)$$

同上题类似,对各自利润最大化条件可算出各自的均衡价格为:

$$p_a^* = p_b^* = 7$$

如何进行合并,则目标函数为总利润最大化,即:

$$\max \pi = \pi_a+\pi_b = p_a(21-2p_a+p_b)+p_b(21-2p_b+p_a)$$

利润最大化条件为函数分别对 p_a 和 p_b 求偏导数,可解得:

$$p_a' = p_b' = 10.5$$

即价格相对原来上升 3.5 元/单位。

5. 一种蘑菇曾经在 50 个农场生产,该行业初始时具有充分竞争性。每家农场都有相同的成本函数 $c(y)=y^2+1,y>0;c(0)=0$。市场需求函数为 $D(p)=52-p$。一次,侵略性怪物海龟侵袭了大部分种植蘑菇的村庄,在经过的地方留下了令人讨厌的烂泥,造成了完全的破坏并不能再生产蘑菇(海龟对于没有经过的农场成本函数没有影响)。请问:

(1) 海龟侵袭前蘑菇市场的均衡价格和总产量。

(2) 如果侵袭后只有一家农场幸免于难,因而使其成为垄断者,那么此时蘑菇市场的总产量为多少?价格为多少?

(3) 如果侵袭后只有两家农场幸免于难,因而使其成为两家古诺寡头,那么此时蘑菇市场

的总产量为多少？价格为多少？

（4）如果侵袭后有一半农场幸免于难，并且市场仍然是竞争性的，那么此时蘑菇市场的总产量为多少？价格为多少？

解：侵袭前根据生产函数得出各农场的边际成本函数为：$MC=2y$

（1）因为市场是竞争性的，因此各农场的供给函数为：$y=\dfrac{p}{2},p\geqslant2$（2 表示最低平均成本）。一共有 50 家农场，因此市场总供给函数为：$y=25p$，结合需求函数，可解得市场均衡价格为 2，总产量为 50。

（2）如果侵袭后只有一家农场幸免，则市场具有完全垄断的特点，该垄断农场根据 $MC=MR$ 决策。因此有 $MC=2y=MR=52-2y$，解得产量为 13，市场均衡价格为 39。

（3）如果侵袭后剩余两家农场。在古诺模型下，写出两家农场的利润函数：
$$\pi_1=py_1-c(y_1)=(52-y_1-y_2)y_1-(y_1^2+1)=52y_1-2y_1^2-y_1y_2-1$$
$$\pi_2=py_2-c(y_2)=(52-y_2-y_1)y_2-(y_2^2+1)=52y_2-2y_2^2-y_1y_2-1$$

分别求得利润最大化条件为：
$$52-4y_1-y_2=0$$
$$52-4y_2-y_1=0$$

可解得 $y_1=y_2=10.4$，因此可得总产量为 20.8，市场均衡价格为 31.2。

（4）如果侵袭后农场仍有一半，则市场总供给函数为 $y=12.5p$，结合需求函数，可解得市场均衡价格为 $\dfrac{520}{135}\approx4$，总产量为 $\dfrac{6500}{135}\approx48$。

6. 一个具有 3 家厂商的寡头垄断市场结构中，其中一位厂商是市场中价格的制定并维护者（该厂商确定价格后其他两家厂商会根据这个价格来调整产量），假设市场需求为 $Q=100-2p$，领导者的边际成本恒为 5，若每家跟随者的生产成本函数为 $C(y)=\dfrac{1}{2}y^2$。试问，领导者最终定价为多少？市场均衡量为多少？其中领导者和两家跟随者分别生产多少？

解：该题将价格领导模型推广到两家以上的寡头市场。问题的关键仍在于价格领导者剩余需求曲线的求解：

根据每家跟随者的生产成本函数，可得边际成本函数为：$MC=y$
相应可得每家跟随者供给函数为 $y=p$，两家的供给函数为 $y=2p$
因此，领导者的剩余需求函数为：$q=Q-2p=100-4p$

该剩余需求函数的边际收益函数为：$MR=25-\dfrac{q}{2}$，根据 $MR=MC$ 的利润最大化条件，可得领导者的产量选择为：$25-\dfrac{q}{2}=5\Rightarrow q=40$，并结合剩余需求曲线可知领导者相应设定市场价格为：$p=\dfrac{100-q}{4}=15$，在该市场价格下，各跟随者根据各自的供给函数分别供给 15 单位产量，因此，市场总供给量为：$Q=40+15+15=70$。

7. 某最终产品市场只有两家厂商，其中厂商 1 是产量领导者，而厂商 2 是产量跟随者。厂商 1 生产最终产品 y 需要厂商 3 生产的 x 作为生产要素，而且其生产函数为 $y=x/2$，而厂商 3 生产 x 具有不变的单位边际成本，恒为 10（厂商 3 的产品只供给厂商 1，不供给厂商 2）。

厂商 2 生产产品 y 具有不变的单位边际成本,恒为 40。最终产品的市场需求函数为 $y=100-p$。请问:厂商 3 对产品 x 的定价为多少? 最终产品 y 的均衡价格为多少? 最终产品的市场均衡量为多少?

解:记厂商 1 产量为 y_1,厂商 2 产量为 y_2,产品价格为 P,要素 x 价格为 p_x。

追随者利润函数为:$\pi_2=py_2-c_2$

根据利润最大化 $\dfrac{\mathrm{d}\pi_2}{\mathrm{d}y_2}=p+\dfrac{\mathrm{d}p}{\mathrm{d}y_2}-MC_2=0\Rightarrow 100-(y_1+y_2)+(-y_2)-40=0$

得出跟随者的反应函数:$y_2=30-\dfrac{1}{2}y_1$

代入领导者利润函数可得:

$$\begin{aligned}\pi_1&=py_1-c_1=\left[100-(y_1+y_2)\right]y_1-p_x\cdot x\\&=\left(100-y_1-30+\dfrac{1}{2}y_1\right)y_1-p_x\cdot 2y_1\\&=70y_1-\dfrac{1}{2}y_1^2-2p_x\cdot 2y_1\end{aligned}$$

根据利润最大化条件 $\dfrac{\mathrm{d}\pi_1}{y_1}=0\Rightarrow 70-y_1-2p_x=0$

因此有 $y_1=70-2p_x$

根据 $x=2y_1$,可得要素 x 的需求函数为:$x=140-4p_x$

相应要素 x 的反需求函数为:$p_x=\dfrac{140-x}{4}=\dfrac{140}{4}-\dfrac{x}{4}$

相应企业 3 根据利润最大化决策有 $MR=MC\Rightarrow\dfrac{140}{4}-\dfrac{x}{2}=10\Rightarrow x=50,p_x=22.5$

代入 $y_1=70-2p_x$ 得 $y_1=25$

进一步,由 $y_2=30-\dfrac{1}{2}y_1$ 得 $y_2=17.5$

因此市场上产品数量 $y=y_1+y_2=25+17.5=42.5$

价格 $p=100-(y_1+y_2)=57.5$

27.3　练习题

27.3.1　判断题(T 或 F)

1. 在古诺模型中,每家厂商的反应函数是在假定其竞争对手价格保持不变的前提下进行利润最大化决策所得出。　　　　　　　　　　　　　　　　　　　　　　　　　　(　　)

2. 在伯特兰竞争模型中,每家厂商都认为如果他改变了产量,他的竞争对手也会改变同样数量的产量。　　　　　　　　　　　　　　　　　　　　　　　　　　　　　(　　)

3. 假设某行业的需求曲线是一条向下倾斜的直线,并且行业内厂商边际成本恒定。那么在古诺模型均衡中,生产厂商越多,价格越低。　　　　　　　　　　　　　　　　(　　)

4. 在斯塔克尔伯格模型中,领导者是在假设他的竞争对手将会跟随自己的产量决策并进行利润最大化的前提下制订自己的产量水平。　　　　　　　　　　　　　　　　(　　)

5. 斯塔克尔伯格模型中的领导者至少能获得古诺模型中的利润水平。　　　　　　（　　）

27.3.2　单选题

1. 某行业内有两家厂商,每家厂商生产的边际成本恒定为 10 元/单位,如果该行业市场需求函数为 $q=\dfrac{1\,000\,000}{p}$,则该市场的古诺均衡价格为　　　　　　　　　　　（　　）

　　A. 5 元/单位　　　　　　　　　　　　B. 10 元/单位

　　C. 15 元/单位　　　　　　　　　　　　D. 20 元/单位

　　E. 25 元/单位

2. 假设两个城市间航班市场需求价格弹性恒定为 -1.5。如果该行业中具有相同成本的 4 条航班达到了古诺均衡,则该市场价格对企业边际成本之比为　　　　　　　　（　　）

　　A. 8/7　　　　　　　　　　　　　　　　B. 6/5

　　C. 7/6　　　　　　　　　　　　　　　　D. 3/2

　　E. 以上全不是

3. 某行业有两家寡头垄断厂商,市场反需求函数为 $p=160-3q$。假定两家厂商边际成本均为 0。那么,古诺模型中厂商 1 对厂商 2 的反应函数为　　　　　　　　　　（　　）

　　A. $q_1=160-3q_2^2$　　　　　　　　　　B. $q_1=160-3q_2$

　　C. $q_1=\dfrac{160}{6}-0.5q_2$　　　　　　　D. $q_1=\dfrac{160}{3}-2q_2$

　　E. $q_1=163-6q_2$

4. 某行业内两家寡头垄断厂商边际成本均恒为 10 元/单位,该行业市场反需求函数为 $p=110-0.5q$。在斯塔克尔伯格模型中,跟随者的最优产量为　　　　　　　（　　）

　　A. 40 单位　　　　　　　　　　　　　　B. 15 单位

　　C. 20 单位　　　　　　　　　　　　　　D. 50 单位

　　E. 30 单位

5. 某行业有两家寡头垄断厂商,每家厂商的生产成本均为 0。若这两家厂商准备组成卡特尔并且使整个行业的利润最大。下面哪个选项正确?　　　　　　　　　　　（　　）

　　A. 如果要维持卡特尔,当一家厂商产量超过配额时,另一家厂商应保持产量不变

　　B. 在卡特尔所选择的产量水平上,市场需求价格弹性为单位弹性

　　C. 卡特尔的总产量水平较古诺模型竞争中的产量更高

　　D. 卡特尔的总产量水平较斯塔克尔伯格模型竞争中的产量更高

　　E. 以上均错

6. 某行业市场反需求函数为 $p=20-q$。若行业内厂商边际成本均恒为 8 元/单位。那么,下面哪一个表述是完全正确的?　　　　　　　　　　　　　　　　　　　（　　）

　　A. 完全垄断市场的产量是 6,双寡头古诺均衡的总产量是 8,双寡头斯塔克尔伯格模型中,领导者的产量是 8

　　B. 完全垄断市场的产量是 8,双寡头古诺均衡的总产量是 8,双寡头斯塔克尔伯格模型中,领导者的产量是 8

　　C. 完全垄断市场的产量是 6,双寡头古诺均衡的总产量是 6,双寡头斯塔克尔伯格模型

中,领导者的产量是 3

D. 完全垄断市场的产量是 6,双寡头古诺均衡的总产量是 8,双寡头斯塔克尔伯格模型中,领导者的产量是 6

E. 完全垄断市场的产量是 6,双寡头古诺均衡的总产量是 8,双寡头斯塔克尔伯格模型中,领导者的产量是 3

7. 某行业有两家寡头垄断厂商。厂商 1 的成本函数为 $c(y)=500+2y$,厂商 2 的成本函数是 $c(y)=400+2y$。该行业市场需求曲线是一条向下倾斜的直线。在古诺均衡中 （　　）

A. 固定成本低的厂商生产的多

B. 固定成本高的厂商生产的多

C. 两家厂商生产的一样多

D. 如果两家厂商准备联合起来并使总的利润最大,总产量保持不变

E. 古诺均衡下市场是缺乏需求弹性的

8. 某行业市场需求函数为 $q=30-0.5p$。若行业内两家寡头垄断厂商的成本函数均为 $c(q)=4q$。在斯塔克尔伯格模型中,领导厂商的利润函数为 （　　）

A. $\pi_1=14-0.5q_2$　　　　　　B. $\pi_2=14-0.5q_1$

C. $\pi_1=28q_1-q_1^2$　　　　　　D. $\pi_1=56q_1-q_1^2$

E. $\pi_1=60q_1-q_1^2$

9. 某行业为双寡头古诺模型均衡。其中,市场反需求函数为 $p=160-2q$,厂商 1 的成本函数为 $c_1(q_1)=8q_1$,厂商 2 的成本函数为 $c_2(q_2)=10q_2$。则 （　　）

A. 有较低边际成本的厂商生产更多

B. 两家厂商生产一样多

C. 有较高边际成本的厂商生产更多以弥补更高的成本

D. 两家厂商的反应函数是一样的

E. 以上不止一项是正确的

10. 在价格领导模型中,如果市场总需求函数为 $q=400-p$,所有价格跟随者的总供给函数为 $q=200+p$,价格领导厂商的成本函数为 $c(q)=20q$,则价格领导厂商所面临的剩余需求函数为 （　　）

A. $D_L=400-21q$　　　　　　B. $D_L=200-2p$

C. $D_L=600-2p$　　　　　　　D. $D_L=200-2p-20q$

E. $D_L=200+p+20q$

11. 某航线的每天需求函数为 $q=230-2p$,q 表示人次,p 为机票价格。该航线由两个航空公司所垄断。每个航空公司运行一次航班的总成本函数为 $c_i(q_i)=450+40q_i$,$q_i\leqslant45$,$i=1,2$;45 表示飞机的最大乘客数量。若每个航空公司每天仅安排一次航班,则在古诺竞争均衡中每家航空公司的利润为 （　　）

A. 800　　　　　　　　　　B. 900

C. 230　　　　　　　　　　D. 1 600

E. 3 250

12. 某双寡头垄断行业市场反需求函数为 $p=3600-4q$,每家厂商成本函数为 $c(q_i)=q_i^2$,$i=1,2$。如果两家厂商组成一个卡特尔,并且商定共同分割整个市场的利润。在这样的协议

下,他们要将总利润最大化,只要　　　　　　　　　　　　　　　　　　　（　）

　　A. 每家厂商生产 200 单位产品

　　B. 共同生产 400 单位产品,而不论具体哪家厂商生产

　　C. 每家厂商生产 450 单位产品

　　D. 共同生产 300 单位产品,而不论具体哪家厂商生产

　　E. 关闭其中一家工厂,而让另一家像垄断者那样经营,两家厂商对最终的利润进行分配

　　13. 在某寡头垄断的斯塔克尔伯格均衡下,如果政府对领导厂商每年减免所得税 50％,对跟随厂商每年减免税收 70％。请问这个政策对模型均衡的影响如何?　　　　　（　）

　　A. 两家厂商都会增加产量,而领导者增加的更多

　　B. 两家厂商都会增加产量,而跟随者增加的更多

　　C. 两家厂商增加等量的产量

　　D. 两家厂商的产量保持不变

　　E. 题目中没有足够的信息去决定厂商的行为

　　14. 某双寡头垄断行业市场需求函数为 $q=56-p$。其中,厂商 1 的成本函数为 $c(q_1)=8q_1$,厂商 2 的成本函数为 $c(q_2)=q_2^2$。若两个厂商进行串谋共同使整个市场的利润最大化,并均分最终的利润。那么　　　　　　　　　　　　　　　　　　　　　　　（　）

　　A. 厂商 1 生产 10 单位的产品,厂商 2 生产 10 单位的产品

　　B. 厂商 1 生产 20 单位的产品,厂商 2 生产 4 单位的产品

　　C. 每家厂商生产 12 单位的产品

　　D. 厂商 1 生产 24 单位的产品,厂商 2 生产 2 单位的产品

　　E. 以上皆不对

　　15. 杰克是美国中西部一个小城市具有控制地位的二手车经销商。支付过 \$50 000 的管理费用后,杰克的成本为 \$500/辆。城里还有 4 家其他的小经销商,但由于他们不能像杰克那样经由同样的折扣渠道获得汽车,他们的成本函数均为 $C_i(q_i)=5\,000+600q_i+5q_i^2$,$i=1,2,3,4$。当地二手车的市场需求函数为 $Q=600-0.3p$。假设杰克是当地二手车市场的价格领导者,那么在杰克定价后,每家跟随者经销商将会供应多少辆二手车?　　　　　　（　）

　　A. 25　　　　　　　　　　　　　　　　B. 33

　　C. 28　　　　　　　　　　　　　　　　D. 29

　　E. 27

27.3.3　计算题

　　1. 某商品市场为双寡头垄断市场。已知市场总需求函数为 $Q=240-2P$。寡头厂商 1 没有生产成本,寡头厂商 2 的成本函数为 $C(q_2)=\dfrac{1}{4}q_2^2$。

　　（1）若 2 个寡头厂商同时定产,求各厂商的反应函数以及均衡时的产量水平;

　　（2）若厂商 1 为产量领导者,厂商 2 为产量跟随者,求均衡时各厂商的产量水平;

　　（3）若厂商 1 为价格领导者,厂商 2 为价格跟随者,求均衡时各厂商的产量水平;

　　（4）若 2 个厂商进行形成卡特尔并进行产量串谋,求均衡时各厂商的产量水平。

　　2. 某双寡头垄断行业市场需求价格弹性恒为 -2。其中一寡头厂商的边际成本恒为 975

元/单位,且该厂商市场占有率为 70%,那么市场产品均衡价格为多少?

3. 一个具有 3 家企业的寡头垄断市场结构中,其中一位厂商是市场中价格的制定并维护者(该厂商确定价格后其他两家厂商会根据这个价格来调整产量),假设市场需求为 $Q=100-2P$,领导者的边际成本恒为 5,若每家跟随者的生产成本函数为 $C(y)=\frac{1}{2}y^2$。试问,领导者最终定价为多少? 市场均衡量为多少? 其中领导者和二家跟随者分别各生产多少?

4. 两家厂商生产同质商品并且具有相同的成本函数 $c(q)=F+\frac{1}{2}q^2$。厂商 A 的产品可以在两个市场销售:市场 1 为完全竞争市场,市场 2 中,厂商 A 与厂商 B 处在古诺产量竞争均衡;厂商 B 的产品只在市场 2 销售。市场 2 的反需求函数为 $p_2=200-q_A-q_B$。

(1) 若市场 1 的价格为 50,求 A、B 厂商利润以及相应两个市场产量。

(2) 若市场 1 的价格上升为 55,求 A、B 厂商利润以及相应两个市场产量;并将该结果与前一问的结果进行比较。

5. 假设世界只有两个国家:本国和外国。本国只有一家生产钢铁的企业,其生产钢铁的成本函数为 $C(Q_d)=Q_d^2$,本国市场对钢铁的反需求函数为 $p=100-Q$。外国也只有一家生产钢铁的企业,其生产钢铁的成本函数为 $C(Q_f)=\frac{1}{3}Q_f^2$,外国市场对钢铁的反需求函数为 $p=200-Q$。如果本国政府禁止钢铁进口,但允许出口;而外国政府实行自由贸易。假设在国外市场上国外企业为产量领导者,本国企业为产量跟随者。求均衡时两家钢铁企业各自的产量以及国内外钢铁市场的均衡价格。

参 考 答 案

判断题

1. F 2. F 3. T 4. T 5. T

单选题

1. D 2. B 3. C 4. D 5. B 6. D 7. C 8. C 9. A 10. B 11. B 12. A 13. D 14. B 15. A

计算题

1. 古诺模型下,厂商 1 的反应函数为 $q_1=120-\frac{1}{2}q_2$,厂商 2 的反应函数为 $q_2=80-\frac{1}{3}q_1$;均衡时各厂商的产量为 $q_1=96$;$q_2=48$;斯塔克尔伯格模型下,两个厂商的产量为 $q_1=120$;$q_2=40$;价格领导模型下,两个厂商的产量为 $q_1=120$;$q_2=60$;串谋下,两个厂商的产量为 $q_1=120$;$q_2=0$。

2. 1 500 元/单位。

3. 领导者产量为 40,跟随者每家产量各 15。

4. (1) $q_1^A=0,q_2^A=q_2^B=50,\pi^A=\pi^B=3750-F$

(2) $q_1^A=8,q_2^A=47,q_2^B=51,\pi^A=3\,721.5-F,\pi^B=3\,901.5-F$

5. 国内钢铁企业的总产量为 37.5,其中出口量为 25,国外钢铁企业产量为 75。国内钢铁价格为 87.5,国外钢铁价格为 100。

第 28 章 博弈论

新古典经济学中过强假设使得其对于实际问题的分析略显不足,现实经济问题往往涉及少数决策者,且存在普遍的不完全信息问题,博弈论以及信息经济学中的分析方法此时就非常有力。因此一些经济学家认为,博弈论在经济史上的地位如同边际学派和凯恩斯学派一样,将引起现代经济学研究方法的巨大变革。博弈论应该是作为一门单独的课程来讲授,在中级微观经济学中,我们仅介绍一些基本概念和初步的应用,有兴趣的同学可以参考其他教材进一步学习①。本章主要介绍博弈论有关基本概念,有关博弈均衡求解及其应用将在下一章展开。

28.1 本章要点

1. 一个博弈的基本要素包括:博弈者(player),策略(strategy),收益(payoff)。

2. 只要满足一些基本条件,一个博弈始终存在纳什均衡(Nash Equilibrium):在纳什均衡的策略组合中,对于任何一个博弈者而言,给定其他博弈者选定的策略,该博弈者的策略是最优的。

3. 在一些情况下,博弈存在占优策略(dominant strategy)均衡,占优策略均衡是纳什均衡的一种。此时对于每个博弈者存在一种占优策略:无论其他博弈者选择什么策略,自己存在一个最优策略。所有博弈者的占优策略组合则构成了占优策略均衡。占优策略均衡的结果对于博弈者而言并不一定是最优(好)的结果,最典型的例子就是"囚徒困境(prisoner's dilemma)"。

4. 有时候,我们虽然不能够直接得出占优策略均衡,但通过剔除劣策略的办法也可以得到博弈的纳什均衡(参见例题 2)。如果不存在纯策略(pure strategy)均衡,我们还可以试图求解博弈的混合策略(mixed strategy)均衡:此时博弈者以一定的概率分布进行行动选择。实际上,纯策略是混合策略的退化——当某个选取行动的概率为 1,而其他概率为 0 的时候,混合策略就是纯策略。对混合策略均衡的求解问题我们将会在下一章详细介绍。

5. "囚徒困境"是一种静态博弈:双方同时进行策略选择。在上一章中寡头厂商的古诺均衡就可以理解为是一种"囚徒困境"均衡:如果厂商串谋的话可以获得更大的利润。然而,如果静态博弈进行无限次重复,则博弈者可以通过未来期惩罚的办法来摆脱这种困境。书中介绍了有关航空公司票价竞争的例子,现实生活中其实还有很多,例如商场打出的"最低价保证"实际上就是商场之间的一种"价格联盟"。需要注意的是,如果静态博弈进行有限次重复,则不能摆脱这种"困境"。

6. 如果博弈者的行动选择并非同时而是有先后之分,则称为序贯博弈(sequential game)。在上一章中寡头厂商的斯塔克尔伯格均衡就是一种序贯博弈的均衡。序贯博弈一般

---

① 可参考的教材有:《博弈与信息:博弈论概论》艾里克·拉斯缪森;《策略思维》,迪克西特和奈尔伯夫;《博弈论》,弗登博格和梯若尔等。

采用博弈树的方法进行表示。在序贯博弈中,一些纳什均衡不满足博弈者的序贯理性(sequential rationality),因此要进行精炼(refine),最后得到精炼子博弈纳什均衡。

28.2 例题讲解

1. 在第17章我们曾经介绍了二级密封价格拍卖,请根据占优策略均衡的观点分析在二级密封价格拍卖中,按照自己的保留价格真实报价是每一个投标人的占优策略。

解:根据二级密封价格拍卖规则,出价最高者获胜,但是他付出的价格并不是他的报价,而是次高价,获胜者的净收益是该物品对他的价值减去他支付的价格,而其他人的净收益为0。假定有4个投标人,投标人1报价100元,投标人2报价150元,投标人3报价90元,投标人4报价500元。拍卖中投标人4获胜。但他付出的价格是次高价150元。

现在假定你是一个投标人,这个物品对于你的价值是 V。你可以报任何价格 p。可以看一些更具体的数字,比如说物品对你价值100元,但你出价只有80元。如果其他人的最高出价 p 大于100元,你出价100元和出价80元都一样是失败;如果 p 低于80元,你出价100元和出价80元也没有差别,因为你都获胜并支付同样的价格 p。但是,如果 p 介于80元和100元之间,比如说95元,出价100元使你获胜并有5元的盈余,但出价80元使你空手而归。所以,真实出价100元比出低价80元只好不坏。

如果你出高价呢?譬如说120元。如果其他人的最高出价 p 大于120元,你出价120元和100元都一样,都是失败,收益为零;如果 p 低于100元,你出价120元和100元也没有差别,因为你都获胜并支付同样的价格 p,收益为 $100 - p > 0$。但是,如果 p 介于100和120之间,比如说105,出价100时你收益为零,出价120你虽然获胜,但你的收益为 -5 元,因为你为了一件100元的物品付出了105元的价格。所以,真实出价100元比出高价120元只好不坏。

结论:在二级密封价格拍卖中,真实出价是每个竞标者的一个占优策略。

2. 假设两个企业生产同样的产品。他们在价格上竞争。每家企业可以采取三种定价策略之一:高、中、低。如果他们定不同的价格,定低价的一方占有整个市场;如果他们定同样的价格,他们将总利润平分。高价时总利润是12,中价时总利润是10,低价时总利润是8。收益矩阵如下所示,求该博弈均衡。

企业1 \ 企业2	高	中	低
高	6, 6	0, 10	0, 8
中	10, 0	5, 5	0, 8
低	8, 0	8, 0	4, 4

解:该博弈并不存在占优策略均衡,但是我们可以用重复剔除劣策略办法求解该博弈均衡。首先,对每家企业,"高"劣于"中",因此两家企业都将"高"剔除。这就导致了简化博弈为

企业1 \ 企业2	中	低
中	5, 5	0, 8
低	8, 0	4, 4

在这个简化的博弈中，"中"又劣于"低"。一旦两家企业都将"中"剔除后，双方的就都定低价，每家赚取 4。

企业 1 \ 企业 2	低
低	4，4

3. 请用博弈树的方式(扩展式)表示下面这个动态博弈，并求解该博弈均衡。

博弈者：一个原告和一个被告。

博弈顺序：

(1) 原告决定是否指控被告，指控的成本是 c。

(2) 原告提出一个无协商余地的赔偿金额 $s>0$ 以私了。

(3) 被告决定接受或拒绝原告的要求。

(4) 如果被告拒绝原告的要求，原告将决定是放弃还是上法庭，自己的成本(律师费)是 p，给被告带来的成本是 d。

(5) 如果被告上法庭，原告以 r 的概率胜诉而获得赔偿 x($rx < p$)，否则什么也得不到。

解：根据博弈顺序，我们可以画出博弈树如图 28-1：

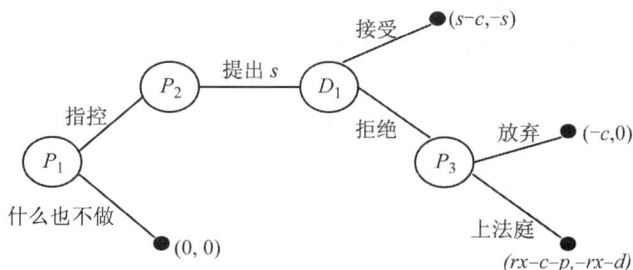

图 28-1

其中，P 表示原告，D 表示被告，后面的数字表示博弈者的第几次决策。在最后的收益向量中，前面为原告的收益，后面为被告的收益。

该动态博弈可以通过逆向递归的方法求解均衡，即从博弈树的末端向前递归求解。首先看最后原告是否决定上法庭，因为给定 $rx < p$，因此有 $rx-c-p < -c$，如果给定被告拒绝的情况下，原告应选择放弃；接下来看如果给定被告拒绝的话，原告最终会选择放弃，那么被告是接受还是拒绝原告的 s？显然，根据 $-s<0$，被告会选择拒绝原告的赔偿要求。那么，如果原告清楚地知道被告一定会拒绝自己的 s，而自己在这种情况下也只能选择放弃，那么，原告是否会在最初提出指控呢？答案显然是原告会选择什么都不做。

因此，该博弈的子博弈完美均衡是：

原告：不指控，要求赔偿 s，放弃

被告：拒绝

结果：原告不指控，双方收益为(0，0)

28.3 练习题

28.3.1 判断题(T 或 F)

1. 每个博弈者都选择占优策略的策略组合一定是纳什均衡。 ( )
2. 在一个纳什均衡策略组合中,每个博弈者的策略一定都是占优策略。 ( )
3. 在囚徒困境博弈中,如果每个罪犯都相信对方不会承认罪行,那么他们就都会选择不承认罪行。 ( )
4. 占优策略均衡是纳什均衡的一种,纳什均衡并不一定是占优均衡。 ( )
5. 如果对某静态非合作博弈(如囚徒困境)进行有限次重复,那么可以得出合作的结果。 ( )
6. 如果某博弈存在纯策略均衡,那么不可能同时存在非退化的混合策略均衡。 ( )
7. 占优策略均衡是指,不论对方的选择如何,每个博弈者的选择都是最佳的。 ( )
8. 纳什均衡是指,给定其他人的选择,每个博弈者的选择都是最佳的。 ( )
9. 如果某博弈不存在纯策略均衡,那么也一定不存在非退化的混合策略均衡。 ( )
10. 在序贯博弈中,任何一个纳什均衡都会被实现且满足序贯理性。 ( )

28.3.2 单选题

1. 在一个双人博弈中每人有两个策略,分别是合作和敌对。每人分别在一张纸上写 C 代表合作,写 D 代表敌对。如果两人都写 C,那么每人收益 100 元;如果两人都写 D,那么每人收益 0;如果一人写 D 而另一人写 C,那么写合作的博弈者为收益 S 而写敌对的博弈者收益为 T。什么条件才能使敌对者对于每一个博弈者来说都是占优策略? ( )

A. $S+T>100$ B. $T>2S$

C. $S<0$ 且 $T>100$ D. $S<T$ 且 $T>100$

E. S 和 T 为任意正数

2. 某博弈收益矩阵如下所示,其中 a、b、c 和 d 是大于零的常数。若其中一个纳什均衡为(A 选下,B 选右),那么 a、b、c 和 d 应满足什么条件? ( )

博弈者 B

		左	右
博弈者 A	上	$a,1$	$b,1$
	下	$1,c$	$1,d$

A. $b>1$ 且 $d<1$ B. $c<1$ 且 $b<1$

C. $b<1$ 且 $c<d$ D. $b<c$ 且 $d<1$

E. $a<1$ 且 $b<d$

3. 某小镇有 $N(N>2)$ 个居民,每个居民有 100 元。有人建议所有的人都可以自愿投资一个基金,每个人可以选择投资多少。但不论每个人的投资金额大小,最后基金收益在所有居民中平均分摊。如果共有 F 被投资到基金中,那么当地政府就会资助等额资金,使基金总额为 $2F$。那就是说,当基金被分摊时,每个居民都会得到 $2F/N$ 的收益。如果每个居民只关心自己的纯收入,在纳什均衡中,每个人将要投资多少钱? （　）

A. 0 元
B. 10 元
C. 20 元
D. 50 元
E. 100 元

4. 同在一个食槽的大猪和小猪有两个可能的策略选择,按下电钮和在槽边等。如果两只猪都选择在槽边等,两只猪都收益 3。如果两只猪都选择按下电钮,大猪收益 8 而小猪收益 2。如果小猪按下电钮而大猪在槽边等,则大猪收益 10 而小猪收益 0。如果大猪按下电钮而小猪在槽边等,则大猪收益 2 而小猪收益 1。在纳什均衡里: （　）

A. 小猪收益 1 而大猪收益 2
B. 小猪收益 2 而大猪收益 8
C. 两只猪都会选择在槽边等
D. 小猪收益 0
E. 大猪一定会使用混合策略

5. 在上题的博弈中,如果收益情况如下:如果两只猪都选择在槽边等,大猪小猪收益都为 2;如果两只猪都选择按下电钮,大猪小猪收益都为 5;如果小猪按下电钮而大猪在槽边等,则大猪收益 10 而小猪收益 0;如果大猪按下电钮而小猪在槽边等,则大猪收益 6 而小猪收益 2。在纳什均衡里: （　）

A. 大猪小猪收益都为 2
B. 大猪小猪收益都为 5
C. 大猪收益 10 而小猪收益 0
D. 大猪收益 6 而小猪收益 2
E. 以上都不对

28.3.3　分析题

1. 请分析价格领导模型和同时定价模型分别是属于哪一类博弈。

2. 在例题 4 中,如果我们对原博弈进行一些修改,使得原告事先就付给他的律师薪酬 p,即使案子私了也不收回,且 $rx + d > p + c$,求该博弈的均衡。

3. 在帆船比赛等体育竞赛中,如果最后只剩下两名选手相互竞争,那么领先的选手会采取模范落后选手的策略,请运用博弈论有关知识解释这一现象。

参 考 答 案

判断题
1. T　2. F　3. F　4. T　5. F　6. F　7. T　8. T　9. F　10. F
单选题
1. C　2. C　3. A　4. C　5. E
分析题
1. 价格领导模型属于序贯博弈,同时定价模型属于静态博弈。
2. 原告:指控,要求赔偿 $s = rx+d$,上法庭;被告:接受 $s \leqslant rx+d$。
　结果:原告提出指控,要求私了赔偿,被告接受。
3. 模仿唯一且落后自己的竞争对手是领先者的占优策略。

第 29 章　博弈论的应用

本章结合博弈论在现实中的应用,介绍各类博弈的求解方法及均衡特点。

29.1　本章要点

1. 根据上一章的介绍,所有博弈可划分为静态博弈和动态博弈两大类[①]。我们首先以 2×2 的收益矩阵为代表介绍静态博弈的求解方法,然后讨论动态博弈的求解。

2. 以 2×2 的收益矩阵为例(2 个博弈者,每个博弈者有 2 个策略选择),如果只关注该博弈的纯策略均衡,一个非常行之有效的方法为箭头标注法:上下方向箭头表示"行博弈者"不同策略下的收益比较结果;左右方向箭头表示"列博弈者"不同策略下的收益比较结果;箭头共同所指方向为博弈的纯策略均衡。

(1) 如下所示,给定 $a>e,c>g,b>d,f>h$,(上,左)为箭头共同所指方向,即为博弈的均衡,上一章所介绍的囚徒困境即为该类均衡。

(2) 若参数满足 $a>e,g>c,b>d,h>f$,则两个单元格(上,左)、(下,右)均为箭头共同所指方向,也为该博弈的纯策略均衡[②]。在本章介绍的性别大战、保证博弈、斗鸡博弈等例子即为该类博弈。

在存在多个博弈均衡的情况下,如果进行协调以达到相应的均衡是一个问题,如可让某一博弈者先行。

(3) 若参数满足 $a>e,g>c,d>b,f>h$,则该博弈不存在纯策略均衡(没有任何一个单元格为箭头共同所指)。本章介绍的竞争博弈和共存博弈即为此类型。该博弈存在一个混合博弈均衡。

---

① 划分博弈类型的另一个标准考虑信息结构的对称性。这里我们讨论的都是对称信息下的博弈。
② 该博弈还存在一个混合策略均衡。

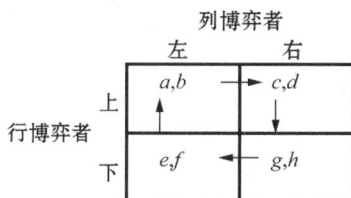

2×2 收益矩阵下的静态博弈大体以上述三类为代表,箭头标准法可以帮助我们快速地找出纯策略均衡以及判断该博弈的类型归属。然而,该方法不适合判断及求解混合策略均衡。

3. 比较完整地求解博弈的均衡的方法是最优反应曲线法。根据给定对方采取不同策略的概率分布下自身最优策略的概率分布画出反应曲线。2 个博弈人反应曲线的交点即为博弈均衡。读者可以 2 为例逐一进行练习,从而熟悉各种类型下的均衡特点。

4. 对于特定非退化混合策略均衡的求解,还可以运用均等支付原则:所有以非零概率被混合的纯策略应该都具有相同的期望收益。具体求解方法教材中已有详细介绍,这里不再重复。

5. 求解有限次动态博弈(序贯博弈)应遵循逆向递归原则进行。在动态博弈中,如果进行有效承诺并保证对自己更为有利的结果往往是分析的重点所在。

6. 对于无限次动态博弈的求解也许会得出与有限次完全不同的均衡,如无限次的重复博弈在给定参数下能克服"囚徒困境"问题。考虑篇幅所限,本书主要介绍一些简单的动态博弈例子,如讨价还价模型等,读者可通过阅读博弈论其他书籍来丰富相关知识。

29.2 例题讲解

1. 请应用最优反应曲线来表示"囚徒困境"博弈中的纳什均衡点。

博弈者 B

		坦白 q	抵赖 $1-q$
博弈者 A	坦白 p	$-3,-3$	$0,-6$
	抵赖 $1-p$	$-6,0$	$-1,-1$

解:设两个博弈者选择"坦白"的概率分别为 p 和 q。因此,对于博弈者 A 而言,期望收益函数为:

$$E(p)=pq\times(-3)+p(1-q)\times0+(1-p)q\times(-6)+(1-p)(1-q)\times(-1)$$
$$=(2q+1)p-5q-1$$

可以看出,该函数是 p 的严格增函数,因此博弈者 A 会选择最大化 $p=1$

同样,对于博弈者 B 而言,类似的方法也可以得出 $q=1$。

因此,两个博弈者的反应曲线和博弈均衡点如图 29-1 所示。

图 29-1

2. 寝室共有 4 位学生,现在考虑买一台电视机。4 位学生对电视机的保留价格均为1500元,电视机的价格为1000元。每位同学自行决策是否购买电视机,但每位同学

201

都考虑"搭便车"——最好其他某位同学买,自己也可以看。请问,当所有的同学都选择混合策略时,最后没有一个人买电视机的概率为多少?

解:据题意,以学生甲为例,可列出收益矩阵如下:

<table>
<tr><td rowspan="2"></td><td rowspan="2"></td><td colspan="2" align="center">其他学生</td></tr>
<tr><td align="center">买 $1-(1-r)^3$</td><td align="center">不买 $(1-r)^3$</td></tr>
<tr><td rowspan="2">学生甲</td><td align="center">买 (r)</td><td align="center">500,a</td><td align="center">500,b</td></tr>
<tr><td align="center">不买 $(1-r)$</td><td align="center">1500,c</td><td align="center">0,0</td></tr>
</table>

该博弈存在一个混合均衡(当然此博弈存在许多纯策略均衡,如其中任何一个同学买电视机,而其他同学选择不买),设混合均衡下学生买电视机的概率为 r。根据混合均衡下均等支付原理,可以通过求解 $500 = 1500 \times [1-(1-r)^3]$,得出 $(1-r)^3 = 2/3$。

因此,最后没有一个人买电视机的概率为 $(1-r)^4 = \left(\dfrac{2}{3}\right)^{4/3} \approx 0.58$,即有二分之一以上的可能没有一个人买电视机。

3.(审计博弈)税务局决定是否对某一笔特定的税收收入进行审计以验证其是否准确。税务局的目标是以最小成本来防止或查处偷税行为,嫌疑人只有当他们不会被查处时才会想偷税。不妨假定防止或查出偷税行为的收益为 4,审计的成本为 C,而 $C < 4$;嫌疑人依法纳税的成本为 1,被查处偷税的成本是罚款 $F > 1$。收益矩阵如下所示。

<table>
<tr><td rowspan="2"></td><td rowspan="2"></td><td colspan="2" align="center">嫌疑人</td></tr>
<tr><td align="center">偷税 θ</td><td align="center">不偷税 $1-\theta$</td></tr>
<tr><td rowspan="2">税务局</td><td align="center">审计 γ</td><td align="center">$4-C,-F$</td><td align="center">$4-C,-1$</td></tr>
<tr><td align="center">不审计 $1-\gamma$</td><td align="center">0,0</td><td align="center">$4,-1$</td></tr>
</table>

分别比较基于上述收益矩阵的以下三种博弈的异同:

(1) 求解该收益矩阵下的混合博弈均衡。

(2) 求解序贯博弈下的均衡(税务局先决定是否审计)并与(1)问进行比较。

(3) 如果税务局采取对所有嫌疑人进行抽查,并与(1)问进行比较。

解:(1) 根据均等支付原则,可以计算在混合均衡下嫌疑人偷税的概率 θ 和税务局审计的概率 γ 分别为:$\theta^* = \dfrac{C}{4}$,$\gamma^* = \dfrac{1}{F}$。此时两个博弈者的期望收益为

$$\pi_{税务局} = \pi_{税务局}(不审计) = \theta^* \times 0 + (1-\theta^*) \times 4 = 4-C$$

$$\pi_{嫌疑人} = \pi_{嫌疑人}(偷税) = \gamma^* \times (-F) + (1-\gamma^*) \times 0 = -1$$

(2) 在序贯博弈下,税务局首先选择是否审计,嫌疑人对此进行反应。通过运用逆向求解的方法,可以得出:在均衡时税务局选择审计,且预计到嫌疑人随后会选择纳税。最后,税务局的收益为 $4-C$,而嫌疑人的收益为 -1。虽然两个博弈者的收益与(1)问都相同,但审计的次数显然更多,而偷税和罚款的次数更少了。

(3) 如果税务局采取对所有嫌疑人采取随机样本审计的方法(此时嫌疑人可以理解为一个多人群体)。我们也可以采取类似(1)问中的办法求解。只是此时税务局并非是随机选择行动,而是确定地在嫌疑人中选择 α 的比例进行审计。最后可解得 $\alpha^* = \dfrac{1}{F}$,嫌疑人选择纳税。

考虑此时税务局审计的对象是全部嫌疑人中的 α 比例，因此，税务局的收益为 $4-\alpha C$，要好于 (1)中的情况。

29.3　练习题

29.3.1　单选题

1. 两个人进行胆小鬼博弈游戏，其中有两个可能的选择，转向和直行。不论对方如何选择，转向的被称作胆小鬼收益为 0。直行的人：如果对方选择转向，收益 32；如果对方选择直行，收益-48。这个博弈除了有两个纯策略均衡，还有　　　　　　　　　　　　　　（　　）

  A. 一个混合策略均衡，其中每个人有 60% 的可能选择转向而有 40% 的可能直行

  B. 两个混合策略，其中两人交替做出转向和直开的选择

  C. 一个混合策略均衡，其中一个人有 60% 的可能选择转向而另一个人有 40% 的可能选择转向

  D. 一个混合策略均衡，其中每个人有 30% 的可能选择转向而有 70% 的可能直行

  E. 没有混合策略

2. 假设在一个老鹰和鸽子的博弈游戏中：如果两人都选择老鹰，每人收益为-6；如果两人都选择鸽子，每人收益为 3；如果一人选择老鹰而另一人选择鸽子，选择老鹰的收益为 8，而选择鸽子的收益为 0。均衡时，如果选择老鹰的人和选择鸽子的人的期望收益是相等的，那么选择老鹰的概率约等于　　　　　　　　　　　　　　　　　　　（　　）

  A. 45%　　　　　　　　　　　　　　　B. 23%

  C. 11%　　　　　　　　　　　　　　　D. 73%

  E. 100%

3. 参加俱乐部的人数具有这样的特点：如果这个星期在俱乐部里见面的人数是 X，那么下个礼拜来俱乐部的人数就是 $63+0.30X$。请问，参加俱乐部的长期均衡人数是多少？（　　）

  A. 63　　　　　　　　　　　　　　　　B. 210

  C. 126　　　　　　　　　　　　　　　D. 90

  E. 27

4. 同上题，如果这个星期在俱乐部里见面的人数是 X，那么下个礼拜来俱乐部的人数就是 $1.7X-63$。且这个星期俱乐部的人数是 50 人，那么该俱乐部的长期均衡人数是多少？

                      （　　）

  A. 63　　　　　　　　　　　　　　　　B. 210

  C. 126　　　　　　　　　　　　　　　D. 90

  E. 0

5. 宾墨尔教授在本科生博弈论课本上是垄断者。宾墨尔教授收益是 \$2 000。迪克西特教授正在考虑也写一本同样的课本去和宾墨尔教授竞争。如果两人的书均分整个市场，那么每个教授的收益是 \$200。如果有完全信息（每个教授都知道对方的收益），在什么情况下，宾墨尔教授可以阻止迪克西特教授进入这个市场？　　　　　　　　　　　　　　　　　（　　）

  A. 宾墨尔教授威胁降价从而使迪克西特教授损失 \$200，他这样做将会损失 \$20

B. 宾墨尔教授威胁降价从而使迪克西特教授损失 $20,他这样做并没有损失

C. 宾墨尔教授威胁降价,并攻击迪克西特教授课本的可信性,这样做迪克西特教授将会损失 $2,他自己仍可以收入 $190

D. 宾墨尔教授威胁降价,并攻击迪克西特教授课本的可信性,这样做迪克西特教授只能收益 $2,他自己仍可以收入 $100

E. 宾墨尔教授威胁降价,并攻击迪克西特教授课本的可信性,这样做迪克西特教授将会损失 $208,他自己仍可以收入 $210

29.3.2 分析题

1. 在双人博弈中,给定收益矩阵如下,求满足什么条件时该博弈不存在纯策略均衡。

	L	R
U	a,b	c,d
D	e,f	g,h

2. 社会心理学中一个声名狼藉的案例就是"吉蒂谋杀案":吉蒂是在纽约被杀的,她的 38 位邻居都目睹了这一幕却无人报警。

在这个市民责任博弈中,我们以其中两人——史密斯和琼斯为代表对收益情况进行说明。史密斯和琼斯都目击了杀人案的发生,他们都希望有人报警来制止这一事件,因为杀人不能得逞会使目击者的支付增加 10。但每个人都不愿自己去报警,因为一番周折会使自己的支付减少 3。也就是说,如果史密斯确信琼斯会去报警,那么史密斯是不会去报警的,而只会袖手旁观,收益矩阵如下所示。

		琼斯	
		袖手旁观	报警
史密斯	袖手旁观	0, 0	10, 7
	报警	7, 10	7, 7

请运用博弈论对此问题进行分析。

参 考 答 案

单选题

1. A   2. A   3. D   4. E   5. E

分析题

1. $d>b, g>c, f>h, a>e$ 或者 $d<b, g<c, f<h, a<e$。

2. 参考例题2,可以算出,当有 38 个目击人时,无人报警的概率大约为 0.29。

第 30 章 交 换

之前的消费理论、厂商理论中，主要为局部均衡（partial equilibrium）分析：在给定其他外在因素保持不变的情况下，讨论特定商品需求、供给以及市场均衡等问题。实际上，经济体中所有商品市场之间也是相互联系、相互影响。例如，石油市场价格上升会引起对玉米等生物燃料需求的增加，并引起一系列的连锁反应。考虑到多种商品价格之间的影响关系，本章开始我们关注一般均衡（general equilibrium）问题：多种商品供给和需求如何影响并达到均衡。本章讨论纯交换下的一般均衡，后一章节拓展到包括生产在内的一般均衡。

30.1 本章要点

1. 给定 n 个消费者，m 个商品，纯交换下的竞争性一般均衡是指存在一个价格体系 $\vec{p} = (p_1, p_2, \cdots, p_m)$，$n$ 个消费者在这个价格体系下根据其拥有的禀赋价值进行最优选择的同时，m 个商品也实现了市场出清（market clear）：总需求量等于总供给量（消费者的总禀赋量）。

$$\begin{cases} \sum_{i=l}^{n} x_i^1(\vec{p}) = \sum_{i=l}^{n} \omega_i^1 \\ \sum_{i=l}^{n} x_i^2(\vec{p}) = \sum_{i=l}^{n} \omega_i^2 \\ \quad\quad\cdots \\ \sum_{i=l}^{n} x_i^m(\vec{p}) = \sum_{i=l}^{n} \omega_i^m \end{cases} \tag{30-1}$$

其中 x_i^j, ω_i^j 分别表示第 i 个消费者对第 j 个商品的总消费量和总禀赋量。

2. 对于一般均衡，本章关注于 2 个核心问题：一般均衡的存在性和有效性。

3. 瓦尔拉斯法则（Walras Law）表明：从所有消费者的预算约束出发，因此给定任意价格体系，总超额需求的价值恒为零。需要注意的是，"总超额需求的价值恒为零"，不仅对均衡价格来说成立，而且对所有非均衡价格来说也成立。瓦尔拉斯法则隐含的推论就是，给定 m 种商品，如果在某个价格体系下 $m-1$ 种商品已经实现了出清（总净需求为零），那么最后一种商品也必然出清。或者说，我们只有式（30-1）中 $m-1$ 个方程来解 m 个未知数：价格体系 $\vec{p} = (p_1, p_2, \cdots, p_m)$。根据线性代数相关知识，这样的解是不唯一的：我们只能解出相对价格。

4. 瓦尔拉斯法则并不能明确一般均衡的存在性。所幸的是，经济学家已经证明，给定"总超额需求为连续函数"，可以证明式（30-1）存在着均衡解。如果所有消费者均为凸性偏好且市场为竞争性，总需求的连续性可以得到保证，这就确保了（竞争性市场中）一般均衡的存在。

5. 关于竞争性一般均衡的有效性问题，首先定义帕累托有效配置（Pareto Efficient Allocation）：即不可能不使一方境况变坏的情况下而使另一方境况变好的商品配置。例如，在埃奇沃思框图（Edgeworth Box，以英国经济学家 Edgeworth 命名）中契约曲线（contract curve）代表了有效配置的集合。

6. 福利经济学第一定理(First Theorem of Welfare Economics)指出,竞争性一般均衡下的商品配置一定为帕累托有效配置(位于契约曲线上)。福利经济学定理成立存在 2 个隐含的前提:不存在外部效应且市场为竞争性。对比而言,垄断性均衡的结果就不满足帕累托有效性;而具有完全价格歧视的垄断性结果依然是帕累托有效的。

7. 福利经济学第二定理(Second Theorem of Welfare Economics)指出,如果参与交易的消费者偏好呈凸状,那么帕累托有效配置都可以通过竞争性均衡实现。福利经济学第二定理意指分配与效率问题可分开考虑,通过税收等分配手段,在不影响价格体系的前提下,不会影响有效均衡的实现。

30.2 例题讲解

1. 在两个消费者和两种商品的纯交换经济里,张三初始禀赋有 9 单位商品 1 和 6 单位商品 2;李四初始禀赋有 18 单位商品 1 和 3 单位商品 2。他们具有相同的效用函数 $u(x_1,x_2)=x_1^{\frac{1}{3}}x_2^{\frac{2}{3}}$,$x_1$、$x_2$ 表示商品 1 和商品 2 的数量。求达到竞争均衡的相对价格。

解:考虑两个消费者的无差异曲线都满足严格凸性,因此最后的竞争性均衡肯定为两条无差异曲线的切点,竞争性均衡一定为埃奇沃思方框图的内点。

不妨以商品 1 为计价物,价格为 1,记商品 2 的价格为 p_2;

则张三的收入为:$m_Z=9+6p_2$;李四的收入为:$m_L=18+3p_2$。

根据效用函数,

张三对商品 1 和商品 2 的最优消费量为:

$$x_{Z_1}=\frac{1}{3}\cdot\frac{m_Z}{p_1}=\frac{1}{3}\cdot(9+6p_2),x_{Z_2}=\frac{2}{3}\cdot\frac{m_Z}{p_2}=\frac{2}{3}\cdot\frac{9+6p_2}{p_2}$$

李四对商品 1 和商品 2 的最优消费量:

$$x_{L_1}=\frac{1}{3}\cdot\frac{m_L}{p_1}=\frac{1}{3}\cdot(18+3p_2),x_{L_2}=\frac{2}{3}\cdot\frac{m_L}{p_2}=\frac{2}{3}\cdot\frac{18+3p_2}{p_2}$$

竞争性均衡下两种商品市场均实现出清,不妨考虑商品 1,则有

$$x_{Z_1}+x_{L_1}=9+18$$

即:$\frac{1}{3}\cdot(9+6p_2)+\frac{1}{3}\cdot(18+3p_2)=27$

解之得:$p_2=6$,根据瓦尔拉斯法则,可以判断此时商品 2 市场也实现出清,读者可以自行验证。因此相对价格为 $p_2:p_1=6$。

2. 在两个消费者和两种商品的纯交换经济里,消费者 A 的效用函数为 $u_A(x_A,y_A)=\min\{x_A,y_A\}$,消费者 B 的效用函数为 $u_B(x_B,y_B)=x_B\cdot y_B$。消费者 A 初始时拥有 6 个单位商品 x 但没有商品 y,消费者 B 初始时拥有 10 个单位商品 y 但没有商品 x。求竞争性均衡价格。

解:根据两个消费者的效用函数和初始禀赋,可以在埃奇沃思方框图中表示最后的竞争性均衡。显然,因为消费者 A 的无差异曲线是 L 型的,所以最后的竞争性均衡肯定不是两个消费者无差异曲线的切点。然而,竞争性均衡下消费者 A 对两种商品的消费量必然相等,而消费者 B 的无差异曲线是严格凸的,所以满足边际效用之比等于相对价格这一条件。

不妨以商品 x 为计价物,记商品 y 的价格为 p_y。结合图 30-1 和以上基本性质,我们可以

列出下列方程组并求解最后的竞争性均衡。

$$\begin{cases} x_A + y_A p_y = 6 \\ x_B + y_B p_y = 10 p_y \\ x_A + x_B = 6 \\ y_A + y_B = 10 \\ x_A = y_A \\ \dfrac{y_B}{x_B} = \dfrac{1}{p_y} \end{cases}$$

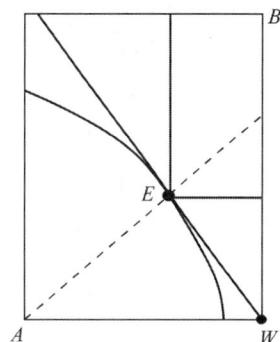

图 30-1

对上述的方程组进行求解,最后可得:

$$x_A = 5, y_A = 5, x_B = 1, y_B = 5, p_y = 0.2$$

即竞争性均衡下,两种商品价格之比 $p_x : p_y = 5 : 1$。

3. 在某个交换经济中,A、B 两个人的效用函数分别为 $u_A = 2x_A + y_A$ 和 $u_B = x_B + 2y_B$,给定初始时两种商品的总禀赋量均为 16,分别比较以下几种初始配置下的竞争性均衡价格:

(1) $(\omega_x^A, \omega_y^A) = (8,8)$,$(\omega_x^B, \omega_y^B) = (8,8)$

(2) $(\omega_x^A, \omega_y^A) = (4,4)$,$(\omega_x^B, \omega_y^B) = (12,12)$

解:结合埃奇沃思方框图,两种初始配置对应情况分别如下两个图形所示:

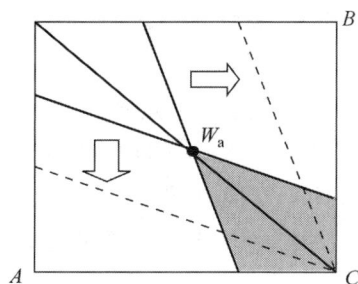

图 30-2

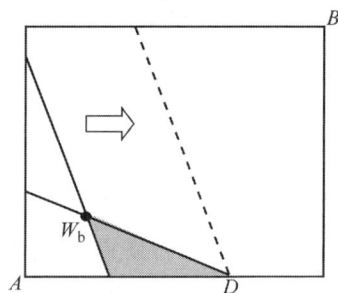

图 30-3

(1) 如图 30-2 所示,给定初始配置位于 W_a 点,相应的内核如图中阴影所示区域。首先,竞争性价格应该在 $\dfrac{1}{2} < \dfrac{p_x}{p_y} < 2$ 区间:当 $\dfrac{p_x}{p_y} > 2$ 时,消费者 A 和 B 都只需要 y 产品,所以不可能到达均衡;当 $\dfrac{p_x}{p_y} < \dfrac{1}{2}$ 时,消费者 A 和 B 都只需要 x 产品,所以不可能到达均衡;当 $\dfrac{p_x}{p_y} = 2$ 时,消费者 B 只消费 y 产品,而消费者 A 消费两种产品无差异;这样消费者 B 需要 24 单位 y 产品,所以不可能到达均衡;同理,当 $\dfrac{p_x}{p_y} = \dfrac{1}{2}$ 时也不可能到达均衡。

进一步,当 $\dfrac{1}{2} < \dfrac{p_x}{p_y} < 2$ 时,消费者 A 只消费 x 产品,而消费者 B 只消费 y 产品,所以消费者 A 用 8 单位 y 产品交换消费者 B 的 8 单位 x 产品,由 Walras 法则可得:

$$8 p_x + 8 p_y = 16 p_y \Rightarrow \frac{p_x}{p_y} = 1$$

$$8 p_x + 8 p_y = 16 p_x \Rightarrow \frac{p_x}{p_y} = 1$$

由此,均衡价格为$\frac{p_x}{p_y}=1$,一般性均衡达到契约曲线中的角点C。

(2) 如图 30-3 所示,给定初始配置位于W_b点,相应的内核如图中阴影所示区域。可以验证,此时竞争性价格下最后达到契约曲线中的D点,相应从初始禀赋点W_b到D点的竞争性均衡价格为$p_x:p_y=1:2$。在其他的价格体系下,交换后的结果都将位于埃奇沃思方框图之外。在交换结束后,B 的效用没有改变。

4. X 和 Y 是某荒岛上唯一两个人。他们只消费椰子(N)和樱桃(B)两种商品。X 的效用函数为$U(N_X,B_X)=N_XB_X$,Y 的效用函数为$U(N_Y,B_Y)=2N_Y+B_Y$。X 的初始禀赋为 80 单位椰子和 30 单位樱桃,而 Y 的初始禀赋为 80 单位椰子和 60 单位樱桃。请问,在经济达到竞争性均衡时 X 消费多少单位的樱桃?

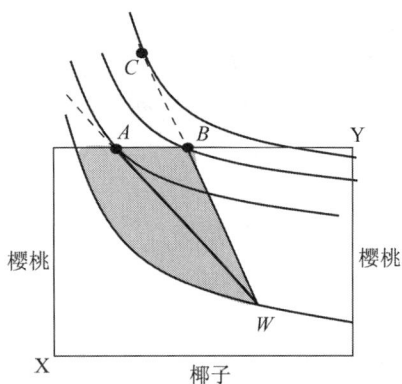

图 30-4

解:如图 30-4 所示,初始配置为图中W点,阴影部分为帕累托改进的内核。

通常情况下,我们可以通过两个消费者无差异曲线相切来求解竞争均衡点。而在本题中,给定两个消费者的初始禀赋,求出切点C位于埃奇沃思方框图之外,故只能舍弃。C点下 X 的商品组合数量为$\left(\frac{95}{2},95\right)$,而全部的樱桃数量也仅为 90。(具体计算过程略去,读者可以自行验算)。

因此我们需考虑另外一种可能:给定竞争性均衡价格,虽然两个消费者的无差异曲线并不相切,但消费者 Y 已经处于其消费空间的边界位置,即已经把其中某种商品全部用于交换,如图A点所示。

不妨设椰子的价格为 1,樱桃的价格为p_B,可以通过求解下列方程组得出竞争性均衡解:

$$\begin{cases} 80+30p_B=N_X+B_Xp_B \\ 80+60p_B=N_Y+B_Yp_B \\ N_X+N_Y=160 \\ B_X+B_Y=90 \\ \frac{MU_{N_X}}{MU_{B_X}}=\frac{B_X}{N_X}=\frac{1}{p_B} \\ B_Y=0 \end{cases}$$

解得:$(N_X,B_X)=(48,90)$,$(N_Y,B_Y)=(112,0)$,$p_B=\frac{8}{15}$,即均衡时 X 消费 90 个(所有的)樱桃。

30.3 练习题

30.3.1 判断题(T 或 F)

1. 局部均衡分析是指只对供给或只对需求的分析,而一般均衡分析是指同时对供给和需

求的分析。 （　　）

2. 瓦尔拉斯法则指出:在只有两种商品的市场里,如果在一个商品市场供给与需求平衡,那么另一个商品市场里供给和需求也达到平衡。 （　　）

3. 根据瓦尔拉斯法则,从初始配置出发,市场最后一定能达到竞争性均衡。 （　　）

4. 根据福利经济学第一定理,竞争性均衡的经济里的任何使人得益的重新配置一定会损害其他人。 （　　）

5. 福利经济学第二定理认为:如果偏好是凸性的,那么经过初始禀赋的重新配置后的任何帕累托有效配置是一种竞争性均衡。 （　　）

6. 契约曲线上的每一种商品配置都是帕累托有效配置。 （　　）

7. 从初始配置出发,仅存在一个价格体系能够达到竞争性有效均衡。 （　　）

8. 在只有两种商品的纯交换经济里,如果当两种商品的价格为 $p_1 = 12$ 和 $p_2 = 27$ 时达到竞争性均衡,那么当价格为 $p_1 = 24$ 和 $p_2 = 54$ 时也一定是竞争性均衡。 （　　）

9. 如果需求随价格连续变化,那么即使有上千种商品,也至少存在一组价格使得每个商品市场上的供给和需求相等。 （　　）

10. 如果配置 X 是价格体系 P 下的竞争性均衡,但每个人都喜欢配置 Y 下的消费束,那么价格体系 P 下的配置 Y 的总价值超过配置 X 的总价值。 （　　）

11. 如果初始禀赋正好在契约曲线上,那么一定存在无交易发生的竞争性均衡。 （　　）

12. 张三的效用函数为 $U(F,L)=L$,其妻子的效用函数为 $U(F,L)=F$。如果张三的初始禀赋为 10 单位 F 和 5 单位 L 而其妻子的初始禀赋为 6 单位 F 和 10 单位 L,那么在张三和其妻子的埃奇沃斯方框图里,帕累托有效配置只会出现在方框图的角上。 （　　）

13. 如果两人有相同的柯布-道格拉斯效用函数,那么在每一种帕累托有效配置里,他们彼此必须以相同的比例消费所有的商品。 （　　）

14. 如果两人有相同的良性相似偏好,那么在埃奇沃斯方框图里,所有帕累托有效配置一定在对角线上。 （　　）

15. 在两个消费者、两种商品的埃奇沃思方框图中,契约曲线一定是从一个消费者的原点到另一个消费者的原点的连线。 （　　）

16. 在一个竞争性纯交换经济里,如果初始禀赋在两原点之间的对角线上,那么一定存在无交易的竞争性均衡。 （　　）

30.3.2 单选题

1. 在两个消费者和两种商品的纯交换经济里,其中一个人总是对两种商品的偏好多甚于少,而另一人喜欢一种商品而厌恶另一种商品。两人对两种商品的初始禀赋都为正数。那么有一人厌恶的那种商品的竞争性均衡价格: （　　）

A. 一定为负的
B. 一定小于两人都喜欢的那种商品的价格
C. 一定小于 1
D. 可能正,也可能为负
E. 一定是正的

2. 在两个消费者和两种商品的纯交换经济里,如果两个消费者的无差异曲线没有折拗点,且均为良性偏好,那么在埃奇沃思方框内(不含边界点)的帕累托有效配置中 （　　）

A. 两个消费者具有相同的边际替代率,但是可以不同的比率消费两种商品

B. 具有相同收入的两个消费者必须有相同的边际替代率,但是如果收入不同,则他们的边际替代率也会不同

C. 两个消费者必须以相同比率消费两种商品

D. 没有一个消费者会偏好另一个消费者的消费束甚于自己的消费束

E. 以上都不对

3. 根据福利经济学第一定理: （ ）

A. 每个竞争性均衡都是公平的

B. 如果经济处于竞争性均衡,那么没有方法使任何人变好

C. 竞争性均衡总是存在的

D. 在帕累托最优下,所有消费者一定是同样富有的

E. 以上都不对

4. 在两个消费者(张三和李四)和两种商品的纯交换经济里,张三的效用函数为 $u(x,y)=x+48\sqrt{y}$,李四的效用函数为 $u(x,y)=x+4y$。且在帕累托最优配置下两人都消费了两种商品。此时张三消费了多少商品 y? （ ）

A. 36　　　　　　　　　　　　　　B. 12

C. 5　　　　　　　　　　　　　　D. 10

E. 得不出正确答案,因为没有告诉初始禀赋

5. 在两个消费者(张三和李四)和两种商品(草莓和香槟)的纯交换经济里,张三的效用函数为 $u(s,c)=2s+c$,其中 s 是指草莓箱数,c 是指香槟瓶数;而李四的效用函数为 $u(s,c)=sc$,那么竞争性均衡时 （ ）

A. 李四消费相同的数量的草莓和香槟　　　B. 张三消费草莓多于香槟

C. 李四消费的草莓是香槟的两倍　　　　　D. 李四消费的香槟是草莓的两倍

E. 张三消费香槟多于草莓

6. X 和 Y 是某荒岛上唯一两个人,他们只消费椰子(N)和樱桃(B)两种商品。X 的效用函数为 $U(N_X,B_X)=N_X B_X$,Y 的效用函数为 $U(N_Y,B_Y)=2N_Y+B_Y$。X 的初始禀赋为 13 单位椰子和 5 单位樱桃,而 Y 的初始禀赋为 8 单位椰子和 6 单位樱桃。在经济达到竞争性均衡时,X 消费多少单位的樱桃? （ ）

A. 13.5　　　　　　　　　　　　　B. 18.5

C. 15.5　　　　　　　　　　　　　D. 11

E. 以上都不对

7. X 和 Y 是某荒岛上唯一两个人,他们只消费椰子和樱桃两种商品。X 的初始禀赋为 5 单位椰子和 12 单位樱桃,Y 的初始禀赋为 19 单位椰子和 25 单位樱桃。对于 X 来说,这两种商品是一对一的完全替代;对 Y 来说,这两种商品是一对一的完全互补。那么帕累托有效配置中: （ ）

A. X 消费 17 单位樱桃　　　　　　　B. X 消费 15 单位樱桃

C. Y 消费 21.50 单位椰子　　　　　　D. 两人的无差异曲线的斜率是相同的

E. Y 一定消费所有单位椰子

8. 在两个消费者和两种商品的纯交换经济里,两个消费者都具有严格凸的偏好而且他们的无差异曲线无折拗点。在初始配置中,记其中一个消费者对商品 x 的边际效用与对商品 y

的边际效用之比为 a，另外一个消费者对商品 x 的边际效用与对商品 y 的边际效用之比为 b，其中 $a<b$。竞争性均衡价格比为 $\dfrac{p_x}{p_y}=c$，那么下列哪个不等式关系必然成立？ 　　　　（　　）

A. $c>b$ 　　　　　　　　　　　　　　　　B. $c<a$

C. $c=a$ 　　　　　　　　　　　　　　　　D. $c=b$

E. $a<c<b$

9. 在两个消费者和两种商品的纯交换经济里，消费者 A 的效用函数为 $u_A(x_A,y_A)=3x_A+3y_A$，消费者 B 的效用函数为 $u_B(x_B,y_B)=x_By_B$。消费者 A 位于埃奇沃思方框图的左下角，消费者 B 位于埃奇沃思方框图的右上角。那么，契约曲线应包括： 　　　　（　　）

A. 连接右上角与左下角的对角线 　　　B. 从左到右逐渐变陡的一条曲线

C. 从左到右逐渐变平的一条曲线 　　　D. 从右上角出发，斜率为 1 的一段射线

E. 从左下角出发，斜率为 1 的一段射线

10. 在两个消费者和两种商品的纯交换经济里，消费者 A 的效用函数为 $u_A(x_A,y_A)=\max\{3x_A,y_A\}$，消费者 B 的效用函数为 $u_B(x_B,y_B)=2x_B+y_B$，两个商品总禀赋量均为 8。若消费者 A 位于埃奇沃思方框图的左下角，消费者 B 位于埃奇沃思方框图的右上角。那么，契约曲线为： 　　　　（　　）

A. 埃奇沃斯方框图的左边 　　　　　　B. 埃奇沃斯方框图的底边

C. 埃奇沃斯方框图的左边和底边 　　　D. 埃奇沃斯方框图的右边

E. 埃奇沃斯方框图的右边和上边

30.3.3 　分析题

1. 假设经济体两类消费者 A 和 B 各自的效用函数分别如下。给定两种商品的总量均为 $(10,10)$，请在埃奇沃思方框图中画出他们的契约曲线。

(1) $U_A=y_A+2\sqrt{x_A}$，$U_B=x_B+y_B$

(2) $U_A=x_Ay_A$，$U_B=x_By_B$

(3) $U_A=3x_A+y_A$，$U_B=x_B+3y_B$

(4) $U_A=x_A+y_A$，$U_B=\min\{x_B,y_B\}$

(5) $U_A=\max\{x_A,y_A\}$，$U_B=\min\{x_B,y_B\}$

2. 在纯交换经济里，皮特(P)和杜德(D)都消费同样的两种商品。两个消费者的效用函数分别为 $U^P(x_1^P,x_2^P)=x_1^Px_2^P$ 和 $U^D(x_1^D,x_2^D)=\min(x_1^D,x_2^D)$，$x_1$、$x_2$ 表示商品 1 和商品 2 的数量。皮特的初始禀赋为 3 单位商品 1 和 4 单位商品 2，杜德的初始禀赋为 7 单位商品 1 和 6 单位商品 2。求竞争性均衡时的相对价格。

3. 在纯交换经济里，张三和李四都消费同样的两种商品。张三初始禀赋有 6 单位商品 1 和 6 单位商品 2；李四初始禀赋有 12 单位商品 1 和 3 单位商品 2。他们具有相同的效用函数 $u(x_1,x_2)=x_1x_2$，x_1、x_2 分别表示商品 1 和商品 2 的数量。求竞争性均衡时张三和李四的消费束。

4. 在某个交换经济中，A、B 两个人的效用函数分别为 $U_A=y_A+2\sqrt{x_A}$ 和 $U_B=y_B+4\sqrt{x_B}$，两个人的初始禀赋为 $(\omega_x^A,\omega_y^A)=(12,8)$ 和 $(\omega_x^B,\omega_y^B)=(4,8)$。求竞争性均衡时 A、B 两人消费商品 x 的数量分别为多少？

参 考 答 案

判断题

1. F 2. T 3. F 4. T 5. T 6. T 7. F 8. T 9. T 10. T 11. T 12. T 13. T 14. F 15. F 16. F

单选题

1. E 2. A 3. E 4. A 5. D 6. D 7. B 8. E 9. D 10. B

分析题

1. (1) $U_A = y_A + 2\sqrt{x_A}$，$U_B = x_B + y_B$ (2) $U_A = x_A y_A$，$U_B = x_B + y_B$

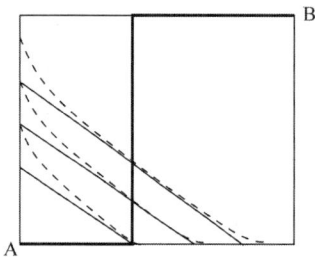

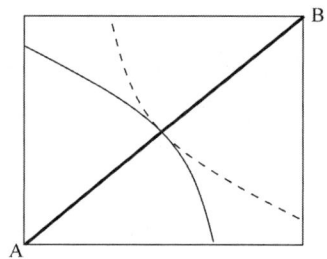

图 30-5   图 30-6

(3) $U_A = 3x_A + y_A$，$U_B = x_B + 3y_B$ (4) $U_A = x_A + y_A$，$U_B = \min\{x_B, y_B\}$

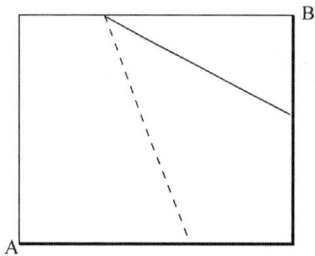

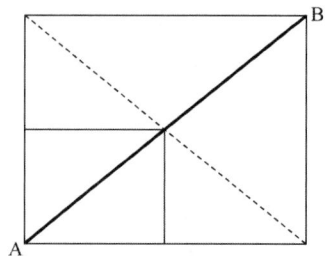

图 30-7   图 30-8

(5) $U_A = \max\{x_A, y_A\}$，$U_B = \min\{x_B, y_B\}$

图 30-9

2. $p_2 : p_1 = 1 : 1$

3. 均为 $(9, 4.5)$

4. $x_A = 3.2$，$x_B = 12.8$

第31章 生产

本章进一步在引入生产决策下扩大一般均衡的分析框架。即在技术约束下的企业利润最大化行为和预算约束下的消费者效用最大化行为共同形成市场上商品需求与供给形成一个竞争性均衡。

31.1 本章要点

1. 如图 31-1,首先考虑单人单产品决策中,书中以克鲁索公司为例,在产品与劳动之间,作为消费者的边际效用之比与作为生产者的边际产量之比在均衡时相等,实现了给定技术水平下的效用最大化。

2. 需要注意的是,该竞争性均衡是基于技术规模报酬递减(不变)为前提的,如果规模报酬递增,则竞争性均衡可能无法实现。这也是生产与福利经济学第二定理的前提。

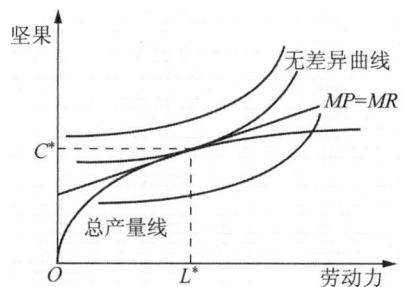

图 31-1

3. 在多产品生产的情况下,不同生产技术的存在性导致生产过程中边际转化率(MRT,marginal rate of transformation:经济中为了多生产一单位某产品而必须放弃的另一种产品的生产数量)的不同。因此,生产可能性边界(production possibilities frontier)呈凸状。

4. 生产与福利经济学第一定理(Production and the First Welfare Theorem):如果所有企业是竞争性的追求利润最大化,所有消费者是竞争性的追求效用最大化,那么在包含生产的经济中所达到的竞争性均衡是帕累托有效的。

5. 生产与福利经济学第二定理(Production and the Second Welfare Theorem):如果消费者偏好是凸性的,企业的生产集也是凸性的,那么在包含生产的经济中所达到的每一种帕累托有效配置是竞争性均衡所致。

6. 当一个市场达到竞争性均衡时,竞争性价格与边际转化率、边际替代率相等,价格引导了资源实现了帕累托有效配置。竞争性市场通过生产和消费的分散化决策实现了资源的有效配置。

31.2 例题讲解

1. 克鲁索在椰子和闲暇之间的效用函数为 $u(C,R)=CR$,同时,作为椰子的唯一生产者,克鲁索生产椰子的函数为 $f(L)=\sqrt{L}$,L 表示劳动时间。若克鲁索的总时间禀赋为 48 小时,那么,他会选择多少时间工作?

解:克鲁索生产椰子的边际产量为:$MP_L=\dfrac{1}{2\sqrt{L}}$

此外,根据效用函数,克鲁索在椰子和休闲之间的边际替代率为:

$$MRS=\frac{MU_R}{MU_C}=\frac{C}{R}=\frac{C}{48-L}=\frac{C}{48-L}=\frac{\sqrt{L}}{48-L}$$

根据均衡时 $MRS=MP_L$,可得:

$$\frac{1}{2\sqrt{L}}=\frac{\sqrt{L}}{48-L}\Rightarrow L=16$$

所以,克鲁索会选择工作 16 小时。

2. 一个小公司分别有 α 型工人和 β 型工人各 100 名,生产两种商品:剑和犁。如果用所有的时间生产剑的话,一个 α 型工人每星期可以生产 2 把剑;如果用所有的时间生产犁的话,他每星期可以生产 4 把犁。一个 β 型工人每星期可以生产 1 把剑或 1 把犁。该公司想在一个星期内在生产 218 把剑的前提下生产尽可能多的犁,那么需要多少 α 型工人生产剑?

解:以犁表示的由 α 型工人生产剑的边际转换率为:2 把犁/每把剑;

以犁表示的由 β 型工人生产剑的边际转换率为:1 把犁/每把剑。

以犁表示的由 α 型工人生产剑的边际转换率>以犁表示的由 β 型工人生产剑的边际转换率。即 β 型工人在生产剑方面具有比较优势。

因此,由 100 名 β 型工人先生产 100 把剑,剩下的 $218-100=118$ 把剑由 α 型工人生产。所以,需要 $(218-100)/2=59$ 名 α 型工人。

3. 克鲁索每天花 4 小时捕鱼和摘椰子。他每小时能捕 2 单位鱼,或能摘 3 单位椰子。他的效用函数为 $u(C,F)=CF$,其中 C 表示他每天消费椰子的数量,F 表示他每天消费鱼的数量。那么,克鲁索每天选择消费多少单位鱼?

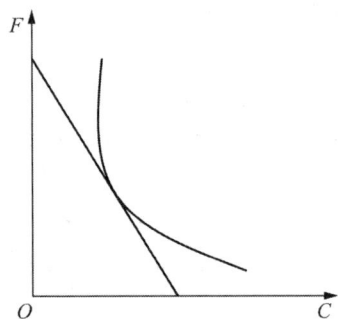

图 31-2

解:如图 31-2,根据克鲁索的生产能力,生产可能性边界为一条斜率为 $\frac{2}{3}$ 的斜线,给定效用函数下均衡时边际转换率与边际替代率相等,即

$$MRS=\frac{MU_C}{MU_F}=\frac{F}{C}=\frac{2}{3}$$

结合生产可能性边界线方程:

$$\frac{F}{2}+\frac{C}{3}=4$$

解之可得 $F=4$,即克鲁索每天选择消费 4 条鱼。

4. 克鲁索靠捕鱼为生,他的生产函数为 $F=\sqrt{L}$,其中 F 是鱼的个数,L 是工作时间。他一天有 10 小时用于工作或者游泳。他对于鱼和游泳的效用函数为 $U(F,S)=FS$,其中 S 是游泳时间。问:

(1) 克鲁索每天的最佳捕鱼量与最佳工作时间是多少?

(2) 有一天,克鲁索自己成立了一个追求利润最大化的企业(克鲁索公司)来生产鱼,雇佣自己的劳动,然后再用工资从该企业买鱼,该市场被设为竞争型市场。问工资和鱼的市场(相对)均衡价格是多少?

解:(1) 克鲁索预算方程为:$L+S=10$

克鲁索对劳动和游泳的效用函数为:$U(L,S)=L^{\frac{1}{2}}S$

所以，最优劳动和游泳时间为：$\begin{cases} L^* = \dfrac{10}{3} \\ S^* = \dfrac{20}{3} \end{cases} \Rightarrow \begin{cases} L^* = \dfrac{10}{3} \\ F^* = \dfrac{\sqrt{30}}{3} \end{cases}$

（2）对于克鲁索公司来说，其利润函数为 $\pi(L) = pF - \omega L = p\sqrt{L} - \omega L$

所以，由最优化条件可得：$\dfrac{\partial \pi}{\partial L} = \dfrac{p}{2\sqrt{L}} - \omega \Rightarrow \begin{cases} L_d^* = \dfrac{p^2}{4\omega^2} \\ F_s^* = \dfrac{p}{2\omega} \end{cases}$

对于作为消费者的克鲁索来说，其预算方程为：$pF + \omega S = 10\omega + \pi$

由于克鲁索的效用函数为 $U(F, S) = FS$，可得：

$$\begin{cases} F_d^* = \dfrac{10\omega + \pi}{2p} \\ S^* = \dfrac{10\omega + \pi}{2\omega} \end{cases} \Rightarrow \begin{cases} F_d^* = \dfrac{10\omega + \pi}{2p} \\ L_s^* = \dfrac{10\omega - \pi}{2\omega} \end{cases}$$

所以 $\begin{cases} L_d^* = L_s^* \\ F_d^* = F_s^* \end{cases} \Rightarrow \begin{cases} \dfrac{p^2}{4\omega^2} = \dfrac{10\omega - \pi}{2\omega} \\ \dfrac{p}{2\omega} = \dfrac{10\omega + \pi}{2p} \end{cases} \Rightarrow \dfrac{\omega^*}{p^*} = \dfrac{\sqrt{30}}{20}$

5. 克鲁索一天工作 8 小时，他每小时可以抓 4 条鱼（F），或者摘 2 个椰子（C）。礼拜五每小时可以抓 1 条鱼，或者摘 2 个椰子，一天也工作 8 小时。克鲁索和礼拜五的效用函数都可以表示为 $U(F, C) = FC$。

（1）如果两人完全自给自足，各人的消费为多少？

（2）如果两人进行贸易，各人的生产和消费为多少？假定市场为竞争性，最后交易的相对价格为多少？

解：（1）设花费在捕鱼上的时间为 x，花在摘椰子上的时间为 y，则

克鲁索的问题为：$\begin{cases} \max U(F, C) = FC \\ \text{s. t. } x + y = 8 \end{cases}$ 即 $\begin{cases} \max U(x, y) = 8xy \\ \text{s. t. } x + y = 8 \end{cases}$

所以，最优的时间花费为：$x^* = 4, y^* = 4$

因此，克鲁索消费鱼和椰子数分别为：$F_R^* = 16, C_R^* = 8$

同理，礼拜五消费鱼和椰子数分别为：$F_F^* = 4, C_F^* = 8$

（2）如果两人可以进行贸易，即可以通过分工来提高劳动效率。根据比较优势，应该是克鲁索把全部的时间用于抓鱼，礼拜五把所有的时间用于摘椰子，总产出为 32 条鱼和 16 个椰子，且两人的初始禀赋（生产）为 $F_R = 32, C_R = 0, F_F = 0, C_F = 16$。

基于以上的初始禀赋配置，市场交换的竞争性均衡相对价格应由下面的方程组联立导出：

$$\begin{cases} \max F_R C_R \\ \text{s. t. } P_F F_R + P_C C_R = 32 P_F \end{cases}$$

$$\begin{cases} \max F_F C_F \\ \text{s. t. } P_F F_F + P_C C_F = 16 P_C \end{cases}$$

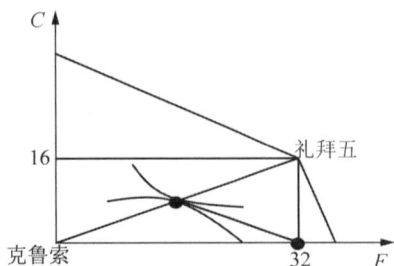

图 31-3

$$\begin{cases} F_R^* + F_F^* = 32 \\ C_R^* + C_F^* = 16 \end{cases}$$

最后可以解得 $F_R^* = F_F^* = 16, C_R^* = C_F^* = 8, \dfrac{P_F}{P_C} = \dfrac{1}{2}$，具体情况如图 31-3 所示。进一步的检查需考虑双方有权利拒绝这样的分工与贸易，并退回自给自足的生产/消费状况。实际上，在以上的分工和贸易格局下，克鲁索的状况没有变化，但礼拜五的效用获得了提高。

31.3 练习题

31.3.1 判断题(T 或 F)

1. 如果某行业具有规模报酬不变的技术特性，那么在竞争均衡下该行业里的厂商获得的利润一定为零。　　　　　　　　　　　　　　　　　　　　（　　）

2. 在规模报酬递增的情况下也可以达到竞争性有效均衡。　　　　（　　）

3. 两种商品之间的边际转换率是指一个有效经济为了获得某种商品而愿意放弃另一种商品之间的数量比率。　　　　　　　　　　　　　　　　　（　　）

4. 在只有两人 A、B 和两种商品的情况下，当且仅当 A 生产商品 1 所花时间比 B 少的时候，A 在生产商品 1 方面具有比较优势。　　　　　　　　　　　　　（　　）

5. 当一个经济达到消费和生产的竞争性均衡时，不同商品在生产上的边际转化率与商品之间的相对价格比相等。　　　　　　　　　　　　　　　　　（　　）

31.3.2 单选题

1. 一个小公司分别有 α 型工人和 β 型工人各 100 名，生产两种商品：剑和犁。如果用所有的时间生产剑的话，一个 α 型工人每星期可以生产 4 把剑；如果用所有的时间生产犁的话，他每星期可以生产 20 把犁。一个 β 型工人每星期可以生产 1 把剑或 1 把犁。该公司想生产 413 把剑及生产尽可能多的犁，那么需要多少 β 型工人生产剑？　　　　　（　　）

A. 80　　　　　　　　　　　　　　B. 0

C. 100　　　　　　　　　　　　　D. 13

E. 都不是

2. 小李每小时可以撰写 3 页文章或者解 9 道题，小张每小时可以撰写 4 页文章或者解 4 道题。如果他们每个人都工作 7 小时，然后分享结果，他们在解 18 道题目的前提下尽可能多撰写文章，那么　　　　　　　　　　　　　　　　　　　　　（　　）

A. 小张将花所有的时间撰写文章，而小李在撰写文章和解题方面都花了时间

B. 小李将花所有的时间撰写文章，而小张在撰写文章和解题方面都花了时间

C. 小李和小张两人在撰写文章和解题方面都花了时间

D. 小张将花所有的时间撰写文章，小李将花所有的时间解题

E. 小李将花所有的时间撰写文章，小张将花所有的时间解题

3. 某一小工厂只有小李和小张两个工人,他们生产螺丝和螺母。小李每小时能做 5 单位螺丝或 15 单位螺母;小张每小时能做 2 单位螺丝或 12 单位螺母。那么　　　　（　　）

A. 小李在生产螺丝方面有比较优势,而小张在生产螺母方面有比较优势

B. 小张在生产螺丝方面有比较优势,而小李在生产螺母方面有比较优势

C. 小李在生产螺丝和螺母方面都有比较优势

D. 小张在生产螺丝和螺母方面都有比较优势

E. 小李和小张在生产螺母方面有比较优势

4. 每个消费者都有两种收入:红货币收入和蓝货币收入。市场上的每种商品都有两种价格:红货币价格和蓝货币价格。消费者可以用蓝货币以蓝货币价格或用红货币以红货币价格购买商品。某消费者有 7 单位红货币和 32 单位蓝货币。假设苹果的价格为 1 单位红货币或 4 单位蓝货币;香蕉的价格为 1 单位红货币或 2 单位蓝货币。如果横轴表示苹果,纵轴表示香蕉,那么该消费者的预算集为:　　　　　　（　　）

A. 两条线段:一条从点(0，23)到点(7，16),另一条从点(7，16)到点(15，0)

B. 两条线段:一条从点(0，23)到点(8，7),另一条从点(8，7)到点(15，0)

C. 两条线段:一条从点(0，24)到点(7，16),另一条从点(7，16)到点(14，0)

D. 相交于点(7，16)的两条线段:一条垂直线段和一条水平线段

E. 相交于点(8，7)的两条线段:一条垂直线段和一条水平线段

5. 在某一岛上只有两种商品:小麦和牛奶。在这一岛上唯一稀缺的资源是土地。假设该岛有1000公顷土地。每一公顷土地可以生产 3 单位牛奶或 32 单位小麦。该岛上一些居民有许多土地,而有些居民只有一点土地。假设该岛上所有居民的效用函数为 $U(M,W) = MW$,其中 M 表示居民消费的牛奶量,W 表示居民消费的小麦量。在每一帕累托有效配置下,则

（　　）

A. 牛奶的生产量等于小麦的生产量

B. 所有的居民消费相同的商品束

C. 每个消费者消费牛奶和小麦的边际替代率都为 -1

D. 牛奶的总生产量为 1500 单位

E. 以上都不对

31.3.3　计算题

1. 张三和李四各开了一个包子铺,做一个包子需要一个面团和一个肉馅。张三每小时可以做 30 个面团或者 15 个肉馅;李四每小时能做 15 个面团或者 30 个肉馅。试问,单独经营下张三和李四每小时各能做多少个包子,如果联合生产,平均每人每小时能做多少个包子?

2. 老张是一位木匠,小张是他的徒弟。他们两人每天花相同的时间生产玩具汽车。每件玩具汽车由 4 个轮子和 1 个车体组成。老张每小时做 25 个轮子或每小时做 10 个车体;小张每小时做 10 个轮子或每小时做 10 个车体。如果他们想实现最大化产出,那么小张每小时应该做多少轮子?

3. 克鲁索每天工作 14 小时摘椰子和捕鱼。他每小时能捕 4 单位鱼或摘 12 单位椰子。他的效用函数为 $u(C,F)=CF$,其中 C 表示他消费椰子的数量,F 表示他消费鱼的数量。那么,克鲁索每天选择消费多少单位鱼?

参 考 答 案

判断题

1. T 2. F 3. T 4. F 5. T

单选题

1. C 2. A 3. A 4. A 5. D

计算题

1. 单独经营下,张三和李四各做 10 个;如果联合生产,平均每人每小时做 15 个。

2. 3 个。

3. 28 条。

第 32 章 福 利

上两章中我们的核心问题是讨论在竞争性一般均衡下社会资源的有效配置问题。同时我们也看到，帕累托有效配置并不是唯一的，本章比较不同有效配置下社会总体福利水平。如果一种配置状态符合所有消费者的偏好关系，那无疑对社会而言也是最优的。遗憾的是，阿罗不可能定理指出，满足这样性质的社会决策机制最后必然是一个独裁统治。我们通过构造不同社会福利函数来寻求不同道德标准下的社会福利最大化，本章还重点讨论了有关公平配置的基本概念。

32.1 本章要点

1. 阿罗不可能定理（Arrow's Impossibility Theorem）指出，如果一个社会决策机制满足一些基本性质（参见书中有关内容），那么它必然是一个独裁统治——所有的社会偏好顺序就是一个人的偏好顺序。以书中有关例子为参考，多数人投票法（majority voting）和等级排序投票法（rank-order voting）都不能得出一个将个人偏好加总为社会偏好的理想方法。

2. 我们可以通过构造某个社会福利函数（social welfare function）来寻求社会福利最大化问题。但一定要意识到的是，因为消费者的福利水平本身就是一个主观值，因此这样一个福利函数的最大化也带有道德标准的选取。常见的福利函数有以下几种：

● 古典效用主义福利函数（Classical utilitarian）：$W(u_1, \cdots, u_n) = \sum_{i=1}^{n} u_i$，社会福利水平为个人效用函数的总和。

● 边沁社会福利函数（Benthamite social welfare function）：$W(u_1, \cdots, u_n) = \sum_{i=1}^{n} a_i u_i$，社会福利由该社会中个体效用加权平均所决定。

● 罗尔斯社会福利函数（Rawlsian social welfare function）：$W(u_1, \cdots, u_n) = \min\{u_i\}$ 是指社会福利由该社会中境况较差的个体的效用水平决定。

● 尼采社会福利函数（Nietzschean social welfare function）：$W(u_1, \cdots, u_n) = \max\{u_i\}$ 是指社会福利由该社会中境况较好的个体的效用水平决定。

3. 需要注意的是，每一个福利最大化的配置必然是帕累托有效配置，每一个帕累托有效配置也都可以看作某个社会福利函数的最大化点。

4. 福利函数的构造包含对社会道德的选择，在许多社会道德标准中，公平配置无疑最值得关注。社会资源在所有消费者平均分配无疑是平等配置的一种体现，然而这样的配置却不一定是有效的。在引入公平配置之前，我们要介绍以下几个基本概念：

● 如果没有一个行为人对于任何其他行为人的商品束的偏好超过对他自己的商品束的偏好，我们说这种配置是平等的（equitable）。

● 如果某行为人 i 确实偏好另一行为人 j 的商品束，我们就说 i 妒忌 j。

● 如果一种配置既是平等的又是帕累托有效的,我们就说这是一种公平的配置(fair allocation)。

32.2　例题讲解

1. 一种社会决策机制称为博达计数(Borda Count),即著名的等级排序投票法(rank-order voting)。该方法要求每位投票人对所有的候选人分等级。如果有 10 位候选人,你可以给第一等级的人 1 分,给第二等级的人 2 分,等等。然后,把所有投票人对每位候选人的打分进行加总。那么每位候选人的总分就叫做博达计数。对于任何两个候选人 x 和 y,如果 x 的博达计数小于等于 y 的博达计数,那么从社会的角度来说 x 至少与 y 一样好。假设候选人数有限,每个候选人都有完全的、反身的和传递的偏好,且任何两候选人从不无差异。

(1) 按照这种方法定义的社会偏好排序是完全的吗? 反身的吗? 传递的吗?

(2) 如果每个人都对 x 的偏好超过对 y 的偏好,那么博达计数的结果一定是社会偏好 x 于 y,为什么?

(3) 假设有两个投票人及三个候选人 x、y 和 z。投票人 1 把候选人 x 排在第一、把候选人 z 排在第二,而把候选人 y 排在第三;投票人 2 把候选人 y 排在第一、把候选人 x 排在第二,而把候选人 z 排在第三。那么三个候选人 x、y 和 z 的博达计数分别为多少?

(4) 假设由于某种原因,投票人 1 改变了对 y 和 z 的排序,即把候选人 x 排在第一、把候选人 y 排在第二,而把候选人 z 排在第三;投票人 2 改变了对 x 和 z 的排序,即把候选人 y 排在第一、把候选人 z 排在第二,而把候选人 x 排在第三。那么三个候选人 x、y 和 z 的博达计数分别又为多少?

(5) 由博达计数定义的社会偏好关系具有这样的性质:x 和 y 之间的社会偏好只取决于投票人对 x 和 y 的等级排序而与对其他候选人的等级排序无关吗? 为什么?

解:

(1) 该社会决策机制满足完全性、反身性和传递性。

(2) 如果每个人都对 x 的偏好超过对 y 的偏好,那么每个人都对 x 的打分低于对 y 的打分,这样,所有投票人对 x 的打分的总和就小于所有投票人对 y 的打分的总和,因此社会偏好 x 于 y。

(3) 由题意可得,在这种情况下:投票人 1 对候选人 x 的打分为 1,对候选人 y 的打分为 3,对候选人 z 的打分为 2。投票人 2 对候选人 x 的打分为 2,对候选人 y 的打分为 1,对候选人 z 的打分为 3。所以三个候选人 x、y 和 z 的博达计数分别为 3、4 及 5。

(4) 由题意可得,在这种情况下:投票人 1 对候选人 x 的打分为 1,对候选人 y 的打分为 2,对候选人 z 的打分为 3。投票人 2 对候选人 x 的打分为 3,对候选人 y 的打分为 1,对候选人 z 的打分为 2。所以三个候选人 x、y 和 z 的博达计数分别为 4、3 及 5。

(5) 从上两问中可以看出,x 和 y 之间的社会偏好不只取决于投票人对 x 和 y 的等级排序,而与对其他候选人的等级排序有关。投票人都没有改变对 x、y 之间的等级排序,但由于改变了 x、z 及 y、z 之间的排序,导致对 x、y 的社会偏好排序的不同。因此,这种社会决策机制不满足阿罗前提的性质 3。

2. P 和 D 两个消费者的效用函数分别为 $U_P(A_P, O_P) = 4A_P + O_P$ 和 $U_D(A_D, O_D) = A_D +$

$4O_D$，其中 A_P 和 O_P 分别为消费者 P 的苹果和桔子消费量，A_D 和 O_D 分别为消费者 D 的苹果和桔子消费量。两人之间可以分配的苹果和桔子总量为 20 单位苹果和 12 单位桔子。求公平配置应满足的条件并在 Edgeworth 方框图中表示。

解：公平配置即是平等且有效的资源配置。

其中，平等要求两个消费者均不忌妒对方的消费束，即 P 偏好自己的消费束而不妒忌 D 的消费束，同时 D 偏好自己的消费束也不妒忌 P 的消费束，因此有：

$$U_P(A_P,O_P) \geq U_P(A_D,O_D) \Rightarrow 4A_P+O_P \geq 4A_D+O_D$$
$$U_D(A_D,O_D) \geq U_D(A_P,O_P) \Rightarrow A_D+4O_D \geq A_P+4O_P$$

结合总资源禀赋，有：

$$\begin{cases} 4A_P+O_P \geq 4A_D+O_D \\ A_D+4O_D \geq A_P+4O_P \\ A_P+A_D=20 \\ O_P+O_D=12 \end{cases} \Rightarrow \begin{cases} 4A_P+O_P \geq 46 \\ A_D+4O_D \geq 34 \end{cases}$$，满足以上条件为图 32-1 阴影所示区域。

此外，有效性要求最后配置应该在契约曲线上，即契约曲线上的粗体线所示均可以为公平配置的结果（最终的公平配置取决于初始禀赋的分配）。

3. R 和 J 两个消费者的效用函数分别为 $U_R=S_R^5 S_J^1$ 和 $U_J=S_R^1 S_J^5$，其中 S_R 是消费者 R 的面条消费量，S_J 是消费者 J 的面条消费量。他们两人之间一共有 36 单位面条可供分享。那么当消费者 J 的面条量超过多少时她愿意把一些面条分给消费者 R？

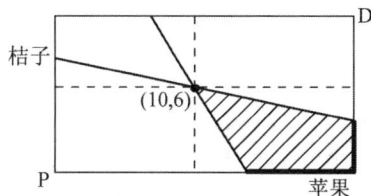

图 32-1

解：总资源禀赋为 36，即 $S_J+S_R=36$，所以：$S_R=36-S_J$，把它代入消费者 J 的效用函数，可得：

$$U_J=S_R^1 S_J^5=(36-S_J)S_J^5=36S_J^5-S_J^6$$

如果消费者 J 愿意把面条分给消费者 R，则说明此时面条对她自己的边际效用小于等于零，即

$$\frac{\partial U_J}{\partial S_J} \leq 0，可得：S_J \geq 30$$

所以当消费者 J 的面条量超过 30 单位时她愿意把一些面条给消费者 R。

32.3 练习题

32.3.1 判断题(T 或 F)

1. 只有当一个消费者妒忌另一消费者，而另一个消费者不妒忌这个消费者的时候，配置是公平的。　　　　　　　　　　　　　　　　　　　　　　　　　　（　　）

2. 由阿罗不可能定理，不可能找到一个满足完全性、反身性及传递性的社会选择机制。
　　　　　　　　　　　　　　　　　　　　　　　　　　　　　　　　　　　（　　）

3. 在竞争性均衡里，不管消费者的偏好有多么差异，没有两个具有相同收入的消费者会

彼此妒忌对方的消费束。   （   ）

4. 如果配置 x 是帕累托有效的,而配置 y 是帕累托无效的,且 x 配置下每个人至少与 y 配置下的每个人一样好,那么一定有 x 配置下一些消费者比 y 配置下的消费者要好。（   ）

5. 效用可能性边界是生产可能性集的边界。   （   ）

6. 如果某一社会福利函数是每个人效用的增函数,那么使该社会福利函数最大化的配置一定是帕累托最优。   （   ）

7. 在一个纯交换经济里,如果某配置是帕累托有效的,那么不可能有对对方消费束的偏好超过自己消费束的偏好的一对消费者。   （   ）

8. 对某个人来说,比初始配置更差的配置不可能是帕累托有效的。   （   ）

9. 在一个纯交换经济里,如果初始配置是帕累托最优的,那么竞争性均衡是公平的。
                                                                    （   ）

10. 来自平等分配的竞争均衡必然是一个公平配置,公平配置也必然是平等分配的竞争均衡。   （   ）

32.3.2 单选题

1. 张先生有两个小孩:张诚和张实。在学习方面张实比张诚更聪明。如果张先生每月花 X 元在张诚的教育上,那么张诚在托福考试中可以获得 $X/2$ 的总分。如果张先生每月花 Y 元在张实的教育上,那么张实在托福考试中可以获得 $2Y$ 的总分。张先生的效用函数为 $U(D, J)=\min\{D, J\}$,其中 D 表示张诚的托福考试成绩,J 表示张实的托福考试成绩。为了实现他的效用最大化,张先生应该怎样安排他的收入?   （   ）

A. 把他的收入平均花在两个小孩上

B. 花在张诚身上的收入是花在张实身上的 4 倍

C. 花在张实身上的收入是花在张诚身上的 4 倍

D. 花在张实身上的收入是花在张诚身上的 1~2 倍

E. 花在张诚身上的收入是花在张实身上的 1~2 倍

2. 利用博达计数来决定三个候选人 x、y 和 z 之间选举。现有 28 位投票人,每位给第一等级的人打 1 分,给第二等级的人打 2 分,给第三等级的人打 3 分。经统计,有 5 位投票人把候选人 x 排在第一等级,把候选人 y 排在第二等级,把候选人 z 排在第三等级;有 10 位投票人把候选人 x 排在第一等级,把候选人 z 排在第二等级,把候选人 y 排在第三等级;有 4 位投票人把候选人 z 排在第一等级,把候选人 y 排在第二等级,把候选人 x 排在第三等级;有 9 位投票人把候选人 y 排在第一等级,把候选人 z 排在第二等级,把候选人 x 排在第三等级。请问谁赢得选举?   （   ）

A. 候选人 y

B. 候选人 z

C. 候选人 y 和候选人 x 打平,候选人 z 第三

D. 候选人 x

E. 候选人 y 和候选人 z 打平,候选人 x 第三

3. 消费者 P 和消费者 D 的效用函数分别为 $u_P(A_P, O_P)=4A_P+O_P$ 和 $u_D(A_D, O_D)=A_D+4O_D$,其中 A_P 和 O_P 分别为消费者 P 的苹果和桔子消费量,A_D 和 O_D 分别为消费者 D 的

苹果和桔子消费量。他们两人之间可以分配的苹果和桔子总量为 20 单位苹果和 12 单位桔子。那么公平配置包括满足下列哪些条件的所有配置？　　　　　　　　　　(　)

    A. $A_D = A_P$ 以及 $O_D = O_P$

    B. $8A_P + 2O_P \geqslant 92$ 以及 $2A_D + 8O_D \geqslant 68$

    C. $4A_P + O_P \geqslant 92$ 以及 $2A_D + 4O_D \geqslant 68$

    D. $A_D + O_D \geqslant 16$ 以及 $A_P + O_P \geqslant 16$

    E. $4A_P + O_P \geqslant A_D + 4O_D$ 以及 $A_D + 4O_D \geqslant 4A_P + O_P$

4. 假设 Romeo 的效用函数为 $U_R = S_R^7 S_J^3$，Juliet 的效用函数为 $U_J = S_R^3 S_J^7$，其中 S_R 是 Romeo 的面条消费量，S_J 是 Juliet 的面条消费量。他们两人之间一共有 60 单位面条可供分享。那么　　　　　　　　　　　　　　　　　　　　　　　　　　　　　(　)

    A. 当 Romeo 有多于 30 单位面条时，他愿意给 Juliet 一些面条

    B. 当 Romeo 有多于 38 单位面条时，他愿意给 Juliet 一些面条

    C. Romeo 和 Juliet 无法协调怎样分配面条

    D. 当 Juliet 有多于 40 单位面条时，他愿意给 Romeo 一些面条

    E. 当 Juliet 有多于 42 单位面条时，他愿意给 Romeo 一些面条

5. 假设消费者 R 的效用函数为 $U_R = S_R^5 S_J^1$，消费者 J 的效用函数为 $U_J = S_R^1 S_J^5$，其中 S_R 是消费者 R 的面条消费量，S_J 是消费者 J 的面条消费量。他们两人之间一共有 48 单位面条可供分享。那么　　　　　　　　　　　　　　　　　　　　　　　　(　)

    A. 当消费者 J 有多于 38 单位面条时，他愿意给消费者 R 一些面条

    B. 当消费者 R 有多于 24 单位面条时，他愿意给消费者 J 一些面条

    C. 消费者 R 和消费者 J 无法协调怎样分配面条

    D. 当消费者 R 有多于 24 单位面条时，他愿意给消费者 J 一些面条

    E. 当消费者 J 有多于 40 单位面条时，他愿意给消费者 R 一些面条

6. 消费者 H 和消费者 M 两人彼此充满怨恨。他们都消费威士忌。消费者 H 的效用函数为 $U_H = W_H - \dfrac{W_M^2}{40}$，消费者 M 的效用函数为 $U_M = W_M - \dfrac{W_H^2}{40}$，其中 W_H 为消费者 H 的威士忌消费量而 W_M 为消费者 M 的威士忌消费量，单位为加仑。某司法官从消费者 H 和消费者 M 两人处没收了总数为 60 加仑的威士忌，现想返还给他们。因为某种原因，该司法官想要他们两人尽可能快乐且平等地对待他们。那么该司法官应该分配给两人多少加仑威士忌？(　)

    A. 每人 30 加仑

    B. 每人 20 加仑，其余 20 加仑扔掉

    C. 每人 24 加仑，其余 12 加仑扔掉

    D. 每人 10 加仑，其余 40 加仑扔掉

    E. 每人 5 加仑，其余 50 加仑扔掉

32.3.3　分析题

1. 利用博达计数来决定三个候选人 x、y 和 z 之间选举。现有 29 位投票人，每位给第一等级的人打 1 分，给第二等级的人打 2 分，给第三等级的人打 3 分。经统计，有 10 位投票人把候选人 x 排在第一等级，把候选人 y 排在第二等级，把候选人 z 排在第三等级；有 3 位投票人

把候选人 x 排在第一等级,把候选人 z 排在第二等级,把候选人 y 排在第三等级;有 8 位投票人把候选人 z 排在第一等级,把候选人 y 排在第二等级,把候选人 x 排在第三等级;有 8 位投票人把候选人 y 排在第一等级,把候选人 z 排在第二等级,把候选人 x 排在第三等级。那么三个候选人 x、y 和 z 的博达计数分别为多少? 谁赢得选举?

2. 两个消费者 P 和 D 的效用函数分别为 $U_P(A_P, O_P) = 4A_P + O_P$ 和 $U_D(A_D, O_D) = A_D + 4O_D$,其中 A_P 和 O_P 分别为 P 的苹果和桔子消费量,A_D 和 O_D 分别为 D 的苹果和桔子消费量。两人之间可以分配的苹果和桔子总量为 18 单位苹果和 18 单位桔子。求公平配置应满足的条件并在 Edgeworth 方框图中表示。

3. 小海(H)和小马(M)两人彼此充满怨恨。小海的效用函数为 $U_H = W_H - \dfrac{W_M^2}{8}$,小马的效用函数为 $U_M = W_M - \dfrac{W_H^2}{8}$,其中 W_H 为小海的消费水平而 W_M 为小马的消费水平。现共有 28 元钱,请问基于公平的原则应该如何进行分配?

4. 李先生先生有两个儿子,在学习方面小儿子比大儿子更聪明。如果李先生每月花 X 在大儿子的教育上,那么大儿子在托福考试中可以获得 $X/2$ 分。如果李先生每月花 Y 在小儿子的教育上,那么小儿子在托福考试中可以获得 $2Y$ 分。李先生的效用函数为 $U(D, J) = \min\{D, J\}$,其中 D 表示大儿子的托福考试成绩,J 表示小儿子的托福考试成绩。为了实现他的效用最大化,李先生应该怎样安排他的收入?

参 考 答 案

判断题
1. F 2. F 3. T 4. T 5. F 6. T 7. F 8. T 9. F 10. F
单选题
1. B 2. D 3. B 4. E 5. E 6. B
分析题
1. 三个候选人 x、y 和 z 的博达计数分别为 61、53、60,候选人 y 赢得选举的胜利。
2. 参见例题 2。
3. 每人 4 元。
4. 花在大儿子身上的是花小儿子身上的 4 倍。

第 33 章　外部效应

来自消费和生产的外部效应以及市场机制的无效性导致帕累托有效配置的无法实现，"公地悲剧"现象就是代表性现象。我们可以通过征收庇古税、内部化以及建立外部效应交易市场等方法解决这一问题。

33.1　本章要点

1. 消费外部效应（consumption externality）：指某消费者的消费行为直接影响其他消费者的偏好所产生的效应。消费的正外部效应如教育等，负外部效应如吸烟等。

2. 生产外部效应（production externality）：指某厂商的生产决策对其他厂商效益所产生的影响。生产中的正外部效应有苹果园与养蜂场，负外部效应有钢铁厂和养鱼场。

3. 科斯定理指出，如果产权明确，且交易成本为零，可以通过对外部性产品的市场交易可以解决外部性问题达到帕累托有效配置，特别地，在拟线性偏好下，具有外部性消费的有效量与产权分配无关。

4. 解决外部性行为可以有以下几种方法：
- 征收庇古税，从而使外部性行为主体承当相应的实际社会成本。
- 建立有效的外部性产品交易市场，如排污权市场。
- 对外部效应进行内部化，如两个具有外部性影响的企业进行合并。

5. 公地悲剧（Tragedy of the Commons）：指公用财产相对私有财产具有被过分使用的倾向，公地悲剧现象是外部效应的一种体现。

33.2　例题讲解

1. 某小镇共有1001名居民，每位居民的效用函数为 $u(c,d,h)=8c+12d-d^2-6h$，其中 c 表示居民在除了汽油和汽车修理费以外的花费，d 表示他每天驾车的小时数，且单位小时驾车引起的耗油费为 0.5 元，h 表示除他以外其他居民平均每天的驾车小时数。假定每个居民的收入都完全能够支付其愿意驾车时间下所需的费用，问每位居民会选择每天驾车多少小时？

解：从效用函数上来看，小镇居民驾车存在一个外部效应。

虽然我们未知每个居民的收入水平，但仔细观察效用函数，可以发现其具有拟线性效用函数的特点。因此，给定其他居民选择，我们还是可以求出代表性居民选择的驾车时间。

不妨设某位居民的收入为 m，由题意可得：$c+0.5d=m \Rightarrow c=m-0.5d$

代入效用函数可得 $u(c,d,h)=8(m-0.5d)+12d-d^2-6h$

基于效用最大化求解可得 $d^*=4$，即每个居民会选择驾车 4 小时。

2. 上游钢铁厂生产钢铁并向河流排出污水，下游养鱼场因为河流污染而增加生产成本。钢铁和鱼都是竞争性行业，钢铁的价格 $p_s=12$，鱼的价格 $p_f=10$。钢铁的生产成本函数为

$c_s(s,x)=s^2+(x-4)^2$，渔场的生产成本函数为 $c_f=f^2+xf$，其中 s、f、x 分别表示钢铁产量、鱼的产量和污水量。

(1) 如果钢铁厂和养鱼场分别决策，求最终钢铁产量、鱼产量和污水排放量，以及钢铁厂和养鱼场的利润。

(2) 比较前面的结果与社会最优的污水排放量（需要给出社会最优污水排放量）。为了解决这种外部性所引起偏差，请给出相应的解决方案。

解：

(1) 如果钢铁厂和养鱼场分别决策，即各自目标函数如下所示：

$$\max_{s,x} \pi_s = p_s s - c_s(s,x) = 12s - s^2 - (x-4)^2$$

$$\max_f \pi_f = p_f f - c_f = 10f - f^2 - xf$$

求解可得 $s=6,f=3,x=4,\pi_s=36,\pi_f=9$，即钢铁产量为 6，鱼产量为 3，污水排放量为 4，钢铁厂和养鱼场的利润分别为 36 和 9。

(2) 社会最优污水排放量可通过求解最大化总利润函数得出：

$$\max_{s,f,x} \pi = p_s s + p_f f - c_s(s,x) - c_f = 12s + 10f - s^2 - (x-4)^2 - f^2 - xf$$

相应可得 $x=2$，即社会最优污水排放量应低于分别决策的水平。

为了解决此问题，可以通过以下办法：

● 可以通过谈判双方协商，养鱼场通过补贴钢铁厂的办法来降低污水排放，养鱼场的补贴费用来自于污水排放减少所引起的利润增加部分。

● 通过引入第三方（如环保局）向钢铁厂征收排污费的方式来减少污水排放。

● 直接两家企业进行一体化合并，从而产生社会最优的污水排放量决策。

3. 一块可用于放羊的牧地，饲养 1 头羊的成本为 4 单位货币，这块牧地上放羊的总收入为 $R(g)=48g-2g^2$，其中 g 表示全部放养羊的数量。如果该牧地为私人所有，则最优放养羊的数量为多少？如果该牧地为公共牧地，总收入最后由所有放养人按其放养羊数进行比例分配，则最大放养羊的数量会达到多少？为了控制公共牧地的过度放养问题并以总体福利水平最大化为目标，管理部门可通过向牧羊人征收许可费，则应如何征收许可费？

解：私人牧地所有人可根据利润最大化进行放羊数量决策，即

$$\max_g \pi = R(g) - C(g) = 48g - 2g^2 - 4g$$

根据一阶导数条件，可得出最优放羊数量为 11 头。

在公共牧地的情况下，只要平均每头羊的收入大于成本，就会有更多的羊被放养。因此，最后的均衡是平均收益等于单位成本，即：$\frac{R(g)}{g}=4$。可以求解得出此时一共有 22 头羊被放养。

为了控制公共牧地的过度放养问题，可以通过对每头羊征收许可费，使得单位羊成本上升到 $MC=\frac{R(11)}{11}=26$，从而达到社会最优量水平（11 头）。因此，应该对每头羊征收 $26-4=22$ 单位货币的许可费。[1]

---

[1] 如果考虑 g 只能取整数，许可费可在 $(20,22]$ 区间选取，参见计算题 4。

33.3　练习题

33.3.1　判断题(T 或 F)

1. 两人间的贸易是产生外部效应的一个例子。　　　　　　　　　　　　(　　)

2. 如果存在生产或消费的负外部效应,那么竞争性均衡不可能是帕累托有效的,但是正外部效应会增加市场的有效性。　　　　　　　　　　　　　　　　(　　)

3. 某石油公司最近购买了每天可以多排放 900 立方有毒气体的排污权,这种排污权市场化的行为会导致比原来更多的污染的排放。　　　　　　　　　　　(　　)

4. 消除外部效应只有通过税收和补贴才能解决。　　　　　　　　　　(　　)

5. 如果存在消费外部性,那么竞争性均衡不一定是帕累托有效的。　　(　　)

6. 如果刷牙对你的邻居产生正外部效应,那么你刷牙的数量比社会帕累托最优水平要少。　　　　　　　　　　　　　　　　　　　　　　　　　　　　　　(　　)

7. "公地悲剧"指的是公共财产具有被过度使用的趋向。　　　　　　　(　　)

8. 对污染所征收庇古税的目的是政府为了获得足够的收入来治理污染。　(　　)

33.3.2　单选题

1. 在某营地有 130 名野营人,他们喜欢自己的营火,但是不喜欢邻居营火中发出来烟。每个野营人的效用函数 $u(f,s)=22f-f^2-s$,其中 f 是自己的营火每天燃烧的小时数,s 是空中烟的数量,为所有野营人所用营火小时数的平均数的 10 倍。营地管理当局可以通过限制每个人的营火小时数来改善所有野营人的境况。那么,为了使野营人的境况尽可能好,营地管理当局应允许每个平均使用营火的野营人的营火小时数为多少?　　　　　　　　　(　　)

A. 6 小时　　　　　　　　　　　　　B. 11 小时

C. 4 小时　　　　　　　　　　　　　D. 7 小时

E. 如果能自由使用营火,那么野营人境况最佳

2. 两个商店并排坐落。他们彼此或共同通过广告来吸引顾客。商店 1 的利润函数为 $f_1(x_1,x_2)=(75+x_2)x_1-2x_1^2$,商店 2 的利润函数为 $f_2(x_1,x_2)=(105+x_1)x_2-2x_2^2$,其中,$x_1$、$x_2$ 分别为商店 1 和商店 2 的总广告费用支出。如果每家商店相互独立确定自己的广告支出,那么商店 1 的广告支出为多少?　　　　　　　　　　　　　　　　(　　)

A. 27 元　　　　　　　　　　　　　B. 29 元

C. 32 元　　　　　　　　　　　　　D. 24 元

E. 以上都不是

3. 企业 1 生产产品 x 的成本函数为 $c_1(x)=x^2+10$。企业 2 的产出 y 的成本函数为 $c_2(y,x)=y^2+x$。可见,企业 1 的产出越多,企业 2 的成本越大。两个企业都面临竞争性产品市场。产品 x 的市场竞争性价格为 20 元/单位,产品 y 的市场竞争性价格为 40 元/单位。假设没有新的企业可以进入该行业而且老企业不能退出。那么对企业 1 所生产的产品 x 征收的有效庇古税的税率为多少?　　　　　　　　　　　　　　　　　　(　　)

A. 0　　　　　　　　　　　　　　　B. 1

C. 2 D. 3

E. 4

4. 某小镇居民的效用函数为 $u(c,d,h)=4c+12d-d^2-6h$,其中 d 表示居民每天驾驶所花的小时数,h 是镇里平均每个居民每天驾驶的小时数,c 是花在除了汽油和汽车修理费以外的货币数。假设该消费者所在镇有1001名相同的居民。该消费者花在汽油和汽车修理的费用为驾驶期间每小时 0.5 元。如果该消费者认为他驾驶所用时间不会影响其他人驾驶所用时间,那么他每天选择驾驶多少小时? （ ）

A. 6 B. 8

C. 5 D. 3

E. 0.5

5. 某岛有 101 名居民。在该岛上所有的居民都穿戴相同的服饰,每个人都有相同的效用函数 $u(m,b,B)=m+24b-b^2-B/50$,其中 m 为岛上居民每天消费的通心面(单位千克),b 是岛上居民每天在海滩上逛的小时数,B 是岛上其他居民每天在海滩上所花的小时总数。每个居民每天有 10 元的收入,通心面的价格为每千克 1 元。为了实现岛上居民效用最大化,那么应该限制每个居民在海滩上逛的小时数(平均来说)为多少? （ ）

A. 12 B. 14

C. 11 D. 15

E. 限制时间无法改变居民效用

6. 假设在某岛的海滩上,经营一艘龙虾船的成本为每月4000元,如果该海滩上有 x 艘龙虾船,那么所有龙虾船的月总收入为 $1000(28x-x^2)$。如果该海滩对龙虾船的进出没有限制,那么进入的龙虾船的数量为 x_1;而总收入最大化目标下进入的龙虾船数量为 x_2。则 x_1 和 x_2 分别为多少? （ ）

A. $x_1=24,x_2=24$ B. $x_1=28,x_2=16$

C. $x_1=12,x_2=10$ D. $x_1=24,x_2=12$

E. 以上都不是

7. 某养蜂场附近有一个苹果园。养蜂场产蜂蜜,而苹果园产苹果。养蜂场的成本函数为 $C_H(H,A)=H^2/100-A$,苹果园的成本函数为 $C_A(H,A)=A^2/100$,其中 H 和 A 分别为蜂蜜和苹果的量。蜂蜜的价格为每单位 5 元,苹果的价格为每单位 6 元。令 A_1 为养蜂场和苹果园单独经营时苹果的产量,A_2 为养蜂场和苹果园合并经营并追求利润最大化时苹果的产量。A_1 和 A_2 分别为多少? （ ）

A. $A_1=300,A_2=350$ B. $A_1=A_2=300$

C. $A_1=175,A_2=300$ D. $A_1=150,A_2=300$

E. $A_1=250,A_2=300$

8. 某小镇的居民效用函数均为 $u(c,d,h)=2c+9d-d^2-6h$,其中 d 表示该居民每天驾驶所花的小时数,h 是镇里平均每个居民每天驾驶的小时数,c 是居民花在除了汽油和汽车修理费以外的货币数。每个居民花在汽油和汽车修理的费用为驾驶期间每小时 0.5 元。假设该消费者所在镇所有居民有相同的偏好。如果他们每个人都认为他驾驶所用时间不会影响其他人驾驶所用时间,那么他们每天选择驾驶 d_1 小时;如果所有居民为了使大家的效用都共同提高而同意每个人每天都选择驾驶 d_2 小时。d_1 和 d_2 分别为多少? （ ）

A. $d_1=4,d_2=1$　　　　　　B. $d_1=7,d_2=0$

C. $d_1=6,d_2=2$　　　　　　D. $d_1=d_2=4$

E. $d_1=4,d_2=0$

9. 某房地产开发商开发的房产位于某机场附近。如果 x 表示机场每天升降的飞机数量，而 y 表示房地产开发商开发的位于机场附近房产数量。机场的利润函数为 $\pi_A=26x-x^2$，房地产开发商的利润函数为 $\pi_E=22y-y^2-xy$。如果机场和房地产开发商都由一家追求利润最大化的公司所持有，那么房地产商开发的最优的房产数量为 h_1。如果机场和房地产开发商单独经营，而且机场必须支付给开发商的利润伤害 xy，那么房地产商开发的最优的房产数量为 h_2。那么 h_1 和 h_2 分别为多少？　　　　　　　　　　　　　（　　）

A. $h_1=h_2=6$　　　　　　B. $h_1=11,h_2=6$

C. $h_1=8,h_2=10$　　　　　D. $h_1=6,h_2=11$

E. $h_1=10,h_2=14$

33.3.3　分析题

1. 中国有句俗语"一个和尚挑水喝，两个和尚抬水喝，三个和尚没水喝"。请用经济学原理对此现象进行分析。

2. 两家商店并排坐落，他们彼此或共同通过广告来吸引顾客。商店 1 的利润函数为 $\pi_1(x_1,x_2)=(45+x_2)x_1-2x_1^2$，商店 2 的利润函数为 $\pi_2(x_1,x_2)=(90+x_1)x_2-2x_2^2$，其中，$x_1$、$x_2$ 分别为商店 1 和商店 2 的广告费用支出。如果每家商店相互独立确定自己的广告支出，那么商店 1 和商店 2 的广告支出分别为多少？ 如果某投资者同时购买了这两家商店，那么又会将商店 1 和商店 2 的广告支出定在多少水平？

3. 某养蜂场附近有一个苹果园。养蜂场的成本函数为 $c_H(H,A)=\dfrac{H^2}{100}-2A$，苹果园的成本函数为 $c_A(H,A)=\dfrac{A^2}{100}$，其中 H 和 A 分别为蜂蜜和苹果的产量。蜂蜜的价格为 1 元/斤，苹果的价格为 3 元/斤。求养蜂场和苹果园单独经营和合并经营时苹果的产量分别为多少？

4. 一块可用于放羊的牧地，这块牧地上放羊的总收入为 $R(g)=47g-2g^2$，其中 g 表示全部放养羊的数量，而饲养 1 头羊的成本为 4 单位货币。

（1）如果该牧地为私人所有，则最优放养羊的数量为多少？

（2）如果该牧地为公共牧地，则最大放养羊的数量会达到多少？

（3）为了控制公共牧地的过度放养问题，管理部门可通过向牧羊人征收许可费，则应如何征收许可费才能达到（1）所指的最优放养羊的数量？

参 考 答 案

判断题

1. F　2. F　3. F　4. F　5. T　6. T　7. T　8. F

单选题

1. A　2. A　3. B　4. C　5. C　6. D　7. A　8. A　9. D

分析题

1. 本题作为开放题,可以从多种角度进行解答。例如,"一个和尚挑水喝"可以根据效用最大化角度进行个人理性决策;对于"两个和尚抬水喝"的状况,可以通过构筑一定的收益矩阵,成为和尚的占优策略,故都选择"抬水"成为占优策略均衡;"三个和尚没水喝"现象的出现是因为一方面水是公共物品,因此和尚都有"搭便车"的动机,最后导致"没水喝"现象的出现。

2. 单独经营下商店 1 和商店 2 的广告支出分别为 18 和 27,如果作为一家投资者所有,商店 1 和商店 2 的广告支出应分别为 30 和 37.5。

3. 单独经营时苹果产量为 150 斤,合并经营时苹果产量为 250 斤。

4. (1) $g^* = 11$, (2) $\hat{g} = 21$, (3) 许可费 $t \in (19, 21]$

第34章　信息技术

信息技术产品具有系统性、网络外部性、零成本复制等特点,因此对信息产品的需求与一般消费品存在较大差异。

34.1　本章要点

1. 信息技术产品往往具有系统性特点——不同厂商提供不同元件进行系统组合。这种系统性使得各个元件厂商在定价中存在战略互补性,如操作系统提供商和 PC 制造商。这种系统性也是外部效应的一种,并使得厂商的定价策略对其他厂商利润造成一定影响。

2. 如果一个人消费某种消费品的效用取决于消费者中商品的其他消费者的数量,我们就称这种商品具有网络外部性(Network Externality),典型的网络外部性产品如传真机。具有网络外部性产品的需求曲线不同于传统向下倾斜的需求曲线,而存在多个市场均衡(包括稳定和不稳定均衡)。

3. 考虑信息技术产品具有零复制成本的特点,因此对信息产品的权限管理也是一个重点问题。例如:适当延长产品的试用期也许可以增加厂商利润;当交易成本较低时,信息产品的出租比出售更为有利可图。

34.2　练习题

34.2.1　判断题(T 或 F)

1. 对于微软公司而言,当他为自己的操作系统定价的时候,无须考虑那些购买操作系统并安装在他们机器上的 PC 制造商的盈利性。　　　　　　　　　　　　　　(　　)

2. 网络外部性是外部效应的一种,即人们关心消费该商品的其他消费者数量。　(　　)

3. 对于具有网络外部性的产品而言,购买该产品的消费者数量只由产品价格所决定。
　　　　　　　　　　　　　　　　　　　　　　　　　　　　　　　　　(　　)

4. 二手书市场的存在使得相对读者只能购买新书的情况下出版社的利润下降。　(　　)

5. 如果录像带厂商越是愿意通过出租来赚取更大的利润,则制造成本与出租交易成本的比率越大。　　　　　　　　　　　　　　　　　　　　　　　　　　　　　(　　)

参 考 答 案

判断题

1. F　2. T　3. F　4. F　5. T

第 35 章　公共物品

公共物品属于外部效应的一种,本章在分析公共物品帕累托有效数量的基础上,进一步讨论公共物品的决策机制。

35.1　本章要点

1. 我们根据商品的竞争性与排他性可以对商品划分如下:

● 竞争性:在某消费者消费商品的情况下,其他消费者无法同时消费同一商品。例如苹果被吃了一口以后就不再是一个完整的苹果了。

● 排他性:商品所有人能够有效阻止其他消费者对商品的消费。

		排　他　性	
		是	否
竞争性	是	苹果、汽车、服装	新鲜空气、公海捕捞
	否	有限电视、公园、电影院、演讲	国防、路灯、无线广播

如上表所示:私人物品同时具有竞争性和排他性;公共物品即不具备竞争性,也不具备排他性;具有排他性但不具有竞争性的物品称为"准俱乐部"产品;公共资源具有竞争性但无法实现排他性,因此存在"公地悲剧"现象。

2. 我们可以通过最优化原理求解得到公共物品的帕累托有效量。例如,对于固定数量(质量)的公共物品而言,只要所有人对公共物品的保留价格之和大于该公共物品成本,则该数量(质量)公共物品应该被提供;对于可变数量(质量)的公共物品而言,帕累托有效量的必要条件是各消费者的私人物品和公共物品之间边际替代率之和等于提供该公共物品的边际成本。

3. 因为公共物品不能实现排他性,因此存在"搭便车"现象,即消费者都寄希望于其他消费者提供公共物品并借机享用。因此,市场机制在公共物品的提供方面无效。

4. 为了解决公共物品的有效提供问题,可以通过投票表决、征收克拉克税等集体决策机制实现,然而,这些机制依然存在各种问题。

● 投票表决的方法可能因为消费者选择而产生的社会偏好不具有传递性,从而导致投票结果的不确定性,且结果可能会被操纵;另外,即便给定消费者对公共物品的偏好是单峰的,均衡的投票结果也不一定是帕累托有效水平。

● 征收克拉克税的办法虽然能够保证消费者显示其真实偏好(价值),但是对个人消费者而言可能出现效用下降,且平均摊薄税收存在公平问题。

35.2 例题讲解

1. 某村庄有 1 000 名村民。该村庄的村民只消费一种私人物品(小麦)和一种公共物品(溜冰场),且具有相同的效用函数 $u(x,G)=x-\dfrac{100}{G}$,其中 x 表示每个村民的小麦量消费(单位:千克),G 表示溜冰场的面积(单位:平方米)。小麦的价格是 1 元/千克,溜冰场的造价是 10 元/平方米。假设该村的每个村民年收入为1 000元。

(1) 求溜冰场的帕累托有效面积。

(2) 若每个村民对溜冰场的费用承担相同份额,那么村民选择投票赞成的溜冰场大小为多少?

解:(1) 每个村民私人物品和公共物品的边际替代率为:

$$MRS=\frac{MU_G}{MU_x}=\frac{100}{G^2}$$

溜冰场建造的边际成本为 10,考虑公共物品的帕累托有效数量为所有消费者私人物品和公共物品之间的边际替代率之和等于公共物品的边际成本。可得:

$$1\,000\times\frac{100}{G^2}=10$$

可得 $G^*=100$,即最优面积为 100 平方米。

(2) 村民的目标为个人效用的最大化,即如果选择溜冰场的面积 G,则目标函数及约束条件如下:

$$\max_G u(x,G)$$

$$\text{s. t.}\quad x=1\,000-\frac{10\times G}{1\,000}$$

求解可得 $G^*=100$,即居民都选择投票赞成建造 100 平方米的溜冰场。值得一提的是,因为居民都具有相同的拟线性偏好,因此投票也能实现帕累托有效量,但一般情况下并不能产生这样的结果。

2. 考虑书中的例子,同室的两位室友对电视机的保留价格都是 100,一台电视机的成本为 150。两人选择投票表决是否购买电视机。如果两人都投票购买,则双方平摊费用(75 元);如果其中一人投票购买而另一人选择不购买,则投票购买者承担所有费用;如果两人均选择不购买,则电视机则不会被添置。求投票的均衡结果。

解:可以根据双方策略列出相应的收益矩阵如下:

		室友乙	
		购买	不购买
室友甲	购买	25,25	−50,100
	不购买	100,−50	0,0

显然,该博弈存在一个占优策略均衡:双方都会选择不购买,虽然这个结果并非是帕累托有效。

3. 某镇有居民 2 000 人,他们都有相同偏好,即每个居民消费私人物品和公共物品的效用函数为 $u(x,y)=x+\sqrt{y}$,其中 x 为居民消费私人物品的数量,y 为该镇提供公共物品的数量。如果该私人物品的成本为每单位 1 元,公共物品的成本为每单位 10 元,那么该镇公共物品的帕累托有效数量为多少?

解:每个居民在私人物品和公共物品之间的边际替代率为:

$$MRS=\frac{MU_y}{MU_x}=\frac{1}{2\sqrt{y}}$$

公共物品的帕累托有效条件为:每位消费者的私人物品和公共物品之间的边际替代率之和等于公共物品的边际成本。可得:

$$\sum_{i=1}^{2\,000}MRS_i=MC(y),即\ 2\,000\,\frac{1}{2\sqrt{y}}=10$$

解得 $y=10\,000$,即公共物品的有效数量为 10 000 单位。

4. A、B 和 C 三人都消费饼干和音乐。饼干是私人物品,音乐是公共物品。他们的效用函数分别为 $u_A(c_A,m)=c_A\times m$,$u_B(c_B,m)=c_B\times m$,$u_C(c_C,m)=c_C\times m$,其中 c_A、c_B、c_C 分别为 A、B 和 C 三人的饼干消费量,而 m 是他们三人共同消费的音乐小时数。饼干的成本为每单位 1 元,消费音乐的成本为每小时 10 元。A、B 和 C 三人的财富分别为 30 元、50 元及 20 元。请问他们三人帕累托有效的音乐消费量是多少?

解:A、B 和 C 三人消费私人物品饼干和公共物品音乐的边际替代率分别为:$MRS_A=c_A/m$、$MRS_B=c_B/m$ 及 $MRS_C=c_C/m$。

以饼干表示的消费音乐的边际成本为 10。

由公共物品的帕累托有效条件:每位消费者的私人物品和公共物品之间的边际替代率之和等于公共物品的边际成本。可得:

$$c_A/m+c_B/m+c_C/m=10,即\ c_A+c_B+c_C=10m$$

又由于他们三人的预算约束为:

$$c_A+c_B+c_C+10m=30+50+20$$

联立上述两式,可得:$m=5$

所以,他们三人帕累托有效的音乐消费量是 5 小时。

5. 消费者 B 和消费者 R 两人考虑购买一把沙发。B 的效用函数为 $u(S,M_B)=(1+S)M_B$,R 的效用函数为 $u(S,M_R)=(3+S)M_R$。如果他们都不购买沙发,则 $S=0$,他们之中任何一个(或者同时)购买沙发,则 $S=1$,M_B 和 M_R 分别为消费者 B 和消费者 R 消费在各自私人物品上的货币数。消费者 B 和消费者 R 分别有 1 200 元和 1 600 元的收入可以花费在沙发和其他各自的私人物品上。他们两人购买沙发比没有购买沙发的境况更好的最高沙发价格是多少?

解:设 P_B 和 P_R 分别为 B 和 R 两人购买沙发的保留价格。

对 B 来说,$(1+0)M_B=(1+1)(M_B-P_B)$,解之得:$P_B=M_B/2$

对 R 来说,$(3+0)M_R=(3+1)(M_R-P_R)$,解之得:$P_R=M_R/4$

所以,两人购买沙发比没有购买沙发的境况更好的最高沙发价格是:

$$1\,200/2+1\,600/4=1\,000(元)$$

6. 消费者 B 和消费者 C 共同经商,而且必须一起工作。假设他们每年的总利润为 $40H$,其中 H 为他们每年工作的小时数。他们的效用函数分别为 $U_B(C_B,H)=C_B-0.02H^2$ 和

$U_C(C_C,H)=C_C-0.03H^2$,其中 C_B 和 C_C 分别为他们消费私人物品的货币量。问消费者 B 和消费者 C 的帕累托有效工作小时数是多少?

解:根据消费者 B 和消费者 C 的效用函数,可得他们的私人物品和公共物品(H)之间的边际替代率分别为:
$$MRS_B=-0.04H,\ MRS_C=-0.06H$$
所以,额外工作 1 小时导致两人效用的减少需弥补的货币量为:
$$|MRS_B|+|MRS_C|=0.1H$$
而他们两人工作的边际收益为 40,所以可得:$0.1H=40$,即 $H=400$。

即消费者 B 和消费者 C 的帕累托有效工作小时数是 40 小时。

7. 消费者 L 的效用函数为 $2X_L+G$,消费者 M 的效用函数为 X_MG,其中 G 为公共物品上总货币支出,X_L 和 X_M 分别为各自在私人物品上的货币支出。他们花在私人物品和公共物品上的总额为 30 000 元。他们同意对公共物品的帕累托有效数量的供给,并同意花在消费者 L 的私人物品支出为 9 000 元。问他们在公共物品上的支出是多少?

解:由 L 和 M 的效用函数,可得 L 的边际替代率为 $\frac{1}{2}$,M 的边际替代率为 X_M/G。

所以,公共物品的帕累托有效数量的供给的条件为:
$$\frac{1}{2}+X_M/G=1,\text{即 } G=2X_M$$

所以,$30\,000-9\,000-X_M=2X_M$,解之得 $X_M=7\,000$

因此,他们在公共物品上的支出是 14 000(即 $30\,000-9\,000-7\,000$)元。

35.3　练习题

35.3.1　判断题(T 或 F)

1. 考虑每个人对公共物品的偏好不同,因此公共物品的最优数量无法确定。　　（　）
2. 消费者单峰偏好意味每一个人对公共物品的偏好要么越多越好,要么越少越好。　　（　）
3. 经济学家把公共物品定义为由政府部门提供的物品,而私人物品是由私人部门提供的物品。　　（　）
4. 如果消费者偏好是单峰的,那么每个人都会同意公共物品的恰当数量。　　（　）
5. 如果消费者偏好是单峰的,那么对候选方案采取投票表决不会导致投票循环现象。　　（　）
6. 根据投票表决决定的公共物品供给量一定是帕累托有效的。　　（　）
7. 经济理论认为,如果公共物品由人们志愿提供的话,往往会导致供给量低于帕累托有效水平。　　（　）
8. 为促使污染人有效地减少污染而向污染人征收的税收叫做克拉克税。　　（　）
9. 征收克拉克税使得人们对他们的偏好具有撒谎的动机。　　（　）
10. 征收克拉克税只能保证关键人物说真话。　　（　）

35.3.2 计算题

1. 消费者 M 和 N 对匹萨（p）和蹦床（t）具有相同的偏好，效用函数为 $u(p,t)=p+2000\sqrt{t}$，匹萨的价格为 1 元/个，蹦床的价格为 1000 元/个。蹦床属于公共物品可以被两人共同使用，而匹萨属于私人物品。两个消费者的收入都在 1 万元以上，求蹦床的帕累托有效数量。

2. 某小镇共有 2000 个居民，且都具有相同偏好，效用函数为 $u(x,y)=x+\sqrt{y}$，其中 x 表示消费私人物品的消费额，y 为公共物品的数量。如果公共物品的边际成本为 10，那么公共物品的帕累托有效数量为多少？

参 考 答 案

判断题
1. F 2. F 3. F 4. F 5. T 6. F 7. T 8. F 9. F 10. F
计算题
1. 帕累托有效数量为 4 个。
2. 帕累托有效数量为 10 000 单位。

第 36 章　不对称信息

现实生活中信息不对称现象普遍存在并导致市场失灵，不对称信息（Asymmetric Information）打开了现实经济问题分析的一个广阔空间。在微观经济课程中我们只对相关内容做一些简单介绍，有兴趣的同学可以在博弈论及其他相关课程中进一步学习。

36.1　本章要点

1. 信息不对称可以大致分为事前和事后两类：
- 如果交易中的一方在交易前向另一方隐瞒相关产品信息（如产品质量等），这种现象称为逆向选择（Adverse Selection）；
- 如果交易中的一方在交易后向另一方隐瞒相关行为信息（如保险后没有采取有效的安全措施），这种现象称为道德风险（Moral Hazard）。
2. 与完全信息下竞争性市场的帕累托有效性相比，不对称信息会导致市场失灵：
- 市场交易量萎缩甚至消失；
- 更低的产品质量，或者劣品驱逐良品（Lemon Market）。
3. 通过信号发送或机制设计，我们可以在一定程度上解决信息不对称问题：
- 发信息：掌握信息的一方通过信号显示向另一方传递有效信息；如果信号发送成功，则存在分离均衡（Separating Equilibrium）；如果未能通过信号机制传递信息，则为混合均衡（Pooling Equilibrium）。
- 激励机制：未掌握信息的一方通过有效激励机制实现未知信息下的利润最大化。

36.2　例题讲解

1. 市场存在两类电动铅笔刀生产商：一类厂商生产高质量铅笔刀，边际成本为 12 元/把，消费者对产品评价为 14 元/把；另一类厂商生产低质量铅笔刀，边际成本为 6 元/把，消费者对产品评价为 8 元/把。假设消费者偏好为风险中性，且该市场为完全竞争市场。

（1）如果消费者购买时能够区别铅笔刀质量，两种铅笔刀的价格分别为多少？

（2）如果消费者购买时无法区别铅笔刀质量，只有使用后才知道，且高质量产品的概率为 p，低质量产品的概率为 $1-p$。求市场均衡。

（3）若市场上共有生产质量 q 分别为 $q=8,9,10,11,12,13,14$ 等 7 类厂商，且各类厂商数量相同。生产质量为 q 的铅笔刀厂商的边际成本为 $q-2$。求最终市场均衡。

解：

（1）完全信息下的竞争性市场，使得厂商都是等于边际成本的市场价格的接受者：低质量铅笔刀的价格为 6 元/把，高质量铅笔刀的价格为 12 元/把。

（2）如果消费者无法区别铅笔刀质量，则其支付意愿取决于质量的期望：

$$EV = 14p + 8(1-p)$$

如果期望值大于高质量铅笔刀的边际成本（12元/把），即

$$14p + 8(1-p) \geqslant 12 \Rightarrow p \geqslant \frac{2}{3}$$

所以：

当 $p \geqslant \frac{2}{3}$ 时，购买者愿意在高质量铅笔刀的边际成本与期望值之间价格购买商品，两类厂商都可以接受这个市场价格。市场均衡为：两类厂商都生产，市场均衡价格为 $14p + 8(1-p) = 8 + 6p\left(p \geqslant \frac{2}{3}\right)$。

当 $p < \frac{2}{3}$ 时，购买者不愿意支付高于高质量铅笔刀的边际成本的价格，这样高质量铅笔刀生产商退出市场，只有低质量生产厂商。

（3）不完全信息会导致一部分（高质量）厂商因为成本太高不能接受市场价格而退出。假设质量为 q_{max} 以上的厂商被挤出市场，那么由题意可得：

$$\frac{1}{2} \times 8 + \frac{1}{2} \times q_{max} + 2 = q_{max} \Rightarrow q_{max} = 12$$

所以，质量12元/把以上的产品会被挤出市场。最后的市场均衡为，最后市场上只有质量 $q = 8,9,10,11,12$ 共5类厂商，市场均衡价格为10元[①]。

2. 假设在某旧车市场上，旧车的质量分布情况是这样的：在4 000辆旧车中，价值小于 V 的旧车数量为 $V/2$。旧车主必须出售他们的旧车（或者说车子对旧车主的价值为零）。旧车主知道他们车子的实际质量（价值），而购买者不能区别旧车质量。旧车主可以花费100元请评估公司来估计（对购买者来说这样的评估报告是真实可信的）旧车质量而后出售，或者直接出售。均衡时，当且仅当旧车的价值超过多少时，旧车主会聘请评估公司对车子质量进行质量评估后出售？

解：据题意，潜在购买者了解旧车质量的先验概率分布为 $[0,8\,000]$ 区间的均匀分布，即累计概率密度函数为 $F(V) = \frac{V}{8\,000}$。为求解该动态博弈的贝叶斯均衡：价值超过 $\tilde{V}$ 时车主会花费100元请评估公司进行评估；潜在购买者根据车主是否出示评估报告对原来质量的分布进行后验概率修正，并按相应的质量后验概率分布的期望价值出价。

根据逆向递归法，该博弈均衡时 $P_1 = V$，$P_2 = E(V|\text{不评估})$。为了求解相应的 $\tilde{V}$，关键需要理解后验概率修正的质量（价值）期望为 $E(V|\text{不评估}) = \frac{\tilde{V}}{2}$：若均衡为价值超过 $\tilde{V}$ 时车主出示评估报告，若未出示报告，则表示 $V \leqslant \tilde{V}$，即质量为 $[0, \tilde{V}]$ 区间的均匀分布，故 $E(V|\text{不评估}) = \frac{\tilde{V}}{2}$。

因此，$\tilde{V}$ 由 $\tilde{V} - 100 = \frac{\tilde{V}}{2} \Rightarrow \tilde{V} = 200$ 给出。即，该博弈最后的均衡为：

若车子质量价值大于等于200，则车主花费100元出示评估报告，若车子质量小于等于

---

① 或者最后市场上只有质量 $q = 8,9,10,11$ 共4类厂商，市场均衡价格为9.5元。

200,则车主不评估;购买者根据评估报告接受相应车子价值的售价,若未能得到评估报告,则修正原来对车子质量分布的判断,根据后验概率分布出价 100 元。

3. 某雇主面临劳动力市场有 2 类工人:一类工人(L)生产率为 1,其接受 y 单位教育的成本为 y,这类工人占全部工人的比重为 q;另一类工人(H)生产率为 2,其接受 y 单位教育的成本为 $y/2$,这类工人占全部工人的比重为 $1-q$。求解在教育为工人生产率的信号机制下的分离均衡和混合均衡[①]。

解:考虑到雇主可能的信念不同,分离均衡和混合均衡都具有存在的可能性。

分离均衡:若雇主认为接受任何 $1 < y^* < 2$ 单位(及以上)教育的工人生产率为 2,而其他工人生产率为 1,并愿意支付等于其生产率的工资。则所有 H 类工人选择 y^* 单位教育,而所有 L 类工人选择 0 单位教育(放弃教育)。

混合均衡:若雇主认为任何接受 $1 < y^* < 2$ 单位(及以上)教育的工人生产率为 2,而其他工人为 L 型的概率为 q,为 H 型的概率为 $1-q$。雇主愿意按照两种情况下的期望生产率支付相应工资。则在 $y^* > 2q$ 的条件下,所有工人都会选择放弃教育。

4. 车险市场有两类投保人群:老司机和新司机,且两类投保人群数量相等。假定车子的价值为 100,如果发生车祸,则车祸后车子的价值为 25。老司机发生车祸的概率为 0.2,新司机发生车祸的概率为 0.4。假定老司机和新司机的效用函数均为 $u(c_1, c_2) = (1-p)\sqrt{c_1} + p\sqrt{c_2}$,其中 p 表示车祸的发生概率,c_1, c_2 分别表示没有车祸(车子完好无损)和发生车祸车子的价值。

(1) 如果只有一家保险公司,且该垄断保险公司能够区分哪些是新司机,哪些是老司机。请问,该垄断保险公司应该如何设计保险合约?这个保险合约是否为社会最优?[提示:保险合约包括保费和理赔(赔偿金)两部分。]

(2) 如果车险市场为完全竞争性市场,即有许多家保险公司。但每家保险公司也能区分哪些是新司机,哪些是老司机。请问,市场上面向两类投保人群的保险合约分别是怎样?这个保险合约是否为社会最优?

(3) 还是只有一家垄断保险公司,但保险公司不能区分哪些是新司机,哪些是老司机。请给出保险合约设计的基本原理,并指出该合约下两类司机是否获得全额保险及消费者净剩余状况(不需要数字解)?这个保险合约是否为社会最优?

解:

设保险合约为 (T_i, S_i), $i = 1, 2$,其中 T 表示保费,S 表示理赔额,$i = 1, 2$ 分别表示两类投保人群($i = 1$ 代表老司机,$i = 2$ 代表新司机);设总投保人数为 N,则两类人群分别都为 $\dfrac{N}{2}$。

(1) 在垄断保险市场,且保险公司能区分不同类型投保人群的前提下,垄断保险公司最大化期望利润:

$$\max_{\{[T_1, S_1], [T_2, S_2]\}} \frac{N}{2}[(1-0.2)T_1 + 0.2(T_1 - S_1)] + \frac{N}{2}[(1-0.4)T_2 + 0.4(T_2 - S_2)]$$

$$s.t. \quad (1-0.2)\sqrt{100 - T_1} + 0.2\sqrt{25 + S_1 - T_1} \geq (1-0.2)\sqrt{100} + 0.2\sqrt{25}$$

$$(1-0.4)\sqrt{100 - T_2} + 0.4\sqrt{25 + S_2 - T_2} \geq (1-0.4)\sqrt{100} + 0.4\sqrt{25}$$

解得:$[T_1^*, S_1^*] = [19, 75]$,$[T_2^*, S_2^*] = [36, 75]$。此时,保险公司向两类投保者都提供全额

[①]　该例题参考 Spence(1973):Job Market Signaling, *Quarterly Journal of Economics*.

保险,且保险合约为社会最优水平。

（2）在竞争性保险市场中,各保险公司通过设计更好的保险合约来吸引客户,但竞争使得最后所有的保险公司的期望利润为零,以向老司机提供的保险合约为例:

$$\max_{[T_1,S_1]} (1-0.2)\sqrt{100-T_1}+0.2\sqrt{25+S_1-T_1}$$
$$s.t. \quad (1-0.2)T_1+0.2(T_1-S_1)\geqslant 0$$

解得:$[T_1^*,S_1^*]=[15,75]$。

同理可得:$[T_2^*,S_2^*]=[30,75]$

此时,两类投保者仍获得全额保险,保险合约也是社会最优水平。

（3）在垄断保险公司不能区分两类人群的前提下,保险合约设计应该满足激励相容原理:

$$\max_{\{[T_1,S_1],[T_2,S_2]\}} \frac{N}{2}[(1-0.2)T_1+0.2(T_1-S_1)]+\frac{N}{2}[(1-0.4)T_2+0.4(T_2-S_2)]$$

$$s.t. \quad (1-0.2)\sqrt{100-T_1}+0.2\sqrt{25+S_1-T_1}\geqslant(1-0.2)\sqrt{100}+0.2\sqrt{25} \quad IR_1$$
$$(1-0.4)\sqrt{100-T_2}+0.4\sqrt{25+S_2-T_2}\geqslant(1-0.4)\sqrt{100}+0.4\sqrt{25} \quad IR_2$$
$$(1-0.2)\sqrt{100-T_1}+0.2\sqrt{25+S_1-T_1}\geqslant(1-0.2)\sqrt{100-T_2}+0.2\sqrt{25+S_2-T_2} \quad IC_1$$
$$(1-0.4)\sqrt{100-T_2}+0.2\sqrt{25+S_2-T_2}\geqslant(1-0.4)\sqrt{100-T_1}+0.4\sqrt{25+S_1-T_1} \quad IC_2$$

最终,新司机将获得全额保险,且有消费者净剩余（IC_2 不绑定）;老司机不会是全额保险,且消费者净剩余为零（IC_1 绑定）。该保险合约不是最优的（因为老司机没有被全额保险）。

36.3 练习题

36.3.1 判断题(T 或 F)

1. 保险公司必须考虑人们买了房子火灾保险后放火烧房的可能性,这就是道德风险的典型例子。 （ ）

2. 人们选择的汽车总是没有所述的那么好,这种情况是逆向选择的例子。 （ ）

3. 人寿保险公司必须考虑买人寿保险的人们比没有买的容易得病的可能性,这是逆向选择的例子。 （ ）

4. 在具有分离均衡的市场里,不同种类的行为人选择了不同种类的行为。 （ ）

5. 具有混合均衡的市场里,不同类型的行为人选择相同的行为。 （ ）

36.3.2 单选题

1. 一个公司雇佣两类人数相同的工人 α 和 β。人们无法区别 α 和 β 两类工人,但是一个 α 工人每月可以生产价值3 000元的产出,而一个 β 工人每月可以生产价值2 500元的产出。公司决定通过一次检查来区别两类工人。如果一个工人在检查中能答对至少60个问题,则其工资为3 000元/月,否则为2 500元/月。对于检查中答对的每一个题目,α 工人必须花费 1/2 小时的学习,而 β 工人需花 1 小时的学习。而 1 小时的学习相当于每月放弃 20 元的收入。那么,这项计划会导致: （ ）

A. α 工人答对 60 个而 β 工人答对 0 个的分离均衡

B. α 工人答对 60 个而 β 工人答对 0 个的混合均衡

C. 每个工人都答对 60 个的混合均衡

D. 每个工人都答对 0 个的混合均衡

E. 每个工人都答对 60 个的分离均衡

2. 具有相同技术的 10 个工人一起工作。他们的总产出价值是他们总工作小时数的 90 倍。每个工人的效用等于他的收入减去工作小时数的平方之差。雇主无法追踪工人的努力程度,所以雇主就决定:只要工人想工作,就让他工作;然后,把总产出价值在工人中平分。那么,每个工人获得多少收入? 　　　　　　　　　　　　　　　　　　　　　　　　　　　　　　（　　）

A. 420 元　　　　　　　　　　　　　　B. 45 元

C. 405 元　　　　　　　　　　　　　　D. 4 050 元

E. 无法确定

3. 下面哪一项是逆向选择的最好例子? 　　　　　　　　　　　　　　　　（　　）

A. 面临最高风险的人也是最可能购买保险规避这些风险的人

B. 多余产权将不得不承担最不利的结果

C. 每个人能够影响其发生事故的可能性

D. 最流行的款式销售最快

E. 人们有时会误选低质量产品

4. 某城市有两类工人 a 和 b。一个 a 工人为自己工作每天能生产价值 100 元的产出,为地方工厂工作每天能生产价值 120 元的产出;一个 b 工人为自己工作每天能生产价值 60 元的产出,为地方工厂工作每天能生产价值 80 元的产出。工人要么为自己工作,要么为工厂工作且可自由择业。工厂雇主不能区别两类工人,只能按照劳动力的平均产品支付工资,而且必须有一些 a 工人为他工作。那么 　　　　　　　　　　　　　　　　　　　　（　　）

A. 工厂工人至少有 5/6 是 a 类工人

B. 工厂工人至少有 1/2 是 b 类工人

C. 工厂工人至少有 1/2 是 a 类工人

D. 工厂工人中没有一人是 b 类工人

E. 不超过 5/6 的 b 类工人在工厂工作

5. 某镇有两类工人 a 和 b。a 类工人每月有价值1 000元的产出,而 b 类工人每月有价值2 500元的产出。该镇 a 类工人正好是 b 类工人的 2 倍。a 类工人看起来像 b 类工人,且总是声称自己是 b 类工人。而 b 类工人总是说实话。监督工人工作的成本又太高,所以只能支付同样的工资。如果劳动力市场是竞争性的。现某公司聘一位教授作一个月的免费讲座,这讲座对两类工人来说非常无聊。对 a 类工人来说,1 小时的讲座带来的痛苦相当于损失收入 100 元;对 b 类工人来说,1 小时的讲座带来的痛苦相当于损失收入 50 元。如果所有其他公司支付的工资都等于该镇平均工人生产率,那么对一新公司来说,下面哪一项策略是最盈利的? 　（　　）

A. 给工人每月 2 000 元的工资,并要求工人每月听 6 小时讲座

B. 给工人每月 2 000 元的工资,并要求工人每月听 4 小时讲座

C. 给工人每月 1 750 元的工资,并要求工人每月听 6 小时讲座

D. 给工人每月 1 660 元的工资,并要求工人每月听 1 小时讲座

E. 给工人每月 2 600 元的工资,并要求工人每月听 8 小时讲座

6. 某雇主面对的劳动力市场有两类工人:所有不能干工人的边际产品为 10 单位,而所有能干工人的边际产品为 16 单位。两类工人有相同的人数。地方大学对工人进行微观经济学培训。能干工人认为这种培训相当于减薪 4 元/月,而不能干工人认为这种培训相当于减薪 8 元/月。那么,该博弈 ( )

   A. 只有分离均衡:参加培训的能干工人的工资为 16 元/月,而不参加培训的不能干工人的工资为 10 元/月

   B. 既无分离均衡,也无混合均衡

   C. 只有混合均衡,厂商给所有工人工资都为 13 元/月

   D. 只有分离均衡,参加培训的能干工人的工资为 20 元/月,而不参加培训的不能干工人的工资为 10 元/月

   E. 既有 A 选项的分离均衡,也有 C 选项的混合均衡

7. 有两类旧车:高质量和低质量。购买者不能区别两类车的质量。高质量旧车主出售旧车的价格是不低于 2 000 元;低质量旧车主出售旧车的价格是不低于 1 000 元。购买者认为高质量旧车值 1 942 元,而低质量旧车值 1 200 元。假设旧车中有 70% 的高质量旧车及 30% 的低质量旧车。那么,均衡时 ( )

   A. 只有低质量旧车被出售

   B. 只有高质量旧车被出售

   C. 没有旧车被出售

   D. 所有旧车被出售

   E. 高质量旧车比低质量旧车更高的价格被出售

8. 有两类旧车:高质量和低质量。购买者不能区别两类车的质量。高质量旧车主出售旧车的价格是不低于 2 000 元;低质量旧车主出售旧车的价格是不低于 1 000 元。购买者认为高质量旧车值 4 266 元,而低质量旧车值 1 200 元。假设旧车中有 30% 的高质量旧车及 70% 的低质量旧车。那么,均衡时 ( )

   A. 只有低质量旧车被出售

   B. 只有高质量旧车被出售

   C. 没有旧车被出售

   D. 所有旧车被出售

   E. 高质量旧车比低质量旧车更高的价格被出售

9. 假设在某旧车市场上,旧车的质量分布情况是这样的:在 4 000 辆旧车中,价值小于 V 的旧车数量为 $V/3$。旧车主必须出售他们的旧车。旧车主知道他们的旧车值多少,而购买者不能区别旧车质量。旧车主可以花费 100 元来估计旧车质量而后出售,或者直接出售。均衡时,当且仅当旧车的价值超过多少时,旧车主会让自己的旧车估计质量后出售? ( )

   A. 2 000 元   B. 100 元

   C. 300 元   D. 200 元

   E. 400 元

10. 在某旧车市场上,有 200 辆旧车待售,其中一半旧车是好货,另一半是次货。次货车主愿意每辆 500 元出售,好货车主愿意出售其旧车的价格不低于 1 100 元。很多潜在的旧车购买者对次货车愿意支付的价格为 600 元,对好货车愿意支付的价格为 1 700 元。购买者不能区

别好车和次车,而旧车主知道好次。那么 （　　）
    A. 存在市场均衡,所有旧车的销售价格为 800 元
    B. 存在市场均衡,次车销售价格为 500 元,好车销售价格为 1 100 元
    C. 存在市场均衡,所有旧车的销售价格为 1 150 元
    D. 只有次车市场均衡,其销售价格为 600 元
    E. 存在市场均衡,次车销售价格为 600 元,好车销售价格为 1 700 元

36.3.3　计算题

1. 具有相同技术的 10 个工人一起工作。他们的总产出价值是他们总工作小时数的 70 倍。每个工人的效用等于他的收入减去工作小时数的平方之差。雇主无法追踪工人的努力程度,所以雇主就决定:只要工人想工作,就让他工作。然后,把总产出价值在工人中平分。那么,均衡时每个工人获得多少收入?

2. 某消费者的效用函数为 $C-H^2$,其中 C 为消费量,H 为每天工作的小时数。他可以在城里每天工作 8 小时以赚取 100 元。也可以租一个小农场。如果租农场的话,可以自由选择工作时间。如果每天工作 H 小时的话,他每天可以获得 $20H$ 元的收入,而每天的租金为 R。请问,该消费者能够支付小农场的最高租金是多少?

3. 一个公司雇佣人数相同的两类工人 α 和 β。一个 α 工人每月可以生产价值 3 000 元的产出,而一个 β 工人每月可以生产价值 2 500 元的产出,但人们无法区别 α 和 β 两类工人。公司决定通过一次检查来区别两类工人。如果一个工人在检查中能答对至少 60 个问题,则其工资为 3 000 元/月,否则为 2 500 元/月。对于检查中答对的每一个题目,α 工人必须花费 1/2 小时的学习,而 β 工人需花 1 小时的学习。而 1 小时的学习相当于每月放弃 20 元的收入。求最后均衡的结果。

4. 如果某垄断厂商面临的市场需求函数为 $p=A-q$,其中 A 有 $\frac{1}{2}$ 的可能为 10,有 $\frac{1}{2}$ 的可能为 8,厂商生产的边际成本为零。
(1) 求该垄断厂商基于期望利润最大化的垄断定价。
(2) 若某咨询公司根据调研确定市场需求,那么该垄断厂商最高愿意付多少钱购买有关市场需求信息的咨询报告。

参 考 答 案

判断题
1. T　2. T　3. T　4. T　5. T
单选题
1. D　2. C　3. A　4. C　5. A　6. E　7. A　8. D　9. D　10. C
计算题
1. 245 元。
2. 64 元。
3. 两类工人都放弃学习,最后都答对 0 题。
4. (1) 垄断定价为 4.5 元/单位;(2) 厂商愿意为该咨询报告最高出价为 0.25 元。

后　　记

  本书的顺利出版,离不开上海交通大学安泰经济与管理学院众多老师和同学们的大力帮助和支持。2005年始,我们面向上海交大经济与管理学院的本科生开设了"中级微观经济学"。在课程教学中,许多同学反映希望进行一些配套练习以加强对书中知识点的理解。是他们孜孜不倦的求学热情,促使我们最后下决心动手进行本书的编著工作。

  在本书2006年第一版的使用过程中,我们发现同学们过于偏重做习题,忽略了基本概念和对知识点的理解和把握。我们认为,同学们可以通过适当的练习来理解各章要点,但不应该陷入到"题海战术"中。因此,2008年第二版在原来的基础上做了较大幅度的修正,主要是加强了各章要点介绍和例题分析,同时对练习部分进行了删减。2009年第三版进一步针对早期版本中的不当之处做了校对和勘正。

  从上一版本到本次改版相隔了约3年时间,改动之处大多为我们过去这些年教学实践中的一些心得与体会:我们对一些章节要点部分进行了较大程度的改动,希望能更好地对各章内容进行归纳和总结;对各章所选的例题我们也重新做了梳理,力图使这些例题能更大程度上帮助大家理解和把握各章的知识点;对练习部分我们进行了仔细的勘正,尽最大可能提高题目和答案的准确性和正确性。过去几年里,我们也收到一些读者的反映,希望能把练习的详细解答也写入书中。斟酌再三,我们还是放弃了这个做法,主要还是希望读者能独立完成对习题的思考。

  经过几次改版,本书原有的错误之处已尽可能地予以修正,但难免还有纰漏之处。对书中的不当和错误之处,我们负有全部的责任,欢迎读者联系指正。

  钟根元　0086-21-5230-2551　genyuanzh@sjtu.edu.cn

  陈志洪　0086-21-5230-2557　chenzh@sjtu.edu.cn

  通讯地址:上海市法华镇路535号,上海交通大学经济与管理学院(200052)

编著者

2012年2月14日